Como as Melhores Empresas Estão se Preparando para o Século XXI

PROVOCAR MUDANÇAS

A inovadora pesquisa da Wharton School sobre o futuro gerencial

Tradução
Bazán Tecnologia e Lingüística

Como as Melhores Empresas Estão
se Preparando para o Século XXI

Provocar Mudanças

A inovadora pesquisa da Wharton School
sobre o futuro gerencial

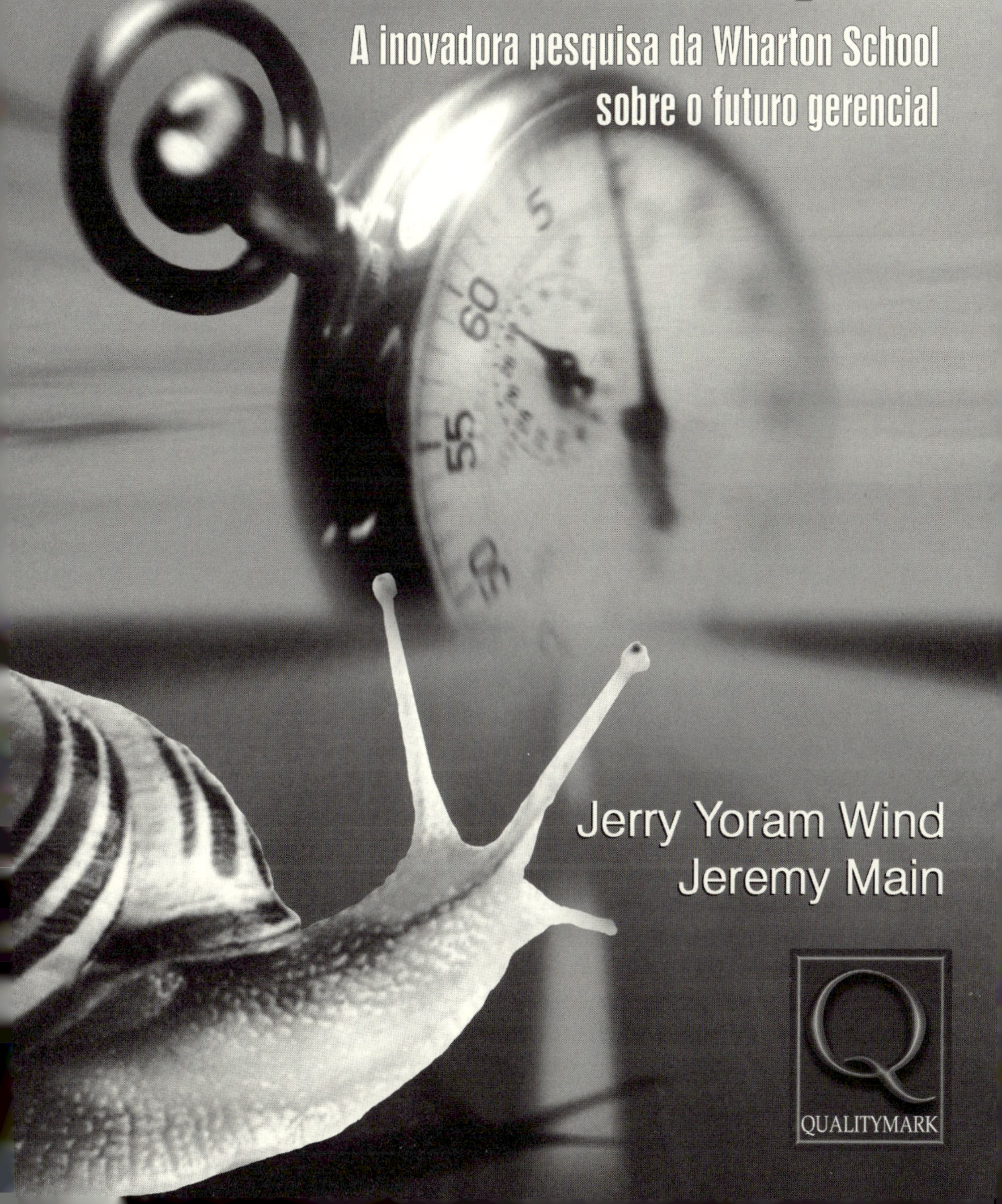

Jerry Yoram Wind
Jeremy Main

Copyright© 1998 by Yoram Wind e Jeremy Main

Tradução autorizada do original em inglês Driving Change: How the Best Companies Are Preparing for the 21st Century, publicado pela The Free Press.
Todos os direitos reservados.

Copyright© 2002 by Qualitymark Editora Ltda.

Todos os direitos em língua portuguesa reservados à Qualitymark Editora Ltda.
É proibida a duplicação ou reprodução deste volume ou de parte do mesmo,
sob quaisquer meios, sem autorização expressa da Editora.

Direção Editorial	Produção Editorial
SAIDUL RAHMAN MAHOMED	EQUIPE QUALITYMARK
editor@qualitymark.com.br	

Capa	Editoração Eletrônica
WILSON COTRIM	UNIONTASK

CIP-Brasil. Catalogação-na-fonte
Sindicato Nacional dos Editores de Livros, RJ

W732p

Wind, Yoram

    Provocar mudanças: como as melhores empresas estão se preparando para o século XXI / Jerry Yoram Wind, Jeremy Main; tradução Bazán Tecnologia e Lingüística. – Rio de Janeiro : Qualitymark Ed., 2002.
    416p.

Tradução de: Driving change
ISBN 85-7303-346-0

    1. Desenvolvimento organizacional. 2. Negócios – Previsão. 3. Inovações tecnológicas. I. Main, Jeremy, 1929-. II. Título.

02-0570

CDD 658.406
CDU 65.011.8

2002
IMPRESSO NO BRASIL

Qualitymark Editora Ltda.
Rua Teixeira Júnior, 441
São Cristóvão
20921-400 – Rio de Janeiro – RJ
Tel.: (0XX21) 3860-8422

Fax: (0XX21) 3860-8424
www.qualitymark.com.br
E-Mail: quality@qualitymark.com.br
QualityPhone: 0800-263311

A
Dina Wind
e
Patricia Main

AGRADECIMENTOS

Se fosse necessária alguma validação do tema mudança que é abordado neste livro, ela poderia ser encontrada na cena corporativa que continuava a mudar debaixo dos nossos olhos à medida que trabalhávamos neste livro. Tanta coisa mudou durante os dois anos que dedicamos ao projeto que tivemos que voltar nas empresas que já havíamos entrevistado para revisar nossas descobertas. As empresas continuaram tentando reinventar-se e, muito freqüentemente, os CEOs que já havíamos entrevistado não estavam mais nessas empresas. Fomos à 3M exatamente quando ela estava começando uma grande mudança, e tivemos que esperar até as coisas se acalmarem um pouco antes de realizar nossas entrevistas. A Xerox, que se reorganizou em 1992 e 1995, promoveu outra reorganização em 1997 (bem a tempo para ser incluída neste livro). Francamente, perdemos a conta das ondas de mudanças realizadas na AT&T. E assim por diante. Somos especialmente gratos aos que entrevistamos e depois voltamos a entrevistar.

As muitas pessoas associadas ao SEI Center for Advanced Studies in Management da Wharton School como diretores, membros seniores, conselheiros do corpo docente e participantes em seminários e workshops ajudaram a criar a base de conhecimento deste livro e boa parte da pesquisa específica nele presente. Os diretores do SEI Center que fizeram importantes contribuições incluem Alfred P. West, Jr., presidente do conselho do SEI Center e CEO de sua própria empresa, a SEI Investments; Percy Barnevik, ex-CEO da ABB Asea Brown Boveri e agora presidente do conselho da Investor AB; Michel L. Besson, vice-presidente executivo da Compagnie de Saint-Gobain; William F.

Buehler, vice-presidente executivo da Xerox Corporation e seu antecessor no conselho do SEI Center, o CEO da Xerox Paul Allaire; Ulrich Cartellieri, diretor-gerente do Deutsche Bank; Pei-yuan Chia, ex-vice-presidente do conselho da Citicorp; John Diebold, presidente do conselho da The JD Consulting Group Inc.; Gregory Farrington, reitor da School of Engineering and Applied Science — Escola de Engenharia e Ciências Aplicadas — da Universidade da Pensilvânia; Robert C. Holland, ex-presidente do Committee for Economic Development; Reginald H. Jones, ex-CEO da General Electric Company; Morton H. Meyerson, CEO da Perot Systems Corporation; Ronald A. Mitsch, vice-presidente do conselho da 3M Company; Shaun O'Malley, ex-presidente do conselho da Price Waterhouse; John Sculley, co-fundador da Sirius Thinking Entertainment e CEO da Live Picture Incorporated, e Wayne Yetter, ex-CEO da Astra Merck e agora CEO da Novartis Pharmaceuticals Corporation.

Membros seniores do SEI Center que foram particularmente de grande ajuda incluem os nomes de Peter Brill, presidente do conselho da Compass Information Services, James R. Emshoff, CEO da IndeCap Industries e ex-CEO da MedQuist, Douglas A. Saarel, presidente do Vantage Group, Paul J. H. Schoemaker, presidente do conselho da Decision Strategies International e Michael von Brentano, presidente do conselho da Wickes PLC. Membros do corpo docente da Wharton School que trabalham no conselho docente do SEI Center e que ajudaram os autores incluem os professores Elizabeth Bailey, George Day, Paul R. Kleindorfer, Bruce Kogut, David Larcker, Marshall Meyer e Jitendrah Singh. Agradecemos também as contribuições dos professores Thomas Dunfee, Jeffrey Dyer, Robert House, Howard Perlmutter e David Reibstein, além de Masaru Yoshitomi, presidente do conselho do U.S. — Japan Management Studies Center da Wharton School, e Dean Thomas F. Gerrity, também da Wharton School. Robert Gunther, que organizava os relatórios do SEI Center, nos forneceu muito material útil. Os membros da sede do SEI Center, Pamela Byrnes, Lynn Galida e Sandi Schultz, deram bastante apoio ao projeto. Edith Terry realizou nossas entrevistas no Japão com habilidade e compreensão. A Tina Teale, do International Forum, que cuidou do processamento de nossa pesquisa da forma mais eficiente possível.

Uma vez que este é um livro que trata mais de execução do que de teoria, o cerne de seu conteúdo vem dos CEOs e de outros agentes corporativos seniores que entrevistamos. Além dos já mencionados, outros CEOs a quem agradecemos são Gerald L. Good, vice-presidente executivo da A&P, Ray Stata, CEO da Analog Devices, Joseph Neubauer, CEO da Aramark Corporation, Harold Burlingame, vice-presidente sênior da AT&T, vice-presidente do conselho da AT&T Victor Pelson, Alan Mulally, presidente Defense & Space Group da Boeing, ao CEO Ryuzaburo Kaku da Canon, Roger G. Ackerman e James R. Houghton, atual e anterior CEOs da Corning, James Champy, ex-presidente do conselho da CSC Index, Robert B. Palmer, CEO da Digital Equipment Corporation, Yotaro Kobayashi, CEO da Fuji-Xerox, ao CEO Nobuhiko Kawamoto da Honda, Bob Haidinger, presidente da JJI Lighting Group, John Madonna, presidente do conselho da KPMG International, Kazuo Inamori, presidente do conselho da Kyocera, John McConnell, presidente da Labconco, Pete Jacobi, presidente da Levi Strauss & Company, ao vice-presidente executivo da Matsushita, Hisao Tahara, Tom Urban, presidente do conselho da Pioneer Hi-Bred International, Peter Neff, ex-CEO da Rhône-Poulenc nos Estados Unidos, Robert Cawthorn, ex-CEO da Rhône-Poulenc Rorer, Tokuichi Uranishi, gerente geral da divisão de planejamento corporativo da Toyota, e ao CEO Hatim Tyabji e ao vice-presidente sênior Will Pape da VeriFone.

Também somos gratos aos muitos outros executivos corporativos que compartilharam seu conhecimento e tempo conosco, incluindo John Crewe, Alan Loren, Barry Murphy e Susan Miller da American Express, Brian Gail e Brian Mulvaney da Aramark, a Matt Emmens e a muitos outros da Astra Merck, Philip Scanlan da AT&T, Rob Michalak da Ben & Jerry's, Donna Mikov da Boeing, Heidi Trost da Computer Sciences, Norman Garrity e vários outros da Corning, Lucia Luce Quinn e outros da DEC, Richard Parry-Jones, Charles Szuluk e Robert Transou da Ford, Steve Kerr, Robert Muir, Jack Sprano e Elizabeth Williams da GE, Vincent Barabba, Robert Hendry e Arvin Mueller da GM, Claudia Davis, John Eaton, Dick Knudtsen, Richard LeVitt e Kevin O'Connor da Hewlett-Packard, Takanori Sonoda da Honda, Steven Haeckel e Bob Talbot da IBM, Gary MacDonald da Kingston Technologies, Stephen Gound e outros da Labconco, Richard Woo e Diana Woods da Levi Strauss, Mike Murray da Microsoft, Joseph Bailey, William Coyne, Drew Davis, Dick Lidstad e Thomas Wollner da 3M, Rick Escherich da J.P. Morgan, Ed Bales, Chuck Blazevich e Richard Buetow da Motorola, Jerry Armstrong e Tom Hanigan da Pioneer, John Abrams, Tom Kirk e Robert Machin da Rhône-Poulenc, Alex Ott da SAP America, Scott Budge, Hank Greer, Karl Gurino, Rick Lieb, Murray Lewis e Edward Loughlin da SEI Enterprises, T.R. Reid da Whirlpool, Judd Everhart, Hector Motroni e Patricia Wallington da Xerox.

Entre os acadêmicos, consultores e outros que foram especialmente úteis estão os nomes de Jim Bamford da Alliance Analyst, Ann Kaplan da American Association of Fund-Raising Counsel, Charles Paulk, John Rollins e Tom Spahn da Andersen Consulting, William Glavin, presidente do Babson College, Vince Tobkin da Bain & Company, Bruce Pasternack e Al Viscio da Booz Allen & Hamilton, Tom Nardone do Bureau of Labor Statistics, James Irvine da Communications Workers of America, Ronald Berenbeim entre outros do Conference Board, William Copeland da Copeland Associates, Richard Schroth da CSC Index, David Nadler, presidente do Delta Consulting Group, Betty Jane Dunn da *Directorship*, Richard Hagberg do Hagberg Consulting Group, James Harbour da Harbour & Associates, Jim Aisner, Christopher Bartlett, Joseph Bower e David Quinn Mills da Harvard Business School, Claudia Goldin da Universidade de Harvard, Russell Ackoff e Jamshid Garajedaghi da Interact, Dave Clay da International Machinists, William Werhane da International Survey Research Corporation, Stephanie Rosenfelt da Korn/Ferry International, Harry Levinson do Levinson Institute, Ann Gillespie e Stephen Rudolf da Arthur D. Little, Audrey Freedman da Manpower Plus, Bill Matassoni e Frank Ostroff da McKinsey & Co., David Gaylin, Dwight Gertz e Pat Pollino da Mercer Management Consulting, David Cole, diretor do escritório para estudo de transportes automotivos — Study of Automotive Transportation — da Universidade de Michigan, John Sterman da Sloan School no MIT, Donald Reinertsen, Chris Meyer do Strategic Alignment Group, Arthur Schneiderman, James A. Pierre, presidente da Seattle Professional Employees Association e Mike Quinlan da Telular.

Nossos especiais agradecimentos a nosso organizador na The Free Press, Robert Wallace, que, com seu conhecimento especializado em livros de negócios, encorajou e apoiou este projeto desde o começo, com enorme ajuda de sua assistente Julie Black. Agradecemos também aos editores e revisores da Free Press, que ajudaram no processo de preparação deste livro, Celia Knight e Linnea Johnson. A Samuel Velasco, que aplicou seus finos talentos para criar os gráficos do livro, trabalhando com Iris Cohen, diretora de produção da The Free Press.

A nossas esposas, Dina Wind e Patricia Main, que nos deram muitos conselhos úteis e não reclamaram das noites e fins de semana perdidos. A tolerância delas foi admirável.

Prefácio à Edição Brasileira

Mudança é uma das palavras mais corriqueiras nos dias de hoje. Ela está presente na literatura de negócios, no discurso de executivos, políticos e acadêmicos, nas matérias jornalísticas e, principalmente, no cotidiano de pessoas e empresas. Porém, mais do que tentar captar o sentido do termo nos diferentes contextos em que se apresenta, o grande desafio parece estar na capacidade de conviver com um ambiente em constante mutação e na habilidade de modificar comportamentos, hábitos e procedimentos para enfrentar a instabilidade e aproveitar as oportunidades desses novos tempos.

Apesar de afirmar que as forças da mudança são globais e de acreditar firmemente que as corporações do século XXI serão fundamentalmente diferentes daquelas com as quais nos acostumamos, **Wind** e **Main** afirmam que isso não significa que o lucro deixará de ser crucial, que as hierarquias vão desaparecer completamente ou que os negócios se tornarão inteiramente globais. Além disso, alertam que, no processo de transição para os novos tempos, os executivos têm de parar de acreditar que vão encontrar, num passe de mágica, uma solução definitiva, rápida, simples e barata para todos os seus problemas, e passar a adotar procedimentos que foram óbvios por muito tempo, mas pouco praticados, como cuidar dos funcionários, conhecer os clientes e suas necessidades, estudar o mercado e oferecer produtos e serviços inovadores e de qualidade. Parece simples, mas ainda são idéias que ficam no discurso de líderes, incapazes de transformá-las em ações concretas e cotidianas.

Muitos executivos e administradores acreditam que concedendo alguns benefícios a seus empregados, fazendo uma rápida pesquisa sobre os interesses de seus consumidores, lendo publicações de negócios, assistindo palestras de "gurus" da administração e inserindo pequenas modificações em produtos ou na forma como prestam serviços já estão atendendo aos preceitos básicos para a condução eficiente de seus negócios. Não raro se sentem indignados quando verificam que não têm empregados comprometidos, clientes fiéis ou balanços com os resultados almejados. Esquecem que o sucesso é uma construção diária, cujos resultados costumam levar um tempo considerável para se consolidar e são facilmente perdidos ao menor descuido. Se os esforços feitos até o momento não parecem ter produzido os efeitos desejados, talvez valha a pena observar a trajetória de outras empresas e pesquisar os procedimentos que têm realmente dado resultados.

Uma leitura atenta desta obra pode abrir novos horizontes para os executivos que precisam conduzir seus negócios para este novo cenário corporativo. Mudar não é apenas inevitável, mas fundamental para os que desejam sobreviver. E as mudanças têm de ser introduzidas na realidade dos negócios mesmo sem garantias de êxito, pois a imobilidade conduz mais rapidamente à derrocada do que a ação.

Mas que ninguém se iluda. Mudar não é um processo fácil, tampouco imune a dores. Exige uma profunda revisão sobre a maneira costumeira de pensar, agir, comunicar, inter-relacionar-se. É ao mesmo tempo promissor e ameaçador. Porém, os que se arriscam nesta aventura aprendem muito e, no mínimo, descobrem o que tem impedido seu sucesso.

SUMÁRIO

Agradecimentos VII
Introdução XV
1. Por que mudar? 1

PARTE 1. OS IMPULSIONADORES

2. O reino dos computadores 17
3. O impacto no mercado 30
4. Reivindicações da sociedade 46
5. As exigências do cliente 63

PARTE 2. A RESPOSTA — OS PARTICIPANTES

6. Absorvendo o cliente 79
7. Reinventando o líder 97
8. O funcionário dispensável 115
9. O funcionário indispensável 136

PARTE 3. A RESPOSTA — AS ARMAS DE ATAQUE

10. Dominando a informação 167
11. Estimulando a inovação 188
12. Acelerando o ritmo 209
13. Redefinindo qualidade 229

PARTE 4. A RESPOSTA — A ORGANIZAÇÃO

14. O alcance global..247
15. A corporação estendida 269
16. O *loop* de aprendizagem 291
17. O empreendimento cívico 312
18. Uma arquitetura integrada............................330

    Conclusão 349
    Apêndice: Um hiato nas realizações.......................357
    Notas 361
    Índice remissivo...377

Introdução

Todas as gerações costumam pensar estarem vivendo em uma época de desafios e mudanças sem precedentes. Por décadas, Peter Drucker e Warren Bennis fizeram da mudança um dos temas de seus textos sobre gerência. Entretanto, desde que as empresas americanas — particularmente as de automóveis e de produtos eletrônicos — descobriram, por volta de 1980, que não mais dominavam o mundo, que outras empresas haviam se tornado muito melhores do que elas (e que poderiam até destruí-las ou comprá-las), elas passaram a se dedicar à mudança em uma escala *realmente* sem precedentes. Na verdade, um dos riscos da pesquisa para um livro como este, hoje, é que as empresas mudam tanto e tão rápido que fica difícil permanecer-se atualizado durante o processo de produção do livro. Enquanto conduzíamos a pesquisa para este livro, nos anos de 1995 e 1996, pelo menos cinco das empresas que estudamos, AT&T, Digital Equipment Corporation, Hewlett-Packard, 3M e Xerox, foram submetidas a grandes remodelações objetivando diretamente preparar-se para o século XXI. Outras ligaram suas estratégias básicas ao que acreditavam ser adequado para o século XXI — "Vision 2000" na General Motors e Astra Merck, "Ford 2000" e "Xerox 2000" (atualizado para "Xerox 2005" em 1997). A Hewlett-Packard, que já havia reorganizado sua força de vendas de computadores para atender aos clientes em 1995, voltou a fazê-lo em 1997. Algumas empresas, como a SEI Investments, em vez de anunciar grandes reestruturações, com toda a ansiedade que trazem consigo, adotaram uma estratégia de mudança comedida e contínua.

A corporação como a conhecemos, que foi o mecanismo da prosperidade por todo o século XX, irá emergir como algo diferente no século XXI. A transição para o próximo empreendimento é mais visível nos Estados Unidos, mas as empresas na Ásia e Europa terão que realizar uma transição semelhante porque as forças da mudança são globais. Os mercados, a tecnologia e as reivindicações de funcionários, clientes e cidadãos estão conduzindo as empresas a promoverem a mudança de forma confiante e corajosa. Hoje, a inércia é a estratégia mais arriscada.

O mundo dos negócios está repleto de idéias promissoras e inovadoras sobre gerência, trabalho, produtos, processos e novas ferramentas gerenciais para fazer melhor uso dessas idéias. Comparadas a outros tipos de organização, especialmente as do setor educacional e governamental, as corporações verdadeiramente revolucionárias parecem esclarecidas, ágeis e abertas a inovações. A resposta das instituições acadêmicas às demandas por melhorias tem sido lenta, na melhor das hipóteses; e nossos políticos estão, em sua maioria, partindo na direção errada, com uma conversa fiada que os leva a uma irrelevância irritante. Porém, mesmo as empresas mais esclarecidas não conseguem muito crédito pelo que estão fazendo. O lado "bom" dos negócios é encoberto pela enorme divulgação de exorbitantes benefícios concedidos a seus principais executivos, do geralmente doloroso "downsizing" por atacado, da falta de confiança e humanidade, de um foco em ganhos financeiros a curto prazo e de nada menos que mentiras, roubos e atos desonestos.

Além disso, as empresas explicam muito mal sua própria atividade e, com muita freqüência, metem os pés pelas mãos. Na TV, os CEOs aparecem como resmungões que falam entre os dentes, e o jargão corporativo, contido em si mesmo, parece bastar para exprimir a vida em meia dúzia de palavras. Da seguinte maneira: "A área de Recursos Humanos se estende além da tradicional função de pessoal para formar parcerias com clientes internos a fim de descobrir soluções significativas para problemas e necessidades relacionadas às pessoas."[1] Essa frase mortal não vem de uma velha organização burocrática, mas de uma das grandes empresas consideradas como as mais novas e inovadoras dos Estados Unidos, a Astra Merck, uma joint venture farmacêutica formada pela Merck, dos Estados Unidos, e a Astra, da Suécia.

Os executivos estão propensos a continuar buscando novas soluções, esperando encontrar a que irá resolver seus problemas permanentemente e que, de preferência, seja rápida, simples e barata. As novas idéias gerenciais geralmente sofrem com tanto engodo antecipado. Quando a idéia é nova, o desempenho esperado é exaltado por consultores ansiosos por construir um novo negócio e pela imprensa especializada ansiosa por parecer estar no topo das últimas tendências. Quando o verdadeiro desempenho passa a ser menos do que o esperado, a idéia é julgada como fracasso e a tendência é declarada morta. Visto a idéia ter sido superelogiada, em primeiro lugar, o resultado será provavelmente nada menos que desapontador.

Executivos que seguem o vaivém dos modismos, de Qualidade de Vida no Trabalho a Gestão da Qualidade Total, a Planejamento *Just-in-Time*, a Reengenharia para Crescer, aderindo à próxima tendência antes mesmo de terem compreendido e muito menos implementado a anterior. Se os médicos tratassem seus pacientes do modo que os executivos conduzem suas empresas, depois de um ano todos receitariam Valium (receita: Qualidade de Vida no Trabalho) para todos os pacientes, independente da doença e, no ano seguinte, receitariam amputação (receita: Reengenharia) para todos os males.[2]

Os líderes de negócios parecem que precisam achar que encontraram o caminho correto. Mas não estamos falando de religião. Estamos falando de como mudar o modo como conduzimos nossas empresas. Essa normalmente é uma questão evidente de senso comum. Significa reviver idéias que foram óbvias por muito tempo mas não largamente praticadas, como conhecer os clientes e cuidar dos funcionários. Hoje, um conjunto completo de novas ferramentas nos permite gerenciar melhor do que jamais fizemos, utilizando a tecnologia da informação e equipes, melhorando a qualidade, melhorando a inovação, criando a arquitetura corporativa correta e muitos outros meios. Esses são instrumentos práticos que são agora bem testados, e não questões de fé. Esses instrumentos precisam ser utilizados de um modo equilibrado e cuidadoso que seja adequado a uma determinada corporação.

O mundo dos negócios está poluído por "pichações" corporativas. À palavra "empresa" acrescenta-se uma adjetivação chamativa ou de efeito, como biológica, sem fronteiras, em *clusters*, democrática, confederada, englobadora, enxuta, horizontal, inteligente, que aprende, receptiva, de livros abertos, sintonizada, orgânica, em trevo, virtual ou visionária... e pronto! Eis uma nova teoria empresarial. Uma metáfora incisiva não descreve o próximo empreendimento ou resolve problemas complexos. Este livro não oferece nenhuma regra rápida ou fácil. Se quiséssemos uma metáfora, poderíamos chamar este livro de "dieta livre de modismos para executivos saturados".

Isto posto, os autores obviamente seriam tolos em fazer acréscimos às pichações corporativas ao oferecerem panacéias para a criação de um empreendimento bem-sucedido no século XXI. Entretanto, como qualquer negócio hoje em dia, um livro precisa de uma visão ou de uma teoria abrangente. Em vez de metáforas atraentes, oferecemos neste livro um contexto estrutural para a produção de idéias e ações, contexto este que esperamos venha a ajudar os líderes empresariais a provocar e conduzir as mudanças de que precisam. Os negócios americanos ou, pelo menos, algumas empresas esclarecidas ou precavidas começaram a promover a transição por volta de 1980. Temos acumulado experiência sobre o que funciona e o que não funciona, o que é necessário e o que não é necessário, há quase duas décadas.

Este livro é resultado de pesquisas realizadas no SEI Center for Advanced Studies in Management, da Wharton School, University of Pensilvânia, Filadélfia. O SEI Center, uma organização de pesquisa sem fins lucrativos fundada em 1989 pela SEI Investments e pela Xerox Corporation, foi estabelecida tendo como foco o futuro das práticas gerenciais. O SEI Center patrocinou projetos de pesquisa, conferências e discussões organizadas, e ouviu alguns dos maiores líderes de negócios do mundo (que participavam das reuniões e integravam o conselho), além de ouvir consultores e acadêmicos. O resultado é um retrato da corporação do século XXI, cujas características irão distingui-la da versão século XX com que estamos familiarizados. A seguir, uma comparação entre as duas versões:

Antigas características	Características emergentes
Direcionada por metas	Direcionada pela visão
Focalizada em preço	Focalizada em valor
Voltada para a qualidade do produto	Voltada para a qualidade total
Dirigida por produto	Dirigida pelo cliente
Focalizada nos acionistas	Focalizada em todos os interessados
Orientada pelas finanças	Orientada pela velocidade

Eficiente, estável	Inovadora, empreendedora
Hierárquica	Horizontal, empowerment dos funcionários
Baseada em máquinas	Baseada em informações
Funcional	Transfuncional
Rígida, comprometida	Flexível, sempre aprendendo
Local, regional, nacional	Global
Integrada verticalmente	Organizada em rede, interdependente

Vamos lidar com essas novas características em todo o livro. As idéias já são bem familiares; elas não surgem unicamente a partir de nossa imaginação. Provavelmente, todos os executivos de hoje introduziram uma ou mais dessas novas características em suas próprias empresas, com resultados mistos. Todas as idéias foram consideravelmente testadas na última década. Elas não são igualmente importantes. Todavia, essas são as características que irão diferenciar a corporação do futuro da corporação de hoje. No outono de 1996, o SEI Center entrevistou muitos dos executivos engajados nessas mudanças e lhes pediu para que dissessem o quanto era importante para eles cada característica e o quanto a empresa deles havia avançado em adotá-las. As respostas de 53 executivos, divididos quase igualmente entre América do Norte, Ásia e Europa, são mostradas nos capítulos relacionados a cada questão e em forma de resumo no apêndice.

As novas idéias não irão necessariamente acabar com as antigas. Obviamente, a atenção aos lucros permanecerá crucial para toda corporação. As hierarquias não irão desaparecer completamente das organizações niveladas e dirigidas por equipes. Você não pode se tornar totalmente global e ignorar os fatores locais e regionais. Você não pode se tornar completamente transfuncional e deixar de lado a excelência funcional. Em vez de uma alteração completa, estamos falando de uma mudança no equilíbrio, de uma nova ênfase e de algumas perdas em troca de outros ganhos. Embora a maioria das empresas acabe sendo uma mistura de características novas e antigas, todas terão que se ajustar às novas realidades — às necessidades de seus funcionários, clientes e comunidades, à nova tecnologia, aos mercados globais, às demandas por maior velocidade, inovação e adaptabilidade.

Este livro avança no que se refere ao trabalho do SEI Center ao observar o que realmente acontece quando as empresas tentam mudar suas características. Já que não podemos propor um modelo para o próximo empreendimento, observaremos os impulsionadores da mudança com que todas as empresas terão que lidar e, depois, os vários meios de responder a esses impulsionadores. A seguir, como organizamos o livro:

- A **Parte 1** descreve os impulsionadores da mudança — a obsolescência da antiga corporação, a explosão de informações, a globalização, a nova intensidade da concorrência, as expectativas da sociedade e as expectativas dos clientes.
- A **Parte 2** descreve como o novo empreendimento está remodelando o modo como os negócios vêem as pessoas, incluindo o cliente, o líder e o funcionário.
- A **Parte 3** analisa como as empresas estão utilizando as novas ferramentas que possuem no que se refere à tecnologia da informação, inovação, velocidade e qualidade.
- A **Parte 4** mostra as mudanças na própria corporação, como as empresas estão se tornando globais, como elas formam suas redes, como aprendem, como podem responder melhor às demandas da sociedade e como podem reprojetar sua arquitetura.

Buscamos descrever minuciosamente como os negócios estão se preparando para o século XXI conversando com CEOs e com outros executivos — as pessoas responsáveis por conduzir a mudança. Fomos a dezenas de empresas americanas, japonesas e européias, em sua maioria as que tiveram a perseverança de tentar executar bem as novas idéias por anos. Perguntamos aos seus principais executivos o que haviam aprendido com a experiência e entramos nas empresas para conversar com as outras pessoas, assim como consultores, ex-funcionários e professores de negócios familiarizados com as empresas. Portanto, esperamos ir além das características do próximo empreendimento com que as pessoas estão razoavelmente familiarizadas e descrever o que é menos conhecido — como elas funcionam na prática. Também destacamos o que é normalmente ignorado na teoria gerencial e no planejamento executivo — como integrar todos os elementos do próximo empreendimento. O executivo muito freqüentemente irá buscar uma solução limitada, o infame "tiro mágico" em vez de ter uma visão coerente do todo e tentar combinar todas as peças novas. Em todo o livro, iremos destacar os vínculos entre uma mudança e outra. Ao final de muitos capítulos destacamos alguns vínculos que precisam ser considerados, juntamente com indicadores e advertências. Esperamos criar um guia prático para ajudar os gerentes e executivos de hoje a conduzirem a mudança em suas empresas à medida que avançam para o século XXI. Em vez de descrever as mudanças e a nova organização usando abstrações, decidimos contar as histórias das empresas que estão liderando o caminho.

O Duque de Wellington disse que "a Batalha de Waterloo foi ganha na quadra de esportes de Eton*". Uma metáfora que talvez seja capaz de descrever o que está acontecendo — ou deveria estar acontecendo — às corporações e, portanto, ao conceito de organização. Se o Duque de Wellington estivesse vivo, provavelmente diria que a Guerra do Vietnã foi perdida no campo de esportes de West Point. Naquela época, o exército dos Estados Unidos era como um time de futebol americano, uma enorme e ruidosa força de pesos-pesados armados que dependiam de força bruta, dirigidos por um técnico dominador, se não egomaníaco que tentava adivinhar como as pessoas agiriam em campo. A corporação clássica do século XX é como esse exército. É inapropriada para os negócios modernos, da mesma forma que o exército americano o era para a arte de guerrilhas. É hora de parar de pensar em futebol americano e pensar no futebol europeu e latino-americano. A empresa atual precisa aprender a jogar um jogo fluido, em constante mudança, um que demande agilidade, improvisação e adaptabilidade, onde os jogadores possam intercambiar papéis com outros jogadores e que não sejam dominados por um tirano.

---

* N.T.: Eton, fundada por Henrique VI, em 1440, é a maior universidade pública da Inglaterra.

1
POR QUE MUDAR?

DESATENÇÃO AO CLIENTE

Várias adjetivações nada lisonjeiras têm sido atribuídas às corporações. São chamadas de autoritárias, obsessivas por controle, feudais, hierárquicas, mecânicas, militaristas, rígidas, bitoladas, reticentes, lentas e não-empreendedoras, somente para citar algumas. Foram até descritas como as únicas instituições totalitárias que restaram no mundo, agora que o comunismo está morto. Como puderam sobreviver e, mais ainda, serem bem-sucedidas? Talvez tenham até tido sucesso demais. Inevitavelmente tornaram-se acomodadas e fecharam os olhos para as mudanças à sua volta. A corporação realmente precisa ser reinventada, e muitas das características desagradáveis que lhes são atribuídas são verdadeiras. Jack Welch, provavelmente o mais famoso dos modernos executivos reformadores da América, coloca o problema de seu modo pungente. A estrutura hierárquica atual, dado o controle do CEO sobre a estratégia, a organização e as informações, comenta o presidente do conselho da General Electric, cria uma organização que "se volta para o CEO e vira às costas para o cliente" (de acordo com a *Harvard Business Review*). Com o passar dos anos, ele diz, a GE criou "uma abordagem gerencial correta para o seu tempo, um brinde às escolas de negócios. Divisões, unidades estratégicas de negócios, grupos, setores foram designados para tomar decisões meticulosas, calculadas, e para impulsioná-las e melhorá-las. O sistema produziu um trabalho altamente refinado. Foi correto nos anos 70, uma crescente desvantagem nos anos 80 e teria sido um ingresso para o cemitério nos anos 90".[1]

Pesquisa SEI	
Reinventar a corporação é fundamental	74%
Estamos reinventando a corporação com sucesso	19%

A corporação moderna tem muita história e legados a superar. A organização humana sempre foi hierárquica, em igrejas, exércitos, monarquias feudais e em burocracias modernas. A atividade de negócios não foi uma exceção. A corporação moderna cresceu, de forma suficientemente lógica, a partir do surgimento das ferrovias e do início do telégrafo em meados do século XIX. Antes disso, as empresas eram relativamente pequenas e de âmbito geográfico restrito, com necessidades modestas quanto a controles, informações e capital. Contudo, as ferrovias criaram as primeiras organizações de grande porte e disseminadas exigiram controles rígidos e passaram a fornecer rapidamente informações quando as pequenas linhas locais se fundiram em grandes linhas regionais e nacionais.

O historiador de negócios, Alfred D. Chandler Jr., descreve como as ferrovias, especialmente a Erie, sob as ordens de seu superintendente geral, David C. McCallum, produziram a primeira grande e moderna corporação. Ele criou uma estrutura para a administração de uma organização complexa, enunciou os princípios da administração que iriam governá-la e criou um fluxo de informações para rastrear e avaliar as operações de um empreendimento amplamente disseminado. McCallum acreditou na rígida aderência à hierarquia de forma que os subordinados tratassem apenas com os superiores imediatos. Ele foi o primeiro a utilizar a tecnologia da informação, neste caso o telégrafo, não apenas para transmitir notícias urgentes mas para reunir informações que ajudassem a gerência a monitorar a ferrovia.[2]

É interessante que a história de Chandler, *The Visible Hand: The Management Revolution in American Business*, atribui a essa revolução do século XIX dois dos mesmos impulsionadores que atualmente consideramos especialmente importantes em nossa revolução gerencial: informação e velocidade. Naquela época, foi o telégrafo que criou uma nova tecnologia da informação; hoje, é o computador e todas as suas conexões eletrônicas. Também naqueles tempos, foram as ferrovias que fizeram a atividade de negócios andar mais rápido; hoje é a automação, a televisão, as aeronaves a jato, o telefone, o fax, o e-mail e o resto de nossas parafernálias eletrônicas, e toda uma gama de dispositivos gerenciais destinados a fazer com que a empresa tenha ação e reação mais rápidas.

A TEORIA DO BOBO PREGUIÇOSO

Para completar a corporação clássica eram necessários mais três elementos: a ordenação da atividade humana, a invenção da linha de montagem e a perfeição da corporação como uma organização. O primeiro elemento surgiu a partir da "administração científica", invenção de Frederick Winslow Taylor, engenheiro mecânico que assentou a base, na virada do século, para a divisão do trabalho em componentes mínimos e repetitivos e que depois disse aos funcionários exatamente como atuar, devendo os mesmos agir estritamente conforme o determinado. A administração científica presumia que o funcionário era ignorante, estúpido e que iria "enrolar" no trabalho sempre que pudesse sair impune.[3] O funcionário fazia exatamente o que o encarregado de seu setor havia lhe dito, e a gerência planejava o trabalho. O Taylorismo aumentou bastante a produção da fábrica, mas também desumanizou o trabalho.

O novo maquinário de produção mais a enorme demanda do Model T da Ford em todo o mundo forçaram Henry Ford a promover o próximo grande avanço na organização industrial, a invenção da linha de montagem em movimento. Após a experiência com as linhas de montagem em movimento para produzir peças de automóveis, a Ford começou a fabricar, em outubro de 1913, o Model T inteiro em uma linha de montagem em Highland Park, Michigan. O tempo utilizado pela mão-de-obra para a montagem de um carro caiu imediatamente de doze horas e oito minutos para duas horas e 35 minutos. Na primavera seguinte, o tempo de montagem era de uma hora e 35 minutos.[4]

O modelo final da corporação clássica do século XX surgiu após a Primeira Guerra Mundial a partir da quase ruína da General Motors, causada em parte pela recessão do pós-guerra e em parte pela gerência frouxa, se é que existente, de seu fundador, Will Durant. Alfred P. Sloan Jr. tornou-se presidente em 1923 e se dispôs a organizar, a seu modo cuidadosamente analítico e intelectual, a grande corporação moderna. Desde que Alfred P. Sloan a recriou, a GM sobreviveu muito bem até os anos 90, e foi extremamente bem-sucedida na maior parte desse tempo. Alfred P. Sloan acreditava que uma grande empresa tinha que ser descentralizada, de forma que as divisões tivessem autonomia operacional. Porém, as divisões seriam orientadas, ajudadas, coordenadas e, acima de tudo, prestariam contas a uma sede corporativa, especialmente a um comitê financeiro. A gerência dependia bastante do que logo se tornaria uma enorme equipe central. Alfred P. Sloan Jr. via seu próprio papel como o de "vender idéias em vez de simplesmente dar ordens"[5], demonstrando mais sabedoria do que muitos CEOs haviam demonstrado até então. Ainda na década de 40, Peter Drucker viu que a GM precisava começar a mudar, mas essa sabedoria só foi absorvida pela empresa nos anos 90.[6]*

Em termos humanos, a corporação do século XX criou o homem organizacional, "the organization man", título do famoso livro de William H. Whyte sobre a vida corporativa nos anos 50.[7] O jovem gerente corporativo então acreditava que suas metas e as da corporação eram as mesmas. *Ele* (naquela época não se pensava no sexo feminino) apreciava "a idéia de seu relacionamento com a organização ser para sempre". O jovem gerente era otimista, e não descrente, em relação ao sistema. Não achava que a organização a que pertencia precisasse recrutar quaisquer gênios, mas se algum excêntrico fosse recrutado por engano a organização poderia dar um jeito nele. O homem organizacional desejava crescer, mas não tanto a ponto de sua cabeça ficar do lado de fora. Na visão dos executivos e dos gerentes de recursos humanos dos anos 50 o líder daqueles tempos estáveis deveria ser um administrador. Se a organização precisasse de uma nova idéia de vez em quan-

---

* O livro de Peter Drucker começa como um estudo da General Motors, empresa que ele presidiu por 18 meses já no final da Segunda Guerra Mundial. Porém, como ele observa no epílogo de 1983 do livro, a GM ficara tão irritada com os resultados, que resolveu ignorá-lo até como pessoa. Embora o livro tenha sido um best-seller em todo o mundo, a GM nem o catalogou em sua biblioteca. Uma razão para tamanha fúria foi o fato de Peter Drucker ter percebido, justamente quando a GM estava no auge do sucesso, que a empresa precisava de reorganização, quarenta anos antes do conselho ou a gerência ter se dado conta disso. Outra razão foi o alerta de Drucker para a "responsabilidade social". Por exemplo, ele disse que a GM deveria se preocupar com a saúde das cidades onde a empresa possuía fábricas. Alfred P. Sloan, o grande presidente do conselho da GM na época, respondeu que a empresa não tinha nenhuma responsabilidade em áreas onde ela não tinha autoridade. Vender carros era difícil o bastante. Seria irresponsabilidade por parte da GM entrar em outro campo, particularmente em um campo onde ela carecesse de autoridade e competência.

do, essa deveria vir da gerência central. A corporação não queria pessoas com impulso nem imaginação próprios.[8]

A HIERARQUIA AINDA VIVE

A cultura corporativa pós-Segunda Guerra Mundial pode ter sido hipócrita e insensível, mas antes de descartá-la como um anacronismo incorrigível, devemos destacar que ela funcionou bem. A fidelidade deu aos gerentes segurança e as muitas camadas de hierarquia lhes prometiam uma vida inteira de promoções. Se a antiga AT&T tivesse 100 níveis hierárquicos, como às vezes parecia às pessoas que lidavam com a empresa, e as promoções fossem concedidas a cada dois anos, então a AT&T poderia prometer a um trainee ambicioso uma carreira satisfatória de 200 anos. A corporação era algo sólido com que se podia contar. Ela substituía uma parte do contexto social e os vínculos que estavam desaparecendo em toda a parte, nas escolas, igrejas, comunidades e famílias. A corporação clássica foi, na verdade, um enorme sucesso. Mostrou excelência na produção em massa. Também funcionou bem onde o controle era especificamente importante, nas companhias aéreas, por exemplo. Com essa complexa divisão da mão-de-obra, a corporação clássica criou a excelência funcional. As pessoas conseguiam se sair muito bem em seus trabalhos. Em um ambiente estável e previsível, a corporação clássica poderia realizar muito bem o que se esperava dela. Ela tornou possível a revolução americana na fabricação, que elevou o padrão de vida a um nível inimaginável um século atrás. E ainda hoje é responsável pela maior parte do trabalho que sustenta nossa economia. A hierarquia não desapareceu. Os trabalhos não desapareceram. A produção em massa não se tornou supérflua.

Entretanto, a corporação clássica possuía fraquezas inerentes que, com o tempo, se tornaram mais do que uma desvantagem. As hierarquias projetadas para controlar o trabalho ficaram tão enfadonhas que se tornaram um obstáculo para se conseguir executar o trabalho. Os gerentes da sede, destinados a pensar pela organização e a ajudar o pessoal operacional, se transformaram em forças sufocantes que acabaram com a inovação e o espírito empreendedor. As pessoas que executavam o trabalho não tinham poder de verdade; as pessoas que tinham o poder faziam pouco trabalho de verdade. A corporação clássica pode ter criado a excelência funcional, mas não encorajou a coordenação. Os quadros funcionais e as divisões brigavam entre si; a Chevrolet via a Pontiac como um concorrente no mesmo nível da Ford. A produção em massa empurrava os produtos para o mercado, mas não era sensível ao que o mercado gostaria que saísse da fábrica. Na verdade, a corporação cresceu cada vez mais distante do cliente. Em vez de as informações se disseminarem para alcançar as pessoas que precisavam delas para trabalhar, as informações ficavam retidas na hierarquia. Idéias e conflitos eram abafados por uma forma de "trabalho em equipe" que significava tocar o barco sem balançá-lo, em vez de trabalhar como uma equipe para gerar os melhores resultados possíveis.

A AMEAÇA IMEDIATA

Em resumo, as corporações trabalhavam como as organizações de todos os tipos trabalharam por toda a história. Os católicos que contestassem a doutrina da Igreja confrontavam-se com a Santa Inquisição. As guildas medievais expulsavam o membro que desafiasse o modo como as coisas eram realizadas tradicionalmente (exatamente como os sindicatos de hoje parecem ser os defensores do status quo). No Egito antigo, os físicos eram treinados a executar exatamente 128 procedimentos, todos da mesma forma. Os artistas egípcios aprenderam que havia apenas um meio de se pintar um crocodilo ou uma pessoa.[9] Mesmo em nossos tempos, os exércitos são preparados, como sempre foram, para lutar como lutaram na última guerra. A natureza humana parece não gostar de mudança, seja na forma como matamos, curamos, cultuamos ou trabalhamos.

É preciso uma guerra para fazer um exército se mexer, e foi necessário algo como uma guerra para fazer a corporação americana se mexer. Suas falhas de repente aumentaram e se multiplicaram em 1979 e 1980, quando um concorrente começou a se sobressair no mercado mundial. A América descobriu que as máquinas copiadoras japonesas eram melhores e mais baratas do que as dela, que os circuitos integrados japoneses eram bem mais confiáveis e que as exportações de excelentes carros japoneses levou a Chrysler e a Ford à beira da ruína. A acomodação da corporação americana do pós-guerra chegava ao fim, mas não de uma hora para outra. As empresas mais imediatamente ameaçadas, como a Xerox e a Ford, começaram a mudar rapidamente. As empresas que conseguiram se proteger da concorrência por algum tempo devido ao seu porte e sucesso, como a General Motors e a IBM, não compreenderam a nova realidade até mais de uma década depois.

Até as virtudes da corporação clássica se tornaram uma desvantagem. A habilidade em produção em massa não chega a ser uma vantagem quando a nova tecnologia e a nova organização permitem atingir o mercado através da rápida e freqüente modificação do produto e da customização em massa. Níveis hierárquicos em demasia e quadros gerenciais numerosos se tornam mais um peso, uma vez que retardam as decisões e sufocam as iniciativas. Uma estrutura rigidamente funcional é um obstáculo ao tipo de trabalho em equipe capaz de produzir respostas rápidas e inovadoras à concorrência. Uma empresa que insiste em uma cadeia de comando rígida não pode obter vantagem da nova tecnologia da informação.

A antiga corporação não se adequava mais às pessoas que a dirigiam, às pessoas que nela trabalhavam ou às que dela compravam. A hipótese por trás do taylorismo — que o trabalhador era estúpido, ignorante e preguiçoso — certamente não é verdadeira agora, se é que algum dia o foi. Até 1910, quando a grande expansão da educação escolar secundária começou nos Estados Unidos, apenas 10% dos jovens americanos possuíam segundo grau completo.[10] Em meados dos anos 90, 70% dos estudantes que entravam no primeiro ano do segundo grau se graduavam, e 62% desses estudantes entravam para a universidade. Atualmente, as pessoas são mais instruídas e mais independentes. Os americanos criados nos anos 60 e após questionam a autoridade e não estão dispostos a cumprir ordens sem usar seu próprio julgamento. Eles conseguem tomar suas próprias decisões. Os clientes também são mais exigentes. Nos capítulos seguintes descreveremos em mais detalhes os impulsionadores da mudança — a nova tecnologia da informação, a competição mais acirrada e as exigências da sociedade e do cliente, sendo que todos eles contribuem para a obsolescência da corporação clássica.

ASSUMINDO O VOLANTE DA HONDA

A mesma necessidade de mudança que existe nos Estados Unidos existe na Europa e na Ásia, é claro, mas é abafada, se não suprimida, por outras pressões diferentes e até mesmo contrárias. Talvez apenas na

Grã-Bretanha a corporação seja igualmente livre para experimentar e inovar quanto nos Estados Unidos. Na parte continental da Europa e no Japão um conjunto completo de limitações sociais, econômicas e políticas força os executivos a reagirem de forma diferente aos mesmos problemas. Relacionamentos estreitos entre políticos e executivos, entre bancos e corporações inibem o comportamento independente. Acionistas que talvez se rebelem contra gerentes incompetentes nos Estados Unidos são geralmente muito insignificantes ou bem comportados para se revoltarem na Europa ou no Japão. Na França e na Alemanha, especialmente, os sindicatos de trabalhadores ainda têm uma força que já perderam em outros lugares. Na Alemanha, algumas das muitas características da economia que lhe garantiram tanto sucesso após a Segunda Guerra Mundial inibiram a mudança. A "economia social de mercado" é uma economia de mercado com um lado social destinado a limitar a dor que o mercado pode causar aos trabalhadores. A "democracia industrial" da Alemanha coloca os trabalhadores em posições de poder em conselhos corporativos de supervisão. Quando confrontados com a necessidade de mudança, os executivos europeus têm um fato irresistível a considerar — o índice de desemprego na Europa é o dobro do índice dos Estados Unidos. Ironicamente, as verdadeiras mudanças capazes de criar empregos na Europa são inibidas pelo alto índice de desemprego.

Os empregos são também um grande inibidor da mudança no Japão. A recessão dos anos 90 no Japão forçou as corporações desse país a reexaminarem a garantia de emprego vitalício para que pudessem ser mais livres para mudar e aumentar a produtividade. Mas recuaram no que diz respeito à idéia de reduzir os contratos de emprego vitalício, apesar de terem feito alguns ajustes. Ryuzaburo Kaku, CEO da Canon Inc., diz que a reestruturação da Canon não põe fim ao sistema de emprego vitalício. Apenas os negócios, e não o governo, podem oferecer empregos, ele comenta, portanto "as empresas têm a responsabilidade de manter o sistema social existente". Ryuzaburo Kaku acredita que apenas as empresas que vislumbram meios de manter os empregos sobreviverão no século XXI, e aquelas que vão em busca de lucros apenas não irão sobreviver.[11]

O Japão, que há apenas uma ou duas décadas tinha muito a ensinar aos americanos sobre a realização de melhorias na gerência, agora se mostra lento para acompanhar a gerência americana. Entretanto, a concorrência global está forçando o Japão a mudar. Os cartéis que mantêm os preços elevados estão acabando, as empresas como a Matsushita, a Canon e a Honda estão se reestruturando, com a limitação de não demitir grandes números de funcionários. Os japoneses sentem necessidade de mudar. Quando Nobuhiko Kawamoto tornou-se CEO da Honda em 1990, ele disse: "Senti que algo deveria ser feito rapidamente para preparar a Honda para o futuro... Como resultado, tomei a decisão de assumir o volante da Honda".[12] Além do que sua própria empresa deveria fazer, Nobuhiko Kawamoto acredita que o Japão deveria se movimentar para compartilhar normas, valores e percepções comuns com o restante do mundo. Nos últimos 50 anos, ele comenta, o Japão "forçou ou coagiu" seu próprio caminho no mundo. O país mudou duas vezes radicalmente no último século, após a Restauração Meiji e após a Segunda Guerra Mundial, mas ainda está vivo na mente dos japoneses o período Tokugawa de isolamento e as regras dos *shoguns*. "Isso tem que mudar", diz Nobuhiko Kawamoto.[13]

SITUAÇÃO INSUSTENTÁVEL NA DAIMLER

Na Europa, apesar das regulamentações, das práticas comerciais restritivas, redes de ex-colegas de escola, sindicatos fortes e do elevado índice de desemprego, os negócios começaram a responder à urgente necessidade de mudança. A privatização de grandes empresas, como a British Telecom, Deutsche Telekom, Pechiney, Saint-Gobain e de muitas outras forçou-as a se tornarem mais eficientes. Ser competitivo em mercados internacionais é pelo menos tão importante para as empresas européias quanto para as japonesas, e mais ainda para as americanas. Boa parte dos negócios da Alemanha sempre foi orientada para a exportação. No caso de grandes empresas situadas em pequenos países, como a Electrolux na Suécia, a Nestlé, a Roche Holdings e a Sandoz na Suíça, a Philips na Holanda e a Solvay na Bélgica, as vendas locais representam uma parcela bem pequena do total das vendas.

Os executivos e investidores europeus estão se rebelando contra os meios confortáveis e estabelecidos de se realizar negócios na Europa. Quando o Deutsche Bank ficou farto das grandes perdas e das fracas aquisições da Daimler-Benz AG, utilizou sua posição de acionista majoritário para forçar o CEO Edzard Reuter a deixar a empresa em 1994. Que choque para a sociedade empresarial alemã! Em 1996, seu sucessor, Jürgen Schrempp, passou a realizar outros feitos chocantes, principalmente no que se refere ao abandono da subsidiária de aeronaves alemã que estava perdendo dinheiro, a Fokker N.V. Um sistema de negociações coletivas "bastante confortável" que estabelece acordos para todo o setor garantiu a paz trabalhista, mas também deu aos trabalhadores alemães a menor semana de trabalho e o mais alto pagamento do mundo industrializado. Porém, em 1995, quando a confederação das metalúrgicas, a Gesamtmetall, concordou com um aumento salarial bem acima do índice da inflação e com uma redução da semana de trabalho de 36 para 35 horas, as empresas que não gostaram da idéia se revoltaram e forçaram o responsável pela Gesamtmetall a renunciar ao cargo. Algumas empresas abandonaram a confederação, e outras simplesmente fizeram suas próprias negociações com os funcionários.

Na França, os graduados das "grandes écoles" cuidaram muito bem uns dos outros na reunião de cúpula de empresas e governos. Formaram uma estreita rede que passou a controlar muito bem o país. Quando um pequeno banco, o Banque Pallas-Stern, teve problemas em 1995 naturalmente recorreu à maior empresa francesa, a Elf Aquitaine SA, sua correntista e acionista. Em vez de ajudar, Philippe Jaffre, presidente do conselho da Elf, retirou seus 200 milhões de depósito e disse: "Este banco não é problema meu". O banco afundou.[14] A rede está perdendo sua solidariedade.

A Europa oferece um exemplo do que pode ser um modelo de corporação do futuro. A ABB Asea Brown Boveri Ltd., uma empresa de engenharia elétrica que fatura 36 bilhões de dólares por ano, é uma organização obsessivamente descentralizada com uma equipe central mínima na sede corporativa em Zurique. Percy Barnevik, o sueco que constituiu a gigante suíço-sueca em 1987, cortou o quadro funcional das duas sedes, que juntas somavam 6.000 pessoas, para 171 pessoas. Essas pessoas supervisionam 1.300 empresas em operação com 5.000 centros de lucros em 140 países. A diferença entre a ABB e as grandes organizações que se descentralizaram mais cedo, como a GM, é que os empreendedores trabalham em campo, nas pontas da empresa e não no escritório central. Apenas um nível gerencial separa o topo da empresa dos gerentes em campo. Um sistema de informações automatizado proprietário une a empresa toda.

UM MUNDO QUÂNTICO

A ABB pode ser o modelo do empreendimento futuro, o modelo único ou pode até se tornar irrelevante. Nos Estados Unidos, ainda não existe um modelo para a empresa do século XXI e talvez nunca venha a existir. O que surge pode vir em diferentes formatos e estilos. Talvez ainda seja errado pensar no próximo empreendimento em termos de organização. John Sculley deixou de ser o responsável formal de uma organização formal (PepsiCo) para ser o responsável formal de uma organização um tanto quanto informal (Apple Computer) e para ser o responsável informal de uma organização informal: ele dirige uma rede de interesses e empresas que, por sua vez, são também redes em vez de organizações. Ele comenta: "Não acho que faça mais muita diferença a forma como você organiza as empresas". O que realmente importa, ele afirma, é ser capaz de alcançar seus clientes e atendê-los de uma maneira que seja satisfatória para eles e competitiva no mercado. "Contanto que você estabeleça os processos que lhe permitam implementar de forma bem-sucedida, eu não acho que faça muita diferença o tipo de projeto organizacional em particular que você acabe escolhendo."[15]

Em vez de se verem como pirâmides ou estruturas definidas por patamares hierárquicos, as empresas estão mais inclinadas atualmente a olharem para si mesmas como uma série de processos relacionados. O que importa é como você faz as coisas, e não como você projeta o mapa da organização.

Nossos conceitos de organização podem estar mudando fundamentalmente, em função de mudanças em nossas idéias a respeito da física e do meio ambiente. Podemos observar nossa compreensão da ciência para nos orientarmos em nossa compreensão das organizações. A física de Newton vê um mundo mecânico que pode ser explicado estudando-se cada uma das partes separadamente em detalhes cada vez maiores. Entretanto, a física quântica do século XX explica o mundo não em termos de partículas estáveis da matéria, mas em termos de elétrons, nêutrons, prótons e outras partículas de energia que constantemente reagem umas às outras e modificam-se umas às outras. Da mesma forma, a organização pode ser vista não como um arranjo estável e mecânico de partes, mas como uma rede de relacionamentos. No mundo newtoniano, você gerencia por meio de controle, pensamento linear, redução, meios mecânicos e especialização. Em um mundo quântico, você gerencia — se é que você pode gerenciar — sendo adaptável, aberto, consciente quanto aos relacionamentos e ao todo. Na física de Newton, predominam as coisas; na quântica, as pessoas.[16]

A complexidade das corporações tem que ser reconhecida e, uma vez reconhecida, exige uma visão diferente de como dirigir um negócio. As corporações podem ser incluídas entre os "sistemas complexos adaptativos", um conceito desenvolvido pelo Santa Fe Institute, um grupo de pesquisa que atraiu muitos estudiosos e homens de negócios insatisfeitos com o andamento das coisas. Sistemas complexos podem ser encontrados em muitos lugares do mundo natural — na ecologia, em uma colônia de formigas, no cérebro humano — e em nossa sociedade — partidos políticos, grupos sociais e culturais, na economia, nas empresas. Cada sistema é uma rede de agentes (células nervosas, no caso do cérebro humano) que agem e constantemente reagem uns aos outros. "Não existe nenhum neurônio-mestre no cérebro, por exemplo, nem existe nenhuma célula-mestra com um embrião em desenvolvimento", explica Mitchell Waldrop, um escritor da revista *Science* que seguiu detalhadamente as idéias da complexidade. "Se houver algum comportamento coerente no sistema, ele tem que surgir da concorrência e da cooperação entre os próprios agentes."[17] Sem interferência de um homem como chefe ou de um centro de controle biológico, esses sistemas complexos de fato se comportam coerentemente. Eles são especialmente bons em se adaptar à mudança. Pelo fato do mundo deles ser tão complexo, poderiam não se adaptar com sucesso sob um controle unificado. Se a corporação for vista como um desses sistemas complexos, então o antigo modelo de comando e controle passa a ser inadequado.

Uma visão semelhante da organização surge a partir da teoria do caos, que vê o caos não como uma total falta de ordem, mas como uma turbulência, um movimento, uma mudança que é imprevisível mas que realmente possui regras próprias. O fundador da VISA International, Dee Hock, que faz um alerta para o "pesado fracasso institucional" em nosso futuro, fala da organização "caórdica" (do caos ordenado). Assim como a VISA ou a Internet, a organização ordenada no caos não possui um responsável, mas é auto-organizada, auto-regulada, orgânica, adaptável e complexa. Talvez o que torne a idéia do caos ordenado atraente seja a complexidade das organizações modernas; as partes não podem conhecer o todo, e o todo não pode conhecer todas as partes.[18]

Nossa organização social propõe outro meio de se observar a organização que foi desenvolvido por Russell Ackoff, um consultor de gerência que estava acostumado a ser professor de assuntos não-ortodoxos na Wharton School. Russell Ackoff traça a evolução da corporação desde o antigo modelo mecânico ruim, passando pelo melhor modelo biológico (após a Primeira Guerra Mundial) e chegando ao modelo social ainda melhor (após a Segunda Guerra Mundial). Ele descreve uma "hierarquia democrática" onde não há uma autoridade máxima. Em vez disso, cada pessoa pode participar, diretamente ou através de um representante, das decisões que o afetem. Russell Ackoff descreve esse poder como "circular", porque qualquer um com autoridade sobre os outros em uma democracia fica sujeito à autoridade coletiva dessas outras pessoas.[19] Algumas empresas realmente já se organizaram de acordo com os princípios de Russell (ver Capítulo 9), embora as idéias dele tenham tido até agora maior atração do que aplicação. No entanto, as idéias dele precisam ser consideradas na criação do próximo empreendimento.

Antes de nos deixarmos levar para um futuro caórdico ou caótico, não percamos o controle. Nós não vimos a organização do futuro, não sabemos como é o modelo. Não estamos prestes a descartar hierarquias, funções, controles e pensamento linear. Sabemos, entretanto, que as corporações não têm escolha senão responder a certos impulsionadores irresistíveis: tecnologia da informação, novos níveis de concorrência, novos padrões e expectativas por parte dos consumidores e da sociedade. Essas questões são discutidas nos próximos quatro capítulos. A resposta das corporações a esses impulsionadores é discutida nos capítulos subseqüentes.

Indicadores

Seria difícil descobrir uma corporação que pudesse realizar negócios como no início dos anos 80. Muitas pessoas tentaram responder a essas grandes mudanças que assolaram os negócios desde então. Poucas pessoas responderam eficazmente. Uma razão para a resposta ineficaz é que os líderes de negócios simplesmente não apreciavam o quão diferente seu mundo havia se tornado. A seguir, algumas das questões que devem indicar a uma empresa o quanto ela precisa mudar:

- A organização, a liderança e o estilo de gerência permaneceram exatamente os mesmos nas duas últimas décadas?
- A idéia de mudanças, freqüente se não constantemente, foi aceita?
- A cultura da empresa tornou-se inovadora, aberta e receptiva?
- A empresa adotou a tecnologia da informação?
- Os concorrentes, estrangeiros ou do mercado local, modificaram a natureza do mercado?
- A desregulamentação da privatização afetou o negócio?
- A nova tecnologia modificou os produtos e serviços?
- Todas as necessidades do cliente foram completamente compreendidas?
- A empresa ficou aberta a alianças e parcerias?

Parte 1

Os Impulsionadores

2

O REINO DOS COMPUTADORES

"O sistema de informações é a empresa."
— Thomas N. Urban, ex-presidente do conselho,
Pioneer Hi-Bred International Incorporated

A Pioneer Hi-Bred vende mais sementes de milho para os fazendeiros da América e de todo o mundo do que qualquer outra empresa. Henry A. Wallace, que gostava de fazer experiências com genética de plantas quando ainda estava no segundo grau, fundou a empresa em 1926. "HA", como ainda é conhecido em Des Moines na modesta sede da empresa, onde há um busto no lobby, partiu para Washington para se tornar secretário de agricultura do governo de Franklin Roosevelt. Henry A. Wallace tornou-se vice-presidente em 1940, depois transformou-se em místico político, concorreu à presidência pelo Partido Progressista em 1948, e nunca retornou a Des Moines. Porém, a empresa cresceu. A Pioneer cresceu se transformando na fornecedora de sementes mais bem-sucedida do mundo. A empresa fornece 43% da semente de milho híbrido da América do Norte e suas vendas mundiais atingiram US$1,5 bilhão em 1996.

A Pioneer continua sendo a mesma empresa que foi por quase sete décadas. A expectativa é que as pessoas trabalhem na empresa por muito tempo e, caso os parentes dessas pessoas também venham a trabalhar na empresa, tudo bem. Muitos dos vendedores ainda são fazendeiros em meio expediente que param para conversar com os fazendeiros vizinhos. Um equipamento fundamental continua sendo o "carro de pesagem", rebocado pelas caminhonetes dos representantes de vendas e utilizados para analisar as colheitas, comparando o rendimento de diferentes grãos híbridos. "Não ficamos muito abalados com a revolução do momento", diz Tom Hanigan, vice-presidente e diretor de gestão de informações.

Contudo, nessa sólida estrutura do meio oeste, a Pioneer está correndo para se tornar uma empresa do século XXI. As comunicações e os dados eletrônicos provêem o combustível que move e molda a transformação da Pioneer. Os vendedores ainda utilizam seus carros de pesagem, mas as ferramentas mais importantes hoje são os laptops que carregam. Com um laptop, o vendedor pode fornecer ao fazendeiro uma enorme quantidade de dados sobre sementes, rendimento, índices de custo-benefício, pragas, pesticidas e herbicidas. O fazendeiro de hoje é normalmente um homem de negócios com formação universitária em agricultura, que possui um PC em casa e um agrônomo consultor à disposição dele. Ele quer idéias — e informações muito detalhadas e específicas. Com uma impressora portátil, um representante de vendas da Pioneer imprime cópias dos panfletos da universidade do Estado de Iowa que identificam pragas. O vendedor pode também acessar o banco de dados da Pioneer que contém dados referentes a 505.000 fazendeiros, incluindo nome, endereço, números de telefone, colheitas anteriores, rendimentos de plantio, animais, pedidos e histórico dos pagamentos efetuados pelo fazendeiro.

Qualquer um que ache que os sistemas de informação simplesmente tornaram a Pioneer mais competitiva está errado. Thomas Urban, cujo pai foi o primeiro vendedor da Wallace e que se tornou CEO da Pioneer, faz uma colocação de forma mais drástica. Um homem moderado e cuidadoso, Thomas Urban se aposentou como presidente do conselho da Pioneer no final de 1996 e agora leciona na

Pesquisa SEI	
É de fundamental importância reorganizar-se em função da tecnologia da informação	70%
Estamos nos reorganizando dessa forma	13%

Harvard Business School. A seguir, como ele descreve o que a tecnologia da informação fez pela Pioneer:

> O custo e a velocidade das novas tecnologias agora nos permitem pensar em nossos negócios de maneira bem diferente. A idéia de uma empresa sempre esteve incluída nesse fluxo de informações. A maior velocidade e o reduzido custo de gerenciar informações agora nos permitem extrair essa idéia e manipulá-la para nossa vantagem. As informações representam eficazmente os elementos discretos de nosso negócio. Podemos agora relacionar cada elemento de várias maneiras, criando um fluxo contínuo de atividades resultando em uma significativa melhoria no atendimento às necessidades dos clientes. Ativos, clientes, produtos e funcionários representam, na realidade, locais de informação que geram, recebem, enviam dados e idéias. A descrição mais útil de empresa hoje é, na verdade, uma descrição do conteúdo e do fluxo das informações entre esses locais. Eu argumento que essa é uma idéia mais revolucionária do que parece ser... a organização de informações na Pioneer está agora redefinindo nossa estrutura, as descrições de cargos, sistemas de recompensa e, finalmente, a distribuição de poder, autoridade e responsabilidade. Reposicionar a empresa com base no processo de informações tornou-se, na verdade, a ferramenta organizacional fundamental que nos permite acelerar o desenvolvimento de produtos e relacionar esses produtos às nossas necessidades... nosso sistema de informações é, de fato, o negócio, e não um suplemento dele ou um sistema de suporte... a empresa está organizada com base no fluxo de informações e é dirigida por esse fluxo... o sistema de informações é a empresa.[1]

Já ouvimos falar bastante, mesmo que não tenhamos exatamente experimentado ou compreendido bem, como os sistemas eletrônicos de informações estão mudando nossas vidas. Com um computador e um modem, podemos enviar e-mails quase gratuitamente e fazê-los chegar quase instantaneamente a um amigo em Hong Kong, podemos fazer download do texto referente ao último pronunciamento do presidente ocorrido sábado no rádio, reservar lugares em um vôo para Lexington, juntar-se a um fórum para jogar xadrez, levantar informações sobre uma empresa que nos interessa, pesquisar preços de uma cama nova ou nos informarmos a respeito de uma doença que afetou um amigo. É muito interessante, divertido e fascinante como um novíssimo meio de fazer as coisas eletronicamente, e normalmente bastante útil. Porém, não o bastante para mudar a vida das pessoas, embora possa se chegar a esse ponto.

Entretanto, como conta a história da Pioneer, as informações computadorizadas realmente modificam a vida de um negócio. As informações computadorizadas mudam a forma como as empresas são organizadas, como são gerenciadas, os relacionamentos entre seu pessoal e com os clientes, fornecedores e parceiros. Essas informações mudam o marketing e a distribuição, reduzem as barreiras que se confrontam os empreendimentos e reduzem as diferenças entre as grandes e pequenas empresas.

A existência da nova tecnologia da informação não nos garante que será utilizada lucrativa ou produtivamente. Olhe para o caso da televisão, que pode ser considerada a nova tecnologia da informação dos anos 50 e 60. O histórico da televisão é tão controverso que sua influência em nossas vidas pode muito bem estar com um balanço negativo. A televisão certamente depreciou a política e nosso gosto pelo entretenimento. Outro avanço na tecnologia da informação, menus automatizados controlados por toques nas teclas do aparelho telefônico é, na melhor das hipóteses, uma dádiva controversa. O sistema de menu pode poupar o dinheiro da empresa, mas será que o cliente prefere tropeçar por uma série de menus ouvindo vozes mecânicas, muito provavelmente terminando no ponto de partida ou no local errado, ou será que prefere encontrar um ser humano inteligente e responsivo do outro lado da linha? Será que a Federal Express seria o sucesso de hoje em dia, ou será que sequer existiria, se as ligações dos clientes não fossem atendidas prontamente por agentes prestativos e, em vez disso, fossem desviados para um menu de múltipla escolha e interrompidos por sinais estranhos, informações irrelevantes e por uma mensagem desanimadora informando que o tempo médio de espera para atendimento era de 13 minutos? Isso é o que acontece quando você liga para uma empresa de computadores com o objetivo de obter ajuda para decifrar o manual ininteligível fornecido pela mesma.

Os problemas que surgem a partir da adoção da tecnologia da informação podem ser significativos. "Uma pessoa em St. Petesburg com um computador de 3.000 dólares pode colocar nossas redes em risco", diz Colin Crook, analista-sênior de tecnologia do Citibank. "O grande problema de controlar redes, gerenciá-las e protegê-las para evitar falha sistêmica torna-se uma preocupação-chave. O planejamento não é mais possível no mundo em que vivemos, e é realmente no gerenciamento de riscos que devemos nos focalizar."[2]

A enorme importância da tecnologia da informação para as atividades comerciais americanas pode ser vista de forma convincente, se é que precisamos de provas, pelas tendências de gasto de capital. (Ver Figura 2.1.)

Figura 2.1
Investimentos dos Negócios em Computadores

O Survey of Current Business rastreia os gastos privados em bens de capital (equipamentos duráveis) nos Estados Unidos e a crescente parcela desses gastos dedicada à tecnologia da informação. As estatísticas incluem o custo do software fornecido com o hardware, mas não o custo de softwares adicionais, o que poderia ser o mesmo gasto referente ao hardware.

Ano	Total de equipamentos duráveis	Equipamentos de processamento de informações	Índice
1960	US$ 74,3 bilhões	US$ 3 bilhões	4%
1965	US$ 115,9	US$ 5,5	5%
1970	US$ 149,5	US$ 10,7	7%
1975	US$ 183,9	US$ 16,9	9%
1980	US$ 268,2	US$ 45,4	17%
1985	US$ 342,4	US$ 88	26%
1990	US$ 381,9	US$ 116,2	30%
1995	US$ 535,2	US$ 201,8	38%
1996	US$ 578,6	US$ 241,9	42%

Fonte: Department of Commerce, *Survey of Current Business*, abril de 1996 e abril de 1997, National Data, Tabelas 5.4 e 5.5. Os valores expressos em dólares foram ajustados segundo os índices de 1992.

O CUSTO DO PREÇO ÚNICO

Há uma década, a People Express Airlines demonstrou convincentemente o custo de se deixar de utilizar sistemas avançados de computador. Por um certo tempo no início dos anos 80, parecia que a People Express podia estar levando a América corporativa em direção ao século XXI. A empresa era inovadora, utilizava abordagens gerenciais criativas e, por um breve período, foi a empresa de mais rápido crescimento dos Estados Unidos. Porém, o sucesso da empresa se baseava na capacidade da People em aplicar preços abaixo dos cobrados pela maioria das transportadoras.

A American Airlines alterou as regras do jogo em 1985; ela havia desenvolvido seu sofisticado sistema computadorizado de reservas e, nesse momento, começou a utilizá-lo para vender passagens com dez preços diferentes para um único vôo. Um homem de negócios fazendo uma viagem de última hora pagaria o preço integral, e o aposentado ou estudante ocupando o assento ao seu lado poderia estar pagando uma fração desse preço. Já que a American Airlines conseguia rastrear a ocupação dos vôos com precisão, poderia não oferecer nenhuma passagem com desconto em uma noite de sexta-feira, mas poderia vender todos os assentos de um vôo a preços baixos em uma quarta-feira. Na visão dos clientes ficara tão barato voar pela American quanto pela People. Os computadores da People simplesmente não podiam dar conta de passagens com preços diferentes em um único vôo. A People podia oferecer apenas um preço. No final de 1985, essa empresa havia perdido metade de sua participação de mercado. Donald Burr, fundador e CEO, tentou várias manobras desesperadas para salvar a empresa, mas essas manobras fracassaram, e ele vendeu a companhia em 1986. A falta de tecnologia da informação não foi a única razão, porém a maior.[3] Os sistemas de reserva das companhias aéreas são tão sofisticados atualmente que elas podem fazer milhões de ajustes por dia nos preços, modificando o mix oferecido em cada vôo de acordo com o que tiver sido vendido e com o que precisa ser vendido. Os passageiros que não podem obter o preço que desejam para um determinado vôo ligam uma hora depois e descobrem que esse preço se encontra então disponível. Os passageiros também possuem informações sofisticadas sobre preços a fácil alcance. Logo, o desafio para as companhias aéreas passa a ser o gerenciamento dos rendimentos, criar o modelo de aplicação de preços que possa preencher a maioria dos assentos da forma mais lucrativa possível.

Compreender a importância da tecnologia da informação pode ser difícil porque não possuímos o referencial correto, seja em termos contextuais ou mentais. As pessoas ligadas a atividades de negócios pensam de forma literal, acostumadas a lidar com coisas físicas, ativos, estoques, máquinas, edifícios e produtos. Elas até tratam as pessoas como itens físicos, em vez de tratá-las como seres dotados de emoções e sentimentos. Então, observamos as informações de negócios como um conjunto de itens físicos, algo fixo e absoluto que pode ser guardado escondido num canto. Não é de se admirar que a "falta de comunicação" normalmente venha à tona como uma das reclamações das pessoas em relação aos seus empregadores. E, em geral, como respondemos a essa reclamação? Crie um informativo para os funcionários, coloque à disposição uma caixa de sugestões, afixe slogans na parede, promova um seminário, envie um memorando! No fundo, tudo isso acaba virando *coisas*.

Mas, se pensar na matéria (coisas físicas) e na memória (informações), você pode virar o pensamento convencional de cabeça para baixo e ver que a memória é mais permanente do que a matéria e que, da mesma forma, nos negócios, o conhecimento é mais substancial do que os ativos físicos. Margaret Wheatley, em seu livro provocante, *Leadership and the New Science*, mostra como a ciência pode nos dar uma nova perspectiva de informações. O corpo humano parece ser sólido e estável, mas os materiais que compõem nossas células físicas são constantemente substituídos. Até mesmo os átomos presentes em nossas células nervosas são substituídos a cada 12 meses aproximadamente, embora o conhecimento permaneça no cérebro. Nossas células mudam, mas as informações de nosso DNA não. "As informações organizam a matéria em forma, resultando em estruturas físicas", escreve o Drª Wheatley. Porém, em vez de reconhecer as propriedades vitais da informação, nós a tratamos como algo inerte, algo a ser comprimido em médias e estatísticas que carecem dos detalhes e das peculiaridades.[4]

O FATOR DECISIVO

A nova visão da informação combina, de maneira extremamente poderosa, com o reconhecimento de que o conhecimento é crucial para os negócios. Peter Drucker, Daniel Bell e outros escreveram sobre a transformação que estamos vivendo atualmente. Nem as terras, nem o capital e nem a mão-de-obra são fatores decisivos hoje em dia como eram no passado. O conhecimento é o fator decisivo da produção. Peter Drucker compara a revolução do conhecimento ao que ocorreu após Gutenberg inventar a impressão com tipos móveis em 1455 e ao que ocorreu no final do século XVIII, com os primeiros sinais do capitalismo, do comunismo e da Revolução Industrial. A revolução do conhecimento, ele comenta, começou com o G.I. Bill of Rights, a declaração de direitos dos soldados norte-americanos, que mandou vários veteranos da Segunda Guerra Mundial para a universidade e que acabará por volta de 2010 ou 2020.[5] (Isso coincidiria aproximadamente com o momento em que os engenheiros poderiam vir a alcançar o limite teórico de sua capacidade de reunir transistores em um único chip — que se acredita ser um trilhão de transistores.)

Paul Allaire, CEO da Xerox Corp., cresceu junto com o computador. Ele fez os primeiros cursos de computadores oferecidos no Worcester Polytechnic Institute há quatro décadas e depois trabalhou como engenheiro no Univac*. Ele viu o uso de computadores emergir dos cálculos simples nos anos 50 para o processamento de dados nos anos 60, para o processamento de informações nos anos 80 e depois para a "criação de conhecimento" nos anos 90. Esse último passo, ele diz, nos permite inventar diferentes organizações, pela primeira vez desde os tempos em que a Igreja e os militares estabeleceram o modelo hierárquico como norma para organizar o empenho humano.[6]

O conhecimento disponibilizado pelos computadores nos permite conhecer o que costumava ser impossível de conhecer. Por exemplo, podemos saber exatamente o que está sendo vendido hoje em todas as lojas de uma cadeia. O conhecimento nos permite reagir imediatamente por meio de produção flexível integrada por computador, para produzir exatamente o que o mercado deseja em um determinado momento, seja para um produto ou um milhão de produtos.

A tecnologia da informação nos permite escolher se vamos centralizar ou descentralizar uma organização em um nível impossível anteriormente, embora retendo qualquer que seja o nível de controle e de informações que desejamos no centro. A tecnologia da informação democratiza a organização porque agora todos na organização podem obter as informações necessárias para tomarem decisões. Mas também permite à alta gerência uma oportunidade sem precedentes de monitorar em detalhes e em tempo real o desempenho das pessoas em toda a empresa, ou os níveis de qualidade ou produtividade que estão obtendo. A tecnologia da informação cria enormes eficiências nas operações de rotina ou nas apurações gerenciais das corporações, a ponto de po-

---

* N.T.: O primeiro computador eletrônico comercialmente disponível.

derem funcionar com apenas uma fração do número de pessoas que tinham antes. Um grande banco estima que a completa aplicação da tecnologia da informação e do dinheiro eletrônico pode eliminar a necessidade de aproximadamente nove entre cada dez funcionários atuais, já em número reduzido.

O DIA DE 24 HORAS

As vantagens competitivas obtidas pelas pessoas que utilizam bem as informações são formidáveis. Algumas das novas técnicas de negócios mais eficazes, como a produção *just-in-time*, a fabricação flexível e a aceleração do tempo de ciclo, dependem de informações computadorizadas. Essas informações dão à pequena empresa a oportunidade de concorrer com as grandes porque os computadores fazem boa parte do que os grandes quadros funcionais costumavam fazer. Com as comunicações virtualmente gratuitas em todo o mundo, a empresa local pode agir como uma empresa global. Com a maior utilização da tecnologia da informação, as empresas americanas têm uma vantagem sobre as concorrentes européias e japonesas que pode durar muito bem até o século XXI. Em vez de ser o século asiático, o século XXI pode ser outro século americano, graças à tecnologia da informação!

As informações eletrônicas são especialmente úteis para ajudar as corporações a acompanhar, analisar, classificar, satisfazer, cortejar, arrebanhar (ou excluir) os poderosos clientes em um nível antes impossível. As corporações podem saber mais sobre seus clientes e os hábitos deles e reagir mais precisamente às vontades deles. Podem desbravar os mercados em segmentos que ainda nem sabiam que existiam e criar novos produtos para esses segmentos. Podem criar segmentos de mercado para um ou mais produtos customizados em massa para um determinado perfil de cliente. Os varejistas podem enviar especificações individuais diretamente para a fábrica, o que significa que Levi Strauss pode produzir calças jeans "personalizadas em massa" para você a partir de uma fábrica central. As corporações também podem atender seus mercados diferentemente, por exemplo, ao se dirigirem diretamente ao cliente através da Internet. Os clientes podem pesquisar nos computadores da UPS ou da FedEx para descobrir a condição de seus carregamentos.

A tecnologia da informação geralmente reduz a necessidade de intermediários nas vendas, na gerência e no próprio manuseio de informações. Os executivos podem integrar e compreender melhor suas operações e fazer conexões que nunca poderiam ter feito antes. Com boa tecnologia da informação, as corporações podem refinar seu comportamento para um formato chamado "sinta e responda", em contraste aos antigos meios de se fazer as coisas, conhecido agora de maneira um tanto depreciativa como "faça e venda".

Todas as vantagens têm um preço, é claro. A velocidade da mudança, imposta pela tecnologia de computadores, traz rupturas e incerteza a nossas vidas, o que nunca é confortável. Nossos empregos tornam-se menos seguros. As corporações enfrentam novos riscos, o risco de que seus sistemas de informações possam ser invadidos ou sabotados, e o risco de que um único funcionário dotado de empowerment e conectado em rede possa trazer destruição e até levar uma corporação à bancarrota, como aconteceu com o Barings. Quando qualquer corporação fica próxima do descuido, o gerenciamento de riscos tem que ser a prioridade. A tecnologia da informação possibilita desenvolver e colocar no mercado novos produtos rapidamente. Porém, através da mesma tecnologia, a concorrência também pode imitar você rapidamente. Você não pode mais utilizar a tecnologia para escorar uma vantagem em longo prazo, como Henry Ford fez por vários anos com o Model T. Outro risco é que você fique tão deslumbrado com as informações computadorizadas que perca a capacidade de pensar de forma crítica. Quando secretário de defesa durante a Guerra do Vietnã, Robert McNamara ofereceu resumos computadorizados das tendências do número de povoações que haviam se declarado fiéis ao Vietnã do Sul e das casualidades comparativas em ambos os lados como evidência convincente de que os Estados Unidos estavam vencendo. Talvez fôssemos mais ingênuos no que se refere à tecnologia da informação nesse momento do que somos agora, mas o próprio fato de que os dados sobre o Vietnã haviam sido inseridos nos computadores conferiu certa legitimidade às informações falsas.

Nossas próprias vidas podem ser abençoadas e amaldiçoadas pela tecnologia da informação. A velocidade da mudança e a automação do trabalho se somam à nossa insegurança em relação aos nossos empregos, é claro, mas a tecnologia também cria novos empregos e oportunidades. As comunicações globais baratas e rápidas nos dão o dia de negócios de 24 horas, o que significa que trabalhar em pesquisa e em outros projetos pode continuar o dia todo em algum lugar do mundo. Podemos pedir ajuda de qualquer parte do mundo em poucos momentos. Porém, toda essa informação também significa interrupções a qualquer momento, talvez menos sono e menos tempo para pensar.

A tecnologia da informação nos dá mais liberdade para escolher onde e como trabalhar, definir nossos próprios horários, mas ela também pode nos separar ainda mais do que já estamos das outras pessoas. Em vez de mudar da cidade para o subúrbio, podemos mudar para o interior e passar nossos dias "interagindo" com o computador. O computador pode também dividir a sociedade de outras maneiras. Para os mais jovens e mais bem-educados, lidar com o computador é tão fácil quanto respirar. Os adolescentes são os que mais ficam em casa com o computador. No entanto, os mais velhos — isto é, pessoas com mais de 40 anos — podem considerar assustadora a era dos computadores. Muitos altos executivos simplesmente não têm experiência direta com os computadores que fazem tanta diferença em suas empresas. Os que possuem educação deficiente não conseguem promover a transição para a era dos computadores. A desvantagem relacionada à idade se resolverá à medida que as pessoas que crescem na era dos computadores ficarem mais velhas, mas a desvantagem relacionada ao nível educacional poderá se agravar. Os computadores podem criar outra categoria de favorecidos e desfavorecidos.

Uma reunião de alguns dos mais instruídos usuários de tecnologia da informação da América, oriundos de empresas e de universidades — realizada na Universidade da Pensilvânia em meados de 1996 para comemorar o 50º aniversário da criação, nessa mesma universidade, do ENIAC, o primeiro computador eletrônico — foi notável por um certo grau de pessimismo ou tristeza de alguns dos participantes. Eles estavam preocupados com alguns dos efeitos negativos da tecnologia da informação. Eles também estavam confusos pela crescente incapacidade de prever o futuro, não apenas o de longo prazo mas também de curto prazo. Contudo, não se discute o poder da tecnologia da informação para mudar a atividade de negócios. Esse é um dos inevitáveis impulsionadores que a atividade de negócios tem que aceitar.

Indicadores

- A tecnologia da informação (TI) pode mudar quase tudo no que diz respeito a uma empresa, sua estrutura, seus produtos, seus mercados e seus processos.
- A TI aumenta o valor dos ativos invisíveis, como conhecimento, habilidades e treinamento.
- A TI possibilita segmentar o mercado e personalizar os produtos em unidades.
- A TI democratiza uma empresa porque os funcionários obtêm mais informações e podem se comunicar com qualquer pessoa na empresa.
- A TI aumenta a flexibilidade do trabalho ao permitir que mais pessoas trabalhem em suas casas, em viagens ou locais fora do escritório ou nas horas que lhes sejam mais adequadas.
- A TI ajuda a tomar decisões rápidas e baseadas em fatos.
- A TI permite que as empresas unifiquem suas operações globais e trabalhem 24 horas por dia em todo o mundo.
- A TI dá às corporações americanas uma vantagem competitiva visto terem avançado mais que todas na aplicação da tecnologia às funções gerenciais.

Vínculos

- A TI modifica os relacionamentos com fornecedores, clientes e parceiros, e permite que todas essas partes interajam com os sistemas das outras para obter diretamente as informações de que precisam.
- A TI exige um funcionário de nível educacional mais elevado, mais bem treinado e motivado.

Advertências

- A TI provê melhores informações mais rápido e pode até criar conhecimento, mas não fornece inteligência ou intuição, que continua sendo essencial para uma boa gerência.

- A TI pode criar novas divisões sociais, entre os jovens e as pessoas de meia idade, entre as pessoas com bom nível educacional e as pessoas com fraco nível educacional, entre pessoas que vivem no meio rural, no subúrbio e na cidade.
- A TI traz grandes preocupações sobre a vulnerabilidade das organizações à sabotagem, espionagem e vandalismo.

3

O IMPACTO NO MERCADO

"Estamos vivendo uma transformação que irá reformular a política e a economia do século que se aproxima. Não haverá nenhum produto ou tecnologia *nacionais*, nenhuma corporação nacional e nenhuma indústria nacional. Não haverá mais economias nacionais... somente as pessoas permanecerão cercadas por fronteiras nacionais para formar uma nação. Os principais ativos de cada nação serão as habilidades e idéias de seus respectivos cidadãos."
— Robert Reich[1]

A comercialização entre as nações do mundo, pelo menos entre as mais ricas, explodiu após a Segunda Guerra Mundial e, como o próprio universo, ela se torna cada vez maior a uma velocidade sempre crescente. Em primeiro lugar, as corporações americanas foram as mais beneficiadas. Elas determinavam as regras da comercialização mundial. Porém, mais tarde, os termos da concorrência começaram a mudar. Outras adquiriram as habilidades técnicas e gerenciais e o capital que tornaram as empresas americanas tão bem-sucedidas, realizando melhorias em algumas esferas e normalmente aproveitando vantagens conseguidas por meio de mão-de-obra mais barata e de equipamentos mais novos.

Por volta de 1980, a concorrência tornou-se qualitativamente diferente. Antes disso, as corporações com negócios estrangeiros relativamente grandes denominavam-se multinacionais. Com poucas exceções, elas tão-somente "fincavam sua bandeira" em território alheio; eram empresas de âmbito nacional com ramificações de comercialização ou fabricação, ou ambas, no exterior, ramificações estas que podiam ser bastante lucrativas mas eram meros adjuntos do negócio local. Entretanto, nos anos 80, as multinacionais começaram a se tornar "globais". A "globalização" tornou-se um popular mantra gerencial. A revista *The Economist* logo chamou a idéia de "o pão mais dormido que já se viu", como se nenhuma novidade estivesse acontecendo. No entanto, seria difícil encontrar mais do que um punhado de empresas hoje que tenham se tornado realmente globais, no sentido de operarem como uma empresa sem fronteiras em todo o mundo. A necessidade de ser global fica mais forte a cada dia, portanto ainda há um longo caminho a ser percorrido pelas corporações até chegarem à globalização. O Capítulo 14 irá abordar como essas corporações estão tentando chegar à globalização. No momento, nos focalizaremos apenas nas pressões da concorrência que estão forçando as empresas a se tornarem globais.

Os mercados mundiais estão se fundindo e se aquecendo. As menores barreiras comerciais, a disseminação da tecnologia da informação, a fusão dos gostos e necessidades dos clientes e a fácil movimentação de capital contribuíram para a criação de um mercado global. As empresas cujos mercados domésticos estão próximos da saturação vêem e precisam de novas oportunidades em mercados que se abrem em outros lugares. Essas empresas estão dispostas e são capazes de introduzir novos produtos pelo mundo simultaneamente, ou com apenas pequenas pausas entre lançamentos em um país e outro. Se o conhecimento tiver se tornado o fator primordial da produção (ver Capítulo 2), também significa que é o meio mais fácil de atravessar as barreiras. Com aparelhos de fax, computadores, modems, telefones celulares, Internet e intranet privada, as informações se espalham pelo mundo. E o dinheiro, também. E o executivo global vai logo atrás, a jato. Em alguns setores de negócios, especialmente nos que se baseiam em serviços e

Pesquisa SEI	
É fundamental adotar uma postura e uma perspectiva globais	77%
Estamos conseguindo adotar uma postura e uma perspectiva globais	34%

em "conhecimento", a facilidade de entrar em mercados globais intensificou a concorrência. Uma empresa de software com apenas uma pessoa que opera em um porão em Connecticut ou em um apartamento em Calcutá pode expandir seu negócio na Austrália tão facilmente quanto, digamos, na Pensilvânia. E nos negócios que precisam de grandes investimentos de capital, como aviões, medicamentos e chips de computador, apenas um mercado global pode retornar o investimento.

O volume de transações financeiras internacionais aumentou mais do que o comércio de mercadorias e serviços que, por sua vez, cresceu mais do que o PNB mundial. A maior aceleração vem do investimento estrangeiro direto por parte de corporações multinacionais e de títulos e empréstimos internacionais, além de transações com moeda internacional. O investimento estrangeiro direto atingiu um novo aumento de 318 bilhões de dólares em 1996, 57% a mais do que em 1992.[2] As transações com moedas em todo o mundo cresceram 30% entre 1992 e 1995 para um total diário de 1,190 trilhão de dólares — de forma que as transações de câmbio de uma semana se compararam aproximadamente ao total anual das exportações de mercadorias e serviços.[3]

"A mudança do paradigma global é sem precedentes, involuntária e irreversível", diz Howard Perlmutter, professor da Wharton School especializado em negócios globais. "Ninguém está no comando, a maioria das organizações e instituições estão despreparadas. Há uma sobreposição global de soberania na maioria dos campos. Há preços globais, um mercado global de valores mobiliários onde um trilhão de dólares são negociados diariamente. Todos os países querem investimentos estrangeiros."[4]

DESCOBRINDO LUCROS EM MERCADOS ESTRANGEIROS

O número e o porte de corporações transnacionais que participam do mercado global cresceu muito. Nas 14 nações ricas, sobre as quais a Conferência das Nações Unidas sobre Comércio e Desenvolvimento mantém dados há 30 anos, o número de corporações transnacionais quase quadruplicou entre 1969 e 1995, de 7.000 para 26.000. Se você incluir todas as 38.000 transnacionais do mundo, a soma das vendas realizadas em 1993 alcançam 5,2 trilhões de dólares, apenas um bilhão a menos que o PIB dos Estados Unidos naquele mesmo ano.[5]

Essas multinacionais promovem o crescimento de seus negócios mais rapidamente e geram mais dinheiro do que as empresas que permanecem em seu mercado doméstico. Uma pesquisa da Conference Board sobre 1.250 empresas americanas de fabricação revela que as vendas das empresas com operações internacionais crescem duas vezes mais rápido do que as vendas das empresas puramente domésticas. As verdadeiras multinacionais — isto é, empresas com fábricas nos três maiores mercados mundiais — geram retornos sobre os ativos e retornos sobre o patrimônio líquido notadamente maiores do que o gerado por empresas de âmbito nacional e empresas com menor presença internacional. As 64 empresas da pesquisa com vendas anuais superiores a 5 bilhões de dólares tiveram alguma atividade em território estrangeiro, mas a porção de empresas com o menor número de conexões internacionais — acordos de licença e escritórios de exportação — era a menos rentável.[6]

Ser uma empresa de pequeno porte não parece ser uma barreira para concorrer internacionalmente porque 91% das empresas com vendas abaixo de 500 milhões de dólares por ano tiveram negócios fora dos Estados Unidos e cresceram bem mais do que as empresas puramente domésticas.[7] Em outra pesquisa, a lista da revista *Inc.* de 1995 que mostra as 500 pequenas empresas privadas de mais rápido crescimento (média de 23 milhões de dólares em vendas), 46% relataram um aumento em vendas internacionais de 19% no período entre 1990 e 1994.[8] As pequenas empresas européias naturalmente exportam com maior intensidade. Em seu estudo *Hidden Champions*, Hermann Simon descobriu 122 empresas alemãs com vendas de menos de um bilhão de dólares, a maioria delas com bem menos que isso, que tinham uma participação dominante em seus mercados mundiais. Em média, 51,2% de suas vendas eram realizadas fora da Alemanha. Essas empresas foram somente as que concordaram em responder as perguntas de Simon. Muitas outras preferiram permanecer ocultas.[9]

A concorrência se intensificou por muitas outras razões. A desregulamentação e a privatização pesadas forçaram ou autorizaram muitos monopólios e indústrias protegidas a lutarem pela sobrevivência. Clientes mais exigentes criam novas oportunidades competitivas. Novas técnicas para melhorar a qualidade das mercadorias e serviços e acelerar seu desenvolvimento e cumprimento do prometido fomentam a concorrência. Entretanto, o surgimento dos mercados mundiais é o grande motivo da intensa concorrência que preocupa os negócios hoje em dia. Mesmo as empresas situadas nos Estados Unidos, com seu enorme mercado local, dependem das vendas internacionais para sobreviver. Uma seleção aleatória de relatórios anuais de 1996 divulgados por grandes corporações dá até mesmo a um leitor casual uma visão marcante da importância dos mercados internacionais em um ano no qual a economia americana estava mais robusta do que as economias européias ou japonesas e que o dólar ganhou força:

- A **Baxter International** informou que 48% de suas vendas eram realizadas fora dos Estados Unidos, mas que produzem 73% dos lucros da empresa.
- As receitas externas da **General Electric** atingiram 33,3 bilhões ou 40% da receita total para superar as vendas locais; as vendas externas estão crescendo três vezes mais rápido do que as vendas locais.
- A **General Motors** informou que 37% de suas vendas de automóveis eram realizadas fora dos Estados Unidos e que ela espera que esse número atinja 50% em um futuro próximo. As margens de lucro líquido da GM foram 1,2% na América do Norte e 4,3% nas operações internacionais.
- As vendas em 1996 da **IBM** nos Estados Unidos foram 52% do total em vendas, mas apenas 14% de lucros.

Sem as vendas internacionais, essas empresas e muitas outras iriam ficar estagnadas. (Para uma comparação das vendas e ativos das maiores transnacionais, ver Figura 3.1.)

CRESCENDO COM A ÁSIA

A atividade de negócios tem que ir para onde está o crescimento. Nos últimos 20 anos, o crescimento econômico nos países industrializados, com seus mercados maduros, ficou aquém do crescimento do restante do mundo, especialmente na Ásia. A lacuna aumentou recentemente. As estatísticas compiladas pela *The Economist* em 1997 mostraram que o PIB dos Estados Unidos e do Japão avançaram 3,1% e o da Alemanha

Figura 3.1
As Maiores Transnacionais

As dez maiores corporações transnacionais, classificadas de acordo com suas vendas externas, estão divididas quase igualmente entre Estados Unidos, Europa e Japão. A lista fica bem diferente se as empresas forem classificadas pelo porte de seus ativos estrangeiros, que é como a Conferência das Nações Unidas sobre Comércio e Desenvolvimento as classifica. Classificadas por ativos, ficam nessa ordem: Royal Dutch Shell, Ford, Exxon, General Motors, IBM, Volkswagen, General Electric, Toyota, Daimler-Benz, Elf Aquitaine. A seguir, a classificação por vendas externas (todas as estatísticas são para o ano de 1994 e estão expressas em dólares, exceto as estatísticas de emprego):

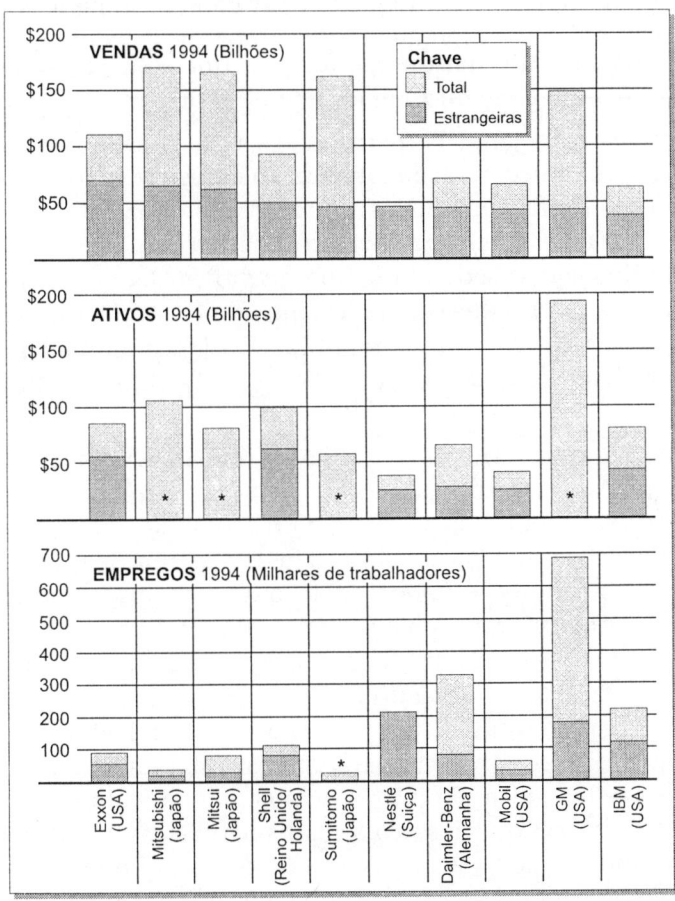

*Dados estrangeiros não revelados.

Fonte: Conferência das Nações Unidas sobre Comércio e Desenvolvimento, *World Investment Report 1996* (Nova Iorque e Genebra: Nações Unidas, 1996), pp. 31-32.

1,9%. Mas dê uma olhada nos números do crescimento para os países em desenvolvimento da Ásia: China 9,4%, Tailândia 8,6%, Malásia 8,1%, Indonésia 7,8%, Coréia do Sul 7,2%, Índia 7%, Taiwan 6,6%, Cingapura 5,8% e Filipinas 5,2%. A América Latina também possui crescimento promissor, embora irregular. O PNB da Argentina cresceu 9,2%, do Chile 7,7% e do México 7,6%.[10]

Essas estatísticas de crescimento explicam o interesse, por exemplo, das empresas de automóveis em forçar a entrada em novos mercados da Ásia. Excluindo Japão e Coréia do Sul, as vendas de novos veículos expandiram 17% em 1995 na Ásia Oriental e espera-se que continuem a expandir rapidamente nos próximos anos, apesar da poluição e dos engarrafamentos alarmantes em muitas cidades asiáticas. Essas estatísticas explicam por que a Honda, a General Motors e a Toyota construíram ou planejaram construir fábricas de automóveis na Tailândia. A GM, que começou tarde, produz veículos em novas fábricas na Indonésia e na Índia, começou a construção de uma nova fábrica na Tailândia e possui aprovação para começar uma joint venture para produzir automóveis tipo sedan tamanho médio em Xangai. A Ford concluiu uma nova fábrica de automóveis modelo Escort na Índia em 1996, já planejava outra no mesmo local para 1998 e lançara uma joint venture de 500 milhões de dólares com a Mazda para construir pickups na Tailândia.

Embora a Ásia seja a melhor, não é a única região de novas oportunidades. A América Latina mudou fundamentalmente, de políticas populistas e protecionistas, que a levavam de volta à economia mercantilista da época colonial, para políticas mais realistas de mercado livre. As decrescentes tarifas, a menor inflação e a privatização de grandes empreendimentos criaram novas oportunidades de comercialização e de investimentos — com alguns sérios riscos incluídos. O colapso da União Soviética abriu um vasto território para novos negócios, para quem fosse corajoso o suficiente para trabalhar com instabilidade e até perigos físicos. A concorrência para agarrar uma fatia das economias em ascensão reúne outras empresas no mercado global. A Ford e a GM querem fornecedores que possam trabalhar com elas em todo o mundo. Todas as grandes empresas atuantes no mercado querem banqueiros, empresas de processamento de dados, agências de viagem, agências de propaganda, consultorias que possam lhes fornecer "soluções globais", como se diz no atual jargão de negócios. Esses fornecedores têm que seguir seus clientes onde quer que eles estejam.

As mais importantes agências de propaganda e empresas de contabilidade e consultoria são globais e possuem enorme vantagem sobre seus concorrentes locais ou regionais. A vantagem provavelmente irá crescer à medida que os clientes delas venderem mais os mesmos produtos pelo mundo e consolidarem seu negócio em uma empresa ou em um punhado delas. "Nós não temos um grande anunciante que não tenha se consolidado", comenta Joseph Plummer, vice-presidente do conselho da DMB&B, agência de propaganda de Nova Iorque.[11] A IBM substituiu umas 40 empresas por apenas uma em 1994; a Fiat, a GM, a Kellogg, a Kodak e a Philips possuem apenas duas; a Bristol-Myers e a Ford possuem três; a Procter & Gamble três e a Nestlé cinco. (A Coca-Cola, por outro lado, substituiu uma empresa por umas 30 agências em 1991, porque se sentiu cativa daquela única empresa, mas na verdade consolidou cada uma das marcas sob uma única empresa.)

A NOVA DINÂMICA DOS MEDICAMENTOS

As empresas farmacêuticas, para tomar um setor como exemplo, têm que ser globais em um mercado muito mais rígido. "O setor de medicamentos havia sido um clube de cavalheiros muito lucrativo", comenta Robert C. Holmes, diretor executivo de gestão e planejamento estratégicos da Astra Merck. "Todos podiam ganhar dinheiro e não havia pressão quanto aos preços. Os médicos determinavam o tratamento. Depois, veio o debate sobre cuidados com a saúde e uma revolta contra a inflação de mais de 10% sobre os preços. Toda a dinâmica do setor se modificou. Ele se tornou mais competitivo. Agora, as pessoas são bastante conscientes dos custos e o cliente se envolve no assunto. Então, para cortar custos, as organizações de saúde analisam, por exemplo, os 12 ACEI [inibidores de enzimas conversoras da angiotensina, agente vasoconstritor, usados para controlar o fluxo sangüíneo e a pressão arterial] e talvez coloquem apenas dois desses inibidores na fórmula e depois negociem o preço desses dois com a indústria farmacêutica. Nos anos 80, todos os doze podiam ser vendidos com lucratividade. O mercado de produtos secundários está desaparecendo. Você tem que ser o primeiro ou o segundo a entrar no mercado."[12] Uma segunda geração de medicamentos um tanto quanto melhores, que apresentam menos efeitos colaterais mas são seis vezes mais caros do que os ACEI, chegaram ao mercado nos anos 90 com um potencial bastante reduzido. Até os anos 80, uma nova marca de um mesmo medicamento podia surgir no mercado com menor risco do que a marca pioneira e com excelentes prospecções de venda (além de uma patente que se prolongaria por mais tempo do que a patente do medicamento pioneiro). As vendas de um medicamento que entrasse mais tarde no mercado poderiam, em um ano de pico, chegar a 1 bilhão de dólares ou mais. Hoje, no entanto, em seu ano mais lucrativo, uma nova marca não excederia 500 milhões de dólares em vendas.[13]

A nova dinâmica da indústria farmacêutica pressiona empresas de pequeno ou médio porte para se tornarem globais de uma forma ou de outra, através da expansão, fusão ou busca de parceiros. O impulsionador para reduzir custos está em todo o mundo e a maioria dos países, além dos Estados Unidos, controlam os preços dos medicamentos. Os riscos e os custos envolvidos no desenvolvimento de novos medicamentos não podem depender de vendas em nenhum mercado nacional isoladamente. São necessários 500 milhões de dólares (se os custos forem capitalizados no momento da aprovação) para se colocar um novo medicamento no mercado. Nos anos 60 seriam necessários apenas alguns milhões de dólares para criar um novo medicamento. Porém, desde os anos 70, os custos cresceram bem mais rápido do que a inflação, o índice de sucesso diminuiu e o tempo total de desenvolvimento até a aprovação aumentou de aproximadamente seis anos, no início dos anos 60, para 13 anos nos anos 90. Os riscos são maiores para as empresas menores do que para as grandes porque elas precisam de mais tempo e de custos maiores para conseguir aprovação.[14]

A Rhône-Poulenc, que começou suas atividades como uma farmácia em uma pequena cidade fora de Paris em 1858, era uma vacilante gigante que havia sido resgatada de uma possível falência pela aquisição do controle por parte do governo quando Jean-René Fourtou tornou-se presidente do conselho em 1986. Jean-René Fourtou, consultor até o governo pedir a ele que desse algum impulso à Rhône-Poulenc, decidiu que suas prioridades eram privatizar a empresa, descentralizar a gerência e concentrar-se em negócios onde a empresa pudesse ser atuante no mercado mundial. Embora fosse a maior empresa química e farmacêutica da França e estivesse classificada em 72º lugar na lista das 500 maiores empresas globais da revista *Fortune*, não possuía nenhum alcance global, especialmente nos Estados Unidos e Japão. Nos Estados Unidos, possuía uma pequena operação de transações para seus produtos químicos e não havia desenvolvido um mercado para seus medicamentos.

A Rhône-Poulenc encontrou uma parceira americana na Rorer Group, uma empresa farmacêutica cheia de energia, classificada em 432º lugar na lista das 500 maiores empresas industriais da revista *Fortune* e que possuía pouca potência competitiva sozinha, exceto por sua capacidade de se movimentar rapidamente. As duas empresas se conheceram nos anos 80 quando ambas estavam tentando sem sucesso adquirir a American Cyanamid. Em vez da aquisição, decidiram formar a Rhône-Poulenc Rorer nos Estados Unidos, em 1990. Robert Cawthorn, o homem vindo de Yorkshire da empresa Rorer para controlar o negócio farmacêutico na nova empresa, disse: "A Rhône-Poulenc era forte na Europa, mas não tinha presença nos Estados Unidos. A Rorer não era muito forte nos Estados Unidos, ainda menos na Europa. Nenhuma das empresas tinha uma posição forte no Japão. Era uma boa combinação em termos geográficos. Nós, na Rorer, nos demos conta de que não poderíamos continuar a crescer por meio de aquisições. E, éramos muito pequenos para esperar gastar o bastante em pesquisa para ter um fluxo contínuo de produtos. A Rhône-Poulenc precisava desesperadamente ter acesso ao mercado dos Estados Unidos, e percebeu que era muito pequena."[15]

Com a aquisição da Rorer, a Rhône-Poulenc nesse momento tinha um negócio farmacêutico global, controlada pela sede da Rorer em Collegeville, Pensilvânia. Embora a aquisição da Rorer colocasse a Rhône-Poulenc no mapa global de produtos farmacêuticos, a empresa francesa também precisava internacionalizar seu negócio de produtos químicos. Primeiro, Fourtou retirou a empresa de duas áreas não promissoras: têxtil, onde a concorrência da Ásia era muito acirrada, e a de fitas e discos eletrônicos, que haviam se tornado negócios de commodity de baixo retorno. Depois, ele começou a transformá-la em uma força na América do Norte, onde ela tinha apenas um pequeno negócio de transações com produtos químicos. A Rhône-Poulenc comprou 18 empresas americanas nos dez anos seguintes, incluindo a divisão de produtos de agricultura da Union Carbide e o negócio de produtos básicos da Stauffer Chemicals. Essa invasão pesada na América do Norte, com um custo total de 4,5 bilhões de dólares (incluindo uma participação de 68% da Rhône-Poulenc Rorer — RPR), aumentou as receitas da Rhône-

Poulenc na América do Norte de meros 3% do total de suas vendas, em meados dos anos 80, para 26% em 1995.

Se o enorme esforço e a despesa da última década para atuar no jogo internacional foram válidos permanece em aberto. As cotas da empresa controladora na França não foram transferidas de 1992 a 1996 e, depois, finalmente foram colocadas no mercado de ações em 1995 e 1996, embora a parceira Rorer tivesse ótimo desempenho. Mas ambas são agora importantes empresas atuantes nos mercados mundiais. Elas não estão destinadas a desaparecer, como parecia possível em meados dos anos 80.

QUEM IRÁ COMPETIR COM A AT&T

Os mercados internacionais determinam o ritmo, mas outras forças poderosas estão também intensificando a concorrência. Os mercados domésticos foram liberados pela desregulamentação e pela privatização. Os Estados Unidos desregulamentaram suas companhias aéreas e, embora os passageiros pudessem ter algumas dúvidas sobre como se beneficiarem, os preços das passagens caíram e a confusão da concorrência causada pela desregulamentação continua agora, duas décadas depois. O setor de energia elétrica, o modelo de monopólio consistentemente lucrativo e regulado, agora enfrenta a concorrência.

Todos os principais impulsionadores da concorrência — nova tecnologia, desregulamentação e mercados globais crescentes — ficam reunidos no setor de comunicações. Antes da desintegração da AT&T por decreto em 1984, um telefone era apenas um telefone e a maioria das pessoas utilizavam a Ma Bell para fazer suas ligações locais e de longa distância. Hoje, você tem que perguntar: Quais serão os maiores concorrentes da AT&T? As empresas de TV a cabo com suas linhas de comunicação de alta capacidade? As conexões de Internet, que já podem prover serviço de telefonia rudimentar em qualquer lugar do mundo virtualmente de graça através de linhas locais? As prestadoras de serviço móvel celular? Ou a concorrência virá das sete empresas regionais da Bell? Elas foram autorizadas pelo Telecommunications Act de 1996 a concorrerem com o serviço de longa distância da AT&T, da mesma forma que a AT&T foi autorizada a concorrer com elas na prestação de serviço local. E que tal as empresas dos setores adjacentes de comunicações, como as prestadoras de informações sobre negócios e os integradores de sistemas? As outras prestadoras de serviço de longa distância? As empresas estrangeiras de telecomunicações, como a Nippon Telegraph and Telephone? Todas elas podem concorrer com a AT&T e qualquer uma delas poderia vir a ser o principal concorrente.

A AT&T e outras empresas de telecomunicações enfrentam um conjunto desnorteador de escolhas, uma das razões pelas quais a AT&T passou por tanto tumulto desde a época em que era um monopólio regulamentado. As mesmas condições de tumulto tecnológico e de desregulamentação dão à AT&T a oportunidade de ela se expandir para novos negócios. Quaisquer que sejam as escolhas, o cliente — pelo menos o cliente empresarial — desejará ter um único ponto de contato para a contratação de serviços em todo o mundo. O mundo das comunicações é bem mais complicado, mas o cliente quer que ele seja simples, exatamente como no tempo em que um telefone era apenas um telefone. Para a AT&T, não há escolha sobre se tornar global. Antes das alienações patrimoniais em 1983, a AT&T estava presente em cinco países e tinha 1.000 funcionários em outros continentes. Em 1995, a AT&T tinha 52.000 funcionários em mais de 100 países.[16] (A maioria deles ficou com a Lucent e com a NCR quando a AT&T se dividiu novamente, mas 6.000 permaneceram como funcionários da AT&T em diversos países.)

Com seu forte nome de marca e sua importância como a maior empresa de telecomunicações do mundo, a AT&T somente pode ser prejudicada por uma gerência deficiente. A aquisição da McCaw Cellular Communications em 1994, colocou a AT&T em uma posição de concorrência por clientes de celulares pelo mundo. Porém, outras decisões e aquisições afetaram bastante a AT&T. As recompensas para as melhores atuantes globais serão enormes. A AT&T estima que "as comunicações globais e o mercado de informações" crescerão de 1 trilhão de dólares em 1995 para 2 trilhões de dólares em 2000 ou 2005 (dependendo de que página do relatório anual de 1995 da empresa você leia).[17] Qualquer que seja a estatística, ninguém irá negar que o crescimento será enorme.

TENTANDO AGIR COMO UMA ILHA

Os relatórios do Japão indicam que o espírito competitivo nesse país está até se infiltrando em sua cultura de negócios conduzida por cartéis e por regulamentações. A concorrência entre os "tigres" japoneses fica restrita, é claro, a poucas grandes companhias exportadoras em poucos setores principais. Os cartéis sufocam a economia nacional, fixando preços elevados para tudo, de cortes de cabelo a aço. O governo regulamenta e subsidia boa parte da economia, forçando os viajantes a pagarem passagens aéreas exorbitantes para vôos domésticos, por exemplo, e preservando tanta terra de cultivo nos arredores de Tóquio que o desventurado "sarariman" tem que viajar duas horas em cada trajeto para o trabalho, quando encontra uma moradia pela qual tenha condições de pagar.

Kenichi Ohmae, ex-sócio-gerente da McKinsey & Company em Tóquio, escreve que os japoneses mais novos, a geração "Nintendo", estão se rebelando contra essas restrições em poder aproveitar os frutos do sucesso da economia japonesa. Eles ficam ressentidos com os altos preços que têm que pagar pelas mercadorias e serviços, e tentam se esquivar deles onde podem. Uma viagem para o exterior é uma barganha, e 97% dos recém-casados no Japão passam a lua-de-mel fora do país (exatamente o inverso do que a geração anterior fazia). Eles podem utilizar telefone, fax ou computador para fazer pedido de roupas da Land's End ou L.L. Bean, obter suporte a softwares da Cingapura ou conseguir melhor taxa de rendimento para o dinheiro deles do que poderiam obter em um banco japonês.[18]

Os negócios e o governo estão se movimentando, embora lentamente, para tornar a economia japonesa mais competitiva. Da mesma forma que muitas empresas americanas, as empresas japonesas movimentam operações fora do país quando consideram os custos locais muito elevados. Em vez de comprar o caro aço japonês, os fabricantes de automóveis estão comprando uma parte do aço que utilizam na Coréia do Sul. Em 1991, a Fair Trade Commission do Japão multou os fabricantes de cimento em 110 milhões de dólares por estabelecimento de preços fixos e, depois, com seus constituintes bastante irados, partiram para cima de meia dúzia de outras indústrias.[19] Após privatizar a Nippon Telegraph and Telephone, segundo lugar do mundo depois da AT&T, em 1985, o governo japonês recuou em duas oportunidades de desregulamentar a empresa de telefonia. Porém, em 1996, o governo anunciou planos para dividir a NTT em uma empresa prestadora de serviços de longa distância e em duas empresas locais.

O Japão tem um longo caminho pela frente. "Nenhuma nação industrializada pode ser uma ilha econômica", escreve Kenichi Ohmae, "contudo, o Japão continua a se comportar como uma". O governo ainda age "como se pudesse continuar a controlar o destino de sua própria economia nacional inteiramente sozinho — isto é, como se as fronteiras ainda fundamentalmente fizessem diferença na economia global".

Muito embora Kenichi Ohmae descarte a importância das fronteiras nacionais, ele de fato reconhece que as diferenças nacionais nos gostos, leis e costumes são importantes considerações para a corporação transnacional.[20] O mundo não é um mercado ou local de trabalho homogêneo, pelo menos ainda não. A Coca-Cola, a Kleenex, a Panasonic e a Rolex são marcas mundiais que vendem os mesmos produtos em toda parte exatamente pelas mesmas razões. Entretanto, outros produtos não são tão bem aceitos. Os chineses gostam do arroz um tanto quanto seco, enquanto os japoneses gostam dele mais "grudento"; os americanos gostam de móveis e de eletrodomésticos maiores do que os móveis preferidos pelos japoneses e europeus. Portanto, algumas coisas ficam mais bem organizadas regional ou nacionalmente. Os cartões de crédito parecem ser bem aceitos, mas apólices de seguro não.

Os fabricantes de automóveis cometeram algumas gafes internacionais óbvias. Por muito tempo, Detroit reclamou que o Japão não comprava seus automóveis, mas as Big Three (GM, Ford e Chrysler) não estavam produzindo automóveis com o volante do lado direito. Quando a Chevrolet lançou o Nova, o nome soava futurista para as pessoas de língua materna inglesa; entretanto, para os hispânicos, a GM poderia também ter chamado o carro de "Lemon"*, já que em espanhol, "no va" significa "não anda" ou "não funciona". Obviamente, a propaganda precisa ter um forte conteúdo local. Os gerentes locais também precisam de considerável autonomia em questões legais, de contabilidade, mão-de-obra e de tarifas. Mas, certamente, a sede da empresa transnacional deve decidir sobre a estratégia e estabelecer políticas para questões como marcas, fornecedores e exportações.

As corporações globais tampouco devem ignorar a importância dos regionalismos. Embora a tendência geral da economia mundial esteja certamente voltada para a economia global, o regionalismo e partidarismo ficaram mais fortes em alguns aspectos. Vários acordos comerciais no hemisfério ocidental, notadamente o North American Free Trade Agreement, definiram grupos que, de certa forma, são rivais entre si e da Comunidade Européia. Eles criam algumas barreiras, mas

---

* N.T.: Gíria, em inglês, para um automóvel ruim, um "abacaxi".

também criam oportunidades porque a empresa transnacional que consegue um apoio em uma parte de um grupo regional, consegue penetrar no restante do grupo. Uma empresa americana na França tem igual acesso a toda a Comunidade Européia.

REBAIXANDO O GOVERNO

Alguns políticos, líderes trabalhistas e até homens de negócios dos Estados Unidos também têm a ilusão de que possuem poderes soberanos sobre o mercado global, que podem interromper funções ou fábricas, que podem proteger setores ineficientes e que podem coagir outros países a fazerem coisas que não desejam fazer. Até onde podem chegar, afetam a economia e o consumidor americanos, exatamente como os cartéis, as restrições e as regulamentações fizeram os japoneses pararem de se beneficiar da força econômica do Japão. A expressão "compre produtos americanos" deixou de ser simplesmente silenciosa para se tornar sem sentido.

"Durante a Guerra Fria, era o governo que ditava o ritmo no palco global", escreve Murray Weidenbaum, diretor do Center for the Study of American Business, da Universidade de Washington em St. Louis. "Os governos tomavam as decisões estratégicas. As empresas eram importantes, mas cumpriam as ordens, fornecendo armamento para as superpotências. Nesse processo, é claro, as empresas criaram considerável riqueza econômica. Mas a mudança da concorrência militar para a econômica é fundamental. Isso significa que a empresa de negócios é agora a chave da concorrência econômica global. Os governos, por garantia, podem ajudar ou embargar, de uma forma contundente. Mas eles são elementos de apoio, na melhor das hipóteses."[21] Em vez de anunciar sua irrelevância ao dizer "compre produtos americanos", os sindicatos trabalhistas poderiam seguir a inevitável tendência em todo o mundo e buscar parceiros estrangeiros ou se tornarem "internacionais" de fato, como muitos já são no próprio nome.

Para a maioria das empresas, a decisão de se tornar ou não global provavelmente já foi tomada. Elas não têm escolha. Se possuírem vendas de 500 milhões de dólares ou mais e não forem transnacionais, provavelmente não existem ou provavelmente não irão durar muito mais tempo. Pelo mesmo indício, são raras as empresas que não se dão conta de que seus mercados são mais competitivos.

Mesmo as empresas que podem dizer honestamente que seu negócio ainda é local, devem compreender que fazem parte do mercado mundial, à medida que os clientes em toda parte passaram a esperar respostas de maior qualidade e mais rápidas, que seus mercados estão mais vulneráveis à concorrência internacional, que as informações sobre produtos e serviços são universais e à medida que a inovação pode de repente virar um negócio de cabeça para baixo. Para as empresas que ainda hesitam em se internacionalizar ou que estão na dúvida se seu negócio se tornou mais competitivo, alguns sinais claros devem dizer a elas que o mundo em que vivem está mudando.

Indicadores

- Os clientes dessas empresas são globais e querem serviços ou soluções globais para as suas necessidades?
- Os produtos ou serviços que elas provêem são os mesmos ou extremamente semelhantes em todo o mundo?
- Elas estão em um negócio de alta tecnologia?
- O mercado está se consolidando para algumas empresas atuantes e poderosas?
- Existem centros de pesquisa importantes no mundo nesse ramo de negócios?
- Existem centros de produção promissores nesse setor que possam ser encontrados em outros lugares? Há boas fontes de materiais, suprimentos e pessoas?
- O negócio é um intensivo de capital?
- O negócio foi desregulamentado ou privatizado?

4

REIVINDICAÇÕES DA SOCIEDADE

"Espere aí!", eu disse. "Você só representa e tem que prestar contas a um corpo de interessados: os acionistas."
— Al Dunlap, ex-principal executivo da Scott Paper Company.[1]

"Uma empresa que busca tão-somente o lucro à custa de tudo mais não conseguirá sobreviver no século XXI."
— Ryuzaburo Kaku, principal executivo da Canon Inc.[2]

Adam Smith escreveu, em *A Riqueza das Nações*, em 1776, que uma "mão invisível" guia o empreendedor quando ele está cuidando apenas de si mesmo, sem qualquer preocupação pelo interesse público, de modo que, "ao buscar seus próprios interesses, ele promove os interesses da sociedade de forma mais eficaz do que quando sua intenção é, de fato, promovê-los". No fim, Smith estava certo. Um negócio precisa ter lucro e, se não tiver, nada mais do que fizer terá importância porque ele desaparecerá. Os negócios, numa escala não imaginada por Smith, tornaram-se o grande motor do progresso econômico no mundo desenvolvido, criando produtos, serviços, empregos, toda a parafernália da economia de mercado, e melhorando a qualidade de vida.

Entretanto, o advérbio "freqüentemente" foi muito bem utilizado por Smith, pois o comportamento do empreendedor foi amplamente debatido desde então, talvez mais hoje do que há 100 anos, quando capitalistas impiedosos, manipuladores de mercado e outros tratantes faziam com que a propriedade pública dos meios de produção parecessem ser uma boa idéia. O capitalismo de *laissez-faire* puro morreu no século XIX e novas leis controlaram mais ou menos os piores excessos do capitalismo. Nos Estados Unidos, a Lei Antitruste Sherman (1890), a Lei de Comissão de Comércio Federal (1914), a Lei Clayton (1914) e a Lei de Valores Mobiliários e Câmbio (1934), entre outras, refletiram a crescente convicção pública de que alguns padrões e limites deveriam ser aplicados para o exercício da ganância.

Hoje está bastante evidente que não atingimos o milênio do comportamento corporativo. Uma relação de recentes fraudes, falcatruas, roubos, subornos, contrabandos e outras formas de corrupção até nas instituições mais sólidas e respeitáveis é um assombro. Um negociante trapaceiro acabou com o venerável Baring's Bank, um comerciante de cobre leva um prejuízo de US$ 2,6 bilhões na Sumitomo Corporation e, um negociante de obrigações no Daiwa Bank perde US$ 1,1 bilhão em negócios ilegais. (Isso que é empowerment de funcionários!) Três bancos estão sendo acusados de atividades criminais: BCCI, Franklin National e Banco Ambrosiano. Na década de 80, a indústria da caderneta de poupança nos Estados Unidos revelou-se cheia de corrupção. Um trapaceiro italiano assumiu a MGM e, com o auxílio de subornos, assume o segundo maior banco francês, o Crédit Lyonnais, para financiar uma rápida passagem por Hollywood. Essa e outras desventuras, deixaram o Crédit Lyonnais com US$ 25 bilhões em dívidas incobráveis. A direção de uma em cada quatro das 40 maiores empresas francesas foram *mis en examen* (investigadas) nos últimos anos.[3] A direção de oito dos *chaebol* da Coréia do Sul foi condenada à prisão pelo suborno do ex-presidente (embora, provavelmente, nenhum deles cumpra a pena). A indústria do tabaco nos Estados Unidos esconde e mente há anos sobre o que sabe a respeito dos efeitos do fumo. Não é de se espantar que o homem comum ache a ética nos negócios um paroxismo, um assunto para debate apenas entre os extremamente ingênuos.

Pesquisa SEI	
Assegurar o comportamento ético é crucial	55%
Estamos fazendo isso	45%

UMA QUESTÃO PATRIMONIAL

Até hoje, toda a questão do papel dos negócios na sociedade, incluindo a ética comercial, continua viva e de pé. A questão capta a atenção de corporações, faculdades de administração, políticos, funcionários, acionistas e até de grupos que lutam pelo interesse público com estilo próprio, ou seja, toda a comunidade a que hoje nos referimos como *stakeholders* ou interessados. O que realmente atingiu em cheio o público não foram os lapsos de ética, que já seria bastante escandaloso, mas as questões de patrimônio, questões de salários, privilégios e segurança. Não é uma questão de demissões (que será mais discutido no Capítulo 8), mas de demissões, mais salário estagnado para trabalhadores, mais enormes aumentos nas recompensas para altos executivos (ver Capítulo 7), além de ganhos recordes para os acionistas.

A *Business Week* relata que o principal executivo de uma grande empresa ganhava em média 42 vezes mais do que um trabalhador de fábrica comum em 1980, mas que em 1995 já ganhava 141 vezes e, em 1996, saltou para 209 vezes o salário de um operário da fábrica. Em 1995, o salário de um principal executivo médio de uma grande empresa aumentou 18% (30% quando a remuneração a longo prazo está incluída) sobre o ano anterior, enquanto que os demais funcionários de colarinho branco ganharam 4,2% a mais e o pessoal de fábrica apenas 1% a mais. A remuneração total de um principal executivo cresceu 54% em 1996 comparado a um crescimento de salário de 3% para o trabalhador de fábrica.[4] É evidente que a grande recompensa para os principais executivos foram, em parte, resultado de necessidades reformistas de que os salários estejam mais ligados ao desempenho. Uma vez que os negócios tiveram um excelente desempenho em 1995 e em 1996, os principais executivos receberam suas recompensas baseadas no desempenho. Mas os resultados foram excessivos, especialmente quando as empresas dispensaram 439 mil funcionários em 1995, embora os lucros aumentassem 15% e o índice Dow Jones aumentasse em 33,5%. O arrocho infligido aos funcionários poderia ter sido bem aceito se houvesse alguma aparência de patrimônio, um gesto dos mais afortunados aos menos afortunados. Mas não houve nenhum, exceto em poucos momentos, e o insulto resultante contribuiu para a idéia de que a empresa deve fazer mais para a sociedade.

Pesquisa SEI	
A empresa é responsável com a sociedade, não apenas com os acionistas	53%
Nós atingimos esta postura	47%

Qual é a responsabilidade da empresa? Ela responde apenas aos acionistas? Ou ela responde a toda uma gama de interessados e, em caso positivo, quem tem prioridade? O que ela deve a seus funcionários? Aos clientes? Aos fornecedores? À comunidade? Até que ponto, se houver algum, a empresa deve tratar de problemas sociais que o governo, escolas e outras organizações parecem lidar de forma tão precária? A empresa deve ajudar a impedir o crescimento de divisões entre os pobres e os opulentos nos Estados Unidos? O salário maior do principal executivo se justifica se ele for pago mais segundo o desempenho e corre mais o risco de ser despedido se falhar? A concorrência nos negócios se tornou tão feroz que executivos estão destinados a agir impiedosamente, passando por cima da ética e da própria sociedade, se necessário? A necessidade por desempenho imediato de Wall Street os tornou imunes a outras necessidades?

Muitas destas são perguntas antigas, e têm sido debatidas há muito tempo. Mas, hoje em dia, o conflito entre os interesses comerciais e as necessidades da sociedade se intensificou. A empresa bem-sucedida do século XXI terá de resolver o conflito de forma que satisfaça tanto os interesses comerciais quanto os da sociedade. Hoje em dia, poucos principais executivos diriam, como disse Al Dunlap, ao dirigir a Scott Paper, que "Eu respeito predadores". Ele recorda que logo depois de assumir a empresa e começar a enxugá-la, ele ouviu de um de seus executivos "falemos de interessados como a comunidade, os funcionários e outros". Acho que ele falou de uns seis corpos de interessados. "Espere aí!", eu disse. "Você só representa e tem que prestar contas a um corpo de interessados: os acionistas."[5]

DONOS SEM CONTROLE

A idéia de supremacia dos interesses dos acionistas começou a enfraquecer com a publicação de *The Modern Corporation and Private Property* por Adolf Berle e Gardiner Means, em 1932. Até então, os economistas e os advogados haviam seguido o argumento de Adam Smith de que todos os benefícios de uma empresa devem se acumular para seus donos, que atingiria o melhor para todos ao aumentar seus lucros. Mas Berle e Means salientaram que este argumento era de um tempo em que a propriedade e o controle eram unificados. As empresas eram pequenas, possuídas por um indivíduo ou poucos sócios. Os donos forneciam o capital, assumiam os riscos e gozavam os lucros. Mas Berle e Means argumentaram que as grandes empresas quebraram essa unidade. O acionista tornou-se passivo, entrega o controle de sua riqueza e torna-se apenas um assumidor de riscos. Gerentes assumem a responsabilidade de dirigir a empresa e por seu sucesso. Essa divisão resulta em uma empresa "cujos donos não têm um controle considerável e um controle que não pertence consideravelmente a ninguém". Os autores escreveram: "Não há mais certeza de que uma empresa irá, na verdade, ser dirigida basicamente pelos interesses dos acionistas". A empresa moderna tornou-se uma instituição quase pública.[6]

Num clássico de negócios publicado em 1946, Peter Drucker descreve o papel de uma empresa na sociedade moderna dos Estados Unidos:

> A empresa como uma instituição representativa da sociedade dos Estados Unidos deve manter-se firme à promessa de satisfazer adequadamente as aspirações e crenças do povo dos Estados Unidos. Um conflito entre as exigências da vida empresarial e a fidelidade a nossa forma de governo e sociedade. Portanto, devemos analisar se e empresa está satisfazendo estas exigências básicas: a promessa de que oportunidades sejam iguais e que recompensas sejam comensuráveis a capacidades e esforços; a promessa de que cada membro da sociedade, por mais humilde, seja um cidadão com status, função e dignidade de um membro da sociedade e com a oportunidade de satisfação individual em sua vida social; finalmente, a promessa de que grandes e pequenos, ricos e pobres, poderosos e fracos sejam parceiros numa iniciativa conjunta ao invés de adversários beneficiando-se das perdas do outro. ...A antiga ficção rude ainda subsiste considerando a empresa apenas como a soma dos direitos de propriedade dos acionistas individuais. ...Na realidade social de hoje em dia, entretanto, os acionistas são apenas um dos diversos grupos de pessoas que mantêm um relacionamento especial com a empresa. A empresa é permanente, o acionista é passageiro.[7]

Drucker disse que, freqüentemente, cometemos o erro de pensar na empresa como uma coletânea de máquinas e matéria-prima, de engenhocas e ferramentas, quando, na verdade, ela é, basicamente, uma organização de seres humanos, uma organização social.

Ao longo dos anos, diferentes visões da empresa tomaram forma. Donald S. MacNaughton, na época presidente do conselho da Prudential Insurance Company, disse, em 1971, que "a empresa não é realmente uma propriedade privada no sentido tradicional". O acionista não está mais envolvido diretamente no destino da empresa. Ele nem é mais a fonte primária de capital. Seu risco depende tanto do comportamento do mercado quanto do sucesso do ramo específico. A empresa tornou-se uma organização de iniciativa privada "cujos gerentes agem como curadores de *todos* que têm um interesse na iniciativa: acionistas, funcionários, fornecedores, consumidores e público". MacNaughton disse que a empresa funciona sob uma franquia concedida pelas pessoas, que pode ser retirada se elas acharem que não estão sendo beneficiadas. Dessa forma, a empresa enfrenta "as exigências sociais caóticas, imprecisas e desorganizadas que o público nos faz".[8]

GLADIADORES SOCIALMENTE RESPONSÁVEIS

As exigências caóticas de que MacNaughton falou há quase 30 anos são bem mais intensas hoje em dia. Os grupos de direitos humanos e defensores das mulheres, sem falar em agências governamentais, estão prontos para acabar com qualquer empresa que pareça explorar sua mão-de-obra ou tolerar o assédio sexual de seus funcionários. A imprensa e os políticos de ambas as pontas do espectro político, do ex-ministro do Trabalho (EUA), Robert Reich, ao político de direita, Pat Buchanan, atacam empresas que demitem centenas ou milhares de funcionários. A palavra *stakeholder* tornou-se elegantemente correta. Reich foi tão longe, que sugeriu, em 1996, que, talvez, os benefícios da incorporação devam ser reservados para empresas socialmente responsáveis, ou que impostos de pessoas jurídicas responsáveis devam ser reduzidos ou eliminados.[9] (Deve-se acrescentar que ele não prosseguiu com o tema.) Nesse mesmo ano, o presidente Clinton realizou conferências para homens de negócios sobre cinco formas de demonstrar uma "boa cidadania" em relação a seus funcionários. Suas propostas foram decididamente modestas no contexto atual: (1) Seja "amigo da família", por exemplo, promovendo horários flexíveis. (2) Dê benefícios de saúde e aposentadoria. (3) Ajude os trabalhadores com sua educação e treinamento. (4) Trate os funcionários mais como parceiros no negócio. (5) Proporcione um local de trabalho seguro.[10] Em seguida, o presidente reuniu mais de 100 principais executivos na Universidade de Georgetown para contar histórias de suas boas ações de cidadania empresarial.

Fazer com que os homens de negócio realizem todas as coisas boas que deveriam fazer não é fácil hoje em dia. Em primeiro lugar, o mercado os torna mais competitivos. O próprio Reich diz que "empresas nos Estados Unidos transformaram-se de rivais estáveis e confortáveis em gladiadores sanguinários".[11] Segundo, os altos executivos são mais responsabilizados pelo seu desempenho do que antes, por conselhos e acionistas, especialmente pelos proprietários institucionais. Administradores de fundos de pensão podem ser pacientes, mas gerentes de fundos mútuos tendem a querer desempenho imediato e têm pouca paciência para alcançar bons resultados. Embora investidores institucionais certamente tenham se tornado mais ativos, sua influência é limitada por seu próprio crescimento. Ficaram tão grandes que não conseguem entrar e sair facilmente de investimentos.

A "Escola de Chicago" predestinadamente pode ser encontrada na liderança da resistência à idéia de *stakeholder*. Assim como Vince Lombardi disse que vencer era a única coisa, Milton Friedman crê que aumentar o retorno do acionista é a única coisa para uma empresa. Como Adam Smith, ele crê que é assim que uma empresa pode contribuir para o bem público maior.* Outro economista da Escola de Chicago, Herbert Stein, atacou o atual movimento de *stakeholders*. Ele afirma que "para contar com a responsabilidade das empresas para solucionar grandes problemas (além do problema de como fazer com que nosso povo e outros recursos trabalhem de forma mais eficaz), seria um desvio devastador de sua função mais importante". Quando empresas tentam fazer mais do que maximizar os lucros, elas não só perdem eficácia,

---

* Entretanto, Friedman reconhece que empresas têm de agir dentro da lei. Embora Adam Smith seja mais famoso por sua declaração que os homens de negócio "ao buscarem seu próprio interesse... freqüentemente promovem o da sociedade", Smith estava basicamente preocupado com a sociedade. Por isso, Lombardi disse depois que desejava nunca ter dito que vencer é tudo, pois "Eu quis falar do esforço, de ter uma meta... Certamente, eu não quis que as pessoas passassem por cima dos valores humanos e da moralidade". (Gordon Carruth e Eugene Ehrlich, *American Quotations*, Avenel, NJ.; Wing Books, 1992, p. 235.)

mas entram num declive escorregadio, onde podem se ver fazendo coisas que não gostariam de fazer, só para evitar que o governo as faça.[12] William Safire, o ensaísta conservador do *New York Times*, escreveu que o "*stakeholder* substituiu o 'proletariado' no dicionário da esquerda". Agora que o socialismo faliu, a esquerda está introduzindo o "novo socialismo" sob o pretexto de proteger o *stakeholder*.[13]

Uma reação mais serena e, talvez, mais realista é a de Jacob Wallenberg, um banqueiro sueco e membro da famosa família comercial sueca. Ele acredita que a abordagem do *stakeholder* é útil e alerta as empresas para a necessidade de atuar bem em muitas áreas hoje em dia. Mas ele está preocupado com a tentação de "aceitar como legítima, uma noção de peso igual e direitos iguais para todos os grupos de interesse na sociedade compartilharem o poder sobre empresas privadas. Não é assim. Alguns *stakeholders* têm mais participação do que outros, principalmente os que arriscam seu dinheiro a longo prazo". Ele pergunta: "O que é mais social do que uma empresa lucrativa, satisfazendo as necessidades humanas e criando emprego? E o que é menos social do que um negócio não-lucrativo desperdiçando recursos humanos e financeiros?" Ele indica as diferenças entre os enérgicos Estados Unidos e os crescentes Tigres Asiáticos, de um lado, que estão um tanto embaraçados pelas idéias dos *stakeholders*, e, do outro lado, o Velho Mundo, a Europa, "atormentado pelo desemprego e por estruturas rígidas".[14] (Ver Figura 4.1 para contrastar as visões nacionais sobre quem deve vir primeiro na prioridade de uma empresa.)

Embora os norte-americanos estejam começando a se preocupar acerca dos outros *stakeholders*, em outras nações, ao contrário, é o acionista que está começando a angariar simpatias. Na Europa e no Japão, acionistas têm sido tradicionalmente tratados como um inconveniente, exceto, é claro, os grandes bancos que detêm grandes partes de grandes empresas. Eles fazem parte do clube. Outros acionistas são forasteiros, devido aos modestos dividendos e vagos relatórios financeiros, sem permissão para mexer em gerências que tiveram péssimo desempenho. Outros *stakeholders* obtiveram mais respeito. No Japão, tradicionalmente, o interesse dos trabalhadores se sobressai sobre o resto e as grandes empresas endossam seu interesse com uma garantia de emprego vitalício. Essa garantia está enfraquecendo, pelo menos, um pouco. A Alemanha teve uma economia de *stakeholders* totalmente desenvolvida. Empresas têm dois conselhos de diretoria, um conselho supervisor, composto por representantes do banco, da empresa e dos trabalhadores, que indicam o principal executivo e supervisionam as grandes decisões da empresa. Mas o mau desempenho e o descuido negligente de empresas na Alemanha e em outros lugares da Europa estão mudando o equilíbrio. Eles não só são bancos amistosos transformando-se em ruins para suas empresas preferidas (ver Capítulo 1), como os investidores regulares também são teimosos. Isso pode acontecer, em parte, por causa da influência dos Estados Unidos. O sistema de aposentadoria de funcionários públicos da Califórnia, que desafia agressivamente a capacidade administrativa nos Estados Unidos, aumentou seus investimentos em patrimônios europeus de US$ 11 bilhões para US$ 18 bilhões. Instituições norte-americanas investiram pesado em empresas européias privatizadas. Entretanto, os investidores europeus são mais agressivos do que costumavam ser, formando associações, apoiando ativistas, exigindo um retorno melhor ou correndo atrás do principal executivo que acharem estar com um mau desempenho. No Japão, um grupo de acionistas deu o inédito passo de processar os diretores da Sumitomo em 1997 por causa do escândalo do comércio de cobre. Houve uma emenda à lei japonesa, em 1993, para facilitar aos acionistas a entrada de processos contra a empresa (algo impensável no Japão até há pouco tempo) e entraram com vários processos em casos de fraude e extorsão. Mas isso marcou a primeira vez em que diretores foram processados.

Presumivelmente, estamos vendo uma convergência de pensamento sobre o objetivo da empresa, com europeus e japoneses dando mais peso do que no passado aos direitos dos acionistas e os norte-americanos dando mais peso aos outros grupos. A necessidade de se ter lucro continua absoluta. Sem isso, não há empresa. Com isso, pode-se criar empregos, produtos e serviços. O que pode ser mais socialmente útil, como Wallenberg pergunta? E, como ele sugere, você precisa equilibrar os diferentes interesses. Você não precisa equiparar um "grupo de interesse público" composto de três adolescentes e seu professor com os acionistas, mas você pode prestar atenção neles.

Existem novos limites para a busca por lucros que, mesmo o impenitente economista da Escola de Chicago teria de reconhecer porque são econômicos e causam impacto nos lucros. Por exemplo, é socialmente desejável conviver de forma agradável com o ambiente e fabricar produtos seguros (pode sair muito caro se não fizer isso). Produzir

Figura 4.1

Quando o Instituto de Política Fiscal e Monetária do Ministério das Finanças do Japão pesquisou executivos em cinco países para aprender como eles consideravam as responsabilidades de uma empresa, ele recebeu respostas bastante contrastantes. Executivos norte-americanos e ingleses pensam parecido e discordam totalmente de seus colegas franceses, alemães e japoneses.

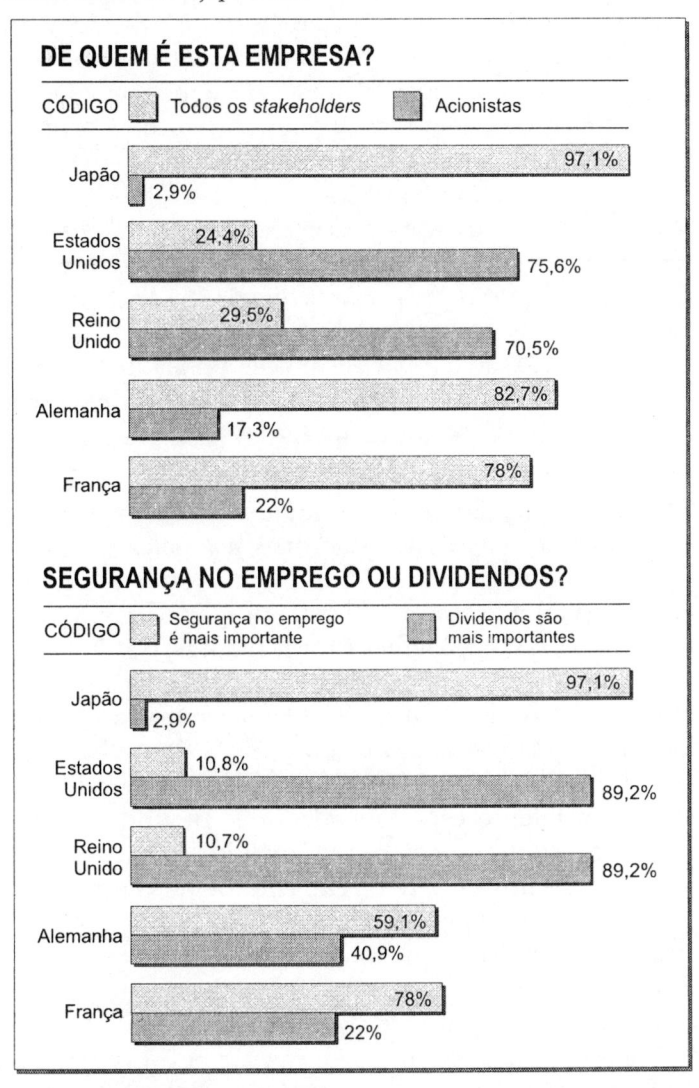

DE QUEM É ESTA EMPRESA?

CÓDIGO ▢ Todos os *stakeholders* ▢ Acionistas

- Japão: 97,1% / 2,9%
- Estados Unidos: 24,4% / 75,6%
- Reino Unido: 29,5% / 70,5%
- Alemanha: 82,7% / 17,3%
- França: 78% / 22%

SEGURANÇA NO EMPREGO OU DIVIDENDOS?

CÓDIGO ▢ Segurança no emprego é mais importante ▢ Dividendos são mais importantes

- Japão: 97,1% / 2,9%
- Estados Unidos: 10,8% / 89,2%
- Reino Unido: 10,7% / 89,2%
- Alemanha: 59,1% / 40,9%
- França: 78% / 22%

Fonte: Ministério das Finanças (Grupo de Estudo do Instituto de Política Fiscal e Monetária), *Sistemas Socioeconômicos do Japão, Estados Unidos, Reino Unido, Alemanha e França*. Tóquio, fevereiro de 1996.

produtos e serviços de alta qualidade é admirável, além de ser um bom negócio, porque os clientes esperam isso hoje em dia. Criar um bom ambiente para os funcionários é socialmente responsável e, se esta é a era do trabalhador do conhecimento, então os funcionários são um patrimônio-chave de uma empresa. Tratá-los bem torna-se uma boa estratégia comercial. Empregar uma força de trabalho variada é um ato de cidadania. Mas à medida que a própria força de trabalho torna-se mais variada, ela passa a ser essencial para dirigir o negócio. Jamie Houghton, que se aposentou como principal executivo da Corning Inc., diz que a diversidade foi uma das três coisas em que ele se concentrou em seu reinado de 13 anos como presidente do conselho (as outras foram desempenho e qualidade). Ele acrescenta: "Isso faz nos sentirmos bem se dermos empregos a negros, mas, se você pegar a demografia do século XXI, existem algumas pessoas que dizem que após o ano 2000, apenas de 15% a 20% das pessoas entrando na força de trabalho serão de homens brancos. Isso me diz para esquecer a ética disto. A menos que você só queira aproveitar de 15% a 20% dos talentos disponíveis, é melhor aprender a diversificar rapidamente".[15]

C. K. Prahalad, professor de administração de empresas na Faculdade de Administração da Universidade de Michigan, oferece outro motivo para prestar mais atenção a outros *stakeholders*. Colocar o acionista em primeiro lugar fazia sentido inicialmente quando o recurso escasso era o capital. Ele escreve: "Havia um farto e indiferenciado suprimento de mão-de-obra, clientes e fornecedores. Capital era o recurso relativamente em falta". Esta prioridade pode se enfraquecer à medida que nos aproximamos do século XXI. "O que é relativamente novo... é a intensidade da concorrência global por outros *stakeholders*-chave." Ele prossegue: "Embora o capital continue sendo um ingrediente necessário, acesso a um talento especializado (mão-de-obra) e a uma infra-estrutura de fornecedor especializado (incluindo a tecnologia) tornou-se fator muito mais importante na capacidade das empresas em competir em mercados de consumidores cada vez mais sofisticados e globais". Empresas terão de competir nestes mercados, por funcionários, fornecedores e consumidores, como sempre competiram pelo capital e estes mercados irão impor novas disciplinas internas sobre eles.[16] Dois principais executivos entrevistados durante a pesquisa para este livro, ambos chefes de firmas de consultoria, concordaram que a competição entre eles no futuro se concentrará em obter as melhores pessoas. Essa necessidade superará até a competição por clientes.

LUCROS HONESTOS

A ética empresarial surge como mais uma grande, fundamental e complexa questão que homens de negócio, acadêmicos e defensores da ética em todo o mundo estão tentando elucidar, às vezes, com demasiada prolixidade. Claramente, a ética comercial tornou-se um dos assuntos em pauta. Periódicos sobre ética comercial proliferam (até a Itália tem um) e recursos ou centros de estudo sobre ética comercial brotam por todo o mundo. Não se vê mais nenhuma faculdade de administração sem seu programa de ética, talvez arrematado com uma passagem por um mosteiro ou um trabalho voluntário no subúrbio. Os estadistas comerciais de todos os lugares do mundo reúnem-se num ótimo ambiente para estabelecer uma alta base moral para o próximo século. Seria difícil, hoje em dia, encontrar uma grande empresa dos Estados Unidos sem um código de ética ou algo assim, embora não seja tão difícil na Europa ou na Ásia.

Os motivos para tanta preocupação com a moral dos negócios não são difíceis de se descobrir. Todas as transgressões comerciais mencionadas no início deste capítulo criaram a necessidade de esclarecer uma ética melhor. Mas, ao mesmo tempo, as pressões por desempenho, os novos fatores de competitividade e a maior liberdade de decisão dos gerentes tornam mais fácil e tentador o corte de arestas. Temos uma sociedade mais litigiosa e mais pessoas prontas para pegar em armas contra agressões, imaginárias ou reais, cometidas por empresas, sejam os altos preços cobrados por medicamentos, o assédio sexual de funcionários ou a exploração de trabalhadores do Terceiro Mundo. Jornalistas investigadores esquadrinham registros da Comissão de Valores Mobiliários, declarações de solicitação de procuração, registros de tribunais procurando escândalos frescos, sem se preocupar com as sutilezas. O downsizing levanta questões básicas acerca da ética no tratamento de funcionários. Washington também decretou um melhor comportamento ético. O Foreign Corrupt Practices Act (Lei de Práticas Corruptas no Comércio Internacional) talvez tenha tornado ações duvidosas como o suborno menos comuns. As diretrizes da Comissão de Sentenças estabeleceu punições mais leves para empresas cujos funcionários forem pegos por atos ilegais, se tiverem um código de ética de trabalho. Todas estas razões, combinadas com o aumento geral no interesse da ética comercial, obrigam as empresas a serem mais sérias acerca de sua ética hoje em dia.

Os princípios gerais que deveriam reger o comportamento ético de uma empresa são razoavelmente óbvios. Empresas devem obedecer à lei, honrar contratos, respeitar o indivíduo, garantir a qualidade de seus produtos e serviços, conviver favoravelmente com o meio ambiente, e por aí vai. Os gerentes devem abster-se de adulterar os livros ou dar informações erradas a superiores, reguladores, investidores e ao público. Estes princípios são muito bem aceitos mundo afora.

A ética torna-se bem mais complicada quando você a aplica a situações específicas. Você pode demonstrar razoavelmente que fechar uma fábrica não lucrativa para salvar a empresa não é um bom negócio, mas é moralmente justificável já que você está cortando alguns empregos para salvar muitos empregos. Mas como lidar com pessoas que perderam seus empregos? Os executivos norte-americanos não encontraram a resposta ética para este dilema. Se você descobrir que um colega está conspirando com seus concorrentes para estabelecer preços, a boa ética exige que o denuncie. Mas a experiência lhe diz que, como dedo-duro, você se tornará um pária em sua própria empresa e em outros lugares. A ética exige que você destrua sua carreira?

Andrew Stark, um professor de administração na Universidade de Toronto e pesquisador de ética comercial, afirma que a maioria dos gerentes acha que a discussão sobre ética é irrelevante, não porque não querem ser éticos, mas porque as discussões que ouvem não lhes dão muita direção prática. "Muitos defensores da ética comercial ocuparam um terreno moral rarefeito, retirado das verdadeiras preocupações e problemas do mundo real da grande maioria dos gerentes", Stark escreve. Eles tendem a ser absolutistas, julgarem lucros como algo imoral, exigir que empresas firam a si próprias como prova de sua virtude.[17] Uma abordagem mais prática acha perfeitamente honesto vender um bom produto com um lucro decente. Joanne Ciulla, que já foi uma colega de pesquisa na Wharton, agora é professora de Liderança e Ética na universidade de Richmond. Ela diz que um gerente precisa saber o que fazer que "seja moralmente certo e socialmente responsável, sem arruinar sua carreira e empresa".[18]

Embora ainda lutemos contra o que é comportamento ético nos Estados Unidos, a questão tornou-se bem mais complexa porque, assim como os próprios negócios, tornou-se global. O movimento de ética nos negócios começou nos Estados Unidos na década de 80. Em 1991, segundo uma pesquisa realizada pela Conference Board, 84% das empresas nos Estados Unidos tinham códigos de ética, enquanto 50% das empresas na Europa os tinham (a pesquisa cobriu 264 empresas, em sua maioria norte-americanas, com média de vendas de US$ 1 bilhão). Embora o aumento no número de empresas que tinham códigos baseados em uma pesquisa anterior em 1987 não tenha sido tão grande, mais da metade dos códigos foram escritos a partir de 1987, indicando uma explosão de revisões depois que as diretrizes de sentença saíram em 1991.[19]

A idéia de codificar a ética empresarial foi levada além-mar principalmente por multinacionais norte-americanas e ela causa alguma desorientação e consternação em outros países. Ela tem sido descrita como uma forma de imperialismo cultural. O executivo europeu experiente pode perguntar-se, confuso, por que os executivos norte-americanos gastariam um tempo valioso elaborando um código de ética que boas pessoas obedecerão de qualquer forma e os maus funcionários ignorarão. Mas um código é necessário porque até as boas pessoas, hoje em dia, não sabem o que devem fazer.

Um código internacional de comportamento tem de abranger uma ampla extensão das atitudes em relação à ética. Os norte-americanos têm uma abordagem legalista. Mas como Joanne Ciulla indica, os italianos podem ser descritos como praticantes de "fisiologismo amoral": eles se comportam eticamente em relação às suas famílias ou grupos, mas não têm senso de responsabilidade em relação a estranhos ou à sociedade. Já se pode dizer que os japoneses praticam o "nacionalismo amoral": eles têm um forte senso da necessidade de fazer avançar seu país e a sociedade, mas têm menos senso de responsabilidade por seu comportamento no mundo.[20]

Quando se trata de aplicar a ética, estar globalizado acrescenta diversos níveis de complexidade. Uma empresa que é séria para acabar com a discriminação sexual, presumidamente, contratará uma mulher qualificada para qualquer emprego nos Estados Unidos. A mesma empresa presumidamente não insistiria em utilizar como motorista de caminhão uma mulher na Arábia Saudita. Mas e se um cliente alemão deixar claro que, se a equipe for dirigida por uma mulher, você não ganha o contrato? O que você faz se estiver sendo pressionado pela imprensa por contratar trabalhadores na América Central por um salário desprezível para padrões dos Estados Unidos, mas que são melhores que os salários locais, além de emprego ser escasso lá?

Estudos patrocinados pelo centro SEI em Wharton descobriu que padrões são ainda mais importantes nos negócios mundiais do que em negócios locais porque transações internacionais podem cair em divergências entre sistemas legais nacionais e códigos morais diferentes. Robert Holland, ex-presidente do Comitê para o Desenvolvimento Econômico e, hoje, um decano de Wharton, visualiza um "mercado mundial para a moralidade emergindo gradualmente... O acesso mais homogêneo à informação, capital, tecnologia e até consórcios de talentos podem levar gradualmente os grandes *stakeholders* de empresas mundiais a terem interesses semelhantes em valores éticos".[21] Dois professores de Wharton, Tom Donaldson e Tom Dunfee, que têm trabalhado na teoria de ética empresarial, propõem que empresas desenvolvam vários contratos formais e informais com diversos *stakeholders*, que criariam uma estrutura para o que constitui um comportamento aceitável pela empresa A ética embutida nestes contratos evoluiria gradualmente e tornar-se-ia mais importante à medida que evolui. *Stakeholders* que acharem que um contrato tenha sido violado, teriam um grande leque de opções, desde reclamar à gerência até buscar uma ação do governo.[22] Neste exato momento, existem muitas contradições e anomalias no comportamento ético, mas elas devem passar aos poucos com o tempo.

As complexidades, contradições e ambigüidades dificultam que uma empresa encontre o caminho ético correto, assim como é difícil encontrar o equilíbrio certo entre os corpos de interessados em uma empresa. Mas não há dúvida de que empresas estão sendo levadas a um padrão mais alto de comportamento e responsabilidade. Elas estão sendo levadas a se comportarem melhor. Isso será uma realidade no século XXI. Muitas empresas são bastante éticas e seguem muito bem. Du Pont, Levi Strauss, Johnson & Johnson vêm à mente. Mas não há garantia de que com este comportamento serão recompensadas. Ele pode até ser caro. Os fundos mútuos que se especializam no que consideram empresas éticas estão, neste momento, com um desempenho bastante ruim no índice da Standard & Poor 500.[23]

A livre iniciativa e a economia de mercado permanecem vitoriosas, hoje em dia. Elas não têm concorrentes. Entretanto, espera-se muito delas. Para atender a essas expectativas, as empresas precisam mostrar que podem se comportar ética e eqüitativamente, podem servir às necessidades da sociedade, que ainda podem melhorar o destino de pessoas comuns. Uma grande parte do mundo só abraçou a economia de mercado recentemente e, a menos que as empresas mostrem que podem atender às necessidades da sociedade, esses novos convertidos podem mudar de idéia rapidamente. O argumento que joga os interesses dos acionistas contra os interesses dos *stakeholders* está perdendo força simplesmente porque os dois interesses estão se fundindo. A menos que a empresa se comporte eticamente, a menos que ela trate os trabalhadores de forma justa, a menos que seja cuidadosa com o meio ambiente, mais provavelmente, seu comportamento causará danos ao resultado líquido e, conseqüentemente, aos acionistas. A cidadania está se tornando um bom negócio.

Indicadores

Qualquer empresa pode se encontrar exposta ao ridículo por seus abusos reais ou inventados, mas há alguns sinais perigosos a que deve-se prestar atenção:

- Fazer negócio em países governados por ditadores ou em países em desenvolvimento com salários baixos.
- Falta de um código de ética que seja visivelmente apoiado pelo principal executivo e por outros recursos, como treinamento e a indicação de um administrador de ética relativamente independente.
- Deixar de planejar-se para lidar com as emergências que, se mal conduzidas, podem transformar um momento ruim num desastre.
- Fabricar produtos que possam ferir ou afetar a saúde dos clientes.
- Utilizar processo ou fabricar produtos que possam causar dano ao meio ambiente.
- Reengenharia, reorganização, enxugamento, adequação de tamanho ou como você quiser chamar, em grande escala, principalmente se não houver muito apoio aos funcionários que vão embora.
- Recompensar excessivamente o principal executivo.

Advertências

- Questões éticas nem sempre apresentarão opções claras e seguras. É quase impossível para uma empresa não causar impacto no meio ambiente ou produzir um produto totalmente seguro. Um produto que pode ferir um cliente em dez mil é seguro? Ou a probabilidade deve ser de um em um milhão? Estes dilemas precisam ser ordenados com equilíbrio.
- Por mais ética que uma empresa possa ser, ela deve estar preparada para ser vista como vilão porque a inclinação da imprensa e, talvez, do público como um todo é visualizar a empresa desta forma.

5

AS EXIGÊNCIAS DO CLIENTE

"Só há uma definição válida do propósito de uma empresa:
criar um cliente."
— Peter Drucker.[1]

A idéia de servir bem o cliente não é nova. Para citar uma lenda preferida, L.L. Bean fundou sua empresa de roupas esportivas em 1912 sob este princípio: "Venda boa mercadoria com um lucro razoável, trate seus clientes como seres humanos e eles sempre voltarão para comprar mais". Quando seu primeiro lote de 100 sapatos de caça chegou com a costura sem reforço, ele redesenhou o sapato e enviou substitutos de graça. Assim nasceu a lenda Bean. Outras empresas têm sua lenda sobre feitos de heroísmo para atender ao cliente. A Saturn anunciou como um de seus representantes voou com um novo banco de carro a seu lado para substituir um que foi reprovado por um cliente no Alasca.

Thomas J. Watson Sr. acreditava que a IBM deveria destacar-se em tudo que fizesse, especialmente em como tratar o cliente. Um dos três preceitos simples que ele estabeleceu na IBM durante suas três décadas na direção foi: "Gaste muito tempo fazendo os clientes felizes." A IBM foi boa com seus clientes. Não só vendia ou alugava produtos excelentes, como proporcionava um bom serviço, ouvia o que eles tinham a dizer e os ajudava a solucionar seus problemas. Mas, aí, como muitas outras empresas, a IBM ficou tão rica e bem-sucedida que começou a se esquecer do cliente. A IBM produzia o que achava que era o melhor, fixava um preço, empurrava para fora da porta e dizia ao cliente que era pegar ou largar. Por que alguém seria tão burro para negociar com a IBM? A IBM extraviou-se tanto dos preceitos de Watson que, 30 anos após sua morte, o principal executivo John Akers teve de declarar 1987 como "O Ano do Cliente". O que eram todos aqueles outros anos? De qualquer forma, 1987 acabou não sendo o ano do cliente, mas o ano em que a IBM tentou empurrar PCs quisesse o cliente ou não (em geral, não queriam).

Sob qualquer circunstância, o tratamento negligente que o cliente recebia da IBM, da General Motors, da Ford e de muitas outras empresas acabaria se mostrando desastroso. Coincidentemente, bem no momento em que esse tratamento insensível começou a incomodar o cliente, esse mesmo cliente passou a ter mais opções e tornou-se mais exigente. As empresas então começaram a realizar um grande ajuste. Todo o relacionamento entre cliente e empresa tornou-se muito mais complexo. Primeiro, vieram as melhorias na qualidade dos produtos e serviços, que despertaram o apetite dos clientes para mais melhorias. Depois, veio um esforço para descobrir o que satisfazia o cliente, o que levou as empresas a uma compreensão mais profunda do que o cliente queria. Isso resultou numa abordagem diferente ao cliente, "marketing de relacionamento", que foi bem mais além do que o velho "marketing de transação", com suas técnicas de propaganda certeiras em meios de comunicação de massa, cupons e promoções em pontos de venda. Em vez de fechar uma venda única naquele momento, a meta tornou-se capturar a lealdade do cliente a longo prazo. A tecnologia da informação ajudou bastante porque a empresa pôde capturar informações úteis sobre preferências e comportamento, não só de segmentos do mercado, como de clientes individuais, aos milhões. Novas técnicas de fabricação também ajudam porque a produção pôde ser feita para encaixar-se na quantidade e no cronograma exigidos pelo cliente, a ponto de reduzir a produção a um único item, para ser entregue amanhã, se necessário. Como Alvin Toffler previu, o mercado torna-se "desmassificado".

Mudanças fundamentais na forma pela qual clientes são tratados não podem ser executadas por uma reformulação nos departamentos de vendas e marketing. Elas envolvem toda a empresa, a forma como é organizada, a forma como é gerida, a forma como as pessoas são treinadas, avaliadas e remuneradas. Feitos de heroísmo para atender ao cliente são muito bons (se bem que, na verdade, geralmente são soluções muito caras para erros que não deveriam ter sido cometidos desde o início), mas o mercado hoje em dia exige uma abordagem a longo prazo mais sistemática e sofisticada ao cliente. Jack Welch disse que uma empresa tem de ficar de pé voltada para o cliente, não com a cara voltada para o principal executivo e as costas para o cliente.

QUANDO AS COISAS MELHORAM

Imagine levar para casa, hoje em dia, um videocassete, um aparelho de TV ou um computador e descobrir que ele não funciona ou que precisa ser consertado após alguns meses. Nós acharíamos isso intolerável. Ou imagine possuir um carro que precise de graxa a cada 1.600 quilômetros, com pneus esvaziando que precisam ser substituídos após 32 mil quilômetros e precise de uma válvula nova, senão um motor inteiro após 65 mil quilômetros! Seria intolerável. Mas essa foi a experiência normal para donos de carros até a década de 60. Ou, então, imagine-se numa fila por 45 minutos para pegar seu próprio dinheiro com o caixa do seu próprio banco! Isso aconteceu em bancos de grandes cidades há uma década. Falhas de qualidade intoleráveis ainda acontecem bastante freqüentemente. Nós as vemos o tempo todo, na indústria da construção civil, em muitos serviços governamentais, na precisão das contas de médicos (sem falar no teatro que é uma operação), no ramo de seguros, obviamente na forma pela qual as companhias aéreas tratam seus passageiros e, não tão obviamente, no calibre dos jornais impressos e televisivos[2] (ver Figura 5.1).

O cliente começou a perceber que as coisas poderiam ser feitas muito melhores sem o preço subir ao nível de produtos de luxo, quando os carros japoneses começaram a ganhar uma boa parte do mercado norte-americano no fim da década de 70. Eram carros muito bons com preços razoáveis. O mesmo nível de qualidade com bons preços ficou evidente nos aparelhos de TV, chips de computadores e copiadoras. As máquinas de xerox daquele período, feitas nos Estados Unidos, por exemplo, chamuscavam documentos, prendiam papéis e deixavam um cheiro ruim. Com isso, a parcela da Xerox no mercado norte-americano despencou de 90% para 13%.

Figura 5.1
Insatisfação do Cliente

Os norte-americanos parecem estar de alguma forma menos satisfeitos com a maior parte dos produtos e serviços que pagam, o que pode refletir uma expectativa maior em vez de uma queda na qualidade. Eles parecem estar especialmente insatisfeitos com seus jornais, companhias aéreas, provedores de *fast-food* e muito mais ainda com a polícia e com o Internal Revenue Service (equivalente à Secretaria da Receita Federal). A julgar por essa classificação, o correio melhorou sensivelmente, mais do que qualquer outro negócio ou serviço, mas não alcançou o nível dos serviços expressos de entrega. O Centro de Pesquisa de Qualidade Nacional da Faculdade de Administração da Universidade de Michigan pesquisa amostras de consumidores trimestralmente para propor um índice de satisfação nacional. O índice baseia-se no que os consumidores pensam de organizações específicas. Suas respostas não são utilizadas diretamente, mas alimentadas em um modelo que calcula o índice. Eis a classificação para os sete grandes setores pesquisados e de algumas indústrias dentro dos setores:

Setor (Indústria)	1994	1995	1996
Fabricação/Bens Não-duráveis	81,6	81,2	79
Refrigerantes	86	86	86
Cerveja	83	81	79
Vestuário (não-esportivo)	82	81	78
Jornais, publicações	72	68	69
Fabricação/Bens Duráveis	79,2	79,8	78,8
Eletrodomésticos	85	82	82
TVs e vídeos	83	81	81
Veículos	79	80	79
Computadores	78	75	73
Transporte/Comunicações/Estatal	75,5	75,1	75,5
Transporte de pacotes/Correio expresso	81	81	85
Ligações telefônicas interurbanas	82	82	81
Serviço de correio dos Estados Unidos	61	69	74
Telejornais da TV aberta	77	76	70
Companhias aéreas (cumprimento do horário dos vôos)	72	69	69
Varejo	73,6	74,6	73,2
Supermercados	74	75	74
Restaurantes de *fast food*/Pizzarias	70	70	66
Finanças/Seguros	74,8	74,1	74,5
Seguros de propriedade, residencial e de automóveis	76	75	77
Serviços	74,4	74,2	71,2
Hotéis, motéis	75	73	72
Hospitais	74	74	71
Administração Pública/Governo	64,3	61,9	59,2
Polícia (cidade grande)	61	59	59
Receita Federal	55	54	50
Índice Nacional (4º trimestre de cada ano)	74,2	73,7	72

Fonte: National Quality Research Center, *American Customer Satisfaction Index Quarterly Updates,* para fevereiro, maio, agosto e novembro de 1996 e janeiro de 1997 (Ann Arbor, Michigan, University of Michigan Business School, 1996 e 1997).

Foi necessária toda a década de 80, e um pouco da de 90 e uma batalha traumática, mas muitas empresas norte-americanas, pelo menos as desafiadas pela concorrência estrangeira, melhoraram drasticamente sua qualidade. A melhoria de qualidade espalhou-se de um setor para outro à medida que os consumidores se tornavam mais exigentes. Eles queriam coisas melhores e as queriam mais rápido. Se um fabricante de computador conseguir entregar um pedido da noite para o dia, porque uma editora de livros não pode fazer o mesmo? A exposição ao mercado externo obrigou muitas empresas americanas a apertar seus padrões por todos os lados. Labconco, um fabricante de equipamentos de testes de laboratório, com faturamento de US$ 32 milhões por ano, costumava medir com uma fita métrica comum a lâmina de metal que transformava em estojos para o equipamento. As medições tinham uma precisão de 1/16 de polegada. Mas, então, a Labconco começou a vender para clientes japoneses, que reclamaram que as medidas podiam ser aceitáveis para clientes norte-americanos não-sofisticados, mas não para eles. Agora, a Labconco mede o metal com compassos medidores com precisão de até 1/1.000 de polegada e tenta entregar os pedidos em 48 horas ao invés das oito ou doze semanas que os clientes costumavam aceitar.[3]

UMA MEDIDA DE SATISFAÇÃO

À medida que as empresas começam a tentar atender melhor os clientes, elas percebem que não os conheciam muito bem. Na verdade, os executivos cresceram tão submersos em seus próprios afazeres e tão superconfiantes, que pouco se esforçavam para compreender seus clientes. Para garantir, o pessoal do marketing e os vendedores relatavam o que os clientes diziam, mas não tentavam compreendê-los sistematicamente e não conseguiam achar um público em casa para escutar as reclamações que receberam. Altos gerentes, isolados com seus executivos financeiros, análises e planos estratégicos, perderam o contato com os clientes. O afastamento precisava desaparecer.

À medida que estudavam o cliente no passado, empresas viam a "satisfação do cliente". Classificações de satisfação proporcionam uma medida imperfeita do produto ou serviço, especialmente se a qualidade for terrível, como é o caso dos serviços de companhias aéreas, jornais ou serviços governamentais na visão do público. Mas para as empresas que melhoraram para permanecer ou se tornarem competitivas, a medida de satisfação deixa de fazer muito sentido, exceto como um controle negativo. "Clientes começam a ver as coisas livres de defeitos", disse Blanton Godfrey, principal executivo do Juran Institute Inc. Ele mostra que quando os telefones celulares surgiram, as pessoas os tratavam com cuidado e os carregavam em estojos acolchoados. "Agora, as pessoas os jogam por aí e os largam no porta-luvas sob uma temperatura de 65 graus. Eles se tornam um produto tão comum e você tem tão poucos problemas, que não pensa mais neles."[4] Neste momento, a qualidade do produto torna-se quase uma pré-condição para sobreviver no mercado. Pode-se supor que, pelo menos, o cliente está satisfeito com o produto.

"A medida da satisfação do cliente só dá uma leitura rápida sobre a superfície da experiência do cliente", disse Richard LeVitt, diretor de qualidade empresarial na Hewlett-Packard. "Eles não lhe dão o tipo de riqueza de compreensão de um dia na vida do cliente que você precisa. O que acontece se, digamos, eles tentarem utilizar seu produto? Eles o tiram da caixa, tentam montar e usá-lo. E o que é essa experiência? Satisfação? Deleite? Consternação? Ansiedade? Os clientes podem vir a ter surpreendentes e fortes reações emocionais a coisas que não parecem ser importantes para nós... Neófitos em computadores podem ter dificuldades com coisas que usuários experientes acham muito fácil. É como se você comprasse um carro novo, mas nunca tivesse andado em um. Você não faz idéia de como enfiar a chave de ignição."[5] O erro cometido por tanto tempo por tantas empresas, principalmente as de alta tecnologia, era se concentrarem nas melhorias de engenharia que pudessem agradar ao cliente, ao invés de ser em toda a experiência do cliente ao tratar com a empresa. Estas empresas precisam pensar mais sobre como a Disneylândia agrada as multidões, e não se concentra tanto em estatísticas e tecnologia. Com mais usuários comuns utilizando produtos de alta tecnologia, o apelo aos sentidos tornou-se mais importante.

PROBLEMAS DE INFORMAÇÃO

À medida que começam a conhecer melhor seu cliente, as empresas descobrem que não é só toda a experiência do cliente com o produto que conta, mas a experiência do cliente com toda a empresa. Muito tempo depois de ter elevado a qualidade técnica de seus produtos a um nível de primeira classe mundial, a Hewlett-Packard descobriu, no início da década de 90, que seu sistema de cumprimento de pedidos era uma bagunça. Havia algo de errado com todos os pedidos. Se a HP entregasse um sistema composto por monitores, teclados e estações de trabalho (tudo fornecido de fábricas diferentes, senão, de países diferentes), os cabos de conexão poderiam estar todos errados. A HP colocou a melhoria do cumprimento dos pedidos no topo de sua lista de prioridades.

A Minnesota Mining & Manufacturing, uma das melhores do mundo em tecnologia e inovação, descobriu toda uma série de exigências e reclamações de clientes que nem sabia que existiam. "Nos últimos anos, nossos clientes têm nos dito várias vezes: 'Ei, pessoal, vocês têm ótimos produtos, têm um ótimo pessoal, são realmente inovadores, mas são muito mais difíceis de se fazer negócio do que precisariam ser'", disse Ronald A. Mitsch, vice-presidente do conselho da 3M.[6] Essa reclamação reflete não um declínio em como a 3M lida com seus clientes, mas um cliente mais exigente. Quando a 3M colheu opiniões de ex-clientes para descobrir por que eles haviam ido embora (o que pode ser muito mais revelador do que perguntar aos clientes atuais se estão satisfeitos), ela descobriu, para sua surpresa, que metade deles havia partido por causa de "problemas de informação". Os representantes da 3M com quem tratavam, ou outra pessoa, anotavam o pedido errado, ou ninguém conseguia responder suas perguntas ou não as respondia rápido o suficiente.[7]

Fabricantes de computadores costumavam fazer manutenção apenas em seus equipamentos. Se você tinha uma estação de trabalho DEC, não podia esperar que a IBM o ajudasse a fazê-la funcionar direito, embora a IBM forneça equipamentos ligados à estação DEC. Porém, à medida que os computadores se tornavam mais universais e cada vez mais um eletrodoméstico, a abordagem do proprietário passou a ser mais irritada e irracional. É como se comprando um Buick, você fosse

Pesquisa SEI	
Clientes querem soluções e uma boa experiência total	91%
Estamos providenciando isso	28%

obrigado a só comprar o combustível e o óleo Buick. A Buick nunca pensou em vender combustível, mas os fabricantes de computadores exigem que os consumidores só comprem seu combustível. Eles devem ter pensado que estavam protegendo sua propriedade, mas os clientes se viam como reféns sem motivo nenhum. Quando a IBM introduziu seu primeiro PC em 1981, ela oferecia um sistema "aberto" que, em cinco anos, abarcou 70% dos mil maiores mercados comerciais listados pela revista *Fortune* de proprietários de sistemas anteriores que estavam protegidos por patentes e direitos autorais. O PC da IBM podia ser clonado e copiado e estabeleceu o padrão da indústria.[8] A Apple ainda prosperou por alguns anos, mas também se tornou vítima de seu protecionismo. Por mais que os usuários gostassem da abordagem da Apple, eles não conseguiam resistir a se juntar à mudança para sistemas abertos, onde poderiam encontrar a maior parte dos novos aplicativos e equipamentos. Os clientes mostraram claramente sua preferência pela abertura. Hoje, a IBM e a DEC fazem a manutenção do sistema de qualquer um.

Com a exigência de abertura, vem uma exigência pelo comportamento "sem fronteiras", advertido por Jack Welch, da GE. Quando um cliente trata com a GE, ele não quer tratar com meia dúzia de partes diferentes da empresa. Ele não quer ser jogado de uma parte da empresa para outra para obter uma resposta para uma pergunta, obter um serviço ou pedir um produto. Muitas outras excelentes empresas vendendo bons produtos tornaram-se conhecidas por sua incapacidade de simplificar a vida para o cliente.

Na hierarquia das novas exigências dos clientes, talvez a mais sofisticada seja a exigência de que empresas forneçam soluções em vez de apenas vender produtos ou serviços. Vender soluções não é uma idéia nova em folha, embora possa parecer que seja hoje em dia. Como mencionamos antes, a IBM ajudou a solucionar os problemas de seus clientes há algumas décadas, pelo menos se fossem grandes clientes investindo em mainframes. A idéia de solucionar problemas em vez de apenas vender coisas estende-se para muitos negócios, como transporte, comunicações, bancos, seguros, sistemas de informática e estreita o relacionamento com o cliente. Se você puder comprometer o cliente fornecendo soluções, provavelmente você poderá contar com um relacionamento a longo prazo e cobrar um preço um pouco mais elevado por seus produtos ou serviços. "Marketing com valor adicionado" é um dos jargões da moda para descrever esta abordagem.

SEM DESERÇÕES

O valor de agarrar-se aos clientes deveria parecer óbvio, mas só nos últimos anos isso foi amplamente reconhecido ou medido. No ramo de revistas, a taxa de renovação de assinaturas sempre foi um número-chave, pois é muito mais caro conquistar um novo assinante do que agarrar-se a um antigo. Renovações podem fazer ou falir uma revista. Entretanto, outros negócios não tinham os recursos ou o desejo de medir o custo da perda de clientes. Numa série de artigos na *Harvard Business Review* durante muitos anos, e mais recentemente num livro, Frederick Reichheld, da Bain & Company, uma empresa de consultoria, demonstrou como é importante conquistar a lealdade de clientes.[9] Após a campanha pelo fim dos defeitos, vem a campanha pelo fim das deserções. Os estudos de Reichheld o convenceram que apenas uma redução de 5% nas deserções de clientes pode aumentar os lucros de 25% (no ramo de seguro de crédito) a 85% (em atividades bancárias por atendimento em agências).

A coisa não é tão simples porque conquistar um cliente é caro e, por isso, é provável que no primeiro ano haja prejuízo. Quanto mais o relacionamento perdurar, mais lucrativo ela será. Reichheld percebeu que isso é verdade num estudo com mais de cem empresas em duas dúzias de indústrias. Numa empresa, as vendas por conta continuaram crescendo por 19 anos. À medida que se acostumam a uma empresa, os clientes tendem a comprar cada vez mais dela. E, à medida que clientes e empresa se conhecem melhor, o relacionamento custa menos à empresa. Quanto mais tempo o cliente ficar, mais provavelmente eles recomendarão a empresa para outros e estarão mais dispostos a pagar pelos produtos ou serviços. Os funcionários gostam de tratar com antigos clientes satisfeitos, por isso é provável que eles também fiquem mais tempo. Entretanto, nos Estados Unidos, a empresa média perde metade de seus clientes a cada cinco anos.

Um cliente que deserta é pior do que sucata numa fábrica. Quando você joga sucata fora, ela lhe custa o preço da peça, mas quando um cliente insatisfeito sai porta afora, isso lhe custa uma sucessão de lucros durante anos, por exemplo, US$ 5 mil nos próximos dez anos no caso de um banco de varejo. Pior, uma peça com defeito pode ser examinada para saber o que houve de errado, mas o cliente irritado pode até não mencionar o motivo para desertar e, a menos que você faça um esforço para descobrir, talvez nunca saiba. Perguntas sobre a satisfação do cliente ajudam muito pouco. A grande maioria de donos de carros norte-americanos professam estarem satisfeitos, mas a taxa de retenção na indústria automotiva é de apenas 40%. Para superar essa contradição entre satisfação e retenção, mais empresas, hoje em dia, entrevistam ex-clientes, assim como os atuais.

Antes de se jogar no altar da retenção de clientes, devemos perceber que sob duas circunstâncias perder um cliente pode ser bom: quando não valia a pena ter o cliente desde o início, e quando a deserção lhe dá a oportunidade de reconquistá-lo. Você só tem 40% de possibilidade de reter um cliente insatisfeito, que tem um problema que você não soluciona. E você tem 60% de chances de reter um cliente que está totalmente satisfeito. Mas se o cliente tiver um problema e você solucionar e deixá-lo satisfeito, a probabilidade de manter o cliente aumenta para 80%. Em outras palavras, talvez fosse melhor que aquele homem dos anúncios da Maytag recebesse uma ligação de vez em quando. A regra quase infalível dos 40-60-80 é altamente apoiada por anos de trabalho de pesquisa do Technical Assistance Research Program (TARP), uma firma de consultoria de Arlington, Virgínia.

SEGMENTANDO O MUNDO

A segmentação tem sido um conceito de marketing essencial desde o início da década de 60, mas a recente "revolução na tecnologia da informação e estratégia possibilita a criação de bancos de dados de todo o universo, avanços enormes no marketing de bancos de dados e abordagem de distribuição inovadora."[10]

Os novos bancos de dados podem dividir a população por regiões, estilo de vida, geração, renda ou valores. Eles podem pegar o segmento de pessoas que trabalham em casa e dividi-lo em subgrupos. Eles podem segmentar seis tipos de pessoas segundo sua postura em relação à alta tecnologia (de entusiastas a conservadores) e dividir o mercado de alimentos para cães em oito grupos segundo a forma pela qual os donos tratam seus bichos. Uma população mais diversificada deixa o mercado mais complexo. Apenas um quarto dos lares nos Estados Unidos é composto por famílias tradicionais com pai, mãe e filhos. Analistas de mercado têm de tratar com mais mulheres que trabalham fora, mais solteiros, mais idosos, mais pessoas trabalhando em casa e mais misturas raciais, sem falar na Geração X. A segmentação segue os negócios no exterior porque as empresas precisam saber mais sobre os milhões de clientes que podem conquistar. Os 25 milhões dos chamados hispânicos nos Estados Unidos abrem uma janela para o enorme mercado de cerca de 500 milhões na América Latina e no Caribe. Novos clientes estão surgindo em todo o mundo, nos territórios da antiga União Soviética e na Índia. A Índia pode ser pobre, mas sua classe média chega a 200 milhões de pessoas com um poder de compra crescente. A CNN e a MTV podem espalhar os encantos dos novos produtos para milhões em todo o mundo em questão de poucas horas.

John Sculley, o ex-principal executivo da Apple Computer, descreveu, adequadamente, as diferenças entre a antiga forma de venda e a nova. Ele estava falando do negócio dos computadores, mas o que ele disse pode ser aplicado aos negócios em geral:

> Nos Estados Unidos, montamos um marketing de banco de dados porque na antiga forma de se vender software, tratava-se de vender algo a alguém. Media-se seu sucesso pelo retorno nas vendas, sua parcela de mercado e o número de unidades deslocadas em um determinado trimestre. Toda a dinâmica de como o modelo comercial e o software funcionam mudou e, agora, você basicamente tem que quase dar algo de graça para futuros clientes que, você espera, tornar-se-ão clientes leais no seu banco de dados. Depois, você pode vender a eles upgrades de softwares que receberam como amostras de você, além de poder vender melhorias e produtos de complemento e outras coisas. A medição do sucesso não é quanto você vendeu ao cliente que acabou de conhecer, é como você coloca esse novo cliente no seu banco de dados para construir um relacionamento a longo prazo com ele e garantir que você esteja fazendo as coisas certas para retê-lo. O retorno sobre a base de clientes pode ter um grande impacto sobre a lucratividade. Por isso, é uma forma totalmente nova de marketing. É gerenciando e avaliando o negócio sobre um relacionamento com um cliente e as tendências de anuidades que derivam daí em vez de vender algo a alguém.[11]

É necessário um tipo diferente de empresa, até um conceito diferente de negócio, para colocar o cliente no coração da empresa. A produção é determinada por *pull*, ou seja, pela descoberta das necessidades do cliente, e não por *push*, que é quando simplesmente se força a venda do que foi produzido. Ou, colocando de outra forma, você substitui a abordagem de empurrar algo para o mercado pela abordagem de trazer o mercado até você. Toda essa idéia, implementada inicialmente por Taiichi Ohno ao projetar o sistema de produção da Toyota nos anos 50, é que, em vez de você planejar o que pretende produzir e, depois, empurrá-lo para o mercado, você produz o que o mercado lhe diz que quer.[12]

Indicadores

- O cliente está mais exigente do que nunca.
- O cliente exigente quer mais produtos e serviços com grande qualidade.
- Para criar um valor real para o cliente, você deve tentar solucionar os problemas dele.
- O lucro maior vem do cliente de longo prazo mais "atado a você".
- Um conhecimento detalhado do cliente e uma segmentação precisa do mercado são mais importantes do que parcelas de mercado e produtividade.
- O cliente exigente quer um relacionamento fácil, simples e direto.

Vínculos

- Velocidade e flexibilidade são cruciais para servir bem o cliente exigente.
- Funcionários antigos e satisfeitos e clientes antigos e satisfeitos reforçam uns aos outros.
- Remuneração, promoções e treinamento precisam apontar para a criação de funcionários que sirvam bem ao cliente.
- Compreender clientes e trabalhar junto a eles exigem a utilização inteligente e em grande escala da tecnologia da informação.
- Clientes intimamente ligados podem contribuir para desenvolver novos produtos.

Advertências

- Nem todos os clientes são criados iguais. Alguns podem estar em desvantagem.
- Tentar satisfazer o cliente totalmente seria proibitivamente caro e criaria uma expectativa crescente.
- Servir a clientes internos não necessariamente agrega valores aos clientes externos, que são os que realmente contam.
- Segmentação sob medida em massa e marketing de banco de dados é muito bom, mas refrigerantes, salsichas, sabonetes e lixas ainda têm de ser fabricados da maneira antiga.

PARTE 2

A Resposta — Os Participantes

6

Absorvendo o Cliente

> "O caminho mais rápido até os lucros é servir os clientes da maneira que eles desejam ser servidos."
> — Alfred Sloan, 1927[1]

Quando a VeriFone foi fundada em 1983, o mundo dos negócios estava mudando tanto que os fundadores puderam fazer uma escolha que não poderia ter ocorrido para empresários em anos anteriores. A empresa seria organizada de tal forma a se voltar para o cliente. A organização interna, a matriz, os escritórios, as reuniões da assessoria, os assuntos discutidos nas reuniões, os memorandos e toda a parafernália da vida corporativa seriam secundários em relação a sair e passar tempo com os clientes.

Compare isso com o modo como a 3M, uma outra empresa exemplar, criou tempo de "qualidade" para estar com seus clientes. Seus altos executivos preenchiam suas agendas com reuniões com a assessoria e outras obrigações internas e então utilizariam os espaços vazios na agenda para visitas a clientes, distribuidores e outros no mundo exterior.

Will Pape, um antigo vice-presidente sênior e um dos fundadores da VeriFone, diz: "Você pode se organizar para otimizar as relações internas ou as relações externas. Escolhemos a última sabendo que isso tornaria mais difícil trabalharmos uns com os outros do que com nossos clientes. Nossos custos de viagens seriam mais altos, mas chegaríamos lá primeiro e teríamos controle". A VeriFone, que concordou, no início de 1997, com uma cordial aquisição pela Hewlett-Packard, é a número um em um nicho em crescimento do mercado global conhecido como "automação de transações", as redes que verificam seus cartões de crédito quando você os utiliza em uma loja ou restaurante. As vendas em 1996 cresceram em 22%, para 472,4 milhões de dólares.

O principal executivo da VeriFone, Hatim Tyabji, afirma que sua empresa não possui matriz corporativa. Bem, seus escritórios corporativos na Redwood City, no Vale do Silício, Califórnia, guardam uma suspeita semelhança com uma matriz. Mas os escritórios possuem somente 120 dos 3.000 funcionários da empresa. Tyabji e Pape raramente estão lá. Quando não está viajando, Pape, um grande e forte mago da tecnologia de informação, trabalha de suas casas no Havaí e em Santa Fé. Tyabji, um esmerado engenheiro nascido em Bombay, voa 400.000 milhas e visita 200 clientes por ano. A vida na VeriFone não é fácil. Tyabji mantém uma constante sensação de urgência. Como os altos gerentes às vezes precisam se encontrar face a face, então Tyabji os reúne em algum lugar do mundo por alguns dias a cada seis ou sete semanas.

O que justifica e rege o comportamento da VeriFone é a necessidade de estar próxima ao cliente. Tyabji passa aproximadamente 70% de seu tempo com os clientes. Ele diz não somente precisar do contato pessoal com os clientes, mas "a velocidade das mudanças no mercado é significativamente maior do que nos anos 80... então torna-se imperativo estar constantemente lá fora, no mundo real. Você precisa compreender o que as pessoas estão pensando e, então, mover-se com vivacidade". Quando a idéia de um hacker pode se tornar uma grande indústria em 18 meses, você não pode passar muito tempo em sua sede folheando livros.[2] A VeriFone precisa estar atenta à última palavra em cartões inteligentes ou segurança de computadores em Paris, por exemplo, porque a França tem sido uma líder nestes assuntos.

Pesquisa SEI	
Organizar a empresa em torno do cliente, não do chefe, é crucial	74%
Estamos alcançando isso	26%

O dirigente de empresa tradicional provavelmente passaria mais tempo com seus contadores, advogados e planejadores estratégicos do que com os clientes, apesar de ele poder visitar alguns clientes em ocasiões formais. Alfred Sloan serve como bom exemplo, como fez em tantos assuntos relacionados a gerenciamento, visitando as revendedoras da GM nos anos 20 e 30, na maioria das cidades dos Estados Unidos. O quanto ele se aproximou dos revendedores e dos clientes é questionável, porém, já que ele viajou em um vagão de trem privado especialmente adaptado com um séquito de conselheiros.[3]

A idéia de que o principal executivo deve conhecer o cliente pessoalmente tem ganhado algum terreno ultimamente. Quando foi principal executivo da Motorola em meados dos anos 80, Robert Galvin foi solicitado a passar um dia por mês com um cliente — não os altos gerentes, mas as pessoas que realmente negociavam com a Motorola — e ele a cada vez ouvia novidades sobre as deficiências da Motorola. Outras empresas possuem várias maneiras de aproximar seus altos executivos dos clientes. Na Hewlett-Packard, cada um dos executivos sênior assume papéis de liderança no tratamento de clientes específicos. O presidente do conselho Lewis Platt cuida dos problemas que podem surgir na Alcoa, Boeing, GE e GM. Outras empresas enviam seus altos executivos para chamadas de vendas ou os coloca para trabalhar na rua ou na loja.

ÓTIMOS PRODUTOS, PÉSSIMOS PROCESSOS

Fazer os altos executivos enfrentarem os clientes é bom e necessário, mas toda a empresa também precisa se alinhar com o cliente. Esta necessidade está por trás de algumas recentes e grandes reorganizações corporativas, na 3M, na Hewlett-Packard, na KPMG Peat Marwick e na Xerox, para citar quatro exemplos encontrados pelos autores na pesquisa para este livro (ver Figura 6.1).

A restruturação da Minnesota Mining & Manufacturing Company no outono de 1995 não foi devastadora como essas coisas costumam ser, mas foi surpreendente em uma empresa tão bem-sucedida e tão admirada e foi a mais drástica na história da 3M. A empresa anunciou uma redução de 5.000 em sua força de trabalho de 85.000 e alienou a maior parte de seu setor eletrônico, de informações e imagens. Os disquetes e fitas vendidos por este setor tinham se tornado um produto co-

Figura 6.1

FOCO SOBRE UMA ESTRATÉGIA DIRIGIDA PELO MERCADO

1 Quem são os clientes e do que eles precisam?

2 Que ofertas de produto ou serviço alcançarão as necessidades do segmento-alvo e nos oferecerão uma vantagem competitiva estável?

3 Que estratégias e programas, recursos, capacidades e processos são necessários para desenvolver e implementar eficazmente as soluções de produto ou serviço?

mum sob muita pressão de preços para ajudar a 3M a alcançar suas metas financeiras de 27% de retorno sobre o capital investido e de 20 a 25% de retorno sobre o patrimônio líquido. O setor alienado, hoje conhecido como Imation Corporation, poderia talvez gerar rendimentos de 10% sobre o seu capital.

A outra parte da reestruturação da 3M fez com que a empresa mudasse, passando a encarar o cliente, com o intuito de resolver o problema (mencionado no Capítulo 5) de ser muito difícil de se lidar. Em termos de cumprir pedidos com sucesso, entregas dentro do prazo, custo de aquisições, respostas a perguntas e simplesmente trabalhar ao telefone, a 3M estava deixando de atender as exigentes e crescentes demandas dos clientes.

O total sucesso da empresa com inovações criou parte de seu problema, porque a profusão de produtos gerou uma complexidade organizacional — umas 50 divisões vendendo mais de 50.000 produtos. Não era mais suficiente querer ser a empresa mais inovadora. Então, quando a 3M se reestruturou — com alguma orientação das 13 características da empresa do século XXI desenvolvidas pelo SEI Center em Wharton e listadas na Introdução — ela adicionou uma segunda parte à sua visão corporativa. Além de ser a mais inovadora, a 3M tentaria se tornar o "fornecedor preferido" dos clientes, aumentando toda sua cadeia de fornecimento, de matérias-primas ao consumo do produto, reduzindo erros e atrasos e tratando os clientes melhor.

Sendo impulsionada pela tecnologia, a 3M havia se organizado anteriormente por tecnologias — uma divisão para cada tecnologia. E cada divisão possuía suas próprias práticas de negócios, seus próprios termos e condições, seu próprio sistema de distribuição e sua própria tecnologia de informação. Portanto, se uma empresa de automóveis quisesse comprar abrasivos e isolamento elétrico da 3M, ela teria que tratar essencialmente com duas empresas diferentes: diferentes vendedores, diferentes processos, diferentes sistemas de distribuição, diferentes planejamentos para aumentos de preço.

A reorganização de 1995 modificou o setor industrial e de bens de consumo direto da 3M, o maior da empresa, para organizá-la por mercados em vez de tecnologias. As 44 divisões de tecnologia do setor foram reorganizadas em cinco grupos, um para a indústria de automóveis, um para a indústria farmacêutica e indústrias relacionadas, e assim por diante. Agora, quando uma equipe de vendas de produtos para a indústria automobilística, por exemplo, visita a Ford, ela pode vender abrasivos, material isolante e fita gomada, adesivos, protetores contra estaticidade e o que quer que seja que a 3M produza que a Ford possa precisar. Os diferentes produtos são vendidos sob termos de venda comuns e os aumentos de preço são feitos juntos, duas vezes ao ano, em vez de separadamente. A 3M também planeja obter distribuidores específicos para cada grupo de produtos.

O reagrupamento da 3M reflete mercados em modificação além das demandas dos clientes com que seria mais fácil para a 3M negociar. A tradicional pequena papelaria, que pode estocar centenas dos itens da 3M, perdeu metade dos negócios para superlojas de escritório que não querem negociar com cinco diferentes vendedores da 3M vendendo diferentes produtos sob diferentes políticas. Portanto, a 3M hoje possui um grupo de fornecimento de materiais de escritório para as superlojas. A empresa reduziu o tamanho de sua força de vendas e, por isso, os vendedores remanejados ou "gerentes de transações" têm que cobrir mais produtos do que antes, especialistas estão de prontidão para auxiliá-los no caso de um cliente precisar de uma perícia maior. Se um cliente encontrar um erro em um pedido, o gerente de transações trata dele. Mas se um cliente precisar saber mais sobre revestimento para um satélite, o especialista é chamado. O padrão de se fazer um vendedor ou equipe negociar com um cliente auxiliado por especialistas em produtos surgiu à medida que as empresas tentavam agradar seus clientes.[4]

O FIM DA GEOGRAFIA

Enquanto a 3M deixava de se basear em produtos para enfrentar seus mercados, a KPMG Peat Marwick, a segunda maior das empresas de contabilidade e consultoria chamadas de Big Six, deixava sua tradicional organização geográfica para enfrentar seus mercados. Como as outras empresas da Big Six, a KPMG prestava serviços a seus clientes nos Estados Unidos através de mais de 100 escritórios locais. Isto era parcialmente um legado do tempo em que ela havia se expandido por franquias locais. Os clientes em Nova Jersey não queriam negociar com o pessoal da KPMG de Nova Iorque e os clientes de Manhattan certamente não falariam com um auditor ou consultor de Nova Jersey. Se um cliente em Des Moines precisasse de algum serviço especializado na área de saúde, ele conseguia qualquer especialista disponível em Des Moines. Os consultores e contadores não invadiam o território uns dos outros. "Nenhuma dessas coisas significa algo hoje em dia", diz o presidente do conselho da KPMG, Jon Madonna. "Ninguém liga. As pessoas estão voando para tudo o que é lugar e se comunicando através de tecnologia... A geografia é muito menos importante hoje do que ela era há dez anos e daqui a outros dez ou 20 anos, ela será irrelevante. Os clientes em Des Moines possuem todos os serviços disponíveis a eles que os clientes de Manhattan possuem. Este é um paradigma totalmente diferente do que o que existia há dez anos."[5]

Madonna tornou-se principal executivo em 1990 e desde 1991 lidera a KPMG através do que ele descreve como uma mudança difícil e destrutiva, realinhando a empresa em cinco segmentos de mercado de acordo com os negócios dos clientes: serviços financeiros; produção, varejo e distribuição; saúde; informação, comunicações e entretenimento e serviços públicos. O cliente em Des Moines que precisar de ajuda na área da saúde pode consegui-la do segmento de saúde da KPMG em qualquer lugar do sistema. A nova organização, sustentada pela nova tecnologia de informação, torna a ajuda acessível a qualquer cliente de qualquer parte da empresa.

Agora a KPMG precisa estender sua abordagem e seus produtos globalmente. A empresa possui escritórios em 131 países, todos organizados por um sistema frouxo que dá a cada unidade a liberdade de desenvolver seus próprios produtos e estilo. Isto era conveniente para os clientes no passado. Quando um cliente ia abrir um negócio na Índia, por exemplo, ele queria saber se a KPMG possuía um escritório lá para servi-lo. Agora o cliente quer saber se a KPMG possui os recursos adequados para ajudá-lo, diz Madonna, que se tornou o presidente do conselho internacional da empresa depois de abdicar de seu cargo como principal executivo em 1996. Ele continua: "Eles não se importam de onde vêm". Ele deseja criar práticas de mercado globais exatamente como criou os grupos de mercado norte-americanos e ligar a empresa globalmente com a mesma tecnologia de informação, oferecendo os mesmos produtos em todo o mundo.

O MAIOR DESPERDÍCIO DE TEMPO DE TODOS

Quando a Hewlett-Packard, uma outra empresa exemplar da América, se modificou para enfrentar os clientes, ela passou por várias complicações. Além de possuir a organização geográfica clássica, ela era (e é) uma organização frouxa, mais uma federação de uns 60 negócios do que uma hierarquia de cima para baixo. Os vendedores podiam escolher qualquer computador que desejassem, então eles não podiam ser ligados a um banco de dados comum. A empresa carregava o peso de prejudicar legados, especialmente a má qualidade do cumprimento de pedidos. O aumento de vendas da HP de PCs, impressoras e máquinas de fax a um mercado de consumidores levou a empresa a canais de distribuição de varejo em que ela possuía pouca experiência.

Manuel Diaz, que criou uma estrutura bem-sucedida de vendas focalizada no mercado quando ele dirigia as operações da HP no México, nos anos 80, acreditava que o sistema funcionaria para grandes contas em todo o mundo. Ele havia subido vários cargos na América até se tornar diretor mundial de vendas de computadores. Iniciando em 1992, ele começou a modificar a estrutura de vendas. Criou quatro unidades nacionais de negócios em vendas de computadores, cada uma responsável por contas importantes em um diferente grupo da indústria — produção, serviços financeiros, comunicações e o governo federal. Os escritórios regionais continuaram a cuidar de negócios de varejo, governos locais e outras contas menores.

Ao mesmo tempo, a HP tinha que melhorar a produtividade e a eficácia de sua força de vendas. Devido ao legado de sistemas de informação fragmentados, "o acompanhamento das vendas era o maior desperdício de tempo de todos para nossos vendedores", diz Dick Knudtsen, que ajudou Diaz a reformar as vendas de computadores da HP. Melhorar a produtividade era particularmente importante, já que a HP precisava cortar sua força de apoio de vendas em 40% sem reduzir a carga de trabalho. O sistema de informação tinha que ser feito sem emenda, para que os vendedores pudessem não somente acompanhar os pedidos, mas digitá-los corretamente em primeiro lugar, conseguir ajuda técnica rapidamente e apresentar um material de vendas atraente e multimídia. Em vez de andar por aí com um monte de documentos, provavelmente obsoletos e não lidos, os vendedores agora utilizam um "parceiro de vendas eletrônico" computadorizado que lhes oferece acesso a 18.000 documentos da rua. Eles podem produzir folhas de dados, manuais de treinamento, gráficos de organização ou qualquer coisa que precisarem. O banco de dados é atualizado à taxa de 50 documentos por dia. Toda a corporação adotou o software unificador SAP que coloca todas as operações da empresa em um único sistema de informação. O popular sistema SAP, desenvolvido por uma equipe de quatro engenheiros que se afastaram da operação alemã da IBM, levará anos para ser instalado por completo na HP devido à sua complexidade, mas ele está substituindo o antigo sistema fragmentado com êxito. Ao mesmo tempo, a HP substituiu a mistura aleatória de computadores utilizados por seus vendedores por Omnibooks da HP que pesam 1,750 kg.

Para tornar os escritórios de vendas mais eficientes, a operação de vendas de computadores indicou oficiais administrativos sênior para executar o trabalho de escritório exigido dos vendedores e começaram a testar diferentes tipos de configuração de escritório. "O escritório de vendas é um lugar muito improdutivo", diz Knudtsen, porque quando estão em seus escritórios, os vendedores tendem a fazer coisas de escritório em vez de vender. Os vendedores foram encorajados a trabalhar em casa se quisessem e a trabalhar nos horários que eles preferissem. Em uma experiência em um escritório da HP de Londres, os vendedores não possuem seu próprio espaço no escritório. Se eles precisam trabalhar lá, simplesmente se sentam em uma mesa vazia, conectam seus computadores e programam o telefone para receber ligações em seu número. Esta arrumação permite que 200 pessoas compartilhem 40 mesas.

Não somente os vendedores possuem materiais automatizados e online e sistemas para configurar pedidos e cotar preços, também os clientes podem rodar alguns destes mesmos processos. Uns doze "parceiros de canal", como varejistas e distribuidores, podem configurar um sistema sozinhos através da CompuServe e fazer o pedido. Os clientes também podem utilizar a Internet para navegar pelo "catálogo" da HP na home-page da empresa, configurar um pedido, fazê-lo e mais tarde acompanhar seu status — tudo online.

Se os vendedores se sentirem ameaçados de que o novo sistema solape o que era seu relacionamento exclusivo com os clientes, eles têm a oportunidade de ganhar mais. Em vez de uma única taxa de comissão, a taxa aumenta uma vez que eles tenham alcançado sua meta anual de 60% e acelera novamente se eles passarem dos 100%. Como outros funcionários, os vendedores também são avaliados em relação à satisfação do cliente. No final de 1995, no meio da mudança da HP para enfrentar o cliente, o custo das vendas de computadores caiu de 30 centavos por dólar de pedidos em 1992 para 15 centavos, os pedidos por vendedor tinham subido de 1,5 milhão de dólares para aproximadamente 4 milhões e os números continuavam a melhorar.[6] Em maio de 1997, a HP reorganizou sua força de vendas para consolidar três grupos — para sistemas, para PCs e periféricos e para serviços — para que o cliente pudesse negociar com somente uma equipe da HP.

DEFININDO AS NECESSIDADES DOS CLIENTES

Os exemplos da VeriFone, da Hewlett-Packard e da KPMG Peat Marwick demonstram que as corporações trilham um enorme caminho hoje em dia para reestruturar suas organizações a ponto de absorver seus clientes. Os meios de conseguir estes clientes — encontrá-los, compreendê-los, definir suas necessidades, adequar o produto a essas necessidades e fornecer um grau de satisfação consistente com produzir lucros saudáveis (e talvez conhecer e conquistar clientes marginais) — têm-se tornado radicalmente mais sofisticados e eficazes. Principalmente devido à nova tecnologia de informação, os negócios agora possuem os meios para segmentar o mercado, minar dados, fazer personalizações em massa, promover marcas e criar novos canais com mais conhecimento e precisão do que antes.

As idéias básicas de servir um segmento não são novas. Os oficiais aposentados do exército que fundaram a Associação de Serviços Associados para Automóveis (hoje o grupo USAA — United Services Automobile Association) em 1922 viram uma oportunidade no que parecia um segmento de mercado não promissor — seus colegas oficiais.

Servindo o segmento de mercado militar eficiente e economicamente, e liderando o caminho com novos sistemas de informação, a USAA tornou-se uma grande seguradora com um grande corpo de membros leais (muito aumentado por veteranos de guerras subseqüentes). Sua força não está em seus serviços, que outros podem imitar, mas em seu "conhecimento das necessidades de seus clientes e sua capacidade de atender estas necessidades eficiente e lucrativamente", segundo um estudo feito pela Mercer Management Consulting.[7]

AMERICAN EXPRESS: UMA SALA DE FUNDOS EM BRIGHTON

A American Express ainda possui seu escritório de 100 anos de idade na Rue Scribe em Paris, onde turistas perdidos podem ir pedir ajuda e reconforto, além de 1.700 outros escritórios em todo o mundo para o viajante. Entretanto, a maneira como a American Express negocia, cobra e vende aos viajantes está mudando radicalmente, principalmente porque a tecnologia de informação possibilita isto. Na Europa Ocidental, que é em alguns aspectos o laboratório de testes da empresa, a American Express repartiu seus negócios em três grupos de clientes: o viajante ou consumidor comum, o cliente corporativo e o comerciante. Para o setor do consumidor, as lojas de recepção continuam abertas em 16 países, mas as operações internas foram centralizadas em Brighton, Inglaterra. As faturas e a correspondência de toda a Europa são controladas de lá. Equipes multinacionais em Londres desenvolvem novos produtos para o consumidor de toda a Europa, observam como reter clientes, como conseguir novos clientes, como tirar proveito das taxas de propaganda em TV por toda a Europa e listas de correspondência. Agora, em vez de ser uma concorrente relativamente pequena em 16 países com operações separadas em cada um deles, a American Express pode ser uma grande atuante regional — e obter as economias de consolidar todas estas operações nacionais.

A American Express também está utilizando seus sistemas de informação regionais para obter dados para segmentar o mercado mais minuciosamente e se focalizar mais claramente em determinados tipos de clientes. "Somos uma das poucas empresas de cartão que possui dados tanto sobre a relação comercial quanto sobre o membro do cartão", diz John Crewe, presidente de marketing internacional e desenvolvimento de produto. "Somos capazes, portanto, de modelar o comportamento dos portadores de cartão. Podemos selecionar pessoas que comem em restaurantes italianos em Londres mais do que três vezes por mês." Portanto, quando estes membros recebem sua fatura mensal, ela não estará cheia de uma coleção de folhetos de propaganda aleatórios, mas a fatura pode conter uma mensagem comunicando a abertura de um novo restaurante italiano em Londres.[8]

GENERAL MOTORS:
REAVIVANDO ANTIGAS MARCAS

A American Express também desfruta da força duradoura do nome de sua marca. Ela pode não possuir o apelo popular de massa da Coca-Cola ou da Nike. Michael Jordan e a Nike juntos podem dar a crianças do mundo inteiro um anseio instantâneo de possuir um novo tênis de basquete. A American Express não consegue fazer isso, mas seu cartão verde e seus variantes em dourado e outras cores ainda são considerados como o tipo certo de companhia para o rico viajante. Boas marcas possuem o poder extraordinário de permanência. Elas podem passar, entretanto, se o proprietário não mantiver suas particularidades e vinculá-las a grupos de consumidores definidos e alcançáveis. Alfred Sloan — para citar novamente o pai da GM — compreendeu bem a importância das marcas e dos segmentos do mercado quando declarou que a GM teria "um carro para cada bolso e propósito". Esta foi a arma que ele utilizou para ultrapassar a Ford com sua versão única do Modelo T preto. De uma confusão de modelos que se superpunham, Sloan criou em 1921 uma progressão ordenada de modelos, cada um com sua faixa de preço que tocava, mas não se sobrepunha ao próximo modelo na escala. A faixa começava com um Chevrolet vendido por 525 dólares, um pouco mais do que o Modelo T e indo até mais seis níveis até o Cadillac mais caro, que custava mais de 3.000 dólares.[9]

Nos anos 80, as submarcas da GM, a maioria igual à época de Sloan, haviam se tornado incorrigivelmente desordenadas. Elas se sobrepunham, competiam umas com as outras e haviam perdido qualquer distinção de que antes desfrutavam. Os carros se pareciam. Alguns modelos de Cadillac, por exemplo, eram difíceis de se distinguir dos Chevrolets e sofriam de grandes falhas na qualidade. Diga a um yuppie dos anos 80 que algo é "um Cadillac em sua categoria" e ele, sem perceber a antiga conotação, poderia responder: "E daí...? Não vejo a diferença." Uma desastrosa reorganização da GM em 1984, englobando o Chevrolet e o Pontiac em uma única divisão e o Buick, o Oldsmobile e o Cadillac em uma outra, enfraqueceu ainda mais as marcas. Como observou a revista *Fortune*: "Nem mesmo um jovem gerente de marca da Procter & Gamble teria administrado a linha de produtos da GM tão mal quanto a GM fez nos anos 80. Ela permitiu que as divisões pusessem no mercado carros quase idênticos para clientes quase idênticos. Assim, o Pontiac e o Chevrolet estavam lado a lado para jovens compradores, enquanto que o Buick e o Oldsmobile duelavam pela multidão de sessenta e poucos anos".[10]

A tentativa de recuperação da GM possui três elementos: (1) redução de custo, (2) melhores inovações e (3) gerenciamento de marca. O terceiro é presente de John G. Smale, que liderava as forças do conselho que derrubou Robert Stempel do cargo de presidente do conselho em 1992, um ano de recorde de perdas e serviu de presidente ele próprio enquanto John Smith se tornava presidente e principal executivo. Smale é um antigo principal executivo da P&G e convenceu a GM a retornar a um disciplinado gerenciamento de marca. A GM trouxe para a empresa uma equipe externa para dirigir seu marketing. Ronald Zarrella deixou seu cargo de presidente da Bausch & Lomb para liderar o esforço e Vincent Barabba, um antigo líder de inteligência de marketing na Eastman Kodak e diretor do Bureau of the Census, chegou para chefiar o planejamento estratégico e as informações sobre o mercado.

A gerência da GM impôs a disciplina de marca para evitar que uma submarca brigasse com outra pelo mesmo cliente. A orientação da empresa mudou. Em vez de ficar fixada em produtos — o que significava realmente que ela empurrava para o mercado os carros que os engenheiros achavam que os clientes deveriam ter — ou de tentar superar a concorrência, a GM tentou se focalizar no que o cliente desejava. Em 1988 a GM havia começado a desenvolver um enorme banco de dados de preferências dos clientes e agora as informações eram utilizadas para definir 19 segmentos de mercado distintos para carros e 14 para caminhões leves. Na época de Sloan, segmentar o mercado não era muito mais do que determinar faixas de preços baseado em intuições sobre o mercado.

Se você olhar através da bajulação do publicitário, poderá ver como a GM situa seus quatro carros de porte médio para se adequar aos segmentos de mercado que ela selecionou. O Pontiac apela aos jovens e desimpedidos faroleiros, o Chevrolet é para jovens famílias com um orçamento pequeno, o Oldsmobile é para a família que é um pouco mais velha e mais afluente e o Buick apela a senhores excêntricos e fastidiosos.

O QUE O CLIENTE NÃO CONSEGUE VER

A pesquisa da GM vai muito além desta simples segmentação, é claro, para descobrir mais sobre o que os clientes desejam. A idéia é enfatizar as coisas que importam para os motoristas, diferenciar um modelo do outro na mente do cliente e se preocupar menos com as coisas que não importam para o cliente. Desta maneira, a GM pode cortar custos evitando o que um executivo chama de "proliferação transparente de clientes". Em outras palavras, não importaria nem um pouco se todos os carros da GM possuíssem a mesma suspensão e caixa de transmissão porque o cliente não consegue vê-las e não se importa com elas. A proliferação de rádios nos veículos da GM não beneficiou ninguém. Em 1993, a GM ofereceu 160 rádios diferentes em toda a sua linha de veículos. Utilizando componentes comuns que os clientes não vêem, a GM planejou cortar este número pela metade em 1998 e acabou, finalmente, com apenas 35 rádios. Isto teria poupado 150 milhões de dólares nos nove milhões de rádios que a GM vende anualmente.[11] A GM reduziu o número de sistemas de ignição de 17 para três.

A General Motors reorganizou a North American Operations (NOA), sua área dedicada a operações nos EUA, para fazer a nova abordagem funcionar. A reorganização é complexa e os executivos da GM tiveram problemas para explicá-la lucidamente. A antiga estrutura de divisões acabou e Smith tirou o peso da sede corporativa das costas dos executivos de linha. A nova organização pretende garantir que a NOA se desenvolva, produza e venda carros de uma maneira disciplinada e coordenada. Três centros de veículos (para carros pequenos, regulares e de luxo e para caminhões) desenvolvem novas plataformas de veículos e os processos para produzir carros mais eficientemente. Os 14 "executivos de lançamento de veículos" e suas equipes trabalham, cada um, para projetar e desenvolver um modelo novo específico, focalizando-se em tudo, da produção ao marketing. Finalmente, gerentes de marca são responsáveis por apresentar os veículos ao mercado. Um conselho de estratégia da NOA supervisiona todos os três níveis das operações.

Apesar da fração da GM no mercado americano de carros e caminhões leves ter caído de 44% em 1980 para 31% em 1996 e continuado a cair para 30,2% em 1997, a GM teve êxitos, particularmente com o Chevrolet Lumina e Cavalier e ela melhorou como organização. David Cole, diretor do Office for the Study of Automotive Transportation na Universidade de Michigan, acredita que uma empresa que era um "pântano burocrático" cortou custos e obteve vantagens competitivas. "A GM era burocrática e ineficiente sem desfrutar das vantagens do tamanho. Está tudo entrando nos eixos rapidamente. A GM é uma empresa completamente diferente."[12]

MUITA COISA BOA DEMAIS

Quando as empresas passam a enfrentar os mercados do século XXI — muitas, muitas mais do que os exemplos citados neste capítulo — elas têm que lidar não somente com uma intensificada concorrência pelos clientes, mas também com meios novos e mudanças rápidas de se encontrar e segurar estes clientes. A Hewlett-Packard e a 3M precisam aprender mais sobre vender em mercados consumidores. Novos canais de marketing estão modificando a natureza de alguns negócios. Aplicar os métodos de supermercados a lojas de ferragens e de suprimentos de escritório levou à criação da Home Depot, da Staples e da Office Max, oferecendo pechinchas ao comprador. Gerenciar a saúde modifica a natureza da venda de drogas mediante prescrição médica porque organizações, em vez de médicos individuais, fazem as decisões de compras. Uma tecnologia de produção flexível cria a capacidade de produzir sob encomenda para pequenos segmentos do mercado, mesmo segmentos de apenas um comprador, e fazê-lo quase que instantaneamente.

O poder da tecnologia de informação modifica a natureza do marketing. A segmentação do mercado e a "busca de dados" hoje dependem totalmente dos computadores. Se o marketing de massa pertenceu à idade da produção em massa, então a busca de dados pertence à era da informação. A busca de dados começa com a aquisição de históricos de compras disponíveis sobre dezenas de milhares de consumidores ou nos bancos de dados de cartões de crédito, dados de clubes de comprador assíduo e fontes similares. Um primeiro corte nos dados seria o que a IBM chama de "segmentação neural" em uma descrição dos serviços de busca de dados que ela oferece. Isto poderia identificar as preferências de, digamos, casais de aposentados que moram no Meio-Oeste. Em um nível mais sofisticado, a busca de dados revela associações. Para tomar um exemplo óbvio, se você comprar tinta, existe uma probabilidade de 20% de que você também compre um pincel e se você comprar ambos, as chances de que você compre solvente de tinta são de 40%. (Mas uma relação similar entre tinta e rolinhos de cabelo seria descartada, porque ambos estavam em promoção no mesmo momento.) Então existe a associação seqüencial: existe 30% de chance de que alguém que compra um cantil do catálogo de janeiro, compre um saco de dormir do catálogo de março. Esta e outras formas mais sofisticadas de busca de dados possibilitam que as empresas conheçam melhor seus clientes e focalizem seu marketing.[13]

Mercados inteiramente novos, como o comércio eletrônico, canais de compras na TV, vendas através da Internet estão surgindo com a tecnologia de informação. O efeito do conhecimento eletrônico é profundo, escrevem dois professores da Harvard Business School, porque "as informações sobre um produto ou serviço podem ser separadas do produto ou serviço propriamente ditos...". Eles citam como carros usados são leiloados para atacadistas no Japão. Os carros eram trazidos fisicamente para um terreno e lá eram vendidos para os atacadistas. Este sistema foi substituído por um leilão semanal ao vivo em um sistema de circuito de TV fechado, que torna desnecessário reunir os carros ou os negociantes em um lugar. *Espaço do mercado* substitui o *lugar do mercado*.[14] Os caixas eletrônicos automáticos modificaram a natureza dos bancos de varejo — e enfraqueceram a lealdade do cliente porque as redes dos populares caixas eletrônicos significam que você pode fazer alguns negócios bancários em qualquer lugar sem ir a um banco específico. O serviço de voice-mail fornecido pelas empresas de telefonia substituem um produto físico, a secretária eletrônica e, ao contrário do caixa eletrônico, liga o consumidor ainda mais à empresa.

O novo mercado criado pela TV a cabo e pela Internet gerou mais agitação do que rendimentos, pelo menos até o final de 1996. As pessoas que fazem compras sem sair de casa ainda favoreciam, com uma enorme margem, o tipo clássico de catálogo enviado pela Sears Roebuck há mais de 100 anos (e recentemente abandonado pela Sears apesar de outras empresas terem sucesso com ele). Das compras sem sair de casa, as vendas por catálogos correspondiam a 27 vezes as vendas por TV e as vendas online pela Internet eram somente tênue interferência no mercado em 1995.[15] As grandes empresas como a Time Warner, AT&T e MCI Communications Corporation descobriram que o dinheiro escorre pela Net facilmente, mas não necessariamente retorna. As duas últimas empresas se retiraram rapidamente e a Time Warner previu lucros entrando somente após grandes perdas. Algumas empresas menores, notadamente a Amazon.com, uma livraria online com rápido acesso a mais de um milhão de livros, encontrou um espaço lucrativo na Net. São operações de baixo orçamento focalizadas em fornecer aos clientes determinado produto ou serviço de tal maneira que se forneça uma vantagem percebida. Com 15 milhões de lares nos Estados Unidos conectados à Internet, e este número crescendo fenomenalmente, o mercado potencial no ciberespaço é enorme, mas como ele vai ter efeito é uma daquelas previsões sobre tecnologia que os empresários estão achando extremamente difíceis de se fazer.

Como vimos neste capítulo, voltar-se para o cliente possui efeitos profundos em toda a empresa, além da reestruturação da empresa propriamente dita. Por exemplo, se a empresa for reorganizada em divisões correspondentes a segmentos do mercado, então a estrutura de pagamento ou pelo menos a estrutura de bonificações pode ter que ser realinhada para gratificar os executivos sobre seu grau de "satisfação do cliente". Para melhorar o serviço para os clientes, as empresas podem ter que retirar pessoas de suas especializações e colocá-las em equipes que tenham possibilidade de tratar qualquer tipo de questão ou problema que os clientes possam levantar, sejam eles relacionados à tecnologia ou a faturas.

O cliente torna-se, de certo modo, uma extensão da empresa, porque ela se aproxima dele e é responsiva em relação às suas necessidades. Quando as empresas de automóveis utilizam clientes para ajudá-los a projetar carros, quando a FedEx oferece aos clientes acesso direto a seus computadores para fazer um pedido de entrega ou rastrear uma encomenda, quando a Boeing convida as linhas aéreas para fazer parte de suas equipes para projetar uma nova aeronave, o cliente é quase absorvido pela empresa. A empresa que puder encontrar uma maneira de criar um real valor agregado para o cliente a um custo aceitável sempre terá vantagem. Mesmo em um negócio tão brutalmente competitivo, como a indústria de empresas aéreas, algumas empresas podem fazer dinheiro tratando melhor os clientes. As empresas aéreas americanas vendem com base em baixos preços e recompensas para clientes preferenciais, apesar de infligir serviços realmente ruins a seus clientes; a British Airways privatizada lucra cobrando um valor a mais por pequenos serviços extras. As linhas americanas se preocupam com como poupar centavos em pretzels (que há muito tempo substituíram refeições reais e nada atraentes na maioria dos vôos domésticos); a British Airways mantém a qualidade dos vinhos que ela serve. Como um dos autores descobriu, a British Airways criou uma agradável maneira de ajudar os viajantes a se recuperar daquela chegada de manhã cedo, com olhos vermelhos, em Londres, cedo demais para os hotéis honrarem suas reservas. O *lounge* dos passageiros da primeira classe e da classe executiva no Heathrow oferece café da manhã, chuveiros, cortes de cabelo, roupas passadas e outras cortesias, todas gratuitas.

Aqui estão algumas das coisas que uma corporação deve se perguntar sobre a maneira como ela trata seus clientes:

Indicadores

- A empresa é voltada para o cliente, isto é, ela é organizada para cuidar de seus mercados, ou a organização segue alguma lógica interna baseada em divisões ou tecnologia ou geografia?
- Os altos executivos conhecem realmente os clientes e lidam com eles regularmente?
- A empresa busca alcançar uma posição dominante em mercados-chave atendendo as exigências dos clientes?
- A empresa possui a tecnologia de informação correta para conhecer o mercado e servir o cliente?
- Ela sabe o que o cliente realmente valoriza?
- Ela examina todo o relacionamento com o cliente e não somente a qualidade do produto e do serviço?
- Existem canais novos a serem explorados ou inventados? Novos segmentos?
- A empresa facilita que o cliente faça pedidos, os acompanhe e obtenha informações sobre novos produtos e serviços, preferencialmente tudo em um só lugar?

Vínculos

- A corporação possui os planos corretos de remuneração e avaliação para encorajar os funcionários a servir melhor o cliente?
- Ela possui o treinamento correto para ajudar os funcionários a servir melhor o cliente?
- Ela estende a abordagem da equipe para o trato dos clientes?
- O cliente possui acesso ao sistema de informação para fazer um pedido ou checar o status de um pedido existente?

Advertências

- A empresa está fazendo melhorias que não agregam qualquer valor aos olhos dos clientes?
- A empresa está oferecendo tantas atualizações, variações e opções que chegam a irritar o cliente?

7

REINVENTANDO O LÍDER

"Uma empresa comercial, ou melhor, qualquer organização, nada mais é do que uma construção mental, um conceito, uma idéia em torno da qual pessoas e recursos se atraem na busca de um propósito comum."
— Dee Hock, fundador do VISA

Os americanos, é bem óbvio, têm uma imagem do tipo de liderança que pensam ser a desejável: o líder é o herói carismático, o cara durão que toma as decisões de estalo, o solitário que não precisa de ajuda, o general de perfil agressivo comandando os tanques. No esporte, mostramos admiração pelo treinador gritalhão, berrando desaforos para os adversários, árbitros e, é claro, para seus próprios jogadores. Nos negócios a América já teve seu quinhão de principais executivos desaforados e arrogantes, pessoas como Harold Geneen da ITT, Frank Lorenzo da Continental Airlines e por último Armand Hammer da Occidental Petroleum.

Os negócios também produziram ótimos líderes. Entre os empreendedores encontramos grandes visionários, às vezes com grandes defeitos mas, apesar disso, pessoas que mudaram o mundo substancialmente: John D. Rockefeller, Henry Ford, Thomas Watson, David Packard e William Hewlett, Sam Walton e Bill Gates, para citar um punhado deles. Em *Leading Change*, um dos melhores, entre os inúmeros livros sobre liderança, James O'Toole, do Aspen Institute, usa o símbolo do Monte Rushmore para demonstrar sua definição básica para liderança. Sejam quais forem as falhas artísticas nesse megamonumento, os quatro presidentes cujas faces estão esculpidas no Monte Rushmore, Washington, Jefferson, Lincoln e Teddy Roosevelt, têm em comum as características da boa liderança: "coragem, autenticidade, integridade, visão, paixão, convicção e persistência."[1] O'Toole elege quatro principais executivos para um hipotético Monte Rushmore dos negócios: Max de Pree da Herman Miller, Jamie Houghton da Corning, Bob Galvin da Motorola e Jan Carlzon da SAS. O melhor deles, ele diz, é Galvin. Todos os quatro deixaram seus empregos, mas o tipo de liderança que eles estabeleceram persiste, pelo menos na Corning e na Motorola.

Os principais executivos são mais ou menos o mesmo que os líderes foram em todas as etapas através da história, provavelmente muito como os oficiais romanos que lideravam suas legiões por todo o mundo conhecido, ainda que os romanos possam ter tido melhor treinamento

---

Divisão do Tempo

Quando Jamie Houghton era o principal executivo da Corning, ele fez o que descreveu como "exercício de clareamento de idéias", comparando o modo com que gastava seu tempo com uma divisão "ideal" desenvolvida para uma revisão de competência pedida por John Marous quando era o principal executivo da Westinghouse. Esses foram os resultados:

Atividade	Divisão de tempo ideal	Tempo de Houghton
Proporciona orientação estratégica	20%	10%
Avalia operações	20	15
Lidera a equipe gerencial	15	12
Gera o ambiente e o sistema de valores	15	30
Representação externa; acompanha o ambiente externo	15	18
Relacionamento com diretores e acionistas	10	7
Crescimento pessoal e saúde	5	8

Houghton foi além no exercício e descobriu que 58% de seu tempo eram gastos em atividades com "adição de valor", tais como reuniões de diretoria, melhoria de qualidade, treinamento e filantropia e 42% em coisas que não adicionavam valor, tais como viagens, discursos e reuniões de diretoria de outras empresas.

Fonte: Documento pessoal cedido por James R. Houghton.

de liderança e uma experiência mais completa em postos legais, administrativos e militares. O modelo era do líder autoritário, sabe-tudo e, preferencialmente, carismático, só que no mundo dos negócios o carisma normalmente faltava. Em vez disso, o principal executivo é tipicamente forte em análise e bom com números mas não com pessoas.

Entretanto, o velho modelo de liderança está perdendo terreno porque as organizações e as pessoas estão mudando. Se as pessoas estão se comportando mais como gatos do que como carneiros, elas não serão conduzidas para toda a parte por um pastor. Hoje em dia as pessoas não querem paternalismo. Elas têm melhor nível de educação, são mais positivas e estão mais dispostas a formar suas próprias opiniões. A organização hierárquica e estável, que pode bem ter necessitado de um patrão autoritário, está cedendo lugar à organização horizontalizada e flexível, que evidentemente requer um tipo diferente de líder.

A LIDERANÇA PELO EXEMPLO

A mudança fundamental que vemos hoje é a substituição da liderança pelo comando pela liderança pela visibilidade e exemplo. A idéia não é nova. Estamos simplesmente reconhecendo a natureza da liderança autêntica. Em vez de ser uma máquina analítica remota que emite comandos, o principal executivo precisa ter valores e visibilidade e ser visto vivendo e trabalhando. Ele precisa ser colaborativo e útil, sendo tão preocupado com os seres humanos quanto com os números. Os líderes autênticos, diz O'Toole, conquistam a confiança de seus seguidores escutando-os e respeitando-os. Eles não se cercam de "vacas de presépio", mas de pessoas fortes e, com isso, se tornam líderes de líderes. Eles tomam conta pessoalmente e vivem os esforços para mudar a empresa. Eles não se auto-recompensam excessivamente. Eles fazem o que dizem que vão fazer. O líder de hoje precisa ser forte nas habilidades analíticas e com as pessoas, ambos, habilidade de ser rigoroso e habilidade de ser compassivo.

É amplamente difundida a consciência da necessidade por um novo tipo de liderança. Liderar da nova maneira é outra coisa. A atual safra de líderes subiu ao poder pelas regras antigas. E isto não vai mudar do dia para a noite. Mais ainda, o que é exigido hoje dos líderes de negócios é quase contracultural. Em uma época que cultua as celebridades, quem deseja desenvolver as virtudes pacientes e sólidas da boa liderança? Em uma época de enormes recompensas materiais aos executivos principais quem deseja liderar pelo bom exemplo?

A questão da liderança se tornou preponderante no início dos anos 80 quando a comunidade de negócios começou a perceber o montante das mudanças à sua frente. A liderança sempre havia sido um assunto importante nas escolas militares, mas agora as escolas de administração também passaram a ensiná-la. Wharton começou seu primeiro curso de liderança para futuros executivos em 1987. Os institutos de estudo e treinamento em liderança proliferaram. Os livros começaram a aparecer e os consultores começaram a descobrir um novo e lucrativo nicho. Os inúmeros esforços malsucedidos de implantação de sistemas de gerência da qualidade total, no início dos anos 80, tornaram evidente a necessidade de um tipo diferente de liderança. Naquela época, ao ser confrontado com a necessidade de melhorar a qualidade, a reação natural do executivo principal era anunciar um programa de melhoria na qualidade, nomear um vice-presidente para conduzi-lo e então voltar-se para outras tarefas menos trabalhosas. Rapidamente ficou evidente que a melhoria da qualidade, mais do que simplesmente usar uma nova ferramenta, envolvia uma nova forma de gerenciar. Uma regra fundamental de qualidade dizia que a menos que o principal executivo pessoalmente se engaje no esforço, ele não vai funcionar porque ninguém mais vai levá-lo a sério. Aqueles que assumiram pessoalmente, como Bob Galvin da Motorola e Jamie Houghton da Corning, tiveram sucesso. Aqueles que não o fizeram, como John Akers da IBM e Roger Smith da General Motors, falharam.

"ESTOU ATÔNITO POR TER SOBREVIVIDO"

Pode ser traumático o grau de mudanças exigido por um estilo de liderança. Quando Ross Perot anunciou em 1988 a formação da Perot Systems Incorporated era claro que ele tinha em mente algo ao estilo de sua primeira empresa, a "todo mundo junto", EDS "velha de guerra". Na clássica linguagem perotiana, ele disse estar recrutando "os ases da indústria de computadores, os generais de campo com lama nas botas... caras que gostam de escalar penhascos cheios de gelo".[2] Mas eles escorregaram nos penhascos gelados e em 1992 Perot chamou de volta Morton Meyerson, que havia sido presidente da EDS com o estilo mau e "durão e orgulhoso disto", para ser o principal executivo e dar um jeito na nova empresa. Em seis meses, com vendas caindo para cerca de US$150 milhões por ano, uma quantia insignificante para Perot, Meyerson procurou Perot para dizer que não estava dando certo e, na verdade, "tudo que eu pensei que sabia sobre liderança está errado". Refletindo, três anos mais tarde, Meyerson disse: "Quando olho para trás, para algumas coisas que eu fiz em meus 20, 30 e 40 anos, fico atônito por haver sobrevivido para chegar aqui sem que alguém houvesse me assassinado ou dado um tiro antes. Mas na época eu achava que estava certo".

Entre trabalhos nas empresas de Perot, onde era consultor, Meyerson reconsiderou seu estilo de gerência. Quando veio para a Perot Systems, ele conta: "Meu primeiro trabalho como líder foi criar um novo entendimento de mim mesmo. Eu tive que aceitar o despedaçamento de minha autoconfiança. Eu não conseguia mais liderar, pelo menos não da maneira a que eu estava acostumado... Eu não *tenho* que saber tudo. Eu não *tenho* que ter todos os contatos com os clientes. Eu não *tenho* que tomar todas as decisões. Na verdade, no novo mundo dos negócios, não posso ser eu, não deveria ser eu, e meu trabalho é evitar que seja eu".

"A essência da liderança hoje é assegurar que a organização conheça a si mesma", Meyerson escreveu na revista *Fast Company*. "Existem certos princípios duráveis que inspiram uma organização. O líder deve encarnar esses valores." E, em lugar de aparecer no palco uma vez a cada seis meses para fazer à tropa um emocionado apelo, Meyerson tornou claro que qualquer um na empresa poderia falar diretamente com ele por e-mail a qualquer tempo que desejasse.

Enquanto Meyerson reinventava a si mesmo como líder, ele também tentava fazer a empresa reinventar a si mesma, o que fez a mudança especialmente angustiante, pois ele encontrou uma forte oposição e críticas veementes. As 100 pessoas mais graduadas da empresa se reuniram em fevereiro de 1993 para pensar sobre a reinvenção da empresa em lugar da simples criação de uma versão atualizada da EDS. Foi solicitado a esses gerentes que preenchessem anonimamente o tal do formulário verde para dizer somente o que eles achavam da empresa. Como Meyerson explica, o modelo de pessoal que trabalha para a Perot Systems é engenheiro com personalidade tipo A, analítica, crítica, acostumada a trabalhar com problemas tangíveis. Peça-lhes que critiquem a empresa e falem sobre o lado intangível dela e, com certeza, seus ouvidos vão ficar cheios. Após ler a primeira leva de formulários Meyerson admite que sentiu vontade de cortar os pulsos por haver encontrado tal nível de frustração e infelicidade. "Todos marretaram a empresa", ele diz.

A mudança é tão dura e as recompensas tão lentas para aparecer (pelos padrões americanos) que muitos principais executivos e suas diretorias perdem a fé após um ano mais ou menos e voltam aos velhos métodos, diz Meyerson. Em junho de 1994, quinze meses após haver iniciado o processo, Meyerson não conseguia ver qualquer aumento nas vendas ou atitudes e começou a reconsiderar a correção do que estava fazendo. Mas as vendas aumentaram naquele mês e Meyerson pensou: "Oba, pode ser uma luz no final do túnel". As vendas aumentaram substancialmente mais e Meyerson manteve o curso.

Ele acha que as pessoas da Perot Systems ainda diziam que perdiam muito tempo em 1993 e 1994 "chupando o dedo e discutindo o sexo dos anjos. Entretanto, a empresa havia mudado. O sistema de recompensas mostrou ser a ferramenta que mexeu com a cabeça do pessoal. Os bônus haviam sido estabelecidos unicamente com base em lucros. A herança da EDS definia os clientes como otários a serem enganados, os funcionários como soldados a serem maltratados para se tornarem desumanos e o sucesso era individual. A Perot Systems reinventada baseou os bônus não apenas em lucros, mas também em satisfação do cliente, em índices de desempenho pelos subordinados, assim como pelos colegas e superiores, e pelo trabalho em equipe. As vendas alcançaram US$600 milhões em 1996 e, na visão de Meyerson, "tudo mudou... as pessoas estão mais felizes, o serviço ao consumidor é melhor, a satisfação do cliente está aumentando".[3] (Meyerson deixara de ser o principal executivo da Perot Systems, mas continuava como presidente.)

Não foram poucos os principais executivos que em 1996 fizeram a transição para o novo estilo de liderança. Richard Hagberg do Hagberg Consulting Group que aconselha principais executivos sobre estilo e comportamento, entende que as pressões na condução de negócios na atualidade podem estar dirigindo os principais executivos na direção errada. Como grupo, os principais executivos estão impacientes para iniciar e as pressões de diretorias indóceis ainda os tornam mais impacientes. Eles tentam se mover muito rapidamente, fazendo pressão sobre a empresa com sua visão, mas não investem o tempo necessário para obter um alinhamento com essa visão e uma execução correta. Nas empresas que passaram pela agonia do *downsizing*, os principais executivos tendem a se proteger desligando-se emocionalmente do pessoal da empresa, em lugar de demonstrar apoio e compaixão, não se dando conta de como seu comportamento fere a empresa, diz Hagberg. Ele compilou uma base de dados de 511 principais executivos e constatou que aqueles que fracassaram poderiam ser caracterizados como "impaciente, impulsivo, manipulador, dominador, arrogante e crítico".[4]

As próprias qualidades que levam os executivos ao topo podem trabalhar contra eles quando chegam lá, especialmente hoje. Como eles têm boa mente analítica podem chegar rapidamente ao âmago da questão, mas, pela mesma razão, podem estar tão envoltos em seus pensamentos que não se dão conta de que suas tropas não o acompanharam no ataque. Os principais executivos são agressivos e competitivos, assim, quando criam equipes gerenciais, eles as dominam, não se dando conta de que o consenso que eles acham ter alcançado é falso. As pessoas que se tornam principais executivos tendem a ser solitárias e, uma vez no topo, isto se acentua. As pressões hoje podem enfatizar a solidão. Hagberg diz que em 1991 metade dos principais executivos em sua base de dados podia ser descrita como solitária, mas, em 1996, 70% se encaixavam nessa descrição. O poder tende a corromper, como dizia Lord Acton, e uma vez em seus cargos os principais executivos escutam menos, agem impulsivamente, dedicam menos tempo ao relacionamento com outros, tornam-se mais alienados, mesmo paranóicos, de acordo com Hagberg.[5]

A PALAVRA COM V

John Smale, que tem experiência nesses assuntos, tendo servido como principal executivo da Procter & Gamble, e mais tarde como presidente do conselho da General Motors depois que ela afastou a antiga liderança e trouxe a nova, tem a seguinte definição para liderança corporativa: "Dar forma à visão e então assegurar que a organização tenha todas as qualidades intangíveis e tangíveis necessárias para que cada um colabore, se atenha e preserve a imagem".[6]

"Visão" é uma palavra usada e abusada na atual linguagem de negócios. Mas isto não significa que a idéia de visão deveria ser abandonada. Quando George Bush admitiu que estava tendo problema com "a coisa da visão" e quando Louis Gerstner disse ao assumir a IBM em 1993 que "a última coisa que a IBM precisa agora é uma visão", ambos foram ridicularizados. A IBM até tratou a questão de um modo desportivo em seu relatório anual de 1995 quando se referiu à "palavra com V" e recordou as "vaias e protestos na imprensa sobre a IBM vagueando, sem visão, através da imensidão". O relatório trazia em sua capa um relato confuso e desajeitado de visão e convidava os leitores a dizê-lo em dez palavras ou menos. Provavelmente Gerstner estava certo em 1993 ao dizer que a IBM não precisava de visão porque a empresa estava lutando para sobreviver. Agora, como as demais empresas, ela precisa de uma visão. Gerstner disse no relatório de 1995: "Eu não quero um lema. Eu não quero promessas e *vaporware* (produtos anunciados que não existem e nunca existirão). Eu não quero — aqui está o que é bom para a IBM e, portanto, o que é bom para você".[7]

Uma visão é necessária para dar à empresa os objetivos certos e então alinhar toda a empresa atrás para alcançá-los. James Collins e Jerry Porras dizem em seu best-seller, *Built to Last*, que o sucesso a longo prazo das empresas visionárias faz com que elas se destaquem do restante das corporações. Isto sempre foi verdade, mas a visão é especialmente importante agora porque os trabalhadores estão recebendo um poder que, se não for alinhado por uma visão, se dispersará, espalhado em todas as direções. Nas palavras de Robert Haas, principal executivo da Levi Strauss, "em um ambiente de negócios mais volátil e dinâmico, os controles têm que ser conceituais. Não podem mais ser humanos: Bob Haas dizendo a seu pessoal o que fazer. São as *idéias* do negócio que estão controlando, não algum gerente com autoridade. Os valores munem a empresa da linguagem para que sejam alinhados a liderança da empresa e seu pessoal".[8] Os gerentes agora parecem reconhecer a importância da visão. Os participantes dos cursos de educação de executivos de Wharton classificaram resolução como a característica mais importante de seus heróis de negócios, mas alguns anos atrás o principal requisito era visão.[9]

Pesquisa da SEI	
É crítico para o líder criar um senso claro de visão e a cultura que a acompanha	79%
Nós temos isto	38%

Em um nível prático os negócios estão aguçando seu foco. Talvez seja apenas um desses movimentos pendulares em estratégia de negócios — neste caso entre diversificação e simplificação — mas as corporações estão estreitando sua amplitude de atividades. *Competing for the Future*, de Gary Hamel e C.K. Prahalad insiste que as empresas devem se concentrar em suas competências essenciais. Parece que elas estão fazendo isto. Um índice mantido pela J.P. Morgan, que mede a "clareza" das empresas industriais americanas, mostra que duas em cada três tornaram-se mais focadas desde 1988. As ações das empresas que "clarificaram" tiveram um desempenho 14,6% superior ao do mercado nos 24 meses seguintes à adoção dessa idéia e superaram em 19,1%[10] as empresas que diversificaram (ver Figura 7.1).

Em um exercício similar, o Conference Board mediu a quantidade de códigos de classificação industrial (SIC) padrão, de três dígitos, utilizados em média pelas empresas de fabricação. A média caiu de 4,35 em 1979 para 2,12 em 1992.[11] É evidente que há exceções. Jack Welch orgulhosamente zomba da tendência de desmembramento de empresas. A General Electric continua sendo um conglomerado, altamente bem-sucedido, com doze negócios diferentes. Entretanto, no início dos anos 80, quando assumiu como principal executivo, Welch simplificou a GE, vendendo 117 negócios.

ESTABELECENDO UMA COMPETÊNCIA DIFERENCIADA

As empresas e seus gurus desperdiçam um montante extraordinário de tempo dos executivos e palavreado elaborando declarações vazias e debatendo as diferenças entre visões, missões e objetivos. As declarações são então distribuídas, impressas, afixadas com destaque e prontamente esquecidas. Um registro tosco, entretanto, não invalida a necessidade de que uma empresa do século XXI tenha uma visão para se manter no caminho certo. A declaração deveria estabelecer um objetivo claro e específico, algo grande e desafiador, mas factível, algo que diferencie a empresa das demais, mesmo algo que prometa mudar o negócio ou o mercado. Uma visão de espectro geral não funciona. Uma visão requer a declaração de uma competência característica, uma razão para estar no negócio e uma razão para o consumidor comprar da empresa. Agora que o planejamento estratégico foi declarado morto — ao menos o planejamento estratégico do tipo engendrado pelos gran-

Figura 7.1
Clareza Corporativa

O "índice de clareza corporativa" do J.P. Morgan acompanhou as mudanças de foco dos negócios de 410 grandes empresas por oito anos. Morgan usa uma fórmula complexa que avalia o número de negócios nos quais a empresa está envolvida e também leva em consideração o volume de vendas em cada negócio e o grau de relacionamento entre os diversos negócios. Nesta adaptação do índice podemos ver que o número de empresas classificadas como "pure plays" — aquelas com não mais do que dois negócios em um setor industrial — aumentou de 30% para 43% do total.

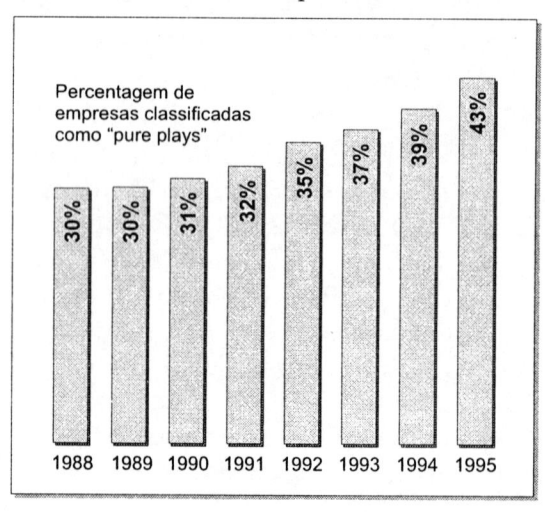

[Gráfico de barras: Percentagem de empresas classificadas como "pure plays": 1988: 30%, 1989: 30%, 1990: 31%, 1991: 32%, 1992: 35%, 1993: 37%, 1994: 39%, 1995: 43%]

Fonte: Rick Escherich, J.P. Morgan, *Corporate Clarity Index*, 1988-1995 (17 de julho de 1996).

des departamentos centrais — a visão deveria manter a empresa orientada na direção correta.

A visão não deveria ser nem utópica nem grosseira. Donald Burr achava que o sucesso comercial não era bom o suficiente para a People Express, assim ele declarou que o propósito da empresa aérea era "tornar-se a instituição líder para a mudança construtiva do mundo".[12] Uma declaração ao mesmo tempo tão vaga e tão grotesca não poderia ter ajudado a People Express. (Entretanto, as empresas japonesas parecem se dar muito bem com visões estratosféricas. Por exemplo, a Canon, cujo presidente do conselho, Ryuzaburo Kaku, chama a si mesmo de evangelista, orienta-se pela filosofia *kyosei*, que pode ser descrita como "viver e trabalhar para o bem comum". É evidente que tais aspirações funcionam melhor no Japão do que nos Estados Unidos, porque as

Figura 7.2
Criando uma Visão Adequada

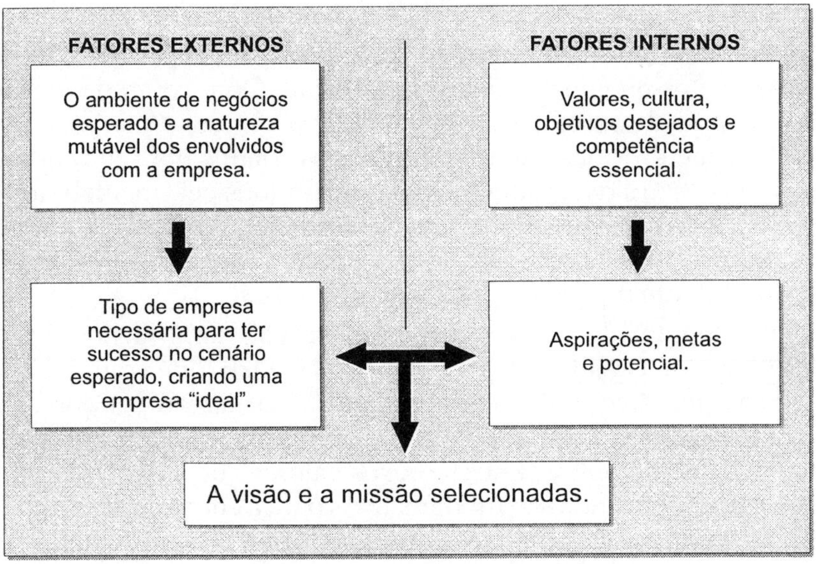

FATORES EXTERNOS	FATORES INTERNOS
O ambiente de negócios esperado e a natureza mutável dos envolvidos com a empresa.	Valores, cultura, objetivos desejados e competência essencial.
↓	↓
Tipo de empresa necessária para ter sucesso no cenário esperado, criando uma empresa "ideal".	Aspirações, metas e potencial.

A visão e a missão selecionadas.

empresas japonesas se identificam muito mais intimamente com os interesses nacionais e sociais.) Uma visão puramente mercenária também não daria certo nos Estados Unidos. Um aumento de 10% no lucro anual e um retorno de 25% são uma boa meta de negócios, mas não vão virar a cabeça de ninguém. Nem é o grito de batalha "Maximize o valor do acionista!" que vai despertar muito entusiasmo.

David Gaylin, um vice-presidente da Mercer Management Consulting, que ajuda empresas a formularem sua visão, gosta particularmente da declaração da Marriott Corporation: "A Marriott está comprometida em ser a melhor empresa do mundo em serviços de alojamento e alimentos pelo tratamento dado a seus funcionários, de maneira a criar um extraordinário serviço ao cliente e valor ao acionista."[13] É compreensiva e concisa, estabelece um objetivo claro, indica como este objetivo deve ser atingido e traz consigo algo para todos.

O MODO DA HP

Subjacente na visão, uma organização também precisa de um conjunto duradouro de valores para guiar o comportamento do pessoal e o moral da corporação. Os valores podem ser tão ridicularizados ou ignorados quanto a declaração da visão, especialmente nas empresas onde os líderes obviamente não acreditam em suas próprias doutrinas.

Entretanto, um conjunto de valores básicos, sejam eles declarados, implícitos ou construídos pela tradição, toma conta da empresa de um jeito ou de outro, para o melhor ou para o pior. Por exemplo, na Time Warner, os fortes valores jornalísticos criados por seu fundador, Henry Luce, têm sido, gradualmente, substituídos pela mentalidade de entretenimento de seus sucessores. Talvez hoje, com tantas mudanças turvando as águas da corporação, um conjunto explícito de valores seja mais importante do que pode ter sido no passado.

O conjunto de valores corporativos mais famoso nos Estados Unidos vem de David Packard e William Hewlett, que eram tão cavalheirescos que não gostavam de ouvir críticas a seus competidores. Este tipo de decência pode ser difícil de se encontrar hoje nas empresas mais novas do Vale do Silício. Entretanto, os valores que eles instilaram na Hewlett-Packard ainda são fundamentais para a empresa. O "Modo da HP" teve inúmeras interpretações, mas pode ser resumido como segue:

- Temos confiança e respeito pelos indivíduos.
- Focamos um alto nível de realização e contribuição.
- Conduzimos nosso negócio com integridade inabalável.
- Alcançamos nossos objetivos comuns pelo trabalho em equipe.
- Encorajamos a flexibilidade e a inovação.[14]

Na maioria das empresas, as pessoas olhariam para a declaração de valores, diriam "Legal!" e a arquivariam, voltando-se para seus negócios. Entretanto, a Hewlett-Packard mantém o "Modo da HP" vivo e ele é parte do sucesso da empresa. Por exemplo, ter confiança e respeito pelas pessoas significa que quando um engenheiro apresenta uma idéia que não chama a atenção do chefe, o chefe ainda assim deixa que o engenheiro a desenvolva (até um certo ponto). Esta é uma das razões pelas quais a HP tem sido inovadora com tanto sucesso. O principal executivo, Lewis Platt, herdeiro da filosofia de Hewlett e Packard, diz que ele não "corre" toda a empresa, mas "eu despendo uma grande parte do meu tempo falando sobre valores em lugar de tentar imaginar estratégias de negócio". Ele admite que isto é bastante diferente do que a maioria dos principais executivos fazem.[15]

Na Microsoft, Bill Gates, o principal executivo, não fala muito sobre valores e ética, mas os padrões estão lá. Em 1992, Gates disse que o pessoal da Microsoft deveria ser avaliado não só por seu desempenho mas também por sua adesão aos valores. Após pedir a muitos empregados que expressassem sua visão, diz Mike Murray, vice-presidente de recursos humanos e administrativos, a empresa adotou esses seis valores essenciais:

- Tenha visão de longo prazo, investindo pesadamente em pesquisa e desenvolvimento, contratando pessoas jovens, dando tempo para o desenvolvimento dos mercados.
- Enfatize resultados.
- Conte com a excelência individual.
- Confie no trabalho em equipe.
- Obtenha retorno do cliente.
- Tenha paixão pelos produtos e pela tecnologia.

O pessoal da Microsoft não despende tempo promovendo seus valores. "Aqui, você não encontra frases nas canecas de café como na Hewlett-Packard", diz Murray. Entretanto, os valores estão lá. Eles se tornaram parte do sistema de avaliação de desempenho a que o pessoal da Microsoft é submetido a cada seis meses.[16]

VIDA LONGA AO LÍDER

A liderança baseada em valores, na verdade, está substituindo as lideranças autocrática e carismática, assim, a velha discussão sobre se os líderes nascem assim ou são feitos, perde um pouco da pertinência. Grandes líderes carismáticos como Churchill, Martin Luther King, MacArthur, os Roosevelts, por exemplo, claramente nasceram com o dom, não foram o produto de um programa de desenvolvimento de liderança para executivos. Entretanto, alguns grandes líderes mundiais tiraram sua força de um comprometimento inflexível com valores, entre eles Gandhi e Mandela. Os valores foram aprendidos e o comprometimento fortalecido durante anos de perseguição.

Um líder de negócios deveria ter eloqüência e força de personalidade suficientes para vender a visão da corporação, mas essas qualidades são inatas e não se pode ensinar. Mas os valores são ensináveis e exeqüíveis pelo uso de padrões de pagamento e promoção. "Nós ensinamos liderança ensinando os valores da GE", diz Steven Kerr, exprofessor de administração da Universidade de Michigan que agora dirige a escola de administração da GE em Crotonville, Nova Iorque. Os líderes de negócios tendem a ter uma oratória dura, seca e escassa, ainda que alguns — Andy Grove da Intel, Lee Iacocca da Chrysler e Jack Welch da GE, por exemplo — tenham alcançado um status de oradores carismáticos, ou pelo menos de celebridade.

A liderança baseada em valores parece funcionar melhor quando os valores do líder e os valores da empresa se fundem. Isto leva tempo, e não é surpreendente que as empresas de sucesso tendam a ter líderes que permanecem longo prazo na empresa. Em seu livro sobre 18 empresas visionárias, James Collins e Jerry Porras encontraram um prazo médio de 17,38 anos de mandato para os principais executivos, comparados aos 11,68 anos de mandato para as cabeças das 18 empresas de menos sucesso comparativo.[17] Em seu esplêndido livro *Hidden Champions* sobre empresas menores de muito sucesso, a maioria delas alemãs, Hermann Simon conta que, em sua amostra, o prazo médio de mandato dos principais executivos é de 20,6 anos. A empresa Netzsch que fabrica equipamentos e instalações para a indústria de cerâmica, só teve três executivos principais desde sua fundação em 1873. Outra, Glasbau Hahn, que fabrica mostruários para feiras, somente teve quatro principais executivos desde 1836.[18]

O que é importante sobre esses principais executivos com mandatos longos não é o tempo de mandato em si, mas a continuidade que isto representa. Essa continuidade pode ser obtida por longos mandatos, pela propriedade familiar ou dinastia, ou pela cuidadosa promoção interna. É interessante que dois dos quatro líderes eleitos por O'Toole para o seu Rushmore vinham de disnastias. Bob Galvin é filho do fundador, Paul (e o novo principal executivo é o neto, Christopher), enquanto Jamie Houghton é o sexto membro de sua família a dirigir a Corning em mais de um século. O cuidadoso desenvolvimento de lideranças dentro da empresa, como feito na GE, por exemplo, ajuda a assegurar não somente a escolha de líderes qualificados quando for a hora de escolher um novo principal executivo, como também a continuidade e unidade de valores.

O CUMPRIMENTO DE VALORES NA GE

Jack Welch esmera-se muito ao escolher suas palavras e ele é bom em metáforas, que produz com freqüência, talvez com freqüência demasiada. Mas elas ajudaram a criar as visões e valores na GE. Primeiro, quando a GE se preocupava com sua sobrevivência, ele desmembrou a empresa retendo os negócios que eram ou podiam ser "ou o número um, ou o número dois em seu mercado global". Em seguida, ele "enxugou" camadas gerenciais para acabar com a "burocracia sufocante". Depois, mudando de objetivos para valores, incentivou a autoconfiança, simplicidade e velocidade que, em suas palavras, eram os atributos das empresas pequenas. A esses valores, ele adicionou o conceito de "work-out", uma expressão que na GE significa reunir pessoas, independente de posto ou função, para atacar um problema, freqüentemente de improviso, equivalente a "fazer funcionar". Então, ele adicionou o "comportamento sem fronteiras" para encorajar o pessoal da GE a buscar e repartir idéias em um "ambiente novo, aberto, antidepartamental". E ele queria que o pessoal da GE esticasse suas metas, se não seus orçamentos.[19] Em 1996 ele adicionou o novo "sonho" de um esforço para melhorar a qualidade que seria "a mais gratificante em termos pessoais e, ao final, o empreendimento mais lucrativo em nossa história".[20]

A General Electric usa as avaliações como um adesivo para colar os valores às visões. Tradicionalmente as avaliações na GE eram baseadas em desempenho, assim como na maioria das empresas. Agora as avaliações têm dois componentes, um para o desempenho e outro para a adesão aos valores. Na parte de valores, os gerentes da GE são avaliados por sua habilidade em se comunicar e criar uma visão clara, sua abertura às mudanças, suas habilidades na formação de equipes de liderança, sua integridade, sua responsabilidade e velocidade. Com o auxílio da avaliação conjunta de desempenho e valores, a GE dividiu seus gerentes em quatro tipos. Os gerentes tipo I têm alta avaliação em desempenho e valores e são designados para as coisas mais importantes. Os do tipo II nem apresentam desempenho, nem compartilham dos valores da GE, e seu destino é a porta de saída. Os gerentes tipo III estão em sintonia com os valores, mas algumas vezes falham no desempenho. Eles ganham uma nova oportunidade. Os gerentes do tipo IV obtêm resultados, mas seguidamente atropelam os valores. Como demonstração de comprometimento com seus valores, a GE começou a mostrar a porta de saída para os do tipo IV — muitas vezes os incorrigíveis gerentes ao estilo antigo.[21]

De Welch para baixo, a GE leva muito a sério o desenvolvimento de líderes, começando com uma conferência sobre liderança para os novos contratados e prosseguindo até o treinamento avançado em Crotonville. Welch comparece à maioria dos cursos dados nesta cidade e passa um dia por ano em cada um dos negócios para rever os líderes potenciais e suas necessidades de treinamento.[22]

As empresas colocam um bocado de esforço no desenvolvimento de líderes por diversas razões. Elas precisam preparar o próximo principal executivo e o outro além deste. A empresa do século XXI precisa de liderança em profundidade porque, se ela vai distribuir por toda parte responsabilidade e poder, então vai precisar de muitos líderes, não somente um. A empresa também precisa treinar seus líderes para resistirem às mudanças que enfrentam.

Em 1990, Joseph Neubauer, presidente da Aramark, uma empresa de US$ 6 bilhões por ano, especializada em fornecimento de comida e baseada na Filadélfia, decidiu que a mentalidade dos seus líderes tinha que ser mudada. A empresa fechou seu capital em 1984 e cerca de 150 funcionários graduados tomaram emprestado tudo que podiam, até hipotecando suas casas se necessário, para comprar a empresa. Nos anos seguintes à compra, eles forçaram principalmente nas operações e no fluxo de caixa para resgatar os débitos (com tanto sucesso que muitos deles se tornaram milionários). Neubauer sentiu que era preciso um tipo de liderança mais empreendedora para alcançar um maior crescimento. "Eu concluí que não poderíamos fazer isto a menos que mudássemos a mentalidade de uma massa crítica de pessoas aqui", ele diz. "E não era apenas mudar cinco gerentes. Tínhamos a escolha de despedir todo mundo e trazer um novo lote, ou educar o que nós tínhamos. É evidente que escolhemos a última opção." A Aramark montou sua escola de liderança projetada especialmente, usando professores de Cornell, Columbia, Harvard, Penn State e Wharton, e no período de dois anos treinou seus 150 gerentes em grupos de 30.[23]

Como um todo, o modo de olhar para a liderança pode estar mudando. Dee Hock, fundador do VISA, costumava perguntar aos gerentes qual era sua responsabilidade principal e, invariavelmente, eles respondiam que era dirigir as pessoas a eles subordinadas. "Esta percepção está completamente errada", diz Hock. "A primeira e suprema responsabilidade é dirigir a si mesmo... A segunda responsabilidade é dirigir as pessoas que têm autoridade sobre nós... A terceira responsabilidade é dirigir nossos colegas... A quarta responsabilidade é então óbvia, já que nada mais restou. É a de dirigir aqueles sobre os quais temos autoridade."[24]

Entretanto, algumas coisas básicas na liderança nunca mudam. Independente de quais sejam a visão ou os valores de um líder, a menos que ele seja visto como personificando suas próprias palavras e ações, então as idéias são piores que inúteis. Retornando à idéia de O'Toole para o líder de Rushmore, mencionada no início deste capítulo, os líderes têm que ter integridade e coragem. Eles têm que dividir as perdas assim como os lucros. Quão longe do ideal estão nossos líderes de negócios? Olhe para o pagamento do executivo. Olhe para os jatos, helicópteros e limusines da empresa. Olhe especialmente para a diferença entre quanto os executivos mais graduados ganham e o resto do pessoal ganha, sem mencionar aqueles que são rebaixados.

São raros os exemplos de pessoas no topo da empresa fazendo o primeiro sacrifício ou mesmo um gesto. Mas mesmo o menor gesto simbólico pode ser importante. Robert N. Haidinger, principal executivo do JJI Lighting Group, uma empresa de US$ 100 milhões por ano com sede em Greenwich, Connecticut, sempre ocupa um apartamento em lugar de suíte em hotéis, quando viaja a negócios, e compra seus próprios selos de 32 cents que mantém no escritório para sua correspondência pessoal. "Isto se espalha", ele diz, "e você nem pensa em quebrar estas regras, porque isto também se espalha".[25]

A VeriFone não dá mordomias para ninguém. "Olhando nosso desempenho financeiro você poderia imaginar que temos direito a freqüentar um clube de campo, ou um seguro de saúde extra, ou um carro da empresa", diz o presidente, Hatim Tyabji. "Nós nem ao menos temos um carro da empresa. Não queremos que nosso pessoal diga, 'Esses caras pedem para a gente trabalhar duro e fazer sacrifício e, veja só, estão gozando uma boa vida que está fora do nosso alcance.' Pode acreditar, isto faz um efeito enorme." Todos na VeriFone viajam em classe turista e se hospedam no Courtyard da Marriott ou Holiday Inn. Se eles têm pontos de programas de incentivo de viajantes habituais, podem usá-los para ter acomodações superiores, independente de sua posição na empresa.[26] O mundo dos negócios raramente oferece exemplos como os de um velho princípio de liderança do exército: veja que as tropas se alimentem primeiro, então deixe os oficiais comerem.

Indicadores

- O estilo de liderança da corporação está sofrendo uma mudança básica, passando da liderança por comando para a liderança por exemplo e valores?
- O líder está articulando uma visão verossímil e agregando todas as forças da empresa para alcançá-la?
- O principal executivo está integralmente engajado em reinventar a corporação para o século XXI e reinventar seu próprio papel?
- O comportamento do líder personifica os valores da empresa?
- As habilidades humanas do líder são tão bem desenvolvidas quanto suas habilidades intelectuais?
- Os líderes dirigem a si mesmos tão bem quanto dirigem seus subordinados?
- Existe continuidade no topo, senão em termos de pessoas, ao menos em termos de valores?
- A corporação desenvolve não um, mas muitos líderes?

Vínculos

- A empresa promove treinamento que ajude a formação de executivos que liderem pelo exemplo e por valores (senão pelo carisma)?
- A empresa tem sistemas de avaliação, promoção e recompensa que reforcem a liderança pelo exemplo e pelos valores?

Advertências

- A empresa também adota os fundamentos da boa liderança, do caráter, integridade e respeito aos outros, que realmente não mudaram?
- Existe espaço na nova estrutura de liderança baseada em valores para estilos individuais, mesmo carisma e idiossincrasia?
- Quando necessário, o principal executivo ainda pode tomar ações rápidas, decisivas e unilaterais?

8

O FUNCIONÁRIO DISPENSÁVEL

"Mantenha interesse em sua carreira, ainda que humilde, ela é um patrimônio real nas mudanças de sorte que ocorrem com o tempo."
— *Desiderata*, Igreja Antiga de São Paulo, Baltimore, 1692.

Se a contínua "destruição criativa" caracteriza e fortalece a livre iniciativa, então, em tempos de reestruturação, devemos esperar uma dose maciça de destruição criativa. E se os negócios enfrentam hoje a maior reestruturação desde a Revolução Industrial, então o sofrimento fatalmente tem que ser muito grande. A despeito do baixo índice de desemprego, do contínuo crescimento da economia, dos altos lucros das corporações, dos bons tempos para as bolsas de valores e da criação de milhões de novos empregos, todos os quais foram verdade em meados dos anos 90, a reestruturação foi penosa para milhões de trabalhadores desde que começou no início dos anos 80.

Às vezes as notícias do sofrimento quase parecem ter sido o fato dominante da economia. Uma mistura de inépcia por parte das empresas e tendenciosidade de parte da imprensa, políticos e sindicatos, fez uma situação ruim parecer pior.

As empresas mergulharam em uma febre pela "reengenharia" que é executada com uma extraordinária falta de sensibilidade e bom senso, e mesmo com falta de senso de negócios. A imprensa, os políticos e sindicatos às vezes olham a perda de empregos como a única coisa de importância acontecendo nos negócios. Descendo ao nível dos tablóides sensacionalistas, a *Newsweek* publicou uma matéria de capa intitulada "Assassinos Corporativos", com um subtítulo dizendo: "O Público Está em Pânico". (Os "assassinos" mostrados na capa eram os principais executivos Robert E. Allen da AT&T, Albert J. Dunlap da Scott Paper, Louis V. Gerstner da IBM, e Robert B. Palmer da Digital Equipment.)[1] Em 1996, o *New York Times* publicou uma história em sete capítulos intitulada "O *Downsizing* da América" — como se o país inteiro apresentasse uma perspectiva econômica de encolhimento. Ainda que a série haja reconhecido que desde 1979 haviam sido criados mais empregos do que perdidos, a série focou nos 43 milhões de empregos eliminados desde então e nas tragédias humanas daí resultantes.* A série aventa o curioso pensamento de que a tecnologia "minou a noção fundamental de emprego de massa".[2]

Este capítulo tratará principalmente dos erros que as empresas cometeram no trato com as pessoas enquanto se reorganizavam, as conseqüências e o que fazer a respeito. A crescente transitoriedade de empregos e carreiras levanta todo um conjunto de perguntas sobre como tratar decentemente com as pessoas, como criar confiança e lealdade, como administrar e planejar carreiras, como modificar benefícios e treinamento. A questão básica é como reescrever o contrato implícito entre empregador e empregado?

"SALVANDO" EMPREGOS

Mas antes vamos olhar rapidamente para a realidade da perda e criação de empregos no local de trabalho. Os sindicatos e outros críticos das empresas falam como se "salvar" empregos seja a coisa mais importante. Empregos não podem ser "salvos" exceto ao preço de conter a economia e sacrificar a prosperidade geral para a segurança individual. A demanda cria os empregos e quando não há demanda, então o emprego desaparece. Se não acontece, deveria. Os empregos desaparecem quando o mercado muda ou quando a tecnologia aumenta a produtividade. Como já vimos, teremos muito mais mudanças nos mercados e na tecnologia. A empresa do século XXI mudará freqüentemente suas necessidades por empregos.

---

* Felizmente, o *New York Times* se recuperou logo de sua depressão e um ano mais tarde foi capaz de publicar um artigo intitulado "Inflados pela Prosperidade, os Estados Unidos Pavoneiam seu Dinheiro" (27 de abril de 1997), p. 4-1.

Se você tiver uma visão de longo prazo na idéia de "salvar" empregos, muito logo a idéia se torna disparatada. Deveríamos continuar empregando telefonistas e ignorar a melhoria do serviço e a eficiência da discagem direta? Os bancos deveriam ter ignorado a eficiência dos caixas automáticos e mantido os 100.000 caixas e outros funcionários demitidos desde 1990? Deveríamos ter mantido os empregos de linotipistas e retido, como os jornais o fizeram por algum tempo, o uso do processo de fotolitografia e off set e, depois, da editoração eletrônica? As ferrovias deveriam ter mantido os foguistas quando as locomotivas mudaram o combustível de carvão para óleo diesel? O que dizer dos mordomos, dos fabricantes de carroças, quitandeiros, tanoeiros, seleiros, serventes de pedreiro, estivadores, empregadas domésticas, costureiras, latoeiros e, evidentemente, dos notórios fabricantes de chicotes? E dos fazendeiros e trabalhadores do campo? Aproximadamente nove milhões deles foram reduzidos desde 1920. O mercado de trabalho é dinâmico e a força de uma economia — e, por extensão, a prosperidade de todos — depende em grande parte da habilidade da força de trabalho em responder às mudanças de demanda. Em vez de ser uma fraqueza, a flexibilidade do mercado de trabalho americano é uma vantagem competitiva. A inflexibilidade do mercado de trabalho europeu não somente torna mais difícil a competição para as empresas européias como contribui para taxas de desemprego que, como no caso da Espanha, podem ser quatro vezes mais altas do que as dos Estados Unidos.

Enquanto as empresas eliminaram muitos empregos desde que a reestruturação começou, 43 milhões desde 1979 se você aceitar os números da estimativa do *New York Times*, a criação de empregos positivamente ultrapassou as perdas.* O total de empregos civis nos Estados Unidos cresceu de 98,8 milhões em 1979 para 126 milhões em junho de 1996, com um aumento líquido de 27,2 milhões. Se o número de 43 milhões de empregos eliminados é correto, então o número de empregos

---

* É difícil apontar o número exato de empregos eliminados. O Bureau of Labor Statistics (BLS) não possui dados retroagindo a 1979, mas concorda que a estimativa do *New York Times* é basicamente correta. Entretanto, para o período de três anos, de 1993 a 1995 inclusive, o BLS tem um número corrigido (8,4 milhões) consideravelmente mais baixo do que o número do *New York Times* (10 milhões). Nenhum dos números altera de modo substantivo a afirmação de que a criação de empregos superou largamente a perda de empregos.

criados naquele período montou a 70,2 milhões e, essencialmente, todos esses empregos foram nas empresas. Isto porque a tecnologia destrói empregos!

Algumas das pressuposições secundárias veiculadas pelos mercadores do obscurantismo acabam por se revelar falsas: que os novos trabalhos tendem a ser mal pagos, trabalhos de fim de linha, que mais pessoas são forçadas a trabalhar em tempo parcial, que mais pessoas têm que manter dois ou mais empregos para fechar o mês. Ao contrário, a qualidade dos novos empregos é alta. O Bureau of Labor Statistics reporta que 68% dos novos empregos criados de fevereiro de 1994 a fevereiro de 1996 têm salários acima da média. O maior crescimento ocorreu em gerência e cargos profissionais. O número de pessoas servindo hambúrguer e fazendo outros trabalhos nos degraus inferiores da escada econômica diminuiu. O número de pessoas trabalhando em tempo parcial e o número de pessoas trabalhando em mais de um lugar pouco mudaram nos últimos anos. Na verdade, a teoria toda de que as pessoas hoje estão mais sujeitas a serem dispensadas é tênue. De uma forma geral o índice foi ligeiramente menor no início dos anos 90 do que no início dos anos 80.[3]

Então o que motivou esse clamor de angústia nos anos 90? Existem diferenças substantivas na natureza dos cortes que criaram maior sofrimento, ou, se não maior sofrimento, maior barulho. O pessoal dispensado tende a ser trabalhadores mais qualificados e mais velhos. Uma década antes, proporcionalmente, os jovens e operários sofreram mais. (Ver Figura 8.1 para uma comparação da composição das demissões.) Em outras palavras, os gerentes brancos e profissionais estão sentindo o sofrimento pelo qual as minorias e os operários sentiram todo o tempo. Mais ainda, os funcionários que perdem seus empregos hoje têm mais chance de haverem sido dispensados em caráter permanente em lugar das dispensas temporárias. Finalmente, ainda que a economia esteja criando uma grande quantidade de bons novos empregos, os trabalhadores dispensados não estão conseguindo seu quinhão, talvez porque a maioria deles seja de trabalhadores mais velhos com habilidades obsoletas. Na média, quando encontram trabalho eles ganham 10% menos em seus novos empregos do que estariam ganhando se tivessem mantido os empregos antigos.[4]

Figura 8.1

Desde que as corporações iniciaram metodicamente o *downsizing* no início dos anos 80, a carga do sofrimento mudou notavelmente. Os índices de demissão, baseados na proporção de pessoas de mais de 20 anos que foram demitidas após terem estado empregadas pelo menos por três anos, mostram um declínio comparando-se o período de 1981-82 a 1993-94. Mas a carga mudou das áreas de construção e fabricação para finanças e seguros, dos operários para os gerentes e profissionais. No período inicial, os trabalhadores mais jovens, negros e hispânicos tinham maior probabilidade de ser degolados, relativamente os trabalhadores mais velhos e os brancos se saíram melhor. (Em todos os períodos o índice de demissão de mulheres sempre foi menor do que o dos homens.)

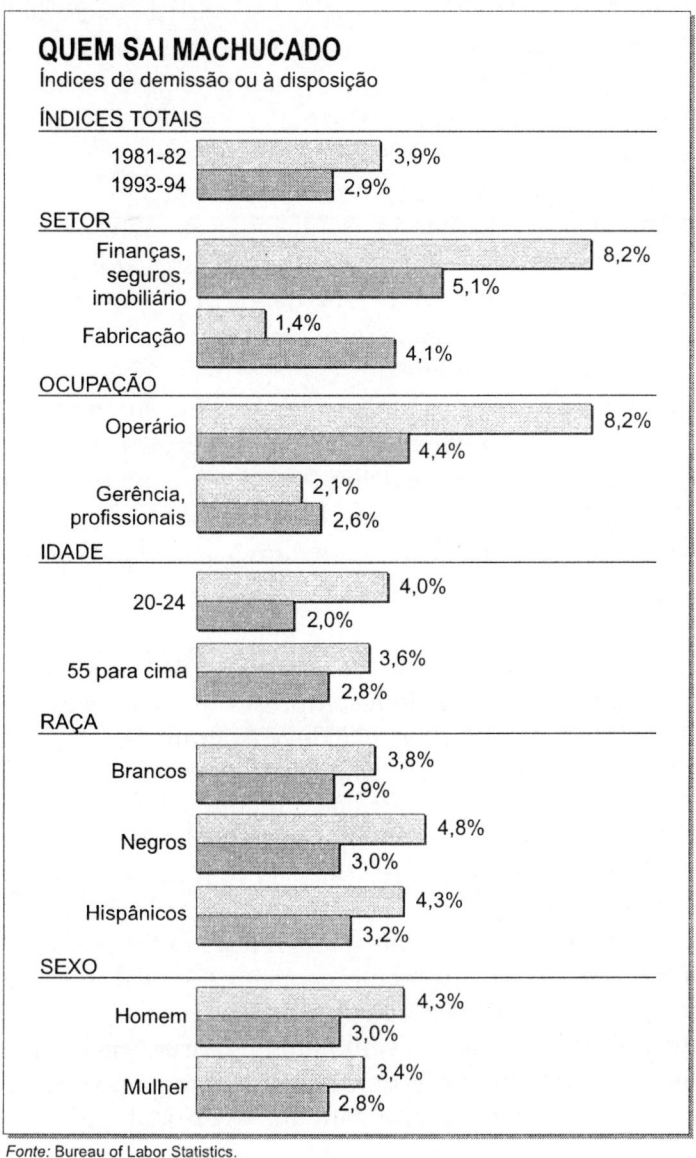

QUEM SAI MACHUCADO
Índices de demissão ou à disposição

ÍNDICES TOTAIS
- 1981-82: 3,9%
- 1993-94: 2,9%

SETOR
- Finanças, seguros, imobiliário: 8,2% / 5,1%
- Fabricação: 1,4% / 4,1%

OCUPAÇÃO
- Operário: 8,2% / 4,4%
- Gerência, profissionais: 2,1% / 2,6%

IDADE
- 20-24: 4,0% / 2,0%
- 55 para cima: 3,6% / 2,8%

RAÇA
- Brancos: 3,8% / 2,9%
- Negros: 4,8% / 3,0%
- Hispânicos: 4,3% / 3,2%

SEXO
- Homem: 4,3% / 3,0%
- Mulher: 3,4% / 2,8%

Fonte: Bureau of Labor Statistics.

POR QUE A REENGENHARIA NÃO DEU CERTO?

Se a destruição e a criação de empregos são uma prova de uma economia vibrante, então onde está o erro em demitir as pessoas? É a visível injustiça dos cortes, a inequívoca insensibilidade que se vê com freqüência, que torna a "reengenharia" especialmente dura de engolir. As atenções são desfavoravelmente atraídas quando as corporações mais ricas e maiores, com os principais executivos mais bem pagos, fazem reduções maciças e abruptas. Quando um funcionário de 30 anos recebe a demissão junto com a ordem de limpar a mesa e deixar a empresa dentro de duas horas, ou perde seu emprego faltando poucos meses para ter direito à aposentadoria, então está faltando algum componente básico de humanidade. E quando os funcionários sobreviventes descobrem que em lugar de serem beneficiados pelo acréscimo de produtividade, seus ganhos permanecem estagnados enquanto os ganhos do chefe disparam para cima, então você tem um profundo problema de moral. Uma grande quantidade de pessoas paga pelos erros de poucas. Tom Urban, ex-presidente da Pioneer Hi-Bred International, diz que a AT&T "tinha a mentalidade superprotetora das empresas de serviço público e foi adicionando pessoal. Em 1995 eles finalmente acordaram e disseram: 'Meu Deus do céu, temos 40.000 pessoas sobrando'. Se Bob Allen era tão bom, por que ele não concluiu isto dez anos atrás? Agora ele está sendo brutal".[5]

Além do problema de moral, há evidências de que *downsizing*, ou reengenharia e reestruturação para redução de custos não têm, na maior parte das vezes, ajudado as empresas que os fizeram. A idéia básica da reengenharia, de que você deve examinar cada processo de uma empresa e reprojetá-lo, é uma idéia razoável, que já foi colocada em prática sob outros rótulos, principalmente sob GQT, a gestão da qualidade total. Mas a coisa toda fugiu ao controle. A retórica revolucionária dos líderes da reengenharia, Michael Hammer e James Champy, em seu livro *Reengineering the Corporation*, publicado em 1993, deu ao principal executivo a escolha entre a reinvenção radical e dramática da corporação agora, ou sua eminente extinção. Os líderes de negócios, pressionados a cortar custos e aumentar os lucros, se agarraram à palavra "reengenharia" e a usaram como manto que cobria qualquer tipo de atividade voltada à redução de custos, tal como a própria GQT era usada como um rótulo que servia para qualquer finalidade.

Mesmo quando publicaram seu livro, Hammer e Champy estimavam que entre 50% e 70% dos esforços de reengenharia não atingiriam resultados dramáticos.[6] Julgando por diversos estudos, os resultados da reengenharia ou, mais freqüentemente *downsizing* rotulado de reengenharia, foram mais desapontadores. Por exemplo, Dwight Gertz e João Baptista da Mercer Management Consulting fizeram um estudo sobre as 1.000 maiores empresas listadas na *Fortune* (lista combinada das 500 industriais e 500 de serviços) concluindo que, de 1988 a 1993, o mercado acionário deu maior valor às empresas que aumentaram seus lucros pelo aumento da receita do que às empresas que aumentaram seus lucros pelo corte de custos.[7]

Uma equipe de consultores da McKinsey & Company fez uma análise detalhada dos esforços de reengenharia em 20 empresas americanas, européias e asiáticas e acreditam ter achado a razão pela qual falhou a maior parte dos esforços. As seis empresas que alcançaram resultados significativos (uma redução média de 18% nos custos unitários do negócio) fizeram um processo de reengenharia amplo e profundo. Ou seja, reprojetaram muitas atividades que adicionavam valor para o consumidor em vez de reprojetar apenas uma ou duas atividades e eles examinaram não somente a estrutura, ou as habilidades, ou os incentivos, mas todos esses elementos. Uma empresa que reprojete um único processo, por exemplo contas a pagar, poderá obter ganhos apreciáveis nessa atividade mas isso não se traduz em ganhos para os custos unitários do negócio como um todo. Os esforços que alcançaram sucesso também tiveram muita atenção dos executivos mais graduados e foram levados a cabo por pessoal de mais alta qualificação.[8]

Se o *downsizing*, tal como praticado na última década, não ajudou o resultado dos negócios, tampouco deixou os trabalhadores remanescentes com estado de espírito para contribuir com o trabalho, a iniciativa, a qualidade, o esforço de equipe e a lealdade necessários às empresas do século XXI. Não é de surpreender que as pesquisas sobre opinião e moral dos funcionários revele sérios problemas. A International Survey Research Corporation, que acompanha para as empresas os índices de satisfação dos funcionários, relata que desde 1989 mais funcionários passaram a acreditar que seus gerentes não lhes dão orientações claras, que eles não acreditam no que a gerência diz, e que estão menos seguros de que manterão seus empregos, que o moral é baixo, que eles se preocupam mais com o futuro da empresa e sobre serem dispensados (ver Figura 8.2). A propósito, o ISR também descobriu, em uma pesquisa abrangendo pessoal de 21 países, que os menores índices de satisfação do pessoal com suas empresas foram encontrados no Japão (31%) e os maiores na Suíça (82%), com os trabalhadores americanos no meio (65%). (A satisfação com o trabalho no Japão caiu drasticamente, provavelmente como resultado da diminuição de velocidade da economia no início dos anos 90 e a conseqüente perda de segurança no trabalho, por menor que ela tenha sido.)[9]

As corporações enfrentam o que James Champy chama de "um dos dilemas centrais" do nosso tempo, um que pode não ter solução, certamente não uma solução fácil.[10] Em uma das mãos a empresa do século XXI, que precisa da vontade de ajudar, de pessoas inteligentes, motivadas, colaborativas e empreendedoras. Na outra mão, a eficiência da tecnologia e novas abordagens gerenciais que tornam possível trabalhar melhor com menos gente e a pressão dos investidores força os executivos a agirem com uma aparência de resolução. Obviamente as empresas até agora não conseguiram equacionar bem este dilema. As demissões por atacado têm sido um desastre. Existem maneiras de fazer isto melhor, mas antes de revisá-las vamos ver o que as empresas japonesas e européias estão fazendo. Elas têm o mesmo problema, mas fazem a abordagem por um ponto de vista diferente porque consideram que cuidar de seus funcionários é uma responsabilidade primária, senão um dever sagrado. As empresas européias têm o problema adicional de uma alta taxa de desemprego.

O comprometimento dos japoneses para com o trabalhador — ao menos entre as principais empresas — está enfraquecendo constante mas levemente. Eis o que alguns executivos japoneses nos contaram em entrevistas:

- *Canon.* O presidente Ryuzaburo Kaku diz: "Existe todo tipo de discussão de que precisamos acabar com o sistema de emprego para toda a vida. Mas por enquanto isto é uma coisa que nós devemos manter porque nossa operação japonesa é baseada em emprego para toda a vida. Isto dá a nossos empregados japoneses um sentimento de segurança... A solução será através de pesquisa e desenvolvimento".
- *Honda.* O presidente Nobuhiko Kawamoto diz: "Para o ano 2000 queremos reduzir nossa força de trabalho em 10%", pelo recrutamento de menos diplomados, focando mais no recruta-

mento de engenheiros em lugar de graduados em ciências humanas, e admitindo menos mulheres secretárias, mas não por demissões.

**Figura 8.2
Como os Funcionários se Sentem**

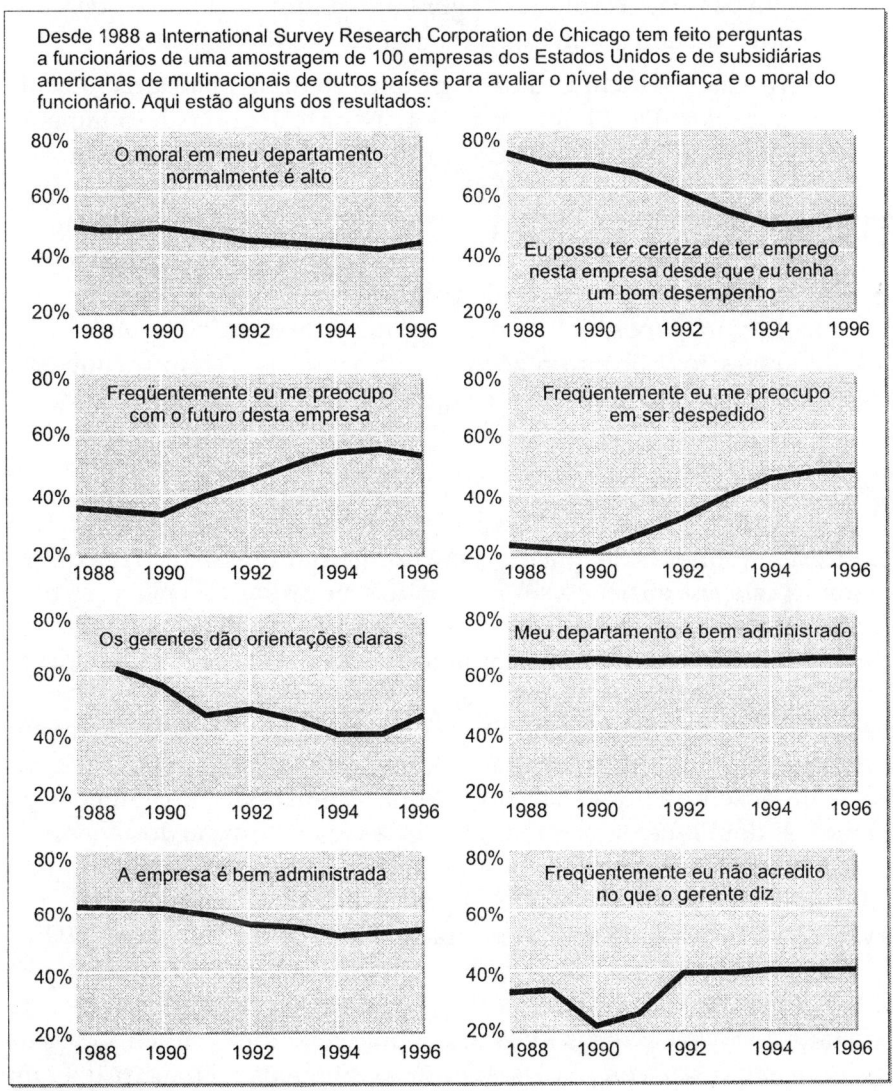

Desde 1988 a International Survey Research Corporation de Chicago tem feito perguntas a funcionários de uma amostragem de 100 empresas dos Estados Unidos e de subsidiárias americanas de multinacionais de outros países para avaliar o nível de confiança e o moral do funcionário. Aqui estão alguns dos resultados:

[Gráfico: O moral em meu departamento normalmente é alto — 1988-1996]

[Gráfico: Eu posso ter certeza de ter emprego nesta empresa desde que eu tenha um bom desempenho — 1988-1996]

[Gráfico: Freqüentemente eu me preocupo com o futuro desta empresa — 1988-1996]

[Gráfico: Freqüentemente eu me preocupo em ser despedido — 1988-1996]

[Gráfico: Os gerentes dão orientações claras — 1988-1996]

[Gráfico: Meu departamento é bem administrado — 1988-1996]

[Gráfico: A empresa é bem administrada — 1988-1996]

[Gráfico: Freqüentemente eu não acredito no que o gerente diz — 1988-1996]

Fonte: International Survey Research Corporation.

- *Kyocera*. Presidente Kazuo Inamori: "Se as circunstâncias permitirem gostaríamos de continuar com o sistema de emprego para toda a vida. Algum dia podem aparecer fatores intervenientes que nos impeçam de fazer isto. Mas enquanto nós pudermos continuar a fazê-lo, manteremos o sistema de trabalho para toda a vida." Presidente Kensuke Itoh: "O número de novas pessoas recrutadas é agora um quinto do nível de seis anos atrás no tempo em que a economia era efervescente."
- *Toyota*. Tokuichi Uranishi, gerente-geral de planejamento corporativo diz: "Para profissionais na categoria de altamente qualificados, estamos desejosos de perseguir agressivamente um novo sistema de uma maneira audaciosa. Nós chamamos a eles PC, um sistema de profissionais contratados. Temos agora dois projetistas recrutados fora da empresa e encarregados da criação de um novo estilo para um novo modelo. A longo prazo planejamos ter 80% de nossa força de trabalho, excluindo os operários, sob emprego para toda a vida. Isto significa que 20% dos trabalhadores mais graduados serão capazes de considerar esquemas de emprego mais flexíveis."[11]

A estagnação na primeira metade dos anos 90 convenceu as empresas japonesas de que precisavam ser mais eficientes. Elas escolheram alcançar a eficiência simplificando seus produtos, pela reestruturação, pela "engenharia de valor" mas não pelas demissões por atacado como o fizeram muitas empresas americanas. Os executivos japoneses estão começando a pensar sobre seu compromisso de emprego para toda a vida. Como vimos no Capítulo 1, as empresas européias também estão reexaminando todo seu pacto social, sob a severa coerção de altas taxas de desemprego. Especialmente na Alemanha, mas também na França, as demissões se tornaram parte da reestruturação dos negócios, uma parte pequena, mas ainda assim uma parte. O pacto social, que tinha implícito o emprego para toda a vida, se tornou um fardo muito pesado. Com taxas de desemprego ultrapassando 10% em 1994, 1995 e 1996 e os custos de mão-de-obra mais altos do mundo, a Alemanha não teve alternativas além de iniciar uma reforma de sua onerosa forma de capitalismo social. Outros tipos de economia vieram primeiro, mas as maiores empresas, como a Daimler-Benz, Siemens e Hoechst fizeram cortes em sua força de trabalho.

As corporações americanas claramente têm mais liberdade para reformular o contrato implícito com seus empregados e, como resultado, têm maior liberdade para fazer as mudanças que julguem necessárias para aumentar sua competitividade. Mas que tipo de contrato novo, se existe, emerge dos cacos da reengenharia? Onde é o ponto de encontro entre as necessidades humanas e as das corporações? Em uma visão mais cínica, como podem as corporações alcançar o que desejam das pessoas tratando-as como bens descartáveis? É de se presumir que as demissões por atacado dos anos 80 e 90 não continuem, mas a vitalidade absoluta da competição e a mudança tornam improvável que se possa retornar ao tipo de segurança no emprego da "organização humana".

A ARTIMANHA DA "EMPREGABILIDADE"

O que as corporações estão oferecendo em lugar da segurança é alguma coisa chamada "empregabilidade" que, teoricamente, coloca cada pessoa como responsável por sua carreira. A empresa lhe dá um bom emprego, paga bem, mantém sua atualização com treinamento, e então você e a empresa se separam sem ressentimentos quando você não é mais necessário. Sendo bem treinado e autoconfiante, você achará outro emprego rapidamente. Esta filosofia não é somente conveniente para a nova empresa, como também é conveniente para o novo funcionário, com melhor nível de educação, menos tolerante com a autoridade, menos disposto a se submeter a laços de lealdade e mais desejoso de tomar as decisões que seu patrão tomava. Se desejamos mais liberdade, então deveríamos ser capazes de projetar nossas próprias carreiras, certo? Mas o que acontece com aqueles que não são necessariamente bem treinados ou auto-suficientes, que não têm a habilidade ou a aptidão para se deslocarem facilmente de um emprego para outro, que não sabem realmente o que querem e, na verdade, gostariam de ser leais a um empregador leal e ficar lá por muitos anos? A necessidade humana fundamental de pertencer está cada vez mais difícil de ser satisfeita, nas famílias, nas comunidades, nas igrejas, nas escolas e agora nas corporações. A teoria da "empregabilidade" não atende a essa necessidade e tem cheiro de hipocrisia. Ainda assim, os termos do pacto social mudaram, donde a questão prática enfrentada pelas empresas do século XXI e seus funcionários é saber como fazer o melhor disto.

Os empregadores "enxugaram", "desengorduraram", "colocaram no tamanho certo", aposentaram voluntariamente, aposentaram involuntariamente, ajustaram, fizeram a reengenharia, "salvaram", descontinuaram, realocaram, colocaram à disposição, "sucatearam", colidiram, "rebalancearam", recolocaram em outras empresas, terceirizaram e até mesmo despediram funcionários de maneiras mais variadas do que os eufemismos existem para descrever o processo. A maneira como o processo é realizado faz uma diferença muito grande não apenas para os que vão, como também para os sobreviventes e para os empregadores.

Se o *downsizing* é feito com algum senso de sofrimento compartilhado e destino igualmente compartilhado, com uma disposição para falar francamente sobre o estado da empresa, com o suporte e a ajuda para vítimas e sobreviventes, o dano pode ser limitado. Mas o histórico do *downsizing* é juncado de destroços de atos insensíveis de pessoas estúpidas. Em 1981 a International Harvester (agora Navistar International) perdoou mais de US$ 2 milhões de empréstimos a seu presidente e principal executivo enquanto cortava drasticamente sua força de trabalho. Em 1982 a General Motors anunciou um novo plano de bonificação para os executivos ao mesmo tempo em que os operários se preparavam para ratificar um novo contrato que incluía restituições. Em meados dos anos 80, a Motorola e a Texas Instruments forneceram um instrutivo contraste em suas reações a uma suave queda na indústria eletrônica. A Motorola diminuiu um dia de trabalho em cada duas semanas programadas e retomou o trabalho em tempo integral seis meses após, quando o mercado se recuperou. Todos dividiram um sofrimento brando. A Texas Instruments que então ainda era dirigida por líderes estilo Rambo, abruptamente despediu milhares de trabalhadores. Quando o mercado se recuperou dentro de pouco tempo, a TI teve que readmitir o pessoal que havia despedido, buscar novos e treinar novamente a todos. Diferindo da Motorola, a maior parte das empresas parte direto para o *downsizing* sem tentar qualquer alternativa mais inteligente.[12]

O choque de demissões maciças é difícil de expor com moderação. James Irvine, um vice-presidente da Communications Workers of America, que havia trabalhado estreitamente com a AT&T para prepará-la para o futuro, recorda que no ano de 1962, quando ele foi trabalhar na Ma Bell em Cleveland, alguém se aposentou após haver trabalhado toda sua carreira no mesmo andar daquele edifício. "Tínhamos um compromisso pelo qual nós vivíamos: venha trabalhar todos os dias e você terá um emprego para toda a vida, desde que você mantenha suas mãos longe do dinheiro, do cobre e das mulheres", diz Irvine. "Você tinha um ano de experiência e então você estava feito. Agora eles demitem com facilidade." Mesmo admitindo a hipérbole de sindicato, é surpreendente o nível de hostilidade de Irvine para com a AT&T atualmente. Ele diz que encontra agora uma "arrogância absoluta" entre os executivos da AT&T, pessoas "de passagem pela empresa" em quem não se pode confiar e que desejam mover a empresa de um lado para o outro sem a ajuda dos funcionários.[13] A AT&T fez um grande esforço para ajudar os trabalhadores dispensados, que, na verdade, estão entrando em um mercado com demanda crescente por habilidade em telecomunicações. Não importa. O que realmente doeu foi que em um ano, quando o principal executivo Bob Allen recebeu entre salário, bônus e outras compensações a cifra recorde de US$5,2 milhões, mais a opção em 858.000 ações da AT&T, a empresa anunciou que estava eliminando 40.000 posições do quadro de pessoal. A AT&T argumentou que estava eliminando cargos, não necessariamente pessoas, e que, ao mesmo tempo, estava criando novos cargos/posições. Depois que a AT&T se desfez da Lucent e da NCR, a meta de redução de empregos no que restou da AT&T caiu para 17.000. Em meados de 1997, 11.000 das 17.000 pessoas da AT&T, cujas posições estavam sendo eliminadas, encontraram outro trabalho em outro lugar dentro da empresa.

Em total contraste com a AT&T, na Microsoft a idéia de um contrato social de longo prazo dificilmente aparece. "Aqui não há promessas de emprego permanente", diz Mike Murray, o vice-presidente de recursos humanos. "Como poderia haver? Noventa por cento de nosso faturamento hoje vêm de produtos que não haviam sido desenvolvidos dois anos atrás. Assim, o que acontece se tomarmos a decisão errada? Nós esperamos vê-lo aqui durante os próximos vinte anos, mas não podemos prometer. Se as pessoas se tornam redundantes, elas ganham seis semanas para tentar achar outro trabalho dentro da empresa, e então eles ganham um serviço de recolocação externa." Com 33 anos como média de idade, os gerentes da Microsoft ainda não estão muito preocupados com problemas de longo prazo. Além disto, 20% da força de trabalho da Microsoft são temporárias, o que dá à empresa maior flexibilidade.[14]

REESCREVENDO O CONTRATO

Em termos ideais, uma empresa faria suas contratações com tanto critério, que nunca se colocaria na posição de ter que demitir pessoas. Mas muita previsão não é fácil em tempos de tantas mudanças e tantos produtos novos. A SEI Investments, que administra e supervisiona fundos de pensão e depósitos bancários, não foi capaz de proteger seu pessoal dos efeitos da turbulência.* As necessidades dos negócios, da organização, das fortunas e do pessoal da SEI estão sempre sofrendo drásticas mudanças. "Temos estado nos reinventando nos últimos cinco anos", disse o principal executivo, Al West, em 1995. O pessoal da SEI fala em Reinvenção I e Reinvenção II. A empresa continua se reinventando mas para manter baixo o nível de pânico ela não explora a reestruturação. As pessoas se movem um bocado na SEI. Em média elas trocam de trabalho dentro da empresa 1,5 vez ao ano e a rotatividade alta alcançou 50%. Desde 1990, a reinvenção reduziu o quadro de 1.400 para 900 pessoas, mas sem grandes cortes. Em 1992 a SEI eliminou o trabalho de suas 90 secretárias, mas treinou 30 delas para outras tarefas. Em 1994, a SEI "detonou" seu departamento de recursos humanos, remanejando alguns para outras divisões e dispensando outros. (Duas pessoas de RH foram colocadas em uma nova empresa para administrar benefícios, competindo com outros fornecedores de serviço.) As pessoas perguntavam: "Quem fará todos aqueles relatórios?" A resposta: ninguém. E após poucos meses ninguém sentia falta deles.

O vice-presidente sênior B. Scott Budge diz que a SEI foi "mais descuidada" ao admitir primeiro as pessoas e então criar insegurança com as reinvenções e sua "conseqüente violência". "Uma força de trabalho insegura foca mais na segurança do que nos negócios", ele disse. "Levará anos para que se restabeleça o moral." O contrato de trabalho foi reescrito. Como disse West, ele era "essencialmente, você vem para cá, trabalha duro, faz o que é mandado e você pode trabalhar aqui para o resto de sua vida". Isto pode não ter sido escrito, mas era a realidade. Agora o contrato está se movendo da dependência para a dependência ao contrário, para a independência.[15]

---

* A SEI Investments ajudou a estabelecer o Centro SEI para Estudos Avançados de Administração em Wharton, cujo diretor é o co-autor deste livro. O presidente corporativo e principal executivo da SEI, Alfred P. West Jr. também é presidente da diretoria do Centro SEI.

Uma abordagem mais cautelosa na hora das admissões poderia ter evitado alguns dos problemas da SEI. Outra empresa com mudanças rápidas de alta tecnologia, a VeriFone, teve que fazer algumas demissões de pessoal, mas evitou grandes cortes recrutando de um modo mais conservador. "Não é nosso objetivo ser uma empresa 'admite e demite' como uma das empresas aéreas", disse o principal executivo, Hatim Tyabji. "Estamos constantemente atentos para o fato de que existe uma redução para baixo e, assim, nunca nos colocamos em uma situação que exigisse um choque." Will Pape, ex-vice-presidente sênior, explica: "Temos um processo muito ponderado para adicionar pessoas. Acompanhamos diariamente o número de admissões — pessoas no processo, novas admissões, demissões, etc. Nós tentamos segurar os excessos no processo de planejamento (Por que você precisa de 14 pessoas para seu plano?). Tentamos nos antecipar às melhorias de processo de modo a evitar a contratação de muitas pessoas".[16]

As dispensas maciças que marcaram o início da gestão de Jack Welch na General Electric acabaram há muito tempo e a GE entrou em um relacionamento de mentalidade dura com seus funcionários que pode ser mais típica das empresas do futuro. Robert Muir, o vice-presidente de recursos humanos da Divisão de Plásticos, não vê desumanidade corporativa na política da GE, mas um impulso para ser competitiva. "Talvez não empreguemos 400.000 pessoas [como a GE já empregou], mas temos empregos excelentes para um quarto de milhão de pessoas", disse Muir. "É estimulante e divertido. O contrato é que você é recompensado pelo que você faz, nós lhe proporcionamos um trabalho estimulante, com oportunidades de desenvolvimento e crescimento. E quando você não for necessário aqui, terá condições de crescer em outro lugar. Praticamente qualquer um aqui poderia sair amanhã para trabalhar em outro lugar, mas eles ficam pelo desafio e estímulo."[17] O pessoal da GE recebe 15 dias de treinamento por ano e agora a remuneração de incentivo foi alargada. Enquanto somente 400 pessoas em altos cargos receberam opção acionária nos anos 80, agora 22.000 estão qualificadas.[18]

CONSERVANDO A FORÇA ANTIGA

A menos que estejam lutando pela sobrevivência, caso em que uma amputação rápida pode ser a única escolha, as empresas deveriam ser capazes de lidar decentemente com as pessoas, de uma maneira que não despedace suas vidas ou o moral da empresa. Elas podem mesmo ser capazes de preservar o contrato para toda a vida com modificações. Existem exemplos suficientes de uma abordagem mais humana para demonstrar que isto é possível. A Pioneer Hi-Bred International escolheu 180 pessoas-chave, de uma força de trabalho de 3.000, para aposentadoria antecipada, durante um processo de reengenharia. A reengenharia continuou, mas sem grandes demissões. A Pioneer continua comprometida com o emprego de longo prazo. "Nós pressupomos, quando fazemos uma admissão, que estamos admitindo um funcionário para sempre", diz o presidente Tom Urban. "A maioria da rotatividade acontece nos primeiros 36 meses, o que é o que deveria ser. Mas depois que você foi Pioneer por três anos, na maioria dos casos, você estará lá por um longo tempo."

O crescimento contínuo da Pioneer evita os cortes, mas também ajuda o fato de que "nós somos um tanto astutos nas contratações". Urban explica que "a cada três anos, mais ou menos, nós interrompemos todas as contratações e dizemos: vamos entender para onde estamos indo. Vamos focar. Vamos parar as contratações por três a seis meses e ver se nós realmente precisamos dessas pessoas".

A Pioneer, que foi formada com a idéia de propiciar trabalho para toda a vida às pessoas de Iowa que admitia, passou pelo que Urban define como uma "significativa redefinição de emprego". Iniciando nos anos 80, ele começou a falar sobre as responsabilidades da empresa e responsabilidades dos funcionários e, então, começou a dizer: "o emprego aqui não é garantido". A nova política desdobrou-se gradualmente e a Pioneer ainda deseja que o pessoal trabalhe lá por muitos anos e encoraja seus parentes a trabalharem lá, também. "Desejamos conservar a força antiga, mas estamos dizendo às pessoas que elas têm que ter desempenho para trabalhar aqui. Se você pára de aprender ou recebe mal as mudanças, então você estará limitando suas oportunidades aqui. Esta empresa muda todos os dias e se você quiser o mesmo trabalho que tem hoje para os próximos dez anos, então provavelmente você não deveria estar aqui."[19]

Em uma empresa que muda menos e que não é forçada pela nova tecnologia a se transformar rápido, é mais fácil manter o pacto social antigo. A Labconco, uma empresa fechada de US$32 milhões por ano, sediada em Kansas City e fabricante de equipamento para laboratório, dispensou um punhado de seus 230 funcionários em anos recentes, mas basicamente não mudou sua política de emprego. "Não há nada extravagante aqui", disse o principal executivo, John McConnell. "Apenas uma grande oficina de fabricação." O vice-presidente de recursos humanos Michael Wyckoff diz que a rotatividade é saudável, mas a Labconco basicamente deseja manter seu pessoal. "Nós gastamos para treiná-los para deixá-los irem embora. Nós damos ao pessoal a oportunidade de aprender nova tecnologia. Nós os mandamos para a escola mas não permitimos que nos deixem porque não podem lidar com a nova tecnologia. Isto não é razão para eles irem embora. Você pode achar alguma coisa. Em oito anos, não vi uma falha."[20]

LIVRANDO-SE DO TRABALHO, NÃO DAS PESSOAS

A Corning Incorporated tendo voltado à prosperidade nos anos 80 com um esforço feroz no aumento da qualidade, decidiu, após uma baixa repentina em 1993, fazer uma reengenharia maciça. A empresa tentou chamá-la de "A Corning Compete", mas prevaleceu a palavra com "R". Jamie Houghton, um dos quatro líderes de Rushmore, lamenta que a empresa tenha que ter feito a reengenharia, mas entendeu que era prudente e que "nós a fizemos da forma correta". Ele passou seu cargo ao presidente Roger Ackerman, que mais tarde, em 1996, veio a sucedê-lo como principal executivo, mas manteve um olho em alguns assuntos-chave. Como a Corning sempre foi um negócio de família e é o maior empregador de Corning, Nova Iorque, Houghton tinha sensibilidade quanto às dispensas. "Eu não quero ver a cidade de Corning dizimada e não quero ver 8.000 casas vazias só porque algum consultor de Chicago achou que isto é uma boa idéia." Ele e Ackerman concordaram que qualquer coisa que tivesse efeito devastador sobre a comunidade, se feita do dia para a noite, deveria ser esticada ao longo de diversos anos. No passado, quando a empresa queria cortar custos, Houghton lembra: "Nós diríamos, 'Muito bem, na sexta-feira vamos atirar na cabeça de um punhado de pessoas, e, então, na segunda-feira as que ainda estiverem vivas voltam para trabalhar'." Um problema com esta abordagem é que o trabalho não vai embora. O ponto fundamental da reengenharia não é se ver livre de pessoas, mas se ver livre do trabalho que não agrega valor. Dessa vez a Corning levou um ano e colocou pessoas muito boas nas equipes para analisar o trabalho. "Fizemos do modo certo", disse Houghton. Não obstante, foi um tempo de tensão na Corning e os seminários sobre estafa conduzidos pelo departamento médico eram "loucamente populares". O único erro que ele lamenta é que a Corning não colocou o sindicato no processo — ainda que ao final os cargos de gerência tenham sido mais afetados.[21]

Ackerman e suas equipes decidiram focar e reprojetar quatro áreas da empresa: fabricação, inovação, compras e gerência sênior. Ackerman tomou o que ele descreve como uma "decisão fatal" deslocando o melhor pessoal das quatro áreas, que em determinado momento chegaram a 200 pessoas, para que eles trabalhassem por diversos meses em tempo integral nas equipes de trabalho em escritórios abertos, com divisórias em meia parede. Os resultados realmente melhoraram a operação da empresa. A equipe de fabricação, por exemplo, cortou de seis para dois os níveis de gerência. A equipe de compras juntou as compras de polímero feitas em toda a empresa em um só pacote, de modo a que a Corning pudesse negociar um contrato nacional. A equipe de gerência cortou o processo de orçamento de meses e resmas de papel para poucos dias e poucas folhas.[22]

Como o pessoal que teria que viver com as alterações é quem as havia redesenhado, tinha o seu apoio. E isto foi alcançado com perdas substanciais mas não maciças de empregos. O operariado achava que seus empregos estavam em perigo, mas a verdade é que o maior golpe foi na administração. Os operários praticamente não foram afetados mas os quadros da corporação que montavam a 3.000 pessoas na área de Corning, foram reduzidos em 700, a maioria dos quais por aposentadoria antecipada. Uma meia dúzia de cargos de vice-presidente sênior foram eliminados, assim como de 60 pessoas em nível de diretor e gerente (de um total de 158). A Corning usou a imaginação para diminuir a preocupação dos trabalhadores. Na fábrica de Blacksburg, Virgínia, a Corning criou o que descreve como os seis círculos de proteção contra o desemprego. A Corning deveria cumprir estas seis etapas progressivamente antes de dispensar os funcionários:

1. Use o tempo de folga para treinar trabalhadores para que eles adquiram habilidades que os tornem empregáveis.
2. Dispense os trabalhadores temporários.
3. Use turnos reduzidos.
4. Parta para a divisão do trabalho, trabalhando meio expediente.
5. Considere reduções de salário.

6. Ajude os funcionários a conseguir outro trabalho, pagando sua mudança se eles forem para outra fábrica da Corning.[23]

Até o final de 1996, somente as etapas 1 e 2 tiveram que ser consideradas.

A Corning não fez sua reengenharia sem sofrimento ou medo, mas tratou seu pessoal com humanidade. Mais ainda, a reengenharia parece ter sido positiva. Entre 1994 e 1996 o faturamento líquido operacional da Corning cresceu 52%, atingindo US$343 milhões.

Quando o ritmo de *downsizing* das empresas arrefecer, como é presumível que aconteça, ainda ficaremos com formas diferentes de olhar carreiras, segurança e lealdade. Seria um exagero dizer que a carreira, como a conhecemos, está morta ou que o emprego, nos termos antigos, não existe mais, mas certamente existirá mais inquietação e insegurança. O grau com que cada um existe em cada empresa é extremamente variável. O afrouxamento das amarras está de acordo com nossa cultura. Se as pessoas forem mais independentes, com melhor preparo acadêmico, mais dispostas a assumir responsabilidades, então se sentirão mais confortáveis gerenciando suas próprias carreiras.

Mas as pessoas ainda têm a necessidade da sensação de pertencer a algo e as corporações ainda precisam do cérebro e do entusiasmo de seus funcionários. Assim, enquanto continuam a sacudir sua força de trabalho e se reorganizar, precisam ter em mente o tanto que podem fazer para limitar os danos. Melhor ainda é planejar melhor para evitar grandes cortes de pessoal. Mas se os cortes vierem, eles são claramente justificáveis? O pessoal teve aviso suficiente com antecedência? A administração planejou como fazer isto, observou todos os detalhes, treinou o pessoal para fazer as mudanças? A gerência está participando do sacrifício? Existe um sistema de avaliação claro e existem regras para decidir quem vai? Os funcionários estão envolvidos na decisão? A gerência fará um esforço para explicar o que está acontecendo e se tornará acessível? Há oportunidade para que as pessoas expressem seus sentimentos? As pessoas que estão saindo estão sendo realmente ajudadas? Aqueles que estão ficando estão apenas sendo sobrecarregados com mais trabalho, ou o trabalho foi reduzido em compasso com os empregos?[24] Quão bem a empresa responder a estas perguntas, afetará não somente aqueles que estão partindo, como o desempenho e o moral dos sobreviventes.

Indicadores

- Na reestruturação você focou em se ver livre de trabalho desnecessário em lugar de se ver livre de pessoas?
- Você planejou cuidadosa e ponderadamente a reestruturação, com a participação das pessoas cujo trabalho será reestruturado?
- Você resolveu ou fez esforços para resolver o conflito entre, por um lado, tornar-se mais eficiente e competitivo e, pelo outro, tratar as pessoas decentemente?
- Você tentou criar um senso de justiça dividindo o sofrimento, tratando as pessoas com generosidade e dignidade, pela abertura e livre acesso aos gerentes?
- Mesmo em uma reestruturação grande e rápida, você pode evitar demissões cruéis ou súbitas?
- Se o pacto social antigo entre funcionários e empregador está desgastado ou quebrado, você tentou escrever um novo?
- Você está presumindo muito levianamente que as pessoas podem gerenciar suas próprias carreiras e perpassar facilmente de emprego para emprego?

Vínculos

- Sua reestruturação é limitada a uma função particular (caso em que é improvável que você melhore o desempenho global) ou é tanto ampla quanto profunda?
- Você tem um sistema de avaliação confiável que possa ajudá-lo a identificar candidatos a demissão sem criar uma sensação de injustiça?
- Você planejou treinamento para os sobreviventes para ajudá-los a aperfeiçoar seu desempenho e fazer face às novas responsabilidades?

Advertências

- Há uma divergência óbvia entre o tratamento generoso dado aos executivos que causaram a reestruturação e o tratamento dado aos que perderam seus empregos?

- A despeito das enormes mudanças nos negócios, você está trabalhando para criar algum sentimento de pertencer, de segurança e de lealdade?
- Você está pressupondo simplesmente que os empregos e carreiras normais desapareceram para sempre, ou que não é mais possível manter o emprego para toda a vida em sua empresa?
- Antes de escolher a reestruturação, que muito seguidamente tem tido resultados decepcionantes, você examinou detalhadamente a alternativa de adotar estratégias de crescimento?

9

O FUNCIONÁRIO INDISPENSÁVEL

> "Nosso pessoal é nosso patrimônio mais importante."
> — Velho ditado freqüentemente encontrado em relatórios anuais e declarações de visão, etc., etc.

De todas as idéias que se ajustam à empresa do século XXI, a que transmite a força e importância mais profunda, aquela com a história mais longa e mais diversificada, e aquela que tem se mostrado a mais difícil de colocar em prática, é a idéia de que os funcionários devem ter o poder de tomar decisões significativas. Isto não é modismo. Considere isto: durante a Segunda Guerra Mundial, a General Motors estava sob tal pressão para mudar para a fabricação de armas, sem ter gerentes e engenheiros qualificados em quantidades suficientes, que foi obrigada a transferir para os operários o poder de tomarem muitas decisões. Peter Drucker, em sua visita à GM àquela época, ficou tão impressionado com a contribuição dos operários que advogou o que ele chamou de "comunidade fabril autônoma". Depois da guerra, quando Charles E. Wilson se tornou o principal executivo da GM, ele gostou tanto da idéia que se preparou para implementar na empresa o que ele batizou de "programas de melhoria do trabalho". Mas o chefe do sindicato (United Auto Workers), o poderoso e sob alguns aspectos astuto Walter Reuther objetou com veemência e disse que convocaria uma greve geral se isto fosse implementado. Wilson cedeu.[1]

Mas este foi só o começo da história na GM, que tem experimentado o envolvimento de seus funcionários de todas as formas, boas e ruins, com sucesso e sem sucesso, década após década. Por mais surpreendente que pareça, foi a UAW que reviveu a idéia. Irving Bluestone, que era vice-presidente da UAW para os assuntos da GM, apresentou uma resolução à assembléia geral da UAW em 1968 que promovia a "qualidade de vida no trabalho". Bluestone não estava pensando em melhor qualidade ou maior produtividade. Ele queria dignidade e respeito pelo trabalhador. A UAW aprovou a resolução, mas foi somente em 1971 que a GM, agora visceralmente contrária à idéia, concordou com a implementação do que seria conhecido como QWL, de "quality of worklife", ou QVT, de "qualidade de vida no trabalho".[2]

Muito antes que a GM experimentasse a qualidade de vida no trabalho, começou a emergir a base teórica para administrar os trabalhadores de um modo diferente. Na década de 50, em que William H. Whyte parecia ter definido a corporação americana no livro *The Organization Man*, Abraham Maslow lançou sua teoria da hierarquia das necessidades no livro *Motivation and Personality*, que apontava para um novo tipo de organização. Ele afirmava que a corporação tradicional, havendo saciado cabalmente as necessidades físicas dos trabalhadores, não conseguia satisfazer suas necessidades mais altas de realização das próprias esperanças. Outros livros se alongaram sobre a insatisfação dos trabalhadores com o sistema de produção em massa e seu desejo de contribuir também com seu cérebro, não só com seus músculos. Em 1960, Douglas McGregor publicou *The Human Side of Enterprise*, descrevendo o que veio a ser visto como a diferença entre as antigas e as novas corporações: as empresas "Teoria X", rígidas, autocráticas, que chicoteavam os trabalhadores rebeldes para colocá-los em linha, e as corporações "Teoria Y", mais esclarecidas, que alimentavam os instintos naturais das pessoas, daí tirando sua melhor contribuição.

Se realmente esta é a era do trabalhador esclarecido, se vamos inovar mais e melhorar mais a qualidade, se vamos trabalhar mais rápi-

Pesquisa da SEI	
É fundamental ter funcionários responsáveis e treinados trabalhando em equipe	77%
Nós já fazemos isso	26%

do e usar com habilidade as informações tecnológicas, então o funcionário não pode ser visto como um custo descartável da Teoria X. O funcionário torna-se um patrimônio indispensável da Teoria Y. As empresas agora têm que tornar vivo o velho ditado que diz: "Nossos funcionários são nosso patrimônio mais importante". Muitas empresas já tratam extremamente bem o seu pessoal, mas, como esperamos haver demonstrado no capítulo anterior, ainda há um longo caminho a percorrer. Ainda que não possam garantir seus empregos, as empresas têm que criar um maior senso de preocupação. Precisam conceder mais treinamento, condições de trabalho mais flexíveis, novos incentivos, maiores recompensas para o trabalho em equipe, mais oportunidades para as minorias, e, acima de tudo, o apoio correto e a estrutura para encorajar os trabalhadores a usar seus talentos. As empresas precisam pensar em desenvolver seu patrimônio humano em lugar de cortar os custos humanos. Ao longo das duas últimas décadas as empresas desenvolveram uma caixa de ferramentas para tornar os funcionários mais eficazes trabalhando em equipe, sendo treinados e contando uma gerência melhor.

Os japoneses, embora autoritários, foram os primeiros a mobilizar em larga escala o cérebro de seus trabalhadores com a criação dos círculos de qualidade. A Japanese Union of Scientists and Engineers, patrocinadora e foco do movimento, registrou o primeiro círculo de qualidade em 1962 e a idéia pegou e se firmou de modo que os círculos de qualidade se tornaram a maneira aceita de resolver os problemas nas grandes empresas japonesas. Cerca de duas décadas depois, quando os empresários americanos castigados pela concorrência começaram a visitar o Japão para aprender o segredo de seu sucesso, eles descobriram os círculos de qualidade e se fixaram neles como resposta a seus problemas. Aha! Deve ser por isto que os japoneses fizeram tanto sucesso! Assim, eles retornaram aos Estados Unidos determinados a fazer o que os japoneses haviam feito.

Mas esses novos entusiastas não foram capazes de perceber que os círculos tinham um papel limitado; que eles eram apenas um aspecto do bem-sucedido sistema de produção japonês. Antes de começarem a criar as equipes, as empresas japonesas haviam despendido mais de uma década de imersão no desenvolvimento de técnicas para melhoria da qualidade. Os gerentes japoneses entenderam o que os círculos deveriam fazer: trabalhar diligentemente para fazer muitas pequenas melhorias. Os japoneses não consideram os círculos como *a* maneira de melhorar a qualidade, mas uma das inúmeras ferramentas a serem usadas. Os círculos não eram simplesmente anexados a um sistema existente de produção e gerência, mas eram parte de um sistema todo novo para melhoria da empresa. Os japoneses também entenderam que os trabalhadores têm que ser treinados para fazerem os círculos darem resultado. De fato, os primeiros círculos foram vistos principalmente como plano para os capatazes de ferrovia.

FALSOS COMEÇOS

Nos anos 60 a General Foods e a Procter & Gamble, entre outros, iniciaram nos Estados Unidos algumas experiências com equipes. A P&G estabeleceu suas primeiras equipes autogerenciadas, que agora se tornaram o padrão nas fábricas da P&G. A Lockheed Missile and Space Center parece ter sido a primeira a criar os círculos de qualidade em 1974. Ao final dos anos 70 a moda dos círculos de qualidade tomou conta explosivamente das empresas americanas. Não durou. Por exemplo, quando um novo chefe, que não gostava de círculos de qualidade, tomou posse da divisão Lockheed em 1978, eles desapareceram gradualmente da fábrica. A Westinghouse iniciou os círculos em 1980 e rapidamente criou 3.500 deles, mas começou a recuar em 1982.[3]

Mas isto não foi o final do envolvimento dos funcionários, apenas um falso começo, um de muitos. Após os esforços iniciais pela QVT, a General Motors teve todo um universo de experiências, começando com o uso de equipes na unidade montadora de Tarrytown, Nova Iorque, com o objetivo de elevar a qualidade deplorável dos carros montados lá e evitar o fechamento da fábrica em 1973 (a qualidade e a produtividade aumentaram muito mas a GM finalmente fechou-a de qualquer maneira em 1996). Algumas fábricas da GM tiveram que começar três vezes até acertarem. A fábrica Buick em Flint, Michigan, fez uma tentativa inicial de melhorias de qualidade de vida no trabalho em 1977, que fracassou por conta da mútua hostilidade e falta de entendimento entre os operários e a gerência. Quando a GM decidiu criar a Buick City em 1983, como um modelo de eficiência na produção de carros, uma equipe de trabalhadores e gerentes projetou a fábrica. No começo foi um desastre, como fábrica e como experiência de administração. O primeiro Buick LeSabres despachado era um horror, mas em 1987 eles começaram a melhorar e em 1989 os carros estavam de primeira linha. Finalmente as equipes trabalharam lá.

Durante os anos 80 as experiências com o envolvimento dos funcionários foram desencaminhadas de múltiplas maneiras. Em 1981, Donald Burr lançou a People Express Airlines com grande idealismo e organizou a empresa à base de equipes autogerenciadas. Todos eram gerentes na People Express (os pilotos eram "gerentes de vôo", os atendentes de vôo e agentes de passagens eram "gerentes de serviço ao cliente") e cada um pertencia a uma equipe. Ainda que Burr mantivesse o poder de tomar decisões finais, a maior parte das decisões era tomada pelas equipes, para cima, para baixo e por toda a organização. À medida que a empresa cresceu, as equipes foram divididas em novas equipes para manter viva a idéia de equipes pequenas, auto-suficientes e autogerenciadas. A idéia é que na People uns ajudassem aos outros e houvesse uma rotatividade nos trabalhos, de modo que os pilotos poderiam passar algum tempo fazendo trabalho de escritório e vendendo passagens. (Todavia, não era previsto que os vendedores de passagem pilotassem os aviões.) Foi divertido enquanto durou. Acabou que os pilotos se rebelaram por terem que fazer trabalho burocrático e a estrutura da equipe começou a atravancar, e a tensão de construir uma empresa aérea em circunstâncias difíceis enquanto conduzia uma experiência idealista ao mesmo tempo começou a atrapalhar o desempenho. Ainda que o colapso da People em 1986 tenha tido causas mais importantes (principalmente a introdução de um sistema computacional de reservas multitarifa pela American Airlines — veja Capítulo 2), a abordagem de Burr ao autogerenciamento pesou do lado negativo. Ainda assim, a experiência mostrou como as equipes podem quebrar barreiras e afastar o medo.[4]

Quando John Sculley deixou a Pepsico em 1983 para assumir a Apple Computer, ele encontrou uma empresa onde as equipes estavam fora de controle. A Apple "foi formada em torno da idéia da concessão de poderes", ele disse, "mas quase que a um extremo onde era muito difícil administrar a empresa". A Apple era como a universidade onde os alunos fazem praticamente tudo o que querem e mal toleram seus decanos (seus professores). As equipes de engenharia tinham quase que total liberdade para tomar importantes decisões e consideravam que a administração estava lá para servi-las.[5]

POR QUE AS EQUIPES ENFRAQUECEM

Os esforços iniciais de envolvimento dos funcionários falharam por muitas razões. Por exemplo, quando a Westinghouse criou as equipes em 1980, cada uma delas era formada por pessoas de uma única unidade. Da mesma forma que os círculos de qualidade no chão de fábrica, era previsto que eles aperfeiçoassem suas próprias operações. Porém, muito cedo eles descobriram que a maioria dos obstáculos à melhoria não estava dentro da unidade, mas nas suas ligações com outras unidades. Ficou clara a necessidade de que as equipes fossem multifuncionais. Outra razão para as falhas era o clima de hostilidade entre os operários e a gerência, consolidado por décadas de administração ao estilo Taylor. Mas esses esforços iniciais, na Westinghouse e em outros lugares, também foram prejudicados por erros elementares. Eles eram (e infelizmente ainda são):

- *Falha no preparo dos trabalhadores.* As corporações pensam, a princípio, que basta você sentar todos juntos separados em equipes, que eles sabem o que fazer e como fazer. Mas eles precisam ser ensinados em como trabalhar em equipe, como focar em questões importantes, como tratar com seus colegas de equipe e como obter resultados.

- *Falha no preparo dos gerentes.* Os líderes da corporação esquecem de treinar os gerentes intermediários na nova abordagem (Southern Pacific Railroad) ou deliberadamente deixam os gerentes intermediários fora do circuito por receio de que eles sejam desmancha-prazeres (Florida Power & Light). Os trabalhadores voltam do treinamento cheios de entusiasmo para fazer as coisas de maneira diferente, apenas para confrontarem com os supervisores que não têm idéia sobre o que eles estão falando, exceto de que isto parece uma ameaça a seus empregos.

- *Falha em orientar.* As equipes precisam habitar uma zona ambígua onde, ao mesmo tempo, elas tenham autonomia para tomar decisões, mas precisam de orientação de cima para fazer com que as decisões possam ser de utilidade para a empresa. Sem liderança, ou uma visão corporativa, ou um conjunto de metas e prioridades, as equipes ficam se enleando, tratando de assuntos irrelevantes ou triviais.

- *Falha em acompanhar.* Nada contribui mais para acabar rapidamente com o entusiasmo de uma equipe do que a falta de respostas ou resultados. As equipes que vêem que seu trabalho não produz qualquer efeito, definham.
- *Falha em proporcionar suporte consistente.* As equipes não criarão raízes, a menos que a corporação se comprometa a longo prazo com a abordagem de trabalho em equipe e se mantenha firme no compromisso. Mas como os principais executivos e os gerentes de fábrica vêm e vão, o mesmo ocorre com o suporte às equipes, como aconteceu na AT&T.
- *Falha na recompensa aos esforços da equipe.* Se as avaliações de desempenho e os planos de remuneração não forem ajustados para reconhecer e encorajar os esforços das equipes, e se as equipes não receberem aplausos, então as contribuições tendem a se tornar tíbias.

A despeito dos desapontamentos, em muitos lugares e de muitas maneiras, as equipes conseguiram sucesso tão notável que não puderam ser ignoradas. A Equipe Taurus, que projetou o carro mais vendido da Ford entre 1980 e 1985, quebrou o padrão da indústria automobilística de deixar os projetistas controlar a criação de novos modelos, incluindo, desde o começo, representantes da fabricação, marketing e finanças. A Ford derrubou as barreiras entre esses grupos, de modo que eles contribuíram com suas idéias desde o início, evitando que mais tarde tivesse que ser desfeito um trabalho ao qual outros já se haviam dedicado. Entre as Big Three, a idéia de equipe se espalhou do chão de fábrica para o projeto de novos carros. Ainda que tenha sido lenta para captar a mensagem, a General Motors também tem seus sucessos notáveis, da fábrica NUMMI, na Califórnia, um esforço conjunto com a Toyota, baseado em equipes e no sistema de produção da Toyota, à fábrica Saturn, no Tennessee. O chamado Grupo dos 99, constituído de representantes dos operários e dos gerentes, a maioria dos quais operários, projetou a fábrica Saturn e seu sistema de produção. Todos na Saturn sentam em equipes, desde o Conselho de Ação Estratégica, no topo, até as equipes de trabalho no chão de fábrica.

SEM ESSA DE BEIJINHOS NA BOEING

O novo e muito bem-sucedido jato de passageiros 777 da Boeing é fruto de um novo processo de desenvolvimento baseado no trabalho de equipe e informação tecnológica. Considerando o histórico de autoritarismo e sucesso com que os gerentes da Boeing projetaram o 707, 737, 747, 757 e o 767 ao longo de quase meio século, a mudança para o novo sistema foi algo excepcional. O 777 foi criado por 235 equipes "projeto/fabricação" que incluíam não apenas engenheiros projetistas, mas os clientes (as empresas aéreas) que o comprariam, os mecânicos que fariam sua manutenção, os pilotos que os pilotariam, e os fornecedores, incluindo muitos japoneses, que ajudariam na sua fabricação. O projeto ganhou vida não apenas no papel mas em sistemas de computação gráfica tridimensional, que permitia que os membros da equipe trabalhassem juntos nos desenhos mesmo que estivessem fisicamente separados e mostrava a eles, instantaneamente, não apenas as suas modificações, como as feitas pelos demais. Gordon McKinzie passou cinco anos em Renton e Everett, Washington, como representante da United Airlines no projeto do 777 e quando ele foi à sede da empresa em Chicago, foi saudado como "o homem da Boeing". Ele acha que os clientes deram contribuições importantes para o projeto. Na verdade, a intenção original da Boeing era só esticar o 767, mas os clientes insistiram em um modelo totalmente novo. Quando ele entrou em serviço em 1995, o avião provou ser confiável e popular.

Ainda que a Boeing tenha agido como uma empresa "Teoria Y" no desenvolvimento do 777, outras partes da Boeing permaneceram firmemente "Teoria X". Isto, combinado com as demissões e admissões cíclicas e a exportação de empregos e tecnologia, azedou as relações trabalhistas da Boeing e fez os trabalhadores suspeitarem das razões reais que levaram a empresa a trabalhar com equipes e melhoria de qualidade. A International Association of Machinists fez greves de paralisação em 1989 e em 1995 com reclamações sobre segurança no trabalho. James Pierre, presidente da Seattle Professional Engineering Employees Association, o sindicato dos engenheiros, acredita que Philip Condit, que chefiou o programa do 777 e depois foi promovido à chefia de toda a empresa, e seu sucessor, Alan Mullaly, são pessoas "Teoria Y". Entretanto os gerentes corporativos de relações humanas, relações trabalhistas, assuntos jurídicos e cargos e salários ainda não mudaram. "Há uma porção de gente antiquada por aí", disse Pierre, "que não quer saber dessa de beijinhos". Agora, com o Condit conduzindo toda a corporação pode ser que a Boeing se fixe mais claramente no modelo "Teoria Y".[6]

Tanto o exemplo do Ford Taurus como o do Boeing 777 mostram o extraordinário valor das equipes que agregam pessoas de diversas partes da empresa, ou de fora da empresa. Foi um mecânico japonês que deu a sugestão de fazer o compartimento eletrônico sob a cabine do 777 facilitando seu acesso — e como ele fez a sugestão no estágio de projeto, não houve custo adicional com sua implementação. Até que você comece a colocar lado a lado os fatos de diferentes partes da organização não se dá conta de que alguns problemas sérios podem ter soluções simples.

O conceito de trabalho em equipe, em vez de por meio de hierarquias, tem se tornado uma prática com aceitação cada vez mais ampla, ao longo da última década. Não é o tipo de "trabalho de equipe" de que os homens de negócio americanos sempre se gabaram. O velho trabalho de equipe significava vir para bordo, não balançar o barco, e acompanhar. *Espera-se* que o membro da equipe de hoje balance o barco, de uma forma construtiva e civilizada, é evidente, e fale com franqueza.

AS TAREFAS DA EQUIPE

O professor Edward Lawler, diretor do Center for Effective Organizations da University of Southern California, estabeleceu claramente a amplitude e tendência do envolvimento dos funcionários nos Estados Unidos, em uma série de pesquisas conduzidas em 1987, 1990 e 1993 envolvendo as 1.000 maiores empresas listadas na *Fortune* (indústria e serviços). Ainda que os resultados reflitam um desapontamento com os círculos de qualidade, seu uso continua bastante difundido. Cerca de 65% das 1.000 mantêm círculos da qualidade, e essa percentagem praticamente não mudou entre 1990 e 1993, como tampouco a percentagem de trabalhadores envolvidos. A maioria das empresas não planeja aumentar o número de círculos em 1993. Entretanto, um número crescente de empresas disse que usaria mais o envolvimento dos funcionários de outras maneiras. Por exemplo, a proporção de empresas que planeja usar mais equipes de trabalho autogerenciadas cresceu de 60% em 1990 para 68% em 1993.

Lawler e seus pesquisadores se surpreenderam em verificar que enquanto a maioria das empresas estava completamente comprometida em aumentar a divisão de poder, eles não eram bons na criação das condições para divisão do poder. Lawler disse que para participar efetivamente, os funcionários precisam de informações sobre a empresa, precisam de treinamento, precisam ser encorajados com recompensa pelo desempenho e precisam saber que seu emprego é seguro. A noção de emprego seguro evaporou nos anos 90, é claro. As pesquisas de Lawler concluíram que os empregadores pouco fizeram para que seus funcionários tivessem mais informações (eles receberam menos do que os acionistas), o treinamento aumentou moderadamente e o pagamento por desempenho, tanto para indivíduos como para equipes, aumentou pouco.[7]

Em uma pesquisa anual mais ampla sobre práticas gerenciais, a revista *Training* cobriu uma amostra de empresas com 100 ou mais empregados e constatou que o uso de equipes de vários tipos está difundido pelas empresas de todos os tamanhos. Entretanto, as grandes corporações fazem uso mais extensivo dessa política (veja a parte superior da Figura 9.1). As tarefas mais freqüentes dadas às equipes autogerenciadas são o estabelecimento de sua própria programação de trabalho e o trato direto com os clientes (veja a parte inferior da Figura 9.1).[8]

Como dissemos na introdução deste livro, cada corporação tem que encontrar respostas específicas a suas necessidades para o século XXI. Em nenhum lugar as respostas são mais diversas do que na maneira de conceder maior poder aos funcionários, através de vários tipos e níveis de equipes, e através de novos incentivos e políticas de recrutamento e avaliação de funcionários. Aqui apresentamos um esboço de como algumas empresas estão respondendo:

MOTOROLA

A Motorola não teve que fazer uma mudança muito radical em sua cultura tradicional quando, em 1990, decidiu usar as equipes em larga escala. O pessoal da Motorola já estava habituado ao senso de autogerenciamento pois a maioria das pessoas nunca havia visto um relógio de ponto e eram encorajadas a contornar a burocracia para resolver problemas. Nas palavras de Chuck Blazevich, um executivo responsá-

Figura 9.1

Em 1996, em sua pesquisa anual sobre a indústria, a revista *Training* constatou que perto de três quartos das organizações americanas (incluindo escolas, hospitais e unidades governamentais) possuíam equipes e mais de metade dos trabalhadores dessas organizações faziam parte de equipes. Mas as organizações com equipes autogerenciadas ainda são minoria. Aqui estão os resultados, baseados em uma amostragem de 1.456 organizações com mais de 100 funcionários:

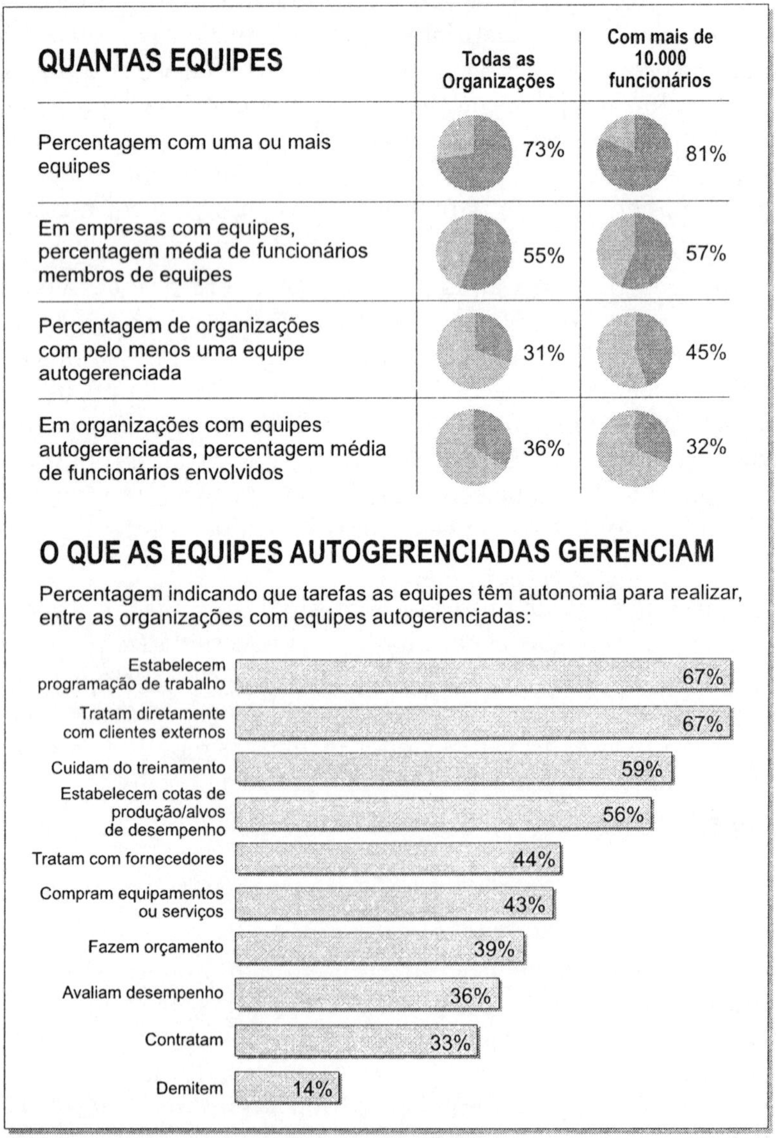

QUANTAS EQUIPES	Todas as Organizações	Com mais de 10.000 funcionários
Percentagem com uma ou mais equipes	73%	81%
Em empresas com equipes, percentagem média de funcionários membros de equipes	55%	57%
Percentagem de organizações com pelo menos uma equipe autogerenciada	31%	45%
Em organizações com equipes autogerenciadas, percentagem média de funcionários envolvidos	36%	32%

O QUE AS EQUIPES AUTOGERENCIADAS GERENCIAM

Percentagem indicando que tarefas as equipes têm autonomia para realizar, entre as organizações com equipes autogerenciadas:

Tarefa	%
Estabelecem programação de trabalho	67%
Tratam diretamente com clientes externos	67%
Cuidam do treinamento	59%
Estabelecem cotas de produção/alvos de desempenho	56%
Tratam com fornecedores	44%
Compram equipamentos ou serviços	43%
Fazem orçamento	39%
Avaliam desempenho	36%
Contratam	33%
Demitem	14%

Fonte: Training "Relatório Industrial 1996" (outubro de 1996), p. 69.

vel pelas equipes, eles podem escolher o hardware do computador que querem em suas mesas porque "se você quer dar poderes, você não pode colocar muitas exceções". Entretanto, certas políticas de pessoal estão entre as exceções. Uma delas é que, se um gerente quer demitir um funcionário com dez anos de casa ou mais, ele precisa da aprovação do principal executivo. Esta regra ajuda a criar outra condição para obter a participação do pessoal na tomada de decisões: segurança de emprego.

Assim, não é surpresa que, quando a Motorola começou a encorajar a formação de equipes, ela tenha adotado uma atitude não-intervencionista. As equipes foram se formando quase que sozinhas, eles escolhem seus membros, eles escolhem (ou decidem não escolher) os líderes, eles podem ou não registrar a equipe na empresa, e podem ou não relatar o resultado de seu trabalho. As equipes geralmente não tratam da revisão de desempenho ou decidem em acréscimos de mérito. O seu foco é a melhoria do processo. A visão da Motorola é clara — ela vem se empenhando em melhorias da qualidade desde 1980 — e os membros das equipes sabem o que é importante. Em geral as equipes trabalham em pontos-chave escolhidos pela gerência. "Em suma, é comunicação", disse Blazevich. "As equipes se formam espontaneamente em torno das prioridades apontadas pela gerência. A maioria pega projetos significativos. Eles querem vencer." Quando o departamento financeiro decidiu encurtar o período para fazer o fechamento contábil de dez dias para dois, algo como 100 equipes se formaram para trabalhar no problema. Agora eles às vezes conseguem fazer o fechamento em um dia.

A Motorola aumentou o entusiasmo das equipes promovendo anualmente uma competição mundial para escolha da melhor. As melhores equipes viajam para as eliminatórias regional e nacional e, então, 24 equipes se enfrentam no campeonato mundial, que, em 1996, foi realizado em Orlando. Quando a empresa anunciou o primeiro campeonato em 1990, 2.000 equipes se inscreveram. Em 1995 foram 5.053 inscritas e, entre 1.000 e 2.000 preferiram não se inscrever. "As viagens são um tremendo incentivo", disse Blazevich.[9]

CORNING

Quando a Corning iniciou o uso de equipes, de acordo com Jamie Houghton, presidente recentemente aposentado, "o pessoal do sindicato achou que dar poderes aos funcionários significava que eles podiam fazer intervalos para tomar café a qualquer hora que eles quisessem". Os trabalhadores e os gerentes resistiram igualmente à idéia de aceitar mais responsabilidade. Quando você diz às pessoas: "vocês vão trabalhar em equipe e tomar suas decisões sozinhos", disse Houghton, "elas ficam apavoradas, morrem de medo, especialmente nos níveis mais baixos, onde nunca tiveram alguma experiência deste tipo". Nos níveis mais altos, de gerência de fábrica, alguns não podiam aceitar a idéia de que seus subordinados fossem tomar decisões que até então eram de sua competência. Houghton precisou usar disciplina, alguma dureza e alguma persuasão para ter as equipes focadas, para encorajar os medrosos e para fazer com que os gerentes de fábrica renovassem sua visão ou fossem removidos. Mas tudo isto aconteceu e as equipes é que fazem a Corning trabalhar hoje.[10]

Começando em 1987 em uma fábrica que produz substrato cerâmico para conversores catalíticos em Blacksburg, Virgínia, a Corning transformou sua fábrica no que denominou de "equipes de trabalho de alto desempenho". As equipes projetam os processos de operação das fábricas — com enormes ganhos de produtividade em algumas fábricas — e decidem muitos de seus próprios problemas, sob a orientação de uma pessoa que agora é muito mais um treinador do que um supervisor. Na fábrica de Erwin, perto de Corning, Nova Iorque, que produz cerâmica celular especializada (SCC), a hierarquia, tal como era quando a visitamos, consistia de um gerente de fábrica, Chris Nagel, uma mulher, o líder das equipes de operação, Calvin Johnson, um negro, e três "equipes de trabalho de alto desempenho". A fábrica, que produz conversores catalíticos para fundições, também tem um quadro de especialistas, tais como o engenheiro-chefe e os engenheiros de manutenção. E ela tem um comitê de direção, que inclui representantes do sindicato (American Flint Glass Workers Union), para rever condições do negócio, metas e propostas de demissões.

As equipes na SCC não podem mudar as programações de trabalho ou os padrões de qualidade, mas de outra forma têm amplas responsabilidades sem supervisão direta. Além de trabalhar para melhorar os processos, elas planejam seu próprio treinamento, programam férias e tomam parte na decisão sobre quem trabalha nas equipes e na avaliação dos companheiros de equipe. Os turnos de trabalho de 6h às 14h e de 14h às 22h são os que os trabalhadores preferem. Os trabalhadores da SCC desempenham quatro tipos de trabalhos (queima, corte, extrusão e acabamento) e podem optar pelo treinamento e se candidatar a qualquer um deles. Eles podem trocar de função, desempenhando qualquer trabalho para o qual estejam qualificados e ganham um adicional de 10 a 15 cents por hora em seu pagamento para cada nível de treinamento que alcancem. Além disto, os trabalhadores da SCC e das outras 40 fábricas da Corning podem se candidatar ao pagamento extra de participação nos ganhos, dependendo do desempenho da fábrica. Nos quatro últimos anos (até 1996) os trabalhadores da SCC ganharam um adicional de 10% a seu salário como prêmio de participação nos ganhos.[11] A fábrica dobrou sua produtividade em 1996.

AT&T

A AT&T descobriu exatamente como a abordagem de equipe pode ser minada pelo *downsizing* e pela reestruturação. A insegurança do presidente Bob Allen fez com que ele deixasse que as unidades de negócio, ou mesmo os gerentes locais, decidissem o grau de envolvimento que os funcionários deveriam ter, ou, ainda, se deveriam ter. Tanto a gerência como o sindicato na AT&T concordam que a experiência na empresa foi um desastre. O conceito de equipe se instalou cedo na Western Electric (que recentemente mudou o nome para Lucent Technologies), que fabrica equipamento de telecomunicações, até porque a fabricação sempre foi o lugar mais fácil para começar. Nas outras unidades da AT&T o quadro é misturado. Os escritórios do sistema de rede têm seguido a abordagem de equipes de modo consistente, mas os escritórios de operadores entravam e saíam do sistema conforme mudavam as chefias. A Transtech, estabelecida em Jacksonville para tratar com os acionistas depois que o governo dividiu a Bell System em 1984, começou com um gerente que acreditava na distribuição de poder pela equipe de trabalho e estabeleceu um sistema de equipes avançado. Ele foi substituído por um homem de marketing, que adulava as equipes, mas não entendia como elas trabalhavam. O chefe seguinte era um antigo "mentalidade Bell" que raciocinava nos moldes antigos das empresas de serviço público e restaurou o sistema hierárquico. Finalmente, nos anos 90, a Transtech recebeu uma chefe, Monica Menan, que trabalhando com sensibilidade restaurou, com sucesso, o sistema de equipes. "O moral era terrível", disse Harold W. Burlingame, vice-presidente executivo da AT&T. "As pessoas se sentiam desautorizadas. Uma vez que

Quando os Mundos Colidem

Ainda que iniciativas de melhoria da "qualidade de vida no trabalho (QVT)" tenham caracterizado um dos primeiros, e dos menos bem-sucedidos, esforços de se criar equipes, a idéia subsiste. Lewis Platt, principal executivo da Hewlett-Packard, colocou as melhorias de QVT no topo das prioridades da corporação para 1996, colocando-as no planejamento *hoshin* da empresa, o que sinaliza um esforço sistemático em relação à corporação para fazer uma mudança significativa na empresa. Em uma palestra que ele intitulou "Quando os Mundos Colidem" Platt disse que ele via "duas tendências irreconciliáveis, em rota de colisão: a primeira, as demandas sempre crescentes do local de trabalho e, a segunda, o desejo das pessoas de terem um controle cada vez maior sobre suas vidas pessoais".

Ele citou essas mudanças na força de trabalho da HP para mostrar por que o choque se aproximava:

	1960	1995
Mulheres na força de trabalho da Hewlett-Packard	33%	46%
Funcionários com esposas que trabalham fora	34%	60%
Funcionários com crianças para cuidar	14%	21%
Funcionários responsáveis pelos pais		25%
Funcionários cujos pais moram com eles		25%

Platt também mencionou que todos os profissionais, homens ou mulheres, trabalham 50 horas por semana, mas as mulheres despendem 33 horas por semana em trabalhos domésticos, cuidando da casa e das crianças, enquanto os homens só despendem 19 horas nos trabalhos domésticos. Ele disse que as pessoas estão mais interessadas nos efeitos de um emprego em suas vidas pessoais do que em salários e benefícios. Assim, empresas como a HP precisam fazer mais para evitar a colisão entre os dois mundos. A HP está tomando medidas para melhoria da "QVT", encorajando mais a prática de se trabalhar em casa via rede de computadores e outras formas flexíveis de trabalho, tornando mais generosas as regras relativas a faltas e licenças, proporcionando maior ajuda aos funcionários com dependentes idosos e reduzindo as horas-extras. É hora de os funcionários da HP abandonarem o "distintivo de honra" de trabalhar 80 horas por semana. Mas ele disse que nem todos estão captando a mensagem: um executivo sênior começou uma reunião para discutir o equilíbrio da vida de trabalho às 17h e só foi concluí-la às 21h.

Fonte: Lewis L. Platt, principal executivo da Hewlett-Packard Company, palestra, 18 de outubro de l995.

você experimente este tipo de vida e ela lhe seja tirada, é a pior das coisas." Mas Menan está reconstruindo a Transtech.

GENERAL ELECTRIC

Jack Welch tem termos especiais para definir as maneiras com que a General Electric tenta obter o máximo de seu pessoal. Um é o famoso "work-out" ou "fazer funcionar", que Welch descreve como um "ato natural" quando "pessoas de níveis e funções diferentes buscam uma forma melhor, todos os dias, se reunindo em uma sala por uma hora, ou oito, ou três dias, engalfinhando-se com um problema ou uma oportunidade e dedicando-se a ele, geralmente no momento em que ele aparece".[12] O "fazer funcionar" tem o sentido de reunir as pessoas mais próximas ao problema e aplicar seu conhecimento, até então não disponível aos demais, para resolver o problema. O achar o resultado combina com o "comportamento sem fronteiras" que Welch descreve como "a alma da GE de hoje". O comportamento sem fronteiras significa pôr abaixo as barreiras que têm separado os feudos de finanças, engenharia, produção e marketing, remover as paredes que separam os diferentes negócios da GE, fazendo com que os clientes e fornecedores fiquem ao alcance da mão, e substituindo o complexo de NIH (*not invented here*, ou seja, não foi inventado aqui) pelo desejo de considerar idéias vindas de qualquer parte.[13]

As conquistas do dia-a-dia do comportamento sem fronteiras são o trabalho das equipes que você encontra hoje por toda a GE. A fábrica de Salisbury, Carolina do Norte, que entrega painéis elétricos aos seus clientes em um prazo de somente um dia, é tocada essencialmente por um gerente de fábrica e equipes de trabalhadores. Achar o resultado, seguido pela criação do que a GE chama de "equipes de alto envolvimento", está por trás do resgate nos anos 90 do gigantesco negócio de utilidades domésticas da empresa sediado em Louisville. O negócio estava relegado ao esquecimento depois de um desastre de US$500 milhões em 1988, quando refrigeradores fabricados em Louisville foram embarcados com compressores defeituosos.

Quando os clientes tinham um problema ou pergunta para a divisão de plásticos da GE (um gigante de US$6,6 bilhões) eles falavam com um gerente de conta ou representante de serviço ao cliente, que poderia saber a resposta, mas provavelmente teria que sair procurando pela empresa para descobrir. Hoje, quando os clientes telefonam para a sede da divisão de plásticos em Pittsfield, Massachusetts, eles tratam com uma equipe de pessoas de diversas especialidades trazidas de diversas partes da empresa. Os centros de consumidores cobrem os Estados Unidos com nove equipes regionais, com quatro a sete membros, cada uma, usualmente incluindo especialistas em crédito, serviço ao consumidor, logística, preços e qualidade. (Equipes internacionais diferentes atendem aos clientes da Europa e do Pacífico.) As equipes sentam juntas, em uma área aberta em seus grupos regionais e não têm líderes formais, ainda que sempre alguém desponte como líder natural. Cada equipe estabelece suas metas, estrutura e medidas, seu orçamento, horário e programação de férias. A rotatividade é de 50% pois as pessoas vêm e voltam para suas unidades de origem. Elas têm dois chefes, o chefe de sua unidade de origem e John McGovern, que é o responsável pelo centro de consumidor, mas não o gerencia diariamente.

As equipes vão além de responder as perguntas usuais dos clientes na hora. Elas enviam pessoas à casa do cliente para mostrar a eles como elevar a produtividade, ou ajudá-los a lidar com programações de pagamento ou questões de embarque. As vendas são feitas pelos gerentes de conta, mas as equipes estão começando a ajudar também em vendas. De vez em quando todo o pessoal do escritório de serviço ao consumidor entra em um processo de achar o resultado para a solução de um problema particular. Por exemplo, o processo como um todo de contratação de novos membros para a equipe parecia precisar de melhoria. O achar o resultado focou na falta de uma maneira organizada de comparar os diversos interessados que eles entrevistavam e delinearam uma matriz simples para classificá-los.[14]

A GE reforça o "work-out"ou "fazer funcionar", a abordagem sem fronteiras com avaliação, recompensa e um sistema de promoções que tornam uma tolice agir como se as cercas ainda estivessem em pé. O sistema de avaliação 360 graus é aplicado a gerentes no mundo inteiro e permite ao pessoal da empresa fazer seus comentários eletronicamente de qualquer parte do mundo. Pessoas acima, abaixo ou de mesmo nível podem fazer comentários sobre a pessoa sendo avaliada. O efeito, diz Welch, é identificar e se ver livre daqueles que "sorriem para cima e chutam para baixo". As duas maneiras mais rápidas de ser expelido da GE, diz Welch, são cometer uma "transgressão de integridade" e ser "um gerente controlador, possessivo ou opressivo, que não consegue mudar e que solapa e oprime as pessoas em lugar de incentivá-las e delas extrair energia e criatividade". A GE se voltou para uma nova maneira de tratar com as pessoas. Com todos esses grandes incentivos e atrativos, diz o esfuziante Welch, a GE tem "uma capacidade absolutamente infinita de melhorar tudo".[15]

SUPER FRESH FOOD MARKETS

Quanto mais você pudesse fazer em termos de distribuição do poder em um negócio mais você teria a corporação democrática advogada por Russel Ackoff, o consultor e ex-professor de Wharton, apresentado no Capítulo 1. Ackoff aceita que uma organização precisa de uma hierarquia. Mas ela tem que ser autocrática? Por que não pode ser uma hierarquia democrática, como nosso governo? Ele defende uma hierarquia em que todos participem, diretamente ou por representantes, nas decisões que os afetam diretamente. Essa democracia seria criada por uma série de comissões interligadas ao longo da organização. Todos os gerentes, exceto aqueles do mais alto do topo e o mais baixo na organização sentariam em um conselho consistindo de, no mínimo, aquele gerente, seu superior imediato e seus subordinados imediatos. O conselho deveria trabalhar por consenso em lugar de decidir por maioria e poderia tomar qualquer decisão que afetasse somente sua parte da empresa, assim como fazer recomendações para outros níveis.[16]

As corporações americanas não escolheram exatamente esse nível de envolvimento dos funcionários. Entretanto, alguns fizeram experiências com ele. A Great Atlantic & Pacific Tea Company anunciou, em 1981, que planejava fechar suas lojas da Filadélfia, porque eles só estavam perdendo dinheiro com elas. Com outros supermercados também fechando, 12.000 membros do sindicato (United Food & Commercial Workers) na área da Filadélfia estariam na rua. O sindicato procurou a A&P para ver o que poderia ser feito para salvar as lojas. O que a empresa e o sindicato combinaram se aproxima de algum modo da corporação democrática de Ackoff. O sindicato concordou em tornar mais flexíveis as regras de trabalho e tempo de emprego e em uma redução de 25% no salário-base. A empresa concordou em alguma gerência participativa e em incentivar o pagamento baseado no desempenho da loja.

As lojas começaram a reabrir em 1982 sob o nome de Super Fresh Food Markets, com toldos listrados de verde e branco e com vitrines que destacavam os produtos frescos. Dentro de um ano a Super Fresh tinha 57 lojas. Gerald Good, o executivo da A&P que se tornou o presidente da nova subsidiária, estabeleceu um estilo de administração logo no começo, quando o gerente de carnes de uma loja prestes a abrir perguntou a ele pelo projeto de arrumação do departamento de carnes. Good disse: "Faça você" e saiu. O gerente de carnes foi atrás dele até a calçada e perguntou: "Você quer isto mesmo?". As pessoas da área de supermercado não eram e, na maior parte ainda não estão, familiarizadas com as idéias de envolvimento dos funcionários.

Cada loja estabelece seu conselho de planejamento, consistindo do gerente, dos chefes de departamento mais outro representante de cada departamento. À medida que a rede cresceu, foram formados conselhos de planejamento zonais para cada grupo de seis ou oito lojas, cada um consistindo dos gerentes de loja e representantes do sindicato. Finalmente a Super Fresh montou o conselho de planejamento corporativo com a alta gerência e os representantes das lojas e do sindicato.

Ainda que a corporação tenha mantido alguns poderes, tais como determinar preços e definir as promoções, os conselhos eram livres para decidir outros assuntos no seu nível. Os conselhos de loja focavam em assuntos substantivos, tais como expositores, sinalização e serviço ao consumidor, e davam particular atenção aos modos de conquistar os incentivos que podiam aumentar seu pagamento acima da base. Dentro de um ano as vendas médias das lojas eram o dobro do que haviam sido no tempo em que trabalhavam sob o nome A&P e três quartos das lojas se qualificaram para o pagamento de incentivos. Mas quando novos gerentes, com outras prioridades, vieram para o Super Fresh, o experimento perdeu força e os conselhos pararam de se reunir. Em 1996, a A&P começou a reviver os conselhos e incentivos nas 70 lojas da rede Super Fresh na Filadélfia e negociou um novo acordo com o United Food Workers.[17]

QUEM SOMOS NÓS PARA DITAR REGRAS?

A maneira com que os funcionários se envolvem pode variar de uma estrutura formal, como na Super Fresh ou GE, a uma abordagem totalmente solta, como na VeriFone. Com exceção dos três conselhos permanentes que tratam de marketing, expedição e programação das tarefas, diz Will Pape, da VeriFone, "formamos e abolimos equipes *ad hoc* toda hora". Os membros da equipe não precisam estar fisicamente juntos. Eles operam de onde estiverem por conferência telefônica. O principal executivo Hatim Tyabji diz que, em qualquer dado momento, podem estar em funcionamento na empresa 30 ou 40 equipes. Ele não sabe exatamente porque não anda atrás delas. Elas começam sozinhas e espera-se que façam alguma coisa sobre seja qual for o problema que atacam. "Nós absolutamente não as controlamos porque quem somos nós para saber mais do que elas ou fazer melhor do que elas fazem", diz Tyabji. A supervisão mataria todo o valor da distribuição de poder, ele argumenta, daí por que você confia no seu pessoal. Se uma equipe toma uma iniciativa que não condiz com a estratégia da empresa, a falha é da gerência que não comunicou a estratégia. Ele acredita que a empresa tem que transmitir e retransmitir suas mensagens.[18] Em seu escritório ele tem um painel com nove fotografias mostrando ele e seu cachorro setter irlandês, ambos em pé. Nas primeiras oito fotografias ele ordena ao cachorro "senta", mas o cão não se move. Finalmente, na nona fotografia, o cachorro senta e Tyabji afaga sua cabeça.

Ainda que Tyabji não controle as equipes, ele lhes dá a oportunidade, de tempos em tempos, de fazer apresentações em reuniões, como uma forma de reconhecimento. Uma coisa curiosa sobre as equipes é que quando lhes é dada a escolha entre recompensa e comemoração, elas tendem a escolher coisas pequenas, simbólicas, mesmo sentimentais, ou seja, reconhecimento em lugar de dinheiro. No centro de serviço ao consumidor da GE, elas fazem festas, prêmios mensais, dia da roupa esporte, ou dias em que vêm trabalhar vestidas em trajes nacionais. Uma grande celebração levou toda a equipe, com acompanhantes, para Boston em um fim de semana.

A política salarial está muito atrás do que as corporações precisam fazer e do que elas dizem que querem fazer. As recompensas ainda são baseadas no desempenho individual a curto prazo. Ela transmite uma mensagem errada. Ela mina o todo da idéia de equipe. Edward Lawler escreve que suas pesquisas sobre práticas salariais em 1987, 1990 e 1993 mostram que não houve aumento na recompensa de incentivo e mostram que a "participação nos ganhos", que é mais claramente associada à abordagem de equipes, permanece impopular e pouco usada.[19] Na participação nos ganhos, os funcionários se beneficiam diretamente do crescimento dos lucros com crescimento de seu pagamento.

A SEI Investments é uma empresa que baseia seu pagamento de incentivos principalmente no desempenho das equipes. A empresa emergiu de sua turbulenta reorganização no início dos anos 90 horizontalizada e dividida em 150 equipes. A base de pagamento para quem ganha mais de US$75.000 ao ano não mudou nos últimos anos, mas a recompensa de incentivo cresceu e cobre toda a empresa. Em média, atinge entre 25 e 35% do salário-base, mas pode chegar a 100% e até 200% em poucos casos. Al West, o principal executivo, quer que cada equipe seja uma pequena unidade de negócios e o bônus é dividido entre as equipes de acordo com seu desempenho, que pode ser avaliado pelos clientes, assim como pela gerência. Os próprios membros da equipe decidem como dividir a bolada — com um "facilitador" para tentar evitar derramamento de sangue e inibir a equipe a tomar o caminho mais fácil da divisão igual do dinheiro. A diferença no total do bônus anual a membros da mesma equipe pode chegar a US$7.000 ou US$8.000.[20] A direção também tem a liberdade de espalhar algum dinheiro de bônus para pessoas que ficam fora do sistema de premiação das equipes. A abordagem de compensação da SEI é excepcional.

Em uma empresa horizontalizada e baseada em equipes, como a SEI, definir uma carreira é um problema. Não há escada para subir e, assim, a carreira é feita por deslocamentos laterais para equipes diferentes, com cada movimento supostamente adicionando habilidades e, assim, destacando o valor da pessoa e sua empregabilidade. Mas o que acontece na SEI é que alguns líderes de equipe, enfrentando prazos e metas, resistem em deixar seus melhores quadros circular por outras áreas para enriquecer seus currículos. "Assim, você pode acabar com uma organização horizontal sem mobilidade", diz Scott Budge, vice-presidente sênior da SEI. "É muito difícil lidar com isto."

Na extensão em que a avaliação de desempenho e o pagamento de uma pessoa dependem de sua contribuição aos esforços da equipe, o comportamento sem fronteiras tem suas recompensas. Na Microsoft todos os funcionários assalariados se qualificam a bônus em dinheiro e opções em ações. O bônus pode variar de nada a 15% do salário-base e a opção anual por ações pode ser de 150 ações para um assistente administrativo (o que era conhecido como secretário) a muitos milhares de ações para um executivo sênior. As premiações de incentivo são baseadas em avaliações de desempenho feitas duas vezes ao ano, em fevereiro e agosto. Como as avaliações levam em conta a adesão aos valores da

> **Abandone a Indumentária, Abra-se Mais**
>
> Quando você visita um vice-presidente da IBM e o encontra com uma camisa esporte de manga curta e colarinho aberto, sem casaco à vista, você sabe que está presenciando uma mudança fundamental no mundo dos negócios. A IBM era conhecida como a empresa dos "ternos". Mas, atualmente, está se tornando quase embaraçoso ser visto no uniforme: terno escuro formal, com camisa branca imaculada e gravata de seda. A América corporativa começou com os dias da roupa esporte, normalmente às sextas-feiras. Agora, para deleite de Levi Strauss e outros fabricantes de roupa esporte de qualidade, os dias estão sendo esticados para toda a semana (ver Figura 9.2).
>
> O terno poderia ser considerado o emblema da velha corporação rígida, controladora e hierárquica. Como você pode esperar que "associados" no trabalho em equipe, liberados e com poderes distribuídos usem o emblema da velha ordem? Essas pessoas não vão trabalhar com alegria em um escritório particular mobiliado e dimensionado exatamente para medir a importância de seu ocupante com suas credenciais determinadas pelo número de janelas a que faz jus. O escritório do futuro está vindo já há um longo tempo e cada vez mais temos dele. As paredes vieram abaixo, substituídas por divisórias, ou nada, de modo a que as pessoas trabalhando em equipe possam se ver e falar umas com as outras todo o tempo. Na Alcoa elas se reúnem em torno de centros de informação, ou em saguão, ou apartamentos para uma reunião informal no almoço. Nos escritórios de "hotel", os funcionários podem ocupar um espaço de escritório temporário, ligar o telefone e laptop e em seguida sair para outra viagem ou para outro telefonema de negócios. O principal executivo pode não ter um escritório privativo e, como no caso da Milliken & Company, nem mesmo uma escrivaninha. Já por algum tempo, Roger Milliken perambula pelo seu escritório central, vendo as pessoas que ele tem que ver. A SEI Corporation construiu ela mesma seus novos escritórios, projetados em torno da idéia de flexibilidade. Quando a Astra Merck lançou seus novos escritórios em Wayne, Pensilvânia, houve um certo debate sobre o tamanho que deveria ter a sala do principal executivo, mas ao final a empresa decidiu que só haveria escritórios de dois tamanhos. Yetter ganhou um escritório que não seria suficiente nem para uma secretária júnior nos enormes escritórios do andar executivo do escritório central da AT&T em Basking Ridge, Nova Jersey.

empresa, um dos quais é o trabalho em equipe, o sistema de algum modo encoraja o trabalho em equipe. Como mencionado no Capítulo 7, a GE adicionou a adesão aos valores aos critérios usados nas avaliações e esses valores incluem a habilidade de trabalhar com equipes. Com certeza a GE conseguiu a adesão nominal a essas novas maneiras de julgamento e trato com o pessoal. Quão profundo foi o entendimento é outro assunto. Um executivo da GE que olha essas questões aponta o fato de

Figura 9.2
Tirando a Gravata

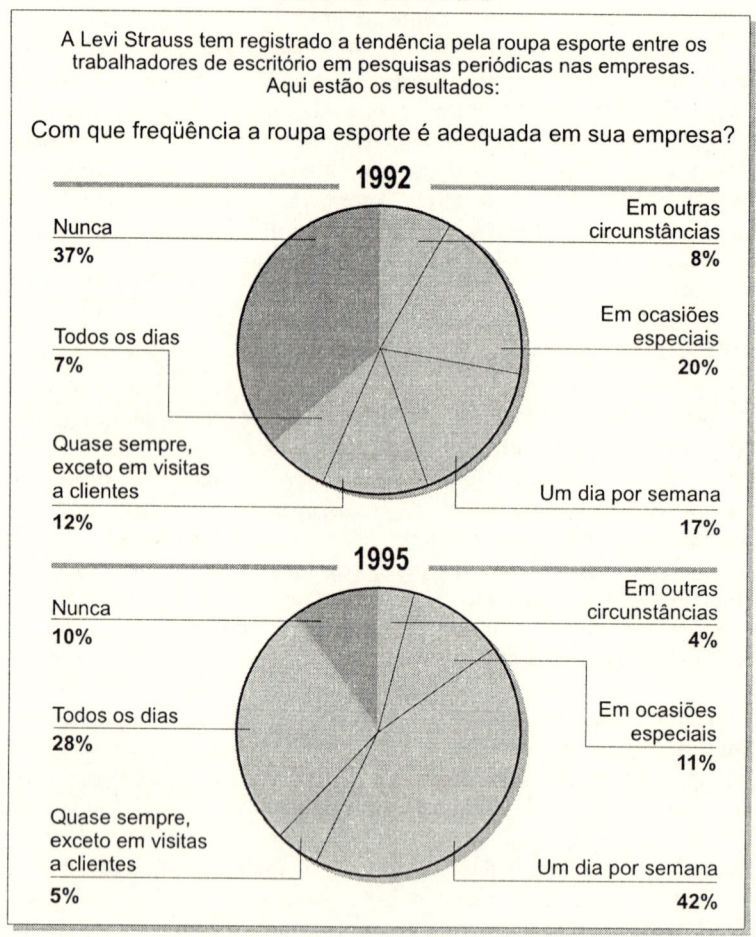

A Levi Strauss tem registrado a tendência pela roupa esporte entre os trabalhadores de escritório em pesquisas periódicas nas empresas. Aqui estão os resultados:

Com que freqüência a roupa esporte é adequada em sua empresa?

1992
- Nunca: 37%
- Todos os dias: 7%
- Quase sempre, exceto em visitas a clientes: 12%
- Em outras circunstâncias: 8%
- Em ocasiões especiais: 20%
- Um dia por semana: 17%

1995
- Nunca: 10%
- Todos os dias: 28%
- Quase sempre, exceto em visitas a clientes: 5%
- Em outras circunstâncias: 4%
- Em ocasiões especiais: 11%
- Um dia por semana: 42%

Fonte: Pesquisa para Levi Strauss & Company por Evans Research Associates.

que a antiga forma de avaliação era baseada em números, enquanto a nova avaliação de valores é subjetiva e aberta ao companheirismo. Os amigos podem trocar favores na avaliação de 360 graus. Mas mesmo que o novo sistema seja observado mais nominalmente do que a realidade, ele aponta na direção correta.

Poucas empresas baseiam ao menos parte de seus pagamentos de incentivo no desempenho das equipes, como a SEI tem feito, ou em metas de longo prazo, ou ambos. A Astra Merck divide suas recompensas de incentivo, que montam a 25% do total das recompensas em três partes, uma baseada no desempenho corporativo, uma no desempenho individual e a outra no desempenho da unidade. Levi Strauss, que planeja ter todos os funcionários cobertos pela recompensa de incentivo enquanto ele discute com alguns sindicatos, também divide seus pagamentos de incentivos em dois segmentos, um para a performance deste ano e um para o desempenho sobre um período de três anos. A idéia é encorajar o pessoal da Levi Strauss a ajustar suas ações às metas estratégicas de longo prazo da empresa.[21]

PROCURANDO POR RESULTADOS NO JAPÃO

As empresas japonesas também estão mudando para usar incentivos, ainda que lentamente e de uma forma negativa. Em 1996, a Toyota adotou um "sistema de avaliação de pessoal mais orientado para resultados", diz Tokuichi Uranishi, gerente-geral da divisão de planejamento. "No passado apenas as pessoas de mesma idade eram elegíveis para promoção a certos níveis de gerência. Agora estamos procurando pessoas um ou dois anos mais jovens." Elas serão promovidas à frente de sua classe com pagamento correspondente. "Quanto às com desempenho insuficiente", diz Uranishi, "não serão rebaixadas, mas não aumentaremos seus salários". Nem todas na mesma classe terão o mesmo salário, como era no passado.[22] A Honda anunciou uma abordagem mais agressiva em 1992, permitindo três anos de benevolência para seus "associados" para se prepararem antes que o sistema se firme. O principal executivo da Honda, Nobuhiko Kawamoto, explica que a empresa não promove mais por antigüidade, como as empresas têm feito sempre, mas por desempenho. Depois de dez anos na empresa, os gerentes são avaliados anualmente. Aqueles que tiverem bom desempenho ganharão promoções e aumentos. "Se você tiver desempenho ruim", diz Kawamoto, "seu pagamento será reduzido substancialmente e você será transferido para o nível de especialista, de modo que não será mais muito ativo".[23] O corte no pagamento chega a 10% do que o gerente receberia normalmente. Estes são movimentos agressivos para o Japão, mas nenhuma empresa está pensando em ir tão longe a ponto de despedir alguém.

Quão alto em uma organização deve chegar o conceito de equipe? Esta questão ainda não encontrou uma resposta satisfatória. Os principais executivos muito dificilmente se submeteriam a gerenciar por consenso com um grupo de seus colegas. De uma forma limitada as equipes de alto nível podem funcionar. Por exemplo, a SEI tem um Grupo Consultivo de Crescimento (GAG — Growth Advisory Group), composto pelo principal executivo, West, o presidente, os chefes de 12 unidades de negócio e diversas outras pessoas do topo da empresa. O GAG, que se reúne por um dia todos os meses, tem-se mostrado um sucesso na difusão de informações pelo topo da empresa e focando no crescimento, mas não com tanto sucesso em fazer com que as pessoas tirem o chapéu de suas unidades e pensem em termos da empresa como um todo. Entretanto, West acredita que as pessoas estão começando a ter uma visão menos departamental. Mas outro ponto importante em termos de autoridade — se o GAG deveria tomar decisões ou apenas fazer recomendações — ainda precisa ser resolvido. Até o final de 1996 ele não havia ido além de fazer recomendações.[24]

Poucas empresas estão prontas para abraçar a idéia de equipes no topo. David Nadler, um consultor que trabalhou com os níveis mais altos de administração da AT&T e Xerox, aponta algumas dificuldades. No nível operacional, digamos em uma fábrica, as pessoas despendem 100% de seu tempo trabalhando juntas, no mesmo local, com os mesmos produtos, podem fazer rotação de trabalhos e, provavelmente, não têm grandes ambições em termos de carreira. Mas no nível de alta gerência, todas elas têm trabalhos diferentes, trabalham em locais diferentes, usam talvez 5% de seu tempo em uma equipe, e todas elas querem cargos mais altos. As equipes no topo podem trabalhar bem em matérias como alocação de recursos, decidindo como repartir os gastos de capital, mas não para administrar a empresa. No topo você precisa mais de alguém que desempate do que de alguém que promova o consenso. Mas isto vai depender do tipo de pessoas que você tenha no topo. Quanto mais elas forem sedentas de poder, menos sucesso pode se esperar do trabalho em equipe.[25]

A Microsoft acredita no conceito de equipe, mas quando os grupos do Windows 95 e NT saíram para o campo de batalha, as diferenças não podiam ser resolvidas por uma equipe. Esse tipo de problema tem que ser resolvido por uma decisão da alta direção, diz o vice-presidente da Microsoft Mike Murray. "As equipes não têm como resolver, a gerência tem que acomodá-las. Se empurrar todas as decisões para baixo, você criará o caos."[26]

ATRIBUTOS DO SUCESSO

Pode parecer uma contradição, mas o poder dos funcionários possivelmente não funcionará se não existir um tipo ou outro de liderança comprometida, seja do executivo-chefe, dos líderes de equipe, ou simplesmente uma política da empresa explícita e consistente. Uma transição importante para algo tão fundamental como o envolvimento dos funcionários não subsistirá sem que a empresa se comprometa a isto. De outra forma, pode haver esforços esporádicos e espalhados na empresa para a adoção de equipes, mas eles vêm e vão, dependendo das preferências do chefe do momento. Esta é a razão pela qual o histórico da AT&T com equipes é intermitente. A corporação é a favor delas, mas não faz disto um ponto de honra, porque, por exemplo, as contribuições às equipes não figuram explicitamente nas avaliações de desempenho.

Mike Murray diz que descobriu que as equipes (com o melhor tamanho sendo de cinco ou seis pessoas) que trabalham bem na Microsoft sempre têm líderes com três atributos: são bons no estabelecimento de metas, bons no planejamento e bons no acompanhamento. Se um dos três não ocorre, os membros da equipe sentem falta.

Tappas Sen, diretor do projeto do local de trabalho do futuro na AT&T, pensa que as equipes precisam dos seguintes atributos para terem sucesso: clareza nas metas, boa comunicação e treinamento em objetivos de negócios, de modo que a equipe entenda onde ela se encaixa no plano geral dos negócios.[27] Nadler adicionaria outro atributo: que a equipe siga um processo explícito. Se as equipes ficam enroladas na discussão do processo, elas vão naufragar por seu próprio peso. Mas a menos que exista um processo específico — tal como o ciclo de Deming "planeje, faça, verifique, aja" — torna-se difícil entender por que uma equipe tem sucesso e outra falha.

Com algumas exceções importantes, a idéia de pedir aos gerentes e funcionários que assumam maior responsabilidade e tomem mais decisões é central para a nova empresa. Isto é certo para os tempos que vivemos e certo para empregadores e funcionários. Hoje, as pessoas têm um bom nível educacional e são liberadas demais para aceitar que outros tomem todas as decisões por elas. O ritmo das mudanças e da competição requer decisões melhores e mais rápidas do que uma organização burocrática pode dar. Dar às pessoas mais voz em seu trabalho é simplesmente a coisa mais esclarecida e produtiva a fazer.

Indicadores

- Você concorda que se esta é a era do trabalhador esclarecido, o funcionário deve ser tratado como um patrimônio, não como um custo?
- Sua empresa aceita que a melhor forma de obter o máximo de um trabalhador é dar-lhe tanta responsabilidade quanto possível?
- Você permite que a responsabilidade seja exercida através de equipes autogerenciadas?
- Suas equipes reúnem pessoas de diferentes partes da empresa, de modo que elas possam ver problemas e soluções que poderiam passar despercebidos de outra forma?
- Suas equipes têm metas, responsabilidades e horários?
- Suas equipes recebem treinamento e *coaching* de modo que aprendam a atuar como membros da equipe, saibam como resolver problemas, e sejam capazes de encorajar outros?
- Os líderes de sua corporação mostram de maneira consistente e por suas ações que as equipes são importantes e que prestam atenção às idéias das equipes?
- Os seus líderes comunicam um forte senso dos objetivos da corporação para que as equipes foquem no que é importante e não se percam em trabalhos irrelevantes?
- Você abrandou os receios de seus gerentes de que o envolvimento com funcionários ameace sua autoridade?
- Você está mantendo pequenas as equipes (cinco ou seis pessoas)?

Vínculos

- O treinamento tornou-se difundido em sua empresa?
- Você divide com os funcionários informações importantes sobre os negócios, para que eles saibam o que é relevante e o que precisa ser feito?

- Você revisou as avaliações e recompensas de modo a reconhecer o desempenho das equipes em lugar de apenas o desempenho pessoal?

Advertências

- Você reconhece que para alguns propósitos a hierarquia e decisões de cima para baixo ainda serão necessárias?
- Você está consciente de que quanto mais alto o nível da empresa em que você pretenda implantar as equipes, mais difícil isto será?
- O que você está fazendo para preservar especialidades funcionais valiosas que podem se perder se os funcionários ficarem imersos em equipes multifuncionais?
- O que você está fazendo para assegurar ao pessoal do chão de fábrica que a criação de equipes não tem o objetivo oculto de cortar empregos, como eles freqüentemente imaginam?
- Você está consciente de que a abordagem de equipes pode não ser a melhor para todos ou para todas as ocasiões? Entregar uma filial do McDonald's para uma equipe de adolescentes, por exemplo, pode ser a receita para o caos?

Parte 3

A Resposta — As Armas de Ataque

10

Dominando a Informação

"Esta coisa é um maremoto."
— Hugh McColl, presidente, NationsBank Corporation

O problema com os computadores, diz Paul Allaire, principal executivo da Xerox, é que a tecnologia "anda mais rápido do que nossa capacidade de utilizá-la eficazmente". Dessa forma, o foco da discussão mudou da admiração ante a grande maravilha da tecnologia para uma discussão um tanto quanto branda, e às vezes ansiosa, do que a tecnologia da informação significa e de como lidar com ela. Parte dessa ansiedade vem dos principais executivos, que ainda vão ter que ficar pessoalmente à frente de um computador e ter dificuldades para decidir exatamente o que devem fazer com ele. Porém, os iniciantes também têm ansiedade — no que se refere à dificuldade de prever o futuro da tecnologia da informação, à segurança, à organização, ao treinamento, à educação, aos efeitos sobre as vidas pessoais dos gerentes e aos efeitos de uma massa quase inimaginável de informações.[1]

Como todo mundo agora já sabe, o impacto dos computadores sobre os negócios é enorme e inevitável (Capítulo 2). James Unruh, principal executivo da Unisys Corporation, diz que uma típica empresa listada entre as 500 da *Fortune* armazenava 8 bilhões de caracteres de dados eletrônicos em 1970, 33 bilhões em 1990 e provavelmente terá

400 trilhões em 2010. O número de computadores no mundo cresceu de menos de meio milhão há duas décadas para 200 milhões em 1996. O número de web sites dobra a cada 53 dias e o número de usuários da Internet irá crescer dos 40 milhões, estimados atualmente, para 500 milhões em 2000.[2] Esses números — se qualquer um pode realmente se manter informado sobre eles — são quase inexpressivos, exceto como indicadores do empolgante escopo da mudança com que a atividade de negócios tem de lidar.

Para ancorar essas estatísticas celestiais em números reais de negócios, considere o caso da SAP, empresa fundada na Alemanha por cinco ex-funcionários da IBM em 1972. Desde que lançou seu aplicativo cliente-servidor R/3 em 1992, a SAP deu um passo à frente para se tornar a provedora número um de redes empreendedoras que conectam todas — bem, quase todas — as atividades de um negócio. Um fluxo contínuo de informações parte do fornecedor, passa pelo chão de fábrica, sobe para a sala da diretoria e de lá sai para o cliente. Por exemplo, o R/3 atualiza automaticamente contas a receber quando uma empresa realiza uma venda. A Figura 10.1 mostra como os números da SAP mudaram desde a introdução do R/3.

A adoção dos sistemas SAP em uma escala em massa, por grandes empresas como a Hewlett-Packard e a Compaq, e o endosso da SAP por parte de todas as empresas de contabilidade Big Six raramente significa que os clientes delas tenham mudado para um novo estado onde utilizam novos sistemas poderosos de informações. Para se tornar um confortável usuário SAP, podem ser necessários vários anos de trabalho doloroso e muita consultoria dispendiosa. Entretanto, é um sistema poderoso, que obviamente impressionou muitos clientes.

Pesquisa SEI

A utilização da tecnologia da informação e de outras
ferramentas de alta tecnologia é crucial para ser competitivo   72%

Estamos utilizando   17%

**Figura 10.1
Crescimento da SAP**

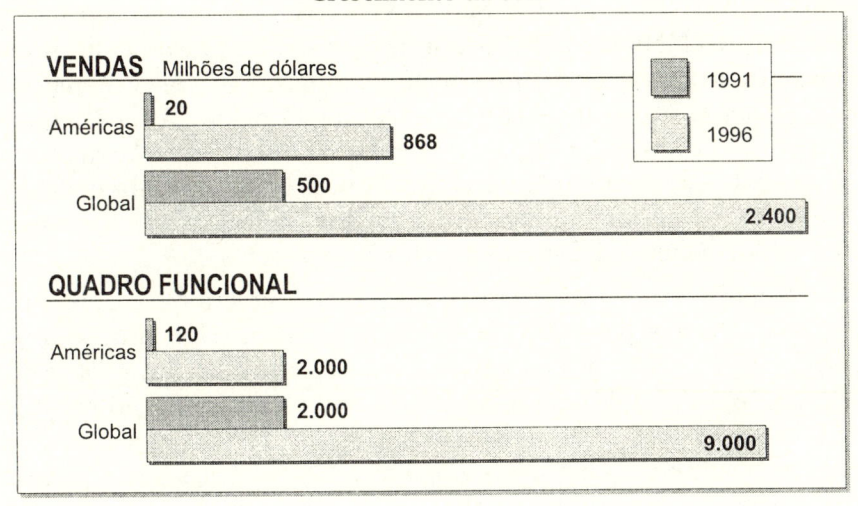

VENDAS — Milhões de dólares

Américas: 20 (1991); 868 (1996)
Global: 500 (1991); 2.400 (1996)

QUADRO FUNCIONAL

Américas: 120 (1991); 2.000 (1996)
Global: 2.000 (1991); 9.000 (1996)

Fonte: Dados da empresa.

"ESPECIALISTAS MISTIFICADOS"

Além da grande dificuldade de se adotar a tecnologia da informação em larga escala, surgem enormes problemas estratégicos e gerenciais. Quando os computadores começam a transformar um setor de tal forma que tipos totalmente novos de empresas atuantes no mercado podem surgir, quando o molde dessa transformação é imprevisível, quando apostar na tecnologia ou em sistema errados pode ser desastroso, significa, então, que os líderes de negócios têm motivos para agonizarem sobre a tecnologia da informação.

O setor bancário adotou cedo o computador e o utilizou com sucesso, primeiro para tornar suas operações de apoio mais eficientes e depois para dar aos clientes um serviço melhor, notadamente com caixas automáticos. Hoje, no entanto, enfrenta riscos e desafios de nova ordem. Os serviços de *home banking* serão os de maior importância? Ou serão os de cartões inteligentes, que armazenam os valores? Ou os serviços financeiros? Será a Intuit a grande concorrente do setor bancário? Ou será a Microsoft? Que papel terá a Internet nisto tudo? Os bancos, com a confiança de seus clientes e sua experiência em lidar com diversas transações, ficarão no topo? Ou serão as empresas de software com sua flexibilidade e velocidade de inovação? Ou uma parceria entre ambos? Não é de se admirar que Hugh L. McColl, corajoso principal executivo da NationsBank Corporation, pareça atipicamente incerto quando diz: "Esta coisa é como um grande maremoto. Se você fracassar no jogo, será eliminado".[3] Hugh L. McColl planejou gastar 1,4 bilhão em operações e em tecnologia em 1996 e quer desenvolver uma estratégia baseada em tecnologia para substituir a bem-sucedida estratégia agressiva de crescimento por aquisição, que fez do NationsBank o terceiro maior banco dos Estados Unidos.

Ironicamente, embora os computadores nos dêem meios de tomar mais decisões baseadas em dados do que jamais havíamos sido capazes, eles não podem nos ajudar a saber o futuro deles próprios. A medida de previsibilidade sobre a tecnologia da informação diminuiu tanto que os especialistas nem mesmo gostam de dizer o que irá acontecer um ano à frente. Em uma reunião de especialistas acadêmicos e em negócios na Wharton School sobre o futuro da tecnologia da informação, um participante imaginou como um jornal poderia interpretar as incertezas mencionadas na reunião e propôs o seguinte: "especialistas mistificados pelo futuro da computação". Embora os computadores dêem aos gerentes mais e melhores informações para serem utilizadas em decisões baseadas em fatos, os próprios sistemas de computador requerem boas decisões intuitivas.

Os incômodos, incertezas e riscos da tecnologia da informação precisam ser percebidos e considerados, mas raramente irão atrapalhar a ferramenta e a tecnologia estratégicas mais poderosas de nossos tempos. Nos capítulos anteriores, vimos exemplos de como os computadores podem afetar fundamentalmente um negócio: como permitiram à Boeing criar uma aeronave de forma completamente diferente, como formam a base da reorganização e da estratégia de marketing da American Express, como agregam valor aos já eficientes e automatizados serviços da Federal Express permitindo que o cliente faça o rastreamento de seu pacote nos computadores da FedEx. Os exemplos podem ser tomados a partir de qualquer empresa em qualquer linha de negócios.

À medida que surge o formato do empreendimento do século XXI, podemos ver cinco meios fundamentais onde a tecnologia da informação lidera o caminho: (1) ao reforçar a eficiência e economia das operações existentes, (2) ao criar novos produtos e serviços, (3) ao criar novos negócios, (4) ao aproximar mais o cliente da empresa e (5) ao mudar completamente a natureza de tipos novos e mesmo tradicionais de empresas.

PIONEER: UM CONCEITO SIMPLES

Em primeiro lugar, para falar das empresas que mudaram, vamos nos reportar ao caso da Pioneer Hi-Bred International Incorporated, empresa de sementes de cereais de Iowa que conhecemos no Capítulo 2. Citamos o ex-presidente do conselho dessa empresa, Tom Urban, dizendo que "a empresa é o sistema de informações".

Quando Henry Wallace fundou a Pioneer em 1926, ele pode não ter feito ou imaginado tal declaração. Desde então, a produção média de cereais produzidos nas fazendas norte-americanas quadruplicou de aproximadamente 25 alqueires por acre para mais de 100 alqueires — e muito mais do que isso nos anos de boa produção. Sementes de cereal não são mais uma *commodity*, nem os fazendeiros podem simplesmente guardar as sementes da colheita do ano anterior e plantá-las. Para serem competitivos, eles têm que comprar novas sementes híbridas todo ano. A pesquisa e o desenvolvimento baseados em dados da Pioneer a colocam à frente na concorrência das empresas de sementes por cinco a sete alqueires por acre de produção, dependendo do ano. Conseqüentemente, essa produção permite que a Pioneer cobre preços superiores em 10 a 15% aos dos concorrentes, o que mantém o retorno sobre o patrimônio acima de 20% ao ano.

A tecnologia da informação permite que a Pioneer acelere e expanda o desenvolvimento de novos híbridos em um índice fenomenal. Entre 1990 e 1995, a Pioneer aumentou de 5.000 para um milhão as amostras de cereais que testava todos os anos quanto ao teor de óleo e proteína. A Pioneer desenvolve 70.000 novos híbridos por ano e escolhe os 15 melhores para enviar ao mercado. Uma rede de laboratórios e cultivadores em todo o mundo, incluindo sementeiras de inverno na América Central e no Chile, inseridas em seu sistema de informações, diminuíram de 13 para sete anos o tempo necessário para a Pioneer desenvolver um novo híbrido. "A cada ano que reduzimos o tempo para colocar um produto no mercado, reforçamos consideravelmente o retorno sobre os 130 milhões de dólares gastos anualmente em pesquisas e aumentamos nossa liderança sobre a concorrência", comenta Tom Urban.

A Pioneer começou a utilizar computadores nos anos 60 e desenvolveu um sistema de informações típico da atividade de negócios até bem recentemente. A empresa possuía um grupo central de aproximadamente 250 pessoas controlando a gestão de informações e outras 100 pessoas servindo como "interfaces" nas unidades em operação para interpretar o sistema para uns 6.000 usuários. Tom Urban e seus gerentes tinham uma visão tradicional da empresa como uma série de funções discretas que precisavam de sistemas discretos de informações. Eles não viam a conexão, por exemplo, entre as informações de pesquisa e as informações de vendas. A gestão de informações era um suplemento às operações da empresa. Quanto mais avançavam, mais os computadores da Pioneer faziam o que era esperado. O sistema de e-mails funcionava bem em todo o mundo. Entretanto, muito embora tivesse a tecnologia mais avançada, a equipe de Tom Urban sabia que não estava extraindo o que deveria extrair dos computadores. Sem sucesso, eles tentaram várias ações para conseguir mais, até que em 1993 uma equipe de gerência sênior comandada por Tom Hanigan, vice-presidente de gestão de informações, passou seis meses reinventando o sistema. Dessa vez foram os clientes, isto é, as unidades de negócios, em vez do escritório de gestão de informações, que decidiram o que era necessário.

A equipe se deu conta, diz Tom Urban, de que a Pioneer "havia deixado escapar um conceito muito simples... que todas as informações que atravessavam a empresa podiam então estar relacionadas umas às outras". Dois outros princípios já governavam a política de informações na Pioneer: (1) os dados tinham que ser precisos e toda a empresa tinha que confiar neles, e não deveria haver suspeita sobre os mesmos como sendo o produto ou propriedade de uma divisão ou outra, e (2) os dados deveriam estar disponíveis instantaneamente no mundo. Limitar o acesso aos dados não reforça a autoridade ou define responsabilidade, diz Tom Urban, "mas apenas reduz os benefícios a serem conseguidos a partir do livre fluxo de informações".

O novo sistema, baseado em um *mainframe*, um grande servidor utilizando o software de rede Novell e PCs utilizando softwares Microsoft começaram a funcionar em 1994. O fluxo de informações vinculadas em toda a empresa começou a fazer coisas para a Pioneer que não poderiam ser feitas antes e a revelar coisas que a Pioneer não sabia.

Por exemplo, a Pioneer costumava basear sua produção e embarque de sementes da primavera no que os fazendeiros haviam pedido no outono. Não havia conexão entre as vendas e o P&D, a área de pesquisa e desenvolvimento. Porém, quando os executivos começaram a compreender o negócio como um fluxo de informações e não como uma série de passos discretos, como conta Tom Urban, viram que o que os fazendeiros pediam no outono não era o que compravam na primavera. Em vez disso, quando acabava o inverno e os fazendeiros ouviam falar do desempenho de novos híbridos e discutiam isso com os vizinhos, deixavam seus pedidos de outono e compravam mais dos novos híbridos. Em outras palavras, os resultados de P&D representavam um melhor indicador do que os fazendeiros iriam comprar do que os próprios pedidos iniciais deles. Agora, a Pioneer planeja sua produção e suas vendas com base no desempenho de novas sementes, não no que os clientes dizem querer, e podem prosseguir dois ou três anos ao prever desempenhos futuros.

Para estreitar suas relações com clientes através de sua nova tecnologia da informação, a Pioneer também formou *joint ventures* ligadas a informações onde seus dados podem ser fundidos formando um fluxo de informações de outras fontes que vão para fazendeiros e empresas de agricultura. A Pioneer faz parte de um consórcio chamado AG Marketing Group que interliga os bancos de dados de clientes de várias empresas de agricultura não concorrentes.

Os sistemas de informação da Pioneer serão ainda mais cruciais no futuro. Tom Urban espera que a engenharia genética se torne um fator significativo no mercado de sementes na virada do século. A coordenação do fluxo contínuo de dados no desempenho de campo de plantas com novos dados laboratoriais sobre experiências com genes irá criar demanda de dados em uma magnitude muitas vezes superior aos volumes com os quais a Pioneer está lidando hoje. A empresa também está confiante no momento em que os satélites poderão fazer a varredura dos campos de um fazendeiro em pequenas seções, determinar o fator de umidade, a existência de ervas daninhas e quaisquer outras informações que possam ser relevantes, verificar essas informações em relação ao tipo de solo e desempenho da colheita anterior e dizer ao fazendeiro qual quantidade de sementes, fertilizantes e herbicidas utilizar. As informações devem ser inseridas no computador de um trator para ajustar o fluxo de sementes, fertilizantes ou herbicidas à medida que o fazendeiro atravessa seus campos com o trator.[4]

ANDERSEN: PASSANDO ADIANTE TODO O CONHECIMENTO

As empresas de consultoria viram seus negócios tradicionais serem modificados — fundamentalmente pelos computadores. "A tecnologia da informação é o impulsionador em nosso negócio", diz Charles Paulk, principal executivo de tecnologia da informação da Andersen Consulting. A Andersen é especializada em mostrar a seus clientes os detalhes de como utilizar a tecnologia da informação. Para demonstrar aos clientes o que ela pode fazer por eles, a Andersen formou um "centro de tecnologia estratégica" em Palo Alto com as instalações para criar uma imagem para os executivos do que a avançada tecnologia da informação pode fazer por eles. O centro realiza workshops, pesquisas e trabalha em problemas reais com os clientes. (A Andersen Consulting também possui instalações de demonstração, pesquisa e consultoria em Chicago para o negócio de varejo; em Nova Iorque para serviços financeiros; em Dallas para serviços de saúde e outras instalações em lugares diversos.)

A empresa criou sozinha uma rede global que interliga seus 35.000 consultores. "Antes, quando eu saía, o cliente ficava com todo o meu conhecimento", diz Charles Paulk, e isso incluía o que ele havia aprendido nos extensivos esforços de treinamento da Andersen (para ser considerado para uma possível parceria, os consultores da Andersen precisam de 1.000 horas de treinamento no campus da empresa, que fica próximo a Chicago). Os arquivos da empresa e os faxes de colegas podem ajudar um pouco. "Mas, que tal o conhecimento no restante da empresa?", pergunta Charles Paulk. "Nossa visão é operar como uma empresa global, alavancando nosso melhor pessoal."

O antigo sistema funcionou bem o bastante quando os negócios da empresa estavam mais concentrados nos Estados Unidos. Desde que se separou da Arthur Andersen & Company em 1989, a Andersen Consulting aumentou seu negócio internacional de 20 a 50% considerando suas receitas de rápido crescimento, que totalizavam 5,3 bilhões de dólares em 1996. Os clientes de hoje precisam de uma base mais ampla de conhecimento porque querem soluções abrangentes — querem rapidamente e podem querer que sejam globais. Com a rede baseada no Lotus Notes, que a empresa estabeleceu, os consultores da Andersen em qualquer lugar podem acessar bancos de dados sobre 3.000 assuntos diferentes, permutar apresentações e slides, navegar em bibliotecas e preparar resumos de notícias personalizados. Espera-se que os consultores contribuam para com os dados. "Nós não fomentamos parceiros do tipo solitário", comenta Charles Paulk. Uma equipe de 100 consultores da Andersen, trabalhando em um grande projeto de logística e distribuição nos Estados Unidos, ficou travada por um bug no software e não fez nenhum progresso por várias semanas. Depois, a equipe colocou uma pergunta na rede mundial da empresa para ver se alguém mais havia passado pelo mesmo problema e, de um dia para outro, conseguir o código do software para resolver o problema. As equipes procuraram nos bancos de dados de pessoal encontrar alguém particularmente com especialidade em enigmas dentre os 32.000 consultores. (Qualquer um na empresa pode procurar no banco de habilidades, mas questões confidenciais, como pagamentos, ficam bloqueadas.)[5] A Andersen pode dizer, da mesma forma que a Pioneer, que a empresa é o sistema de informações.

ASTRA MERCK: SOLUÇÕES EM VEZ DE BRINDES

Na categoria dos negócios criados pela tecnologia da informação, pegue a Astra Merck, onde a Andersen está profundamente envolvida. Quando duas gigantes fabricantes de medicamentos, Merck & Company dos Estados Unidos e Astra AB da Suécia formaram a Astra Merck, como uma empresa de marketing nos Estados Unidos, tiveram a chance de criar uma empresa a partir do zero adequada ao século XXI. Começando em 1992, a Andersen proveu até 120 consultores internos de uma vez, e alguns deles passaram três ou quatro anos com a Astra Merck. John D. Rollins, até 1996 o principal sócio da Andersen em exercício na sede da empresa em Wayne, Pensilvânia, diz que "isso exemplifica o relacionamento que gostaríamos de ter com nossos clientes. Eu nunca vi tanta profundidade e extensão de engajamento". Rollins explica como o sistema da Andersen funciona para ele. "O fator crítico de sucesso para uma empresa como a Andersen é a interconexão global, de forma que temos uma estrutura mundial de comunicações para compartilhar experiências, currículos, credenciais, técnicas, e assim por diante. Todos nós temos caixas de mensagens. Esse é o maior uso. Também temos grupos de discussão. Busco informações todos os dias na rede como costumava fazer por telefone ou fax. Você pode iniciar grupos de discussão sobre temas específicos. Porém, se apenas duas ou três pessoas estarão envolvidas, é mais eficaz utilizar o telefone. É uma nova competência. Os dados de clientes têm que ser confidenciais e boa parte de nosso pessoal irá apenas colocar na rede informações que se sintam confortáveis em compartilhar. Assuntos confidenciais são compartilhados 'pessoalmente'."[6]

A Andersen foi formada originalmente para ajudar a projetar a rede de informações da Astra Merck, mas ficou profundamente envolvida no projeto da empresa. À medida que a empresa tomava forma em 1992 e 1993, a Merck pressionou a Astra Merck a estender os limites dos conceitos organizacionais — e a equipe Merck designada para a nova empresa acabou indo talvez além do que a empresa controladora esperava. Quando a Astra Merck nasceu, em 1994, comenta seu principal executivo e fundador, Wayne Yetter, ela queria "revolucionar a indústria farmacêutica". Wayne Yetter descreve a experiência como uma "oportunidade única de criar uma empresa importante (com as vendas próximas a um bilhão de dólares) a partir de uma folha em branco".

O resultado, diz Wayne Yetter, que partiu em 1996 para se tornar principal executivo da Novartis Pharmaceuticals nos Estados Unidos, é que "às vezes, nos referimos a nossa empresa como uma empresa de informações que por acaso também vende produtos farmacêuticos". Os "detalhistas" de empresas de medicamentos sempre distribuíam folhetos e instruções promocionais e pequenos brindes juntamente com os medicamentos que vendiam. A Astra Merck evita a abordagem do tipo "canetas, agendas e demais brindes". A empresa provê não apenas informações, mas informações sobre questões não relacionadas a seus próprios medicamentos de que um hospital, médico ou paciente possa precisar. A Astra Merck chama isso de prover "soluções para o cliente", isto é, atender às necessidades dos clientes dando a eles informações que lhes mostram como lidar com um problema. A empresa pode fornecer uma análise econômica de programas alternativos de tratamento ou promover um seminário para mostrar aos médicos como negociar com as empresas de plano de saúde ou, em determinadas circunstâncias, simular uma inspeção do órgão regulador de serviços de saúde para preparar uma clínica para o problema real, com um funcionário da Astra Merck fazendo o papel de inspetor. (Não guarde sanduíches na geladeira junto com material coletado para exames patológicos.)

A Astra Merck está tão focalizada no fornecimento de informações que seu grid organizacional mostra que três de seus negócios-chave ou "áreas de processo" estão relacionados a informações (ver

Figura 10.2). Sua sede em Wayne, Pensilvânia, é a "área de processo" chamada Information Services and Education. A partir dos seis provedores de negócios da Unix, a Astra Merck pode distribuir informações eletronicamente aos escritórios de campo e aos laptops levados pelos representantes de vendas. Aproximadamente metade das informações está relacionada aos produtos; a outra metade provê mais treinamento e serviços gerais, o que inclui folhetos de informações dados aos pacientes, como orientações para dietas ou como se preparar para endoscopias, mamografias, folhetos de fatos relacionados a medicamentos, estudos clínicos, pesquisas de literaturas e outros materiais para médicos. Todo o sistema está ligado à National Library of Medicine.

Os 38 escritórios de campo da Astra Merck possuem equipamentos de impressão eletrônica em quatro cores para criar seus próprios materiais ou imprimir informações copiadas a partir da sede em Wayne. Os quadros funcionais incluem especialistas em criação gráfica que podem adaptar os materiais para cada médico e cada hospital, acrescentando nomes, logomarcas e informações específicas. Os escritórios de campo incluem em seus quadros funcionais médicos e professores de medicina que podem falar de igual para igual com clientes de alto nível profissional. Esses escritórios são encorajados a fazer de tudo para gerar "soluções" para seus clientes. Por exemplo, o escritório na área metropolitana de Nova Iorque, situado em Norwalk, Connecticut, ajudou um hospital a avaliar médicos que saíam do período de residência e está trabalhando com os escritórios de Nova Iorque do American College of Physicians para criar um banco de dados a ser utilizado em um sistema de circuito fechado de TV para ajudar médicos de áreas rurais. Cathryn Gunther, que gerencia esse escritório (mas que não utiliza títulos), pergunta retoricamente: "Isso vende nossos medicamentos? Não. Mas quando os médicos vierem em busca do formulário, irão se lembrar dos medicamentos". Em outras palavras, quando chegar o momento de um hospital ou clínica listar os medicamentos que seus médicos devem prescrever, a Astra Merck espera que seus bons trabalhos garantam as vendas.[7] Em 1996, a Astra Merck teve faturamento bruto de 2,1 bilhões de dólares, mais do que o dobro do nível inicial em 1994, e a empresa dobrou sua força de vendas, acrescentando mais centros de atendimento a clientes.

Figura 10.2
As Informações Representam Metade do Negócio

Essa matriz da organização da Astra Merck mostra o quão importante a tecnologia da informação se tornou. A Astra Merck é uma empresa farmacêutica, porém, dos seis maiores processos mostrados que atendem aos clientes, três (os três últimos) são baseados na tecnologia da informação.

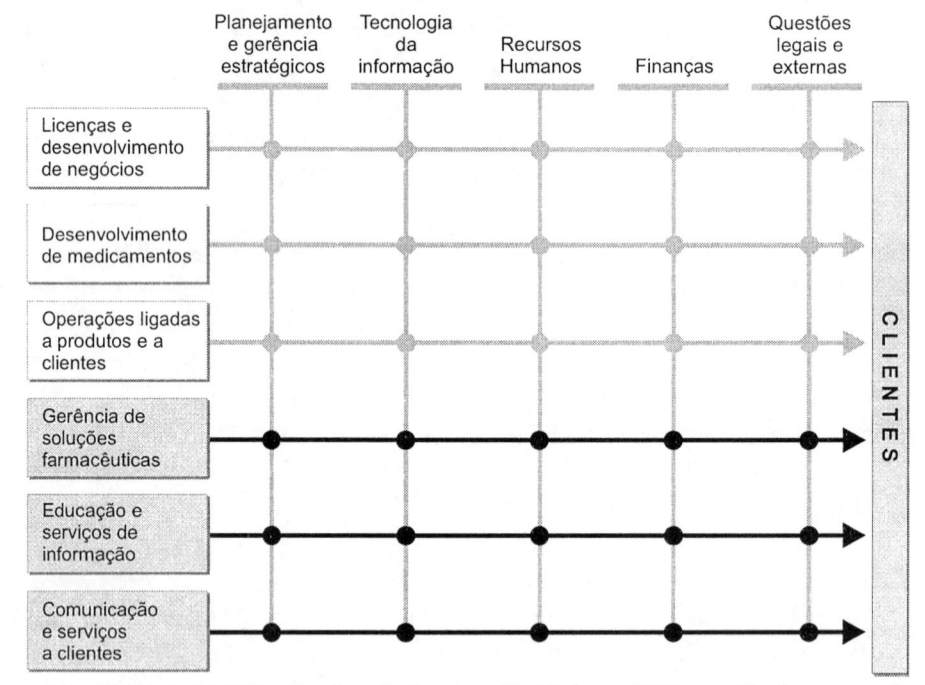

	Planejamento e gerência estratégicos	Tecnologia da informação	Recursos Humanos	Finanças	Questões legais e externas	
Licenças e desenvolvimento de negócios	○	○	○	○	○	→
Desenvolvimento de medicamentos	○	○	○	○	○	→
Operações ligadas a produtos e a clientes	○	○	○	○	○	→
Gerência de soluções farmacêuticas	●	●	●	●	●	→ C L I E N T E S
Educação e serviços de informação	●	●	●	●	●	→
Comunicação e serviços a clientes	●	●	●	●	●	→

Fonte: Astra Merck: Capabilities + Solutions. Um Encontro de Final de Ano em 1994 (uma publicação da empresa).

MEDQUIST: UMA INDÚSTRIA DE CHALÉS MIGRA PARA O SETOR ELETRÔNICO

No que se refere à preservação de prontuários médicos, a tecnologia da informação está criando um novo negócio. É claro, as anotações médicas e os prontuários médicos sempre foram transcritos, mas geralmente por digitadores que trabalhavam no interior dos hospitais sob condições nada inspiradoras ou produtivas. A Transcriptions Limited, estabelecida em 1970, havia melhorado esse sistema de alguma forma ao distribuir transcrições na área da Filadélfia a digitadores que trabalhavam em casa. Porém, o material era transportado de carro e processado pela Dictaphone e por máquinas de escrever. A MedQuist Incorporated, provedora de informações médicas e de serviços de negócios, adquiriu a Transcriptions em 1994 e está utilizando tecnologia da informação para criar um negócio de âmbito nacional e rápido crescimento, que antes não passava de uma pequena e fragmentada indústria.

Os médicos ditam seus relatórios por telefone ao sistema digital de captação de voz da MedQuist, que depois os transmite a um dos 2.200 transcritores médicos qualificados que se registram para conseguir trabalho. Eles trabalham em casa com PCs e modems e, onde estão ou a que horas trabalham não é de grande importância para a MedQuist. O sistema pode deslocar trabalho por todo o país para distribuir a carga de trabalho: um transcritor no Texas pode estar trabalhando para um hospital em Boston em determinada hora e logo depois para um hospital em São Francisco. O sistema pode também escolher transcritores com determinadas especialidades, se for necessário. Eles são pagos pelo número de caracteres digitados, o que é fácil de rastrear em um computador, sendo descontados os erros. As transcrições podem ser enviadas aos médicos por modem em poucas horas e podem ser inseridas no registro eletrônico de um paciente.

Ao deslocar toda a operação para sistemas eletrônicos, ao permitir que as pessoas trabalhem em casa e ao utilizar transcritores em todo o país, a MedQuist cria um sistema eficaz e de baixo custo que facilmente concorre com o sistema do próprio hospital. A MedQuist economiza em custos porque pode deslocar trabalho de áreas de alto custo para áreas de baixo custo. James Emshoff, principal executivo da MedQuist até 1996, vê a empresa como o tipo de negócio flexível em rede que a tecnologia da informação torna possível. Emshoff é de opinião que existe todo tipo de empresa e de executivo, citando a si próprio como exemplo. Ele alterna entre as atividades de lecionar (na Wharton School), prestar consultoria e conduzir empresas. Ele assumiu o cargo de principal executivo na MedQuist temporariamente em regime de meio expediente. Ao aumentar seu negócio e adquirir outras empresas de transcrição, a MedQuist aumentou suas receitas de 24,8 milhões de dólares, em 1994, para 45,1 milhões, em 1995, e depois para 61,5 milhões de dólares em 1996, após fazer com que outros negócios direcionassem seus focos para a transcrição.[8] Da forma como está atuando agora, a MedQuist enfrenta um risco específico da tecnologia da informação. A atividade de negócios poderia ser transformada pela tecnologia de reconhecimento de voz. Nesse caso, quando os médicos puderem começar a ditar suas anotações para um sistema computadorizado de transcrição de voz, a MedQuist irá precisar liderar a mudança ou arriscar perder seu negócio.

GE: EFETUANDO TRANSAÇÕES NA INTERNET

Atualmente, seria difícil descobrir uma grande corporação que não estivesse fazendo grandes investimentos em tecnologia da informação e, como resultado, mudando a forma de trabalhar. A GE Plastics, um negócio global que seria classificado como uma das 200 entre as 500 empresas americanas da lista *Fortune* se estivesse sozinha, passou dois vigorosos anos, começando em 1994, desdobrando um sistema de informações inteiramente novo. Assim como a Pioneer, a GE Plastics descartou a típica abordagem de "sistemas de informações gerenciais", onde uma equipe de designers e programadores criava um sistema separado para cada grupo funcional da empresa, que depois se tornava proprietária desse sistema. Na primeira etapa, a GE Plastics começou a construir um "data warehouse", um grande repositório de dados para toda a empresa, instalando hardware e software de tecnologia aberta, compatível com outras, o que disponibilizou o sistema para todos. Depois, a GE Plastics começou a construir um "repositório de dados" para toda a empresa utilizar na realização de análises rápidas e precisas e na busca mais aprofundada de informações. O repositório de dados provê informações às pessoas que tomam decisões.

O repositório veio bem a tempo para ajudar a GE por ocasião do grande surto de inflação que assolou o preço de *commodities* no final de 1994, o que acarretou o caos no mercado de matérias-primas utilizadas na fabricação de plástico. "Agora, quando compramos uma *commodity*, podemos calcular imediatamente os efeitos sobre o preço de mercado", diz Jack Sprano, gerente de sistemas de informação da GE Plastics. Grandes análises que costumavam levar de uma a duas semanas podem ser concluídas em uma hora ou menos. A alocação da produção entre as 31 fábricas de resinas da GE pelo mundo costumava levar de duas a três semanas devido à controvérsia acerca dos números, e as decisões finais eram bastante intuitivas. Com o repositório de dados, as decisões podem ser tomadas em horas e são baseadas em dados e não em intuição, afirma Jack Sprano.

A instalação de um novo "groupware", a terceira parte do plano de informações da GE Plastics, objetivava permitir que todos na empresa dispusessem de aplicações uniformes, porém poderosas e fáceis de serem utilizadas. Atualmente, todos possuem os softwares Word, Excel e PowerPoint operando em PCs de tecnologia aberta e com processadores Intel. Anteriormente, o pessoal da Plastics podia instalar qualquer software ou hardware que quisessem. Esperando adquirir um sistema de e-mails comum e melhorado, a divisão Plastics se ofereceu como um local de teste para o Microsoft Exchange, que agora se encontra instalado em 16 países. Em 1994, a GE Plastics tornou-se a primeira empresa não-usuária de computadores a entrar na Internet e utilizá-la para comprar e vender *commodities*, materiais de mercado recicláveis e a fazer lances.

Como outras empresas, a GE Plastics considera que a nova abordagem da informação precisa de pessoas diferentes. Os programadores e arquitetos de programas ficam de fora. Os subcontratados na Índia desenvolvem os programas. Programadores bem treinados na Índia custam uma fração do que custam nos Estados Unidos. E, visto que o número necessário de pessoas durante o desenvolvimento de um aplicativo segue fielmente uma curva em forma de sino, ao utilizar subcontratados, a GE evita manter um grande quadro funcional permanente. A GE não admite arquitetos de sistemas porque as empresas de hoje estão mais dispostas a comprar pacotes integrados da SAP, Oracle e outras. Até a IBM, a Hewlett-Packard e a Sun Microsystems compram esses sistemas.[9]

A seguir, mais alguns exemplos de tipos de mudanças e inovações, até mesmo negócios, que não existiriam sem a nova tecnologia da informação:

- A *Levi Strauss & Company* faz uso altamente visível da tecnologia da informação ao promover a "personalização em massa" de jeans para mulheres. As clientes podem se dirigir a uma das lojas Original Levi's Stores, da própria empresa, onde uma "associada" de vendas tira quatro medidas e entra com as mesmas em um computador, o qual recomenda um protótipo do jeans. As clientes experimentam o protótipo e a associada adapta as medidas para melhorar o ajuste e, depois, pega outro protótipo. Quando as medidas estão certas, são enviadas rapidamente por modem à fábrica da empresa em Mountain City, Tennessee, onde dispositivos a laser cortam automaticamente o padrão correto e os operadores costuram o jeans. A entrega é garantida em três semanas. Esses jeans personalizados custam US$70, 10 dólares a mais do que o mesmo modelo 512 para mulheres (512 Jeans for Women) produzido em larga escala. Como normalmente acontece, o software para as calças jeans personalizadas, chamadas Levi's Personal Pair, sai de uma pequena empresa, a Custom Clothing Technology Corporation, de Newton, Massachusetts, que a Levi's comprou em 1995.

- A *Wells Fargo & Company*, de 1980 para cá, fechou 1.000 agências bancárias convencionais e as substituiu por postos bancários com um ou dois funcionários no interior de supermercados e por operações bancárias eletrônicas à distância em parceria com a Microsoft e a Intuit. De fato, a Wells Fargo diz a seus clientes, "não venham ao banco — usem o telefone, seus computadores ou o caixa eletrônico". A empresa desenvolveu algoritmos, logo os responsáveis por empréstimos podem aprovar pequenos empréstimos de negócios pelo telefone em alguns minutos — e realiza esses empréstimos do Maine à Flórida, mesmo não possuindo filiais fora da Califórnia. No final de 1996, a Wells Fargo tinha 200.000 "cybercontas", que no início de 1995 eram 20.000, para que os clientes pudessem realizar atividades bancárias por computador.[10]

- Os serviços de compras on-line têm seus problemas, especialmente com a entrega de mercadorias uma vez que o pedido foi substituído pelo computador. Entretanto, a *Peapod LP*, fundada em 1989, parece estar se estabelecendo com um negócio baseado inteiramente na tecnologia da informação. Os clientes da Peapod podem acessar a Internet em Boston, Chicago, Columbus, São Francisco e San Jose para fazerem seus pedidos semanais de alimentos nos supermercados cadastrados na Peapod. Os clientes podem navegar em um banco de dados de 20.000 itens separados por categoria, seção, marca, preço ou como "itens especiais", ou apenas fazer o pedido a partir de uma lista pessoal presente na memória do sistema. O serviço não é barato. Os clientes pagam uma tarifa mensal e outra de entrega para cada pedido, mais uma porcentagem sobre o pedido. Um cliente que compra alimentos no valor de 100 dólares três vezes por mês pode gastar 35 dólares extras por conta da Peapod. Mas a Peapod espera ter superado o problema de cumprimento dos pedidos ao colocar seu próprio pessoal nas lojas para empacotar as encomendas.

VERIFONE E SEI: BEM CONECTADAS

Para os altos executivos, o uso da tecnologia da informação apresenta alguns problemas, sem falar que aqueles com mais de 50 anos aprenderam a trabalhar com computadores depois que estes se tornaram lugar-comum. Alguém já disse por aí que todo principal executivo precisa ter um adolescente superaficionado em computador colado nele. Há dirigentes que sabem que suas empresas dependem da tecnologia da informação, mas que nunca sequer entraram em contato com ela. Hugh McColl, do NationsBank, era um desses principais executivos. Quando ele viu que o futuro de sua empresa estava ligado à tecnologia da informação, começou a ter aulas para aprender a utilizar um PC.

O problema da idade será resolvido com o tempo, é claro, e muitas empresas, especialmente as novas e as do setor eletrônico, possuem executivos completamente conectados à tecnologia. As pessoas em altos cargos na VeriFone, por exemplo, ficam interligadas onde quer que estejam. Um dos fundadores, Will Pape, com 47 anos, viaja com umas tantas ferramentas de "guerreiro eletrônico" para que possa interligar seu laptop a uma linha telefônica caso o hotel não disponha de cabeamento de fibra ótica. Normalmente, ele irá acordar às 4h30min ou 5h para fazer uma varredura em seus e-mails e "despachar seus papéis". Ele pode verificar os e-mails duas ou três vezes por dia. Nos intervalos, ele pode sempre ser encontrado através do telefone celular para tratar de uma questão urgente qualquer. O e-mail recebe uma classificação um tanto quanto baixa no que tange à eficácia psicológica, ele comenta, enquanto a videoconferência fica no topo da classificação; porém, essa ferramenta fica limitada aos escritórios da empresa nos Estados Unidos. O telefone e o e-mail são apenas dois dos 32 modos de comunicação disponíveis na empresa. Os 3.000 funcionários da VeriFone enviam uns aos outros cerca de um milhão de mensagens por mês e, quando alguém transmite uma mensagem para 200 colegas de trabalho, isso conta como apenas uma mensagem. No entanto, esse tipo de mensagem desnorteia a responsabilidade, alerta Will Pape, porque ninguém sabe quem deve fazer o quê.[11]

Outra empresa bem conectada à tecnologia, a SEI Investments, em Oaks, Pensilvânia, começou a abrir escritórios, dar a todos um PC e aboliu o cargo de secretária para mudar para um novo modo de trabalho. (As secretárias tinham a chance de tentar ser admitidas em outros cargos na empresa, e cerca de 30 entre cada 90 se qualificavam. A SEI não deseja empregar pessoas que aspirem somente ser secretárias ou que somente aspirem ser programadores.) Os executivos agora não possuem nenhum "pára-choque" para proteger-lhes, ninguém para lhes prestar serviços de apoio direto. Se o principal executivo Al West precisar de uma passagem aérea, ele liga para o escritório de viagens (uma operação interna, porém terceirizada). "Todos aqui pensaram que Al estivesse doido", comenta Mark Wilson, vice-presidente que lida com a organização. "Porém, uma rede local, um bom centro de redação de mensagens e e-mails compensam bastante a perda de uma secretária. Nunca fomos de ter muito papel na empresa. A cultura significa apenas que você deve pegar o telefone." Para amenizar a frustração das pessoas que ligam e que não conseguem ir além da secretária eletrônica de Al West que atende às ligações, a SEI criou linhas com equipe de atendentes, para que no caso de a secretária eletrônica de West não atender, o chamador digita "0" (zero) e em seguida um membro da equipe de West atende a chamada. Os chamadores percebem que a cultura da SEI exige que suas mensagens deixadas no correio de voz tenham que ser significativas — se disserem apenas "retornem a ligação", nada irá acontecer.[12]

A vida dos executivos completamente conectados à tecnologia não é tão divertida como pode parecer. De uma forma ou de outra, eles podem ser encontrados 24 horas por dia por mais pessoas do que desejam atender e que dão mais informações do que realmente precisam. John Sculley, ex-presidente da Apple Computer, decidiu carregar um bip e um telefone celular quando começou a dirigir seus próprios negócios fora dos escritórios de Nova Iorque. "Essa foi a pior decisão que poderia ter tomado", ele diz. Em vez de ficar em contato com o mundo, ele achou que o mundo estava entrando em contato com ele, acabando com toda a sua privacidade. Portanto, agora ele deixa de lado os dois aparelhos, talvez deixando um bom exemplo para outros executivos que são importunados. Porém, ele ainda telefona a cada uma ou duas horas para um de seus assistentes — sua "interface humana" — que filtram mensagens e cuidam dos horários dele.[13]

As empresas mais antigas em negócios mais tradicionais podem, com bom senso, fazer uma abordagem mais cautelosa da tecnologia da informação, pelo menos a parte das comunicações. A Labconco Incorporated, fabricante de equipamentos para laboratório situada em Kansas City, com 73 anos de existência e que fatura 34 milhões de dólares por ano, envia mensagens via fax para todo o mundo e faz uso internamente de alguns e-mails, mas não deixa os clientes serem atendidos por sistemas de e-mail ou correio de voz. O principal executivo, John McConnell, que diz não ser um "grande usuário" de computador, deseja manter pessoal o relacionamento entre a empresa e os clientes. "As pessoas compram de outras pessoas", ele diz e, portanto, quando os clientes ou pessoas externas à empresa ligam, eles não são atendidos por correio de voz, e sim pela "voz feminina" de uma agradável e competente recepcionista.[14]

SAINT-GOBAIN: TOLERANDO E-MAILS

Michel Besson, chefe na área urbana das operações da Saint-Gobain na América do Norte até 1996 (tornou-se vice-presidente executivo da empresa controladora), tolera algumas das novas tecnologias de comunicação. Ele mesmo não utiliza e-mail, mas considera o mesmo uma ferramenta útil para realizar a comunicação com locais em distantes fusos horários; considera as teleconferências úteis para discutir assuntos específicos, como orçamentos ou planos para uma nova fábrica. Porém, enquanto estava nos Estados Unidos, estava obviamente muito mais confortável com suas visitas mensais à sede da empresa em Paris e com outras reuniões pessoais para discutir operações, produção, vendas ou para conversar com clientes. Nesse período, ele acumula quatro funções distintas na complexa matriz de gestão global da Saint-Gobain, e acredita que as ambigüidades e tensões dessas funções só poderiam ser encaradas diretamente. A velocidade do e-mail não o impressiona porque ele raramente tem que tomar decisões rápidas, e a falta de disciplina entre os usuários de e-mail o angustia. "Os e-mails transmitem muitas trivialidades", ele disse. Quando alguém na Ásia envia a mesma mensagem para outras dez pessoas na Ásia, ninguém age porque cada um pensa que outros nove irão agir.[15]

No final das contas, a verdadeira limitação ao uso da tecnologia da informação passa a ser o tempo, o tempo que os executivos e gerentes levam para absorver e utilizar as informações. A quantidade de dados disponíveis e as formas de entrega tornaram-se quase ilimitadas, mas o tempo disponível para utilizar os mesmos permanece finito. Na verdade, o tempo foi reduzido por novas exigências feitas aos executivos para que cuidassem de suas atividades utilizando quadros funcionais menores, trabalhassem mais rápido, recebessem mais treinamento, discutissem questões com as equipes, dedicassem mais atenção aos clientes e fornecedores e viajassem pelo mundo. Mas essa limitação raramente pode parar ou mesmo diminuir a velocidade da revolução das informações. Ela é um fato e está tomando volume. Está criando novos produtos e negócios. Está criando novos mercados e revelando mercados que não sabíamos que existiam. Essa revolução nos permite personalizar produtos em massa, projetá-los para ficarem mais rápidos e melhores, produzi-los mais eficientemente. Ela dissemina conhecimentos úteis por meio de uma organização e permite que os clientes e fornecedores compartilhem esses conhecimentos. Ela interliga todas as atividades de uma empresa, onde quer que estejam. O desdobramento bem-sucedido da tecnologia da informação tornou-se a estratégia central de negócios dos tempos e modifica tudo que fazemos.

Indicadores

- O sistema de informações unifica toda a organização, interligando as atividades do fornecedor ao cliente?
- O sistema de informações é gerenciado centralmente e é inteiramente compatível? (O novo pacote SAP da Hewlett-Packard está substituindo os 24 sistemas existentes não-coordenados.)
- O sistema de informações foi projetado pelas pessoas que irão utilizá-lo?
- A rede de informações é largamente acessível e fácil o bastante de ser utilizada?
- Esse sistema captura as informações de que você precisa para segmentar o mercado precisamente?
- O seu sistema de informações permite que você conheça bem seus clientes, rastreie o comportamento deles e construa um relacionamento de longo prazo com eles?

- Esse sistema provê o suporte de que você precisa para poder tomar decisões rápidas, precisas e baseadas em fatos?

Vínculos

- Os seus sistemas de informações, estrutura, relacionamentos poderosos, carreiras, pagamento, treinamento e suas habilidades estão alinhados uns aos outros?
- Uma vez que o número de pessoas e as habilidades necessárias para a tecnologia da informação se modificam rapidamente, você já considerou terceirizar suas operações realizadas por meio de computador?

Advertências

- A tecnologia do futuro está ficando tão imprevisível que até os especialistas mais brilhantes acham difícil saber o que fazer em seguida.
- O escopo e o custo dos novos sistemas de informações são tão gigantescos, que a escolha pode representar riscos no valor da empresa inteira.
- À medida que as redes crescem, o risco de que intrusos possam invadir o sistema de informações da organização passa a ser uma grande preocupação gerencial.
- O maior obstáculo para instalar sistemas de informações em uma empresa é a forma como as pessoas trabalham e como as empresas estão organizadas.
- Se um sistema de informações simplesmente produzir uma massa de dados em vez de informações utilizáveis, fará parte do problema e não da solução.

11

ESTIMULANDO A INOVAÇÃO

"O processo de criação... funciona bem quando não é muito estruturado. No entanto, em longo prazo, deve ser tratado, dominado e controlado para atender às necessidades do homem."
— William Hewlett[1]

A atividade de negócios americana parecia fazer parte do grande entusiasmo da inovação. O principal executivo Harvey Golub anunciava que a American Express lançara mais produtos novos no mercado em 1995 do que em toda a década anterior e, depois, em 1996, a empresa continuava a produzir rapidamente quantidades enormes de cartão de crédito.[2] O principal executivo da Hewlett-Packard, Lewis Platt, diz que os ciclos de vida de novos produtos duram apenas de nove a 18 meses e lembra-se de como era há uma década, quando duravam anos.[3] A Hewlett-Packard e a Intel, entre outras, canibalizam seus próprios produtos ao surgirem com novas versões deles em menos de seis meses. Na empresa Corning, 75% das telas planas para aparelhos de TV e monitores de computador vendidos em 1995 não haviam sido fabricados em 1994. Os produtos do mercado de telas planas mudam quase trimestralmente.[4]

Nós somos — realmente queremos ser — tão inovadores assim? Quando comemos um Rice Krispies ele ainda produz um estalido, um estouro crocante igual ao que fazia quando éramos crianças, não é? Os papéis higiênicos e os lenços de papel não são exatamente iguais aos de sempre, exceto talvez o fato da embalagem ser mais bonita? As esponjas de aço não mudaram, certo? Até mesmo a etiqueta em uma lata de creme de leite se parece com a que nossos pais e avós conheciam. Boa parte do que utilizamos o tempo todo — graxa para sapatos, gelatina, guarda-chuvas, vasos sanitários, martelos, pregos, parafusos, chaves de fenda, mosquiteiro de papel adesivo (se alguém ainda comprar) — quase não mudou por várias décadas.

O que está havendo por aqui? Vamos manter um senso de proporção. As coisas não mudam o tempo todo. Bem, mudam e não mudam. Mesmo nos setores que produzem as mesmas coisas que produziram por anos, a capacidade de inovar é importante. Talvez o produto não mude, mas pode ser que a concorrência sim. Novos mercados ou novos canais para os mercados se abrem. Talvez os produtos antigos possam ser fabricados de forma mais eficiente, com novas ferramentas ou métodos de produção. Ou distribuídos de uma forma diferente. A inovação não está restrita aos produtos e serviços, mas à própria empresa, à gerência, à organização e aos processos da mesma.

Em certos setores, o ritmo da inovação de fato se tornou frenético. A necessidade de inventar constantemente novos produtos eletrônicos é óbvia. A tecnologia é nova, seu mercado está crescendo consideravelmente; ela possui muitas aplicações, suas possibilidades cedem prontamente à imaginação. Presume-se que a eletrônica um dia se mostre mais estável, onde os produtos e as empresas atuantes no mercado não mudem muito — assim como o setor automobilístico, por exemplo, estabelecido nos anos 20 nos Estados Unidos. As maiores empresas que atuavam no mercado ainda são as maiores hoje, e um carro continua sendo um carro. O setor de eletrônica ainda está tumultuado. Alguns meses sem a atenção da alta gerência podem fazer com que uma empresa perca toda uma geração de produtos.

Pesquisa SEI	
É crucial para as grandes organizações se tornarem mais inovadoras e empreendedoras	79%
Nossas empresas estão se tornando mais inovadoras e empreendedoras	19%

A necessidade de inovar também é esmagadora em outros setores — nos serviços bancários e financeiros, farmacêuticos, químicos e de varejo, por exemplo. A concorrência estrangeira forçou o setor automobilístico a inovar em uma escala em massa, a melhorar a qualidade dos carros, a aumentar a produtividade das fábricas, a acelerar o projeto de novos modelos, a desobstruir as artérias entupidas da gerência. Você pode reconhecer facilmente a semelhança entre um modelo de carro de 1997 e um de 1980, mas dê uma olhada nas corporações e você encontrará pouca semelhança entre a Chrysler ou a GM antigas e as atuais.

UM ESPÍRITO UNIVERSAL

Para inovar com sucesso, você precisa de quatro elementos: primeiro, o espírito empreendedor ou inventivo; segundo, a disposição de comprometer recursos para com a inovação; terceiro, os métodos para tanto e, quarto, o tipo certo de organização. O verdadeiro problema de uma sociedade industrial avançada está no quarto elemento. Como fazer com que grandes organizações continuem inovando, especialmente se forem bem-sucedidas no que já estão fazendo? Este capítulo se focalizará em organizar-se para inovar. Porém, primeiro, vamos ver rapidamente os outros três elementos.

O espírito. O espírito de inovação certamente existe, muito nos Estados Unidos e bem mais em muitos outros países do que as leis, a cultura ou a economia parecem permitir. É lendário o número de garagens, porões, quartos desocupados e oficinas que foram locais de nascimento de grandes empresas americanas e até mesmo de setores inteiros, da loja de bicicletas dos irmãos Wright em Dayton e da oficina de Leroy Grumman em Long Island à garagem de Hewlett e Packard em Palo Alto e à garagem da família Jobs em Cupertino. Andrew Grove da Intel encabeçou uma lista de imigrantes cujo espírito empreendedor foi emanado nos Estados Unidos. O espírito é algo universal, mesmo no conformista e burocrático Japão. Um visitante que chegasse ao Japão logo após a Segunda Guerra Mundial poderia ver os fundadores da Sony trabalhando em meio a bancos em um abrigo com vazamentos e Soichiro Honda, mecânico de bicicletas e motos, ajustando motores que haviam sobrado da guerra a bicicletas.

Quem Está Ficando para Trás?

Embora a indústria dos Estados Unidos seja freqüentemente criticada por uma visão míope em relação à pesquisa, esse país é de fato o principal realizador de pesquisas, não apenas dentro de suas fronteiras, mas globalmente, e não apenas em pesquisa aplicada e com caráter de desenvolvimento, mas também em se tratando de pesquisas básicas. A indústria desse país despendeu 113 dos 184 bilhões de dólares em pesquisa e desenvolvimento nos Estados Unidos em 1996, ou 62% do total. Embora os gastos tenham realmente estagnado de 1985 a 1995, a National Science Foundation estimou que os negócios americanos aumentaram seus orçamentos de P&D em 3,5% em 1996, e o Industrial Research Institute disse que seus membros haviam projetado um aumento de 5,6% para 1997. Uma vez que os orçamentos de pesquisa das universidades em pesquisas são de valor fixo e que o governo tem cortado os gastos em P&D desde 1990, todo aumento nos fundos de pesquisas vem dos negócios.

Os gastos totais em P&D nos Estados Unidos excedem os totais do Japão, Alemanha, França e Grã-Bretanha somados. Entretanto, em termos de percentuais do PIB de cada país, esses gastos são comparáveis. Nesses percentuais, os gastos em P&D desses cinco países ficam na faixa de 2,19% (Grã-Bretanha) a 2,69% (Japão).

Os negócios provêem fundos para a maioria das pesquisas puras e básicas nos Estados Unidos — estimados 6 bilhões de dólares em 1996, comparados aos 900 milhões de dólares providos pelo governo. As pesquisas básicas representaram 6% dos gastos em negócios. Reconhecidamente, no entanto, a pureza desses gastos pode ser maculada por uma tendência à "pesquisa básica comandada".

Os japoneses são famosos pela qualidade e pelo volume de suas pesquisas com caráter de desenvolvimento — e por sua capacidade de copiar. A Toyota é provavelmente a melhor e mais rápida desenvolvedora de carros novos e as empresas japonesas são incansáveis na busca por patentes. Entre as empresas que obtiveram a maioria das patentes junto ao U.S. Patent Office em 1996, oito das dez primeiras (ver Figura 11.2) eram japonesas. Porém, o desempenho japonês no que se refere a pesquisas básicas é lamentável — a fonte de futuros produtos. A atividade de negócios japonesa focaliza-se em pesquisa aplicada e com caráter de desenvolvimento, e as universidades dispõem de recursos insuficientes e isolados. Desde 1970, apenas três japoneses haviam recebido prêmios Nobel em Física, Química e Medicina, enquanto 89 americanos recebiam ou compartilhavam, a Alemanha produzia 16 ganhadores e a Grã-Bretanha 15. Entretanto, o governo japonês endossou um plano para investir 155 bilhões de dólares em ciência e tecnologia no ano 2000.

Fonte: Institute of Industrial Research, National Science Foundation, U.S. Patent and Trademark Office, *Business Week* (2 de setembro, 1996).

Os recursos. Bem, talvez o espírito exista, mas e no que diz respeito à disposição para dar suporte à inovação? Periodicamente, ouvimos que os americanos ligados a atividades de negócios pensam demais em curto prazo, são muito conscientes em relação aos custos, muito temerosos quanto a processos judiciais para assumirem os riscos da inovação. É correto dizer que os gastos industriais em pesquisa e desenvolvimento (P&D) nos Estados Unidos estagnaram de 1987 até meados dos anos 90. A reengenharia e os cortes de custos certamente afetaram a pesquisa e o desenvolvimento. Laboratórios foram fechados ou reduzidos e os pesquisadores demitidos. Tão importante quanto isso foi o tumulto do *downsizing* que tendia a quebrar a rede de relacionamentos informais tão cruciais para se concluir uma pesquisa em uma organização. Quando os pesquisadores realizam um projeto arriscado e incerto, precisam de amigos e de patrocinadores, confiando em relacionamentos que levam tempo para ser construídos.[5] Entretanto, os gastos industriais com pesquisa e desenvolvimento começaram a aumentar em 1995 e parecem suscetíveis a continuar demonstrando real crescimento. Na verdade, a indústria dos Estados Unidos é, de longe, a que mais contribui para a pesquisa e o desenvolvimento.

Os métodos. Desde o começo dos anos 80 nos Estados Unidos, e ainda antes disso no Japão, novas abordagens melhoraram notadamente o processo de inovação. A partir do momento em que a criatividade estiver envolvida, sempre haverá diferenças entre as pessoas, as empresas e as nações no que diz respeito às suas abordagens da inovação. As empresas farmacêuticas provavelmente continuarão dependendo da genialidade individual de cientistas surpreendentes. As grandes empresas industriais provavelmente continuarão a utilizar grandes equipes de engenheiros.

A pesquisa corporativa nos Estados Unidos tende a ser estruturada e dividida em estágios. No Japão, é menos formal e também promoveu a arte de disseminar conhecimento para estimular mais aplicações de novas idéias, que é uma das razões de as empresas japonesas ganharem mais patentes dos Estados Unidos do que as empresas americanas (ver Figura 11.2). "A criação de um conhecimento organizacional é a chave para o modo distinto que as empresas japonesas promovem a inovação", escrevem dois professores japoneses líderes em negócios, Ikujiro Nonaka e Hirotaka Takeuchi, da Universidade de Hitotsubashi. "Eles são especialmente bons em promover a inovação de forma contínua, incremental e crescentemente integrada." Os autores estão falando da "capacidade de uma empresa como um todo de criar novo conhecimento, disseminá-lo por toda a organização e incorporar isso nos produtos, serviços e sistemas".[6] (Para mais informações sobre organizações que aprendem, ver Capítulo 16).

Figura 11.1
Campeãs de Patentes

Embora as universidades e negócios japoneses possam ser fracos no que diz respeito a pesquisas básicas, são gênios em obter patentes de novos produtos. A IBM normalmente tem vindo em primeiro lugar no número de patentes concedidas pelo United States Patent Office (órgão de concessão de patentes dos Estados Unidos) nos últimos anos, porém, dos que ficam logo em seguida nessa classificação, são os japoneses que se mostram em números cada vez maiores. A Canon, número 2 da classificação, gasta 10% de sua receita em pesquisa e desenvolvimento, mais do que o dobro gasto em média pelas 100 maiores empresas americanas em matéria de gastos nessa área. Se o governo dos Estados Unidos tivesse sido incluído, ficaria em sétimo lugar na lista de 1996. A seguir, as classificações em intervalos de seis anos desde 1978, com o número de patentes concedidas:

Classificação	1978	1984	1990	1996
1	GE 820	GE 785	Hitachi 908	IBM 1.867
2	Westinghouse 488	IBM 608	Toshiba 891	Canon 1.538
3	IBM 449	Hitachi 596	Canon 868	Motorola 1.064
4	Bayer 434	Toshiba 539	Mitsubishi Electric 862	NEC 1.042
5	RCA 423	Philips 438	GE 785	Hitachi 961
6	Xerox 418	Canon 430	Fuji Photo Film 767	Mitsubishi Electric 932
7	Siemens 412	RCA 430	Eastman Kodak 720	Toshiba 912
8	Hitachi 387	Siemens 404	Philips 637	Fujitsu 868
9	DuPont 386	Mobil 370	IBM 608	Sony 854
10	Philips 364	Nissan Motor 372	Siemens 506	Matsushita Electric 852

Fonte: U.S. Patent and Trademark Office.

Novas abordagens da inovação são bem parecidas com os novos métodos "deficientes" de produção. A abordagem da pesquisa e do desenvolvimento por parte da equipe é talvez a mais importante dessas ferramentas. Agora, em vez de se ter engenheiros trabalhando isoladamente em um novo produto e, depois, na interminável expressão repetida, "passando a bola" para a produção, a equipe inclui o pessoal de produção desde o começo, o pessoal de marketing, os fornecedores, e assim por diante, os quais podem contribuir quando for mais significativo, bem no começo. Cerca de 80% do custo de um produto são determinados no estágio de projeto.

A partir da idéia da equipe, flui a idéia associada do desenvolvimento paralelo ou simultâneo. Por exemplo, o processo de produção de um novo produto pode ser desenvolvido enquanto o próprio produto é desenvolvido. Isso leva a outra importante ênfase em P&D — maior velocidade. Quanto mais rápido você conseguir colocar um novo produto no mercado, maior sua probabilidade de conseguir melhor participação de mercado. Realizar projetos com a ajuda de computadores possibilita transformar conceitos em desenhos mais rápida e precisamente, testar mais projetos e permutá-los mais facilmente com outros projetistas. Com boa comunicação, as empresas podem globalizar suas equipes de pesquisa. Portanto, enquanto seus colegas americanos dormem, os engenheiros na Indonésia e na Índia podem dar andamento a seus projetos — e recebendo salários em torno de um terço ou menos dos recebidos nos Estados Unidos. A "engenharia de valor" faz com que os projetistas surjam com produtos mais simples e mais fáceis de serem produzidos. A idéia de transferir todo um projeto de desenvolvimento ou partes dele a parceiros ou subcontratados está se tornando um meio comum de obter ajuda e estender a outras partes o risco da inovação. (Para mais informações sobre terceirização, ver Capítulo 15.)

O foco no cliente também chegou ao processo de P&D. A Bell Labs, a General Motors e outras corporações possuem centros de atendimento ao cliente anexos aos seus laboratórios centrais de pesquisa. Os grandes clientes comerciais são normalmente incluídos nas equipes que trabalham em novos projetos que ajudem a desenvolver um produto que lhes seja adequado. Os fornecedores também podem ser incluídos no trabalho de projeto — ou projetar sozinhos uma parte do produto. Ao colocar no mercado sistemas abertos, as empresas podem obter mais a partir de um produto do que poderiam ao manter um sistema proprietário para elas mesmas. Elas obtêm muita ajuda de fora criando novos usos e aplicações que irão funcionar com seus produtos o que, conseqüentemente, torna seus produtos mais conhecidos.

A organização. Por definição, os novos e pequenos empreendimentos são, no mínimo, empreendedores se não realmente inovadores. Mas em relação aos grandes, bem-sucedidos e estabelecidos empreendimentos? A parte mais difícil e controversa da inovação é como manter o espírito vivo nas grandes organizações. Algumas das melhores mentes em gestão de negócios discordam de como isso pode ser feito, ou mesmo se pode ser feito. James Brian Quinn, da escola de negócios Amos Tuck, no Dartmouth College, que realizou um estudo sobre a inovação, acredita que "o ambiente inovador é sempre dinâmico, oportunista e imprevisível". As organizações mais inovadoras, ele escreve, utilizam alguma forma ad hoc de "skunkworks", profissionais superespecializados que trabalham fora de linha, ou pequenas equipes interligadas em extensas redes.[7] Henry Mintzberg, da McGill University, concordaria. "A organização inovadora não pode depender de nenhuma forma de normatização da coordenação", escreve Henry Mintzberg. "Ela deve evitar todas as amarras da estrutura burocrática."[8] Em contraste, Peter Drucker afirma que nos últimos 40 anos "a inovação *intencional* — tanto técnica quanto social — transformou-se em uma disciplina organizada, que ensina e que aprende". Portanto, ele diz: "Toda organização de hoje tem que construir em sua própria estrutura *a gestão da mudança*".[9]

A dissidência sobre inovação entre escolas de pensamento organizadas e informais pode ser, em parte, semântica. As grandes descobertas, as inovações arrasadoras, provavelmente não podem ser planejadas e organizadas, mas as inovações com caráter de desenvolvimento, as melhorias ou as novas versões de produtos existentes, que utilizam a maior parte de nossos recursos de pesquisa e desenvolvimento, podem ser bastante organizadas, programadas e até ter sua dotação orçamentária. Contudo, permanece uma diferença entre as duas abordagens e podemos encontrar exemplos de ambas hoje em dia. Mas, antes de examinar esses exemplos, vamos observar outro fator, provavelmente mais importante do que qualquer política formal, que é a capacidade de criar uma cultura inovadora.

3M: A MAIS INOVADORA

A cultura da 3M Company nutre os dois tipos de inovação, a incremental e a arrasadora. Entre diversas práticas gerenciais bem recentes, a 3M concede 15% do tempo para pesquisa: os engenheiros são encorajados a gastarem 15% de seu tempo trabalhando em uma idéia favorita, a despeito de sua atribuição. Não há nenhuma disciplina gerencial anexa a esse tempo livre de pesquisa. Na verdade, não há regra formal sobre os 15%. É uma tradição e esse percentual é aplicado livremente. A idéia foi de William McKnight, que criou a moderna 3M durante os 52 anos que ficou na empresa, terminando como presidente do conselho antes de se aposentar em 1966. A história que contam na 3M é que um dia, nos anos 30, William McKnight descobriu um técnico jovem, Richard Drew, tentando desenvolver algo chamado de fita-crepe gomada quando deveria estar trabalhando em uma lixa. William McKnight disse a Richard Drew que a tal de fita-crepe gomada nunca funcionaria e que voltasse a trabalhar na lixa. Richard continuou trabalhando na fita-crepe até criar um produto que passou a ser um dos mais bem-sucedidos da 3M. William McKnight, que felizmente não possuía um ego muito grande, depois prometeu não interferir no trabalho e nas idéias dos engenheiros da 3M. (Richard inventou depois a fita Scotch.)

A cultura criada por esse tipo de lenda é o que faz da 3M uma das empresas mais inovadoras do mundo. Os engenheiros ganham liberdade e encorajamento, e esses sabem que trabalham em uma empresa cuja gerência está comprometida com a inovação. A cultura levou bastante tempo para se firmar e, uma vez que a 3M sempre escolheu seus líderes dentro da empresa, ela permanece intacta. Diferente de outras empresas que enviam suas grandes mentes para locais mais afastados onde possam pensar sem serem distraídos, a 3M concentra seus pesquisadores na sede da empresa em St. Paul, Minnesota, onde eles podem ficar em contato com o que a empresa está fazendo, participar de fóruns e trocar idéias com colegas que se tornam amigos com o passar dos anos. Eles são encorajados a conhecerem os clientes, não apenas perguntando aos clientes o que desejam, mas os observando o suficiente para decifrar as "necessidades não-articuladas" deles, segundo William Coyne, vice-presidente sênior de pesquisa e desenvolvimento da 3M. O modo como a 3M pensa e como ela se comporta é bem mais importante do que sua estrutura formal. De acordo com a descrição da

Fortune: "por baixo de sua aparência de Meio-Oeste ordeira e com classificação AAA, a empresa é bem excêntrica".

A parte mais bem-sucedida dessa excentricidade é o tempo de 15% concedido aos pesquisadores para se ocuparem com seus próprios assuntos. A Post-it Notes foi inventada em 1980 por um engenheiro durante esse horário livre concedido. Onde estaria o mundo hoje sem os bloquinhos de papel-lembrete Post-it? Eles se proliferaram em 56 formatos, 18 cores, 27 tamanhos e 20 fragrâncias. Uma dezena de concorrentes tentaram sem sucesso copiar a idéia.

Ao ter criado um novo produto, a 3M não parou por aí. Se ela puder, utiliza o produto para criar uma plataforma para toda uma família de novos produtos. Uma vez que a 3M possui uma atmosfera aberta e colegiada, as idéias podem migrar para diferentes partes da empresa. Em seus 15% de tempo, em 1964, um cientista da empresa, Roger Appledorn, desenvolveu um meio de focalizar e de aumentar o brilho da imagem de projetores suspensos. Ele criou um revestimento plástico para as lentes em cuja superfície repetia-se um minúsculo desenho tridimensional. Por vários anos, a microrreplicação, como a nova tecnologia é chamada, continuou sendo uma linha limitada e com um propósito único. Porém, por volta de 1970, a 3M viu que ela também poderia ser utilizada para focalizar sinais de trânsito de forma que apenas os motoristas em um determinado sentido pudessem vê-los. Nos anos 70 e 80, a 3M descobriu outros usos óticos para a microrreplicação, a tecnologia migrou para outras áreas e, nos anos 90, seu uso explodiu.

Hoje, os prismas microscópicos dão brilho às telas planas da maioria dos laptops em 50% e versões mais novas estenderão o tempo de vida da bateria dos laptops utilizando menos energia. Os tubos de vidro com interior revestido com lâminas desse material podem ser utilizados como grades iluminadas que se estendem 90 metros com apenas uma lâmpada iluminando o tubo. A tecnologia é utilizada para fabricar prendedores de fraldas, carteiras de identidade difíceis de serem alteradas e mouse pads para computadores. Com alguma dificuldade, a 3M aplicou a microrreplicação em abrasivos e surgiu com o Apex para uso geral. Com material de um único grau de aspereza pode-se realizar um trabalho de abrasão mais grosseira ou mais fina em uma variedade de outros materiais. Isso significa que um trabalhador que utilize correias de lixa não precisa mudar a correia toda vez que precisar de uma "granulação" diferente. Após o *Stars & Stripes* de Dennis O'Connor apresentar desempenho desapontador nas preparatórias para a regata America's Cup de 1987 na Austrália, o casco do barco foi revestido com plástico 3M que replicava a superfície áspera da pele de um tubarão. Presumidamente isso ajudou, já que o *Stars & Stripes* derrotou o *Kookaburra III*. Os velejadores americanos, na Olimpíada de 1996, queriam revestir o casco de seus barcos com o mesmo material, mas o Comitê Olímpico os impediu. A empresa espera que as vendas anuais dos produtos de microrreplicação excedam um bilhão de dólares no ano 2000.

Nos anos 90, apesar do sucesso da 3M como uma empresa inovadora, ela decidiu que tinha que melhorar. Para atingir sua meta de 27% de retorno sobre o capital, a empresa teria que focalizar mais claramente a pesquisa e o desenvolvimento em grandes projetos. Uma das importantes medidas do sucesso da pesquisa e do desenvolvimento de uma empresa é o "índice de novas vendas" — proporção de vendas atribuíveis a novos produtos. O quociente da meta de vendas havia sido 25% das vendas de produtos colocados no mercado nos cinco anos anteriores mas, em 1993, a 3M elevou esse quociente para 30% e o período ficou em quatro anos — e atingiu esse nível no ano seguinte. A meta ficou ainda mais apertada quando a 3M decidiu que 10% deveriam vir de produtos lançados no ano anterior. Outro importante quociente é representado pelos gastos em P&D como percentual de vendas — a 3M mantém esse quociente relativamente alto em 7% e não cortou os gastos quando o negócio teve uma queda em meados dos anos 90.

Porém, a 3M também se deu conta de que para ser vista como um "empreendimento mais inovador", como diz o vice-presidente do conselho, Ronald Mitsch, ela teria que "focalizar-se mais nos canais de mercado e nos clientes". As escolhas de P&D haviam sido um tanto quanto informais. "Você escolhia um campeão e ele te dava um empurrão", diz Thomas Wollner, chefe dos laboratórios centrais de pesquisa. "Esse campeão tinha bastante emoção. As pessoas nas posições de topo costumavam agir por seus sentidos de coragem." Um projeto com um potencial de 3 milhões de dólares em vendas conseguiria tanta atenção quanto um de 100 milhões de dólares. Além disso, à medida que a empresa amadurecia, as pessoas que cuidavam de pesquisa e desenvolvimento tinham uma tendência de realizar mais coisas incrementais, melhorias em curto prazo propostas por clientes e pessoal de vendas.

Em 1990, a 3M deu início a um "programa marcador de ritmo" com o objetivo de selecionar e dar um empurrão aos projetos mais promissores, os que apresentassem um potencial de vendas mínimo de 20 milhões de dólares. Em 1995, a 3M tinha 100 desses projetos, e os que haviam alcançado o mercado estavam apresentando uma média de 60 milhões de dólares em vendas. Porém, comenta Ronald Mitsch, algumas divisões realmente não davam um empurrão em seus programas de marcação de ritmo ou realocavam recursos. Então, em 1995, quando a 3M se reorganizou (ver Capítulo 6), ela reduziu o foco ainda mais com um programa chamado "Pacing Plus" (Ritmo Mais Acelerado) que identificaria projetos com potencial de 100 milhões a um bilhão de dólares em vendas — coisas que pudessem realmente modificar a base da concorrência ou redefinir os mercados — e colocá-los no topo da lista de prioridades. No final de 1996, a 3M havia designado 30 projetos Pacing Plus e dois haviam alcançado o mercado (um inalador para asmáticos ativado pela respiração e um adesivo corporal com estrogênio que durava sete dias).

Ao mesmo tempo, a 3M formalizou de certo modo sua abordagem de P&D, utilizando equipes maiores com mais treinamento e várias técnicas que surgiam do movimento da qualidade. As equipes são globais, tomando conta dos laboratórios estabelecidos pela empresa fora do país. A empresa também está contando mais com elementos de fora, trabalhando juntamente com empresas como a Hewlett-Packard e obtendo para si o registro de licenciamento da produção de instituições de pesquisa sem fins lucrativos, como o Battelle Institute.

O programa de marcação de ritmo "não exclui o trabalho das equipes essenciais nem dos 'skunkworks'", sustenta Ronald Mitsch. "Mas determina quais os projetos que realmente farão diferença. Não estaremos 100% corretos, mas posso quase garantir a vocês que faremos melhor dessa forma simplesmente tentando manter tudo no mesmo ritmo." Pelo menos metade dos gastos de P&D da 3M ainda é destinada a projetos que não foram selecionados para ficar no ritmo determinado. Como indicativo de que a criatividade tem a mesma importância de sempre, entretanto, a 3M manteve intactos os 15% de tempo opcional, sem vincular isso a normas de desempenho e de medição. Ao fazer isso, a empresa espera realizar a difícil façanha de tornar seu P&D mais direcionado ao mercado enquanto mantém viva essa cultura inovadora.[10]

HEWLETT-PACKARD: COMBATENDO A CRESCENTE ELEGÂNCIA

Assim como a 3M, a Hewlett-Packard é extremamente inventiva. Ela também possui uma cultura cuidadosamente nutrida que encoraja inovações. Cada uma de suas sessenta e tantas divisões existe como um negócio empreendedor separado e quando um negócio cresce bastante, ele é dividido para que mantenha as unidades pequenas. Como seus antecessores, o principal executivo, Lew Platt, mantém vivo esse espírito empreendedor. "A maioria das decisões são tomadas por pessoas que realmente estão próximas dos clientes, e não por um conselho corporativo que pode deixar lenta a inovação devido à burocracia", diz Lew Platt. "Eu trabalho duro todo dia para certificar-me de que a centralização não entre furtivamente em nossa organização e deixe as pessoas lentas." Ele encoraja as pessoas que queiram assumir riscos e é cuidadoso para não punir as que falharem.

É compreensível que Lew Platt pregue o sermão da inovação uma vez que a Hewlett-Packard (HP) depende mais das vendas de novos produtos do que a 3M. Como Lew Platt chama atenção, há uma década, os produtos da HP possuíam um ciclo de vida que durava anos, considerando que hoje seja mais comum de nove a dezoito meses. Onde a 3M diz que 30% de suas vendas devem vir de produtos lançados nos quatro anos anteriores (ou 10% em um ano), a HP está em um mundo de alta tecnologia que se move tão rapidamente que dois terços de suas receitas vêm de produtos lançados nos dois anos anteriores. Duas vezes por ano, a HP introduz novos PCs e impressoras para substituir seus modelos mais antigos.

A HP desenvolveu políticas que claramente obtêm o máximo dos 7,3% da receita da empresa gastos em pesquisa e desenvolvimento. (Para saber o gasto de outras empresas, ver Figura 11.2.) Através de sua participação em um estudo da Sloan Foundation, a HP descobriu que a parte crucial de um projeto bem-sucedido de desenvolvimento vem logo no começo, quando o produto é definido. A descrição começa quando se garante que o produto se ajuste à estratégia da organização, depois observando-se as necessidades dos clientes, confirmando-se que a empresa possui as habilidades necessárias, e assim por diante, passando por dez etapas diferentes. Se qualquer etapa for pulada ou realizada deficientemente, o efeito dominó resultante aumenta o nível de danos à medida que o projeto cresce. O erro mais comum ocorre

Figura 11.2
Grandes Investidores em P&D (Pesquisa e Desenvolvimento)

Um bom indicador da escala dos esforços de P&D de uma empresa é a razão do total de gastos pelo total de vendas, ou "intensidade" de P&D, como as pessoas desse campo a chamam. A seguir, as razões para os dez maiores investidores em P&D entre as corporações americanas em 1995 (os valores estão expressos em bilhões de dólares):

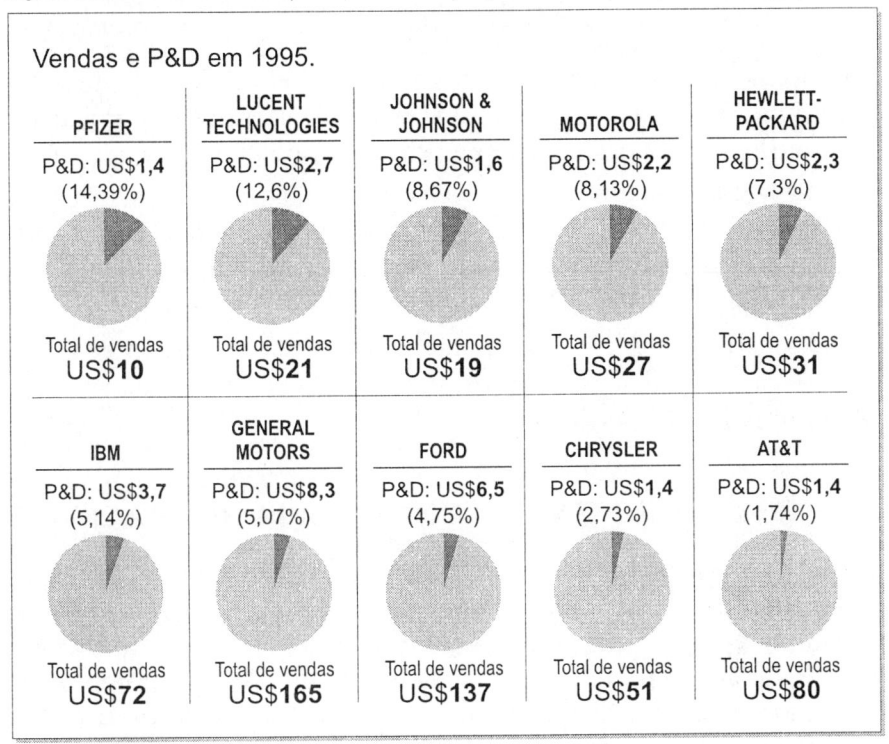

Vendas e P&D em 1995.

PFIZER	LUCENT TECHNOLOGIES	JOHNSON & JOHNSON	MOTOROLA	HEWLETT-PACKARD
P&D: US$1,4 (14,39%)	P&D: US$2,7 (12,6%)	P&D: US$1,6 (8,67%)	P&D: US$2,2 (8,13%)	P&D: US$2,3 (7,3%)
Total de vendas US$10	Total de vendas US$21	Total de vendas US$19	Total de vendas US$27	Total de vendas US$31
IBM	GENERAL MOTORS	FORD	CHRYSLER	AT&T
P&D: US$3,7 (5,14%)	P&D: US$8,3 (5,07%)	P&D: US$6,5 (4,75%)	P&D: US$1,4 (2,73%)	P&D: US$1,4 (1,74%)
Total de vendas US$72	Total de vendas US$165	Total de vendas US$137	Total de vendas US$51	Total de vendas US$80

Fonte: Standard & Poor's Compustat, agosto, 1996.

logo no início, ao se falhar em compreender as necessidades dos usuários. Para evitar esse risco, a HP gasta muito tempo com os clientes, observando o que eles fazem — "quase como uma antropologia cultural", comenta Lewis Platt. Na verdade, a HP realmente admite antropologistas na Inglaterra para observarem os "profissionais móveis" em ação, para ver como esses últimos utilizariam os equipamentos HP.

Para avaliar a qualidade da definição, a HP entrega um questionário para todos os associados ao projeto, perguntando a eles, por exemplo, o quão importante é o projeto para se atingir os objetivos estratégicos da divisão. As respostas, diz Lewis Platt, deram à HP idéias sobre o que provavelmente irá funcionar. Melhores definições ajudaram a empresa a combater o pecado do que Lewis Platt chama de "elegância crescente" — a ânsia que faz com que os engenheiros queiram continuar adicionando recursos enquanto um produto está sendo desenvolvido. Nos últimos dez anos, a HP reduziu o número médio de "retornos de projeto" — ou seja, o número de vezes que um projeto tem que ser devolvido para ser preparada uma nova versão — de seis ou sete, para dois.

Os resultados da abordagem da inovação por parte da HP aparecem em muitos produtos novos — PCs, estações de trabalho, servidores, impressoras, softwares e equipamentos científicos e médicos. Por trás disso, há um temor quase paranóico de ficar para trás. Lewis Platt prefere canibalizar seus próprios produtos do que deixar a concorrência eliminá-los.[11]

XEROX: O ÚLTIMO LAÇO COM A BUROCRACIA

Grandes empresas bem-sucedidas são notoriamente incapazes de explorar suas melhores idéias. A burocracia nelas presente reprime a inovação. Às vezes, as empresas tentam passar a perna em seus próprios burocratas ao ficarem amigas deles e patrocinarem "intra-empreendimentos" que, em teoria, terão liberdade para inovar. Na prática, esses novos empreendimentos dependentes raramente escapam das amarras corporativas e a abordagem não ganha prosseguimento. Entretanto, a Xerox teve algum sucesso. No final dos anos 80, ela finalmente viu que muitas das grandes idéias oriundas do Palo Alto Research Center estavam sendo utilizadas por outras empresas porque a Xerox não havia visto o potencial dessas idéias. "Inventamos a impressora a laser, a rede local (LAN), o PC, o mouse", diz Bill Buehler, vice-presidente executivo. "É fenomenal o que surgiu a partir de nossa instalação de pesquisas." Mas, foram as preferências de Steve Jobs e Bill Gates que realmente viram seu potencial e o venderam com sucesso em computadores Macintosh e softwares Microsoft. Quando um livro inteiro chamado *Fumbling the Future* foi dedicado às oportunidades perdidas pela Xerox, David Kearns, depois principal executivo, bateu com o livro na mesa de Robert Adams, um dos executivos seniores da empresa, e disse: "Não quero que isso aconteça novamente".

Robert Adams tornou-se principal executivo da Xerox Technology Ventures (XTV), o último laço da empresa com sua própria burocracia. A XTV, estabelecida em 1989, tira idéias promissoras da Xerox e as coloca nas novas empresas que são criadas com a ajuda de capital de investimento de risco normal. O executivo ou pesquisador da Xerox que parta para outra empresa por ocasião de uma cisão não tem nenhuma garantia de voltar à empresa caso o investimento fracasse, mas obtém participação de 20% do empreendimento caso ele tenha sucesso. A Xerox poderia manter a empresa intacta ou transformá-la em sociedade de capital aberto. A XTV lançou uma dezena de novas empresas, duas das quais foram transformadas em sociedade de capital aberto. A XTV está sendo absorvida para um novo desenvolvimento de negócios da empresa, chamado de Xerox New Enterprises. A Xerox agora pretende reter participação majoritária em qualquer nova empresa que crie, mas sem perder o espírito de empreendimento de risco e não burocrático da XTV.

Para alertar seus líderes sobre boas idéias, a Xerox também criou um conselho de tomada de decisão sobre tecnologia que reúne engenheiros operacionais e cientistas de pesquisa uma vez por mês para conversarem sobre tecnologia emergente e o que possuem que possa funcionar. "A inovação que for comercialmente viável vai para uma área 'incubadora' na holding para que possa ser nutrida e, se parecer que irá exercer alguma atração sobre o cliente, é colocada em uma divisão", explica Buehler. Outro fórum da Xerox criou olhares para a arquitetura de novos produtos para garantir que esses produtos, provenientes de diferentes divisões da Xerox, sejam compatíveis e possam ser intercambiáveis. Grandes clientes querem sistemas totais e não querem que uma impressora tenha uma arquitetura, um scanner diferente e uma outra copiadora.[12]

AMERICAN EXPRESS: UMA AVALANCHE DE CARTÕES

No final de 1993, a American Express (Amex) tinha 11 cartões (o antigo e conhecido cartão verde, mais os vários outros modelos de cartões de débito, como o "gold", "platinum", "senior", "corporate" e "student", e seu primeiro cartão de crédito, o "Optima"). No final de 1996, a Amex tinha 36 cartões, incluindo o primeiro cartão coligado, junto com a Delta. A Amex continuava emitindo cartões aos montes: cartões adicionais de marcas coligadas com a ITT-Sheraton e Qantas, cartões platinum na Itália e na França, cartões de crédito em Hong Kong e Canadá. A American Express lançou um cartão especial para os apaixonados por ouro e testou um cartão "inteligente" ('smart card') corporativo com um chip incluso. Além disso, a American Express colocava seu nome nos cartões de marcas coligadas emitidos por outras empresas, incluindo as instituições de crédito pertencentes às empresas francesas de automóveis, Peugeot e Citroën. Tendo desprezado por vários anos a emissão de cartões através de bancos, a American Express fez uma campanha para romper com as diretrizes da VISA que proibiam os bancos associados à VISA de venderem outros cartões. A American Express conseguiu seu primeiro cartão de banco nos Estados Unidos através do Natwest Bank (que não era um membro da VISA).

Como explicou o principal executivo da empresa, Harvey Golub, "estamos deliberadamente canibalizando o negócio de cartão de débito do consumidor para cuidar de outros negócios — quando eles melhor servirem nossos clientes e acionistas — ao oferecer cartões de pequenos negócios, cartões de crédito, cartões corporativos e cartões coligados". Harvey Golub quer introduzir mais cartões mais rapidamente. Embora o cartão Optima True Grace, o primeiro cartão de crédito rotativo da Amex, tenha sido lançado com sucesso em 1994, foram necessários 18 meses para a empresa lançá-lo. Harvey Golub reconheceu que foi muito lento. "Nossos concorrentes colocaram um clone do True Grace no mercado sete semanas após o nosso lançamento", ele comenta. Ele quer reduzir o tempo de lançamento da Amex para seis a oito semanas, ou o tempo que leva para pedir o plástico, e acelerar o passo de lançamento de 15 a 20 novos cartões por ano. A American Express lançou 14 em 1996. Pretende-se que essa enxurrada de inovações impeça que a Amex perca sua participação de mercado para a VISA ou a MasterCard. Harvey Golub defende que os bancos devem juntar-se à rede American Express como um meio de "diferenciar seus produtos ligados a cartões da avalanche de novos cartões bancários que saturam o mercado". Presume-se que a marca American Express faça essa avalanche melhor do que outras.

A tecnologia da informação da American Express é a chave de sua capacidade de lançar novos produtos rapidamente. Uma vez que a Amex opera um *loop fechado* — isto é, diferente de outras empresas, ela emite o cartão, realiza as transações com os comerciantes e cuida da cobrança — ela possui informações sobre seus clientes que outras empresas de cartão de crédito não têm. À medida que a Amex constrói seu banco de dados, ela obtém dados que a ajudam a segmentar o mercado, descobrir novos nichos, decidir que cartões emitir e descobrir pessoas que estarão interessadas neles. Para vender os cartões mais rápido, a Amex utiliza equipes multidisciplinares de forma que todos os atuantes que tomam as decisões importantes estejam unidos desde o início. A Amex estudou o processo de tomada de decisão para ajudar as equipes a realizarem as negociações corretas, a obterem os maiores benefícios com o menor investimento. Os executivos que seguem o processo com sucesso obtêm mais fundos e maiores projetos, enquanto os menos bem-sucedidos são gerenciados de forma mais rígida.

Em seu entusiasmo por vender mais cartões, a Amex foi além de seu *loop fechado* e autorizou parceiros a emitirem cartões da empresa, cuidando dos relacionamentos com clientes e comerciantes. No final de 1995, as transações da Amex com oito bancos estrangeiros haviam produzido 500.000 novos membros e um bilhão de dólares em débitos. Porém, o *loop aberto* também alivia o relacionamento que permite a Amex construir seu banco de dados sobre clientes — o que diferencia seus cartões dos cartões bancários.[13]

UM GRANDE MENU

A tensão entre as necessidades contraditórias de se nutrir a criatividade e de seguir um processo estruturado é algo que nenhuma empresa inovadora provavelmente jamais resolverá por completo. As fontes de criatividade não podem ser definidas reduzidas a uma fórmula. Logicamente, a criatividade floresceria mais onde houvesse mais liberdade e encorajamento, mas certamente pode florescer entre os oprimidos, empobrecidos e paranóicos, como as vidas de quaisquer inventores, artistas e escritores provam. É claro, boa parte da inovação nos negócios fracassa em ser realmente criativa. Para realizar melhorias superficiais em produtos e serviços existentes não se precisa de gênios — e esse tipo de inovação pode certamente ser organizado.

Mas e tratando-se das grandes descobertas? Das invenções importantes? A maioria delas sempre virá do empreendedor, do novo empreendimento, do cientista ou do inventor. Porém, as grandes organizações podem se sair muito melhor em relação ao que fizeram. Parte da resposta está no tipo de cultura encontrada em um lugar como a 3M, uma abertura e receptividade que se tornam parte da concepção corporativa. A resposta também está em dar às pessoas a oportunidade de criarem suas próprias equipes extraordinárias, as *skunkworks*, como faz a 3M com a regra dos 15% e a Xerox com o Xerox New Enterprises.

A criatividade corporativa exige uma certa destreza, capacidade de fazer bem uma coisa, embora se preparando para fazer algo diferente. Quando os transistores surgiram, a RCA perdeu tempo se preocupando se o fato de mudar para o uso de transistores iria atrapalhar seu mercado de tubos a vácuo, e acabou sem nenhum dos dois. O setor de relógios suíços inventou e ignorou a tecnologia quartzo, depois reduziu seu tamanho pela metade quando a Seiko roubou o negócio de quartzo. A RCA e os fabricantes de relógios suíços não podiam fazer malabarismos com duas idéias ao mesmo tempo.[14] Para inovar com sucesso, uma empresa irá precisar fazer malabarismo com muitas coisas.

Gerenciar a inovação é um processo complexo e cheio de truques. Uma corporação precisa tomar conta de sete diferentes atividades relacionadas à inovação: (1) pesquisa e desenvolvimento de produtos futuros; (2) suporte e extensão de produtos atuais; (3) pesquisa fundamental relacionada a metas estratégicas; (4) desenvolvimento relacionado a metas estratégicas; (5) infra-estrutura interna dos laboratórios de pesquisa; (6) relacionamentos externos de P&D através de *joint ventures* e parcerias; e (7) as invenções que possam surgir do "nada", simplesmente a partir de inspiração ou talento.

Stephen Rudolph, vice-presidente de tecnologia da Arthur D. Little Incorporated, acredita que uma corporação precisa desenvolver "um grande menu, um rico fluxo de produtos que excedam sua capacidade de investir". Já que prever é difícil e qualquer organização virá a fazer algumas escolhas ruins, ela precisa desenvolver mais oportunidades do que pode explorar — e é mais fácil eliminar projetos que não prometam muito quando se tem um grande *pool* de projetos de onde escolher. Uma das forças do P&D corporativo no Japão é que os japoneses lançam vários produtos novos enquanto os americanos tendem a fazer um direcionamento mais restrito. A prática japonesa pode resultar em mais fracassos, mas também revela novos nichos de produtos e exerce uma maior cobertura de mercado. Stephen Rudolph descreve o que vê em quatro estágios de tecnologia (emergente, de marcação de ritmo, chave e de base) e afirma que sempre é preciso estar prevenido para garantir não ficar de repente sem vantagem competitiva. "O pessoal que pensa em curto prazo" sempre irá combater o investimento em longo prazo para levar as tecnologias emergentes adiante, mas algumas dessas tecnologias representarão o que dará a uma empresa sua vantagem no futuro.[15]

Indicadores

- Você possui uma cultura que nutre a inovação, dá às pessoas a liberdade para seguirem boas idéias (e cometer erros), e que encoraja um fluxo saudável de informações na empresa?
- Você designa seus projetos de desenvolvimento para equipes que incluem pessoal de marketing, produção, finanças e outras partes da empresa?
- Você se certifica de que seus clientes e fornecedores contribuem para o processo de desenvolvimento?
- Você possui um meio sistemático de identificar os projetos de P&D mais promissores e de dar a eles tratamento prioritário?
- Você possui um portfólio equilibrado de projetos que vão de P&D do "nada" a extensões de produtos?
- Você possui um portfólio equilibrado de projetos de baixo e alto risco?
- O desenvolvimento e a produção de novos produtos são concatenados do início ao fim, de forma que você possa produzir um fluxo cadenciado de lançamentos?
- Você está disposto a deixar seus novos produtos canibalizarem os já existentes, e você pode fazer bem alguma coisa enquanto se prepara para lançar outra?
- Você está acelerando o lançamento de novos produtos?
- Mesmo que os produtos ou serviços que você vende não estejam sujeitos a muita inovação, está buscando meios de inovar a distribuição, o marketing, os processos e o gerenciamento?
- Você está desenvolvendo plataformas de novos produtos que possam ser a base de uma família de extensões?

- Ainda que gênios não consigam cumprir cronogramas, você possui um processo metódico para desenvolver produtos?

Vínculos

- A inovação não é apenas preocupação dos engenheiros de desenvolvimento, mas também dos departamentos legal, de produção, de marketing, de vendas e de outros departamentos.
- Os custos, o escopo e os riscos da inovação hoje normalmente irão exigir parceiros, *joint ventures* ou consórcio.

Advertências

- A inovação precisa estar na posição de liderança da tecnologia, mas não à frente desta última.
- Os inovadores sempre terão que resistir aos pedidos dos que gostam de curto prazo para alterar os gastos para coisas que irão trazer resultados imediatamente.
- A pesquisa e o desenvolvimento precisam ser organizados, mas não burocratizados.

12

ACELERANDO O RITMO

"Não são as grandes empresas que engolem as pequenas; são as empresas rápidas que engolem as lentas."
— *Wall Street Journal*

"Em última análise, a velocidade é a única arma que possuímos."
— Andrew Grove[1]

A idéia de que tudo deve ser feito mais depressa veio à tona diversas vezes nos primeiros capítulos deste livro. Novos produtos e serviços devem chegar logo ao mercado ou deixam de ganhar uma participação potencial nele. As fábricas flexíveis trocam os modelos que saem de suas linhas de montagem imediatamente, em resposta aos relatórios de vendas daquele dia, enviados instantaneamente das caixas registradoras espalhadas por todo o país. Com a ajuda da tecnologia da informação, os gerentes coletam dados do mundo inteiro para tomarem uma decisão inteligente a respeito de um determinado assunto estratégico em horas, em vez de semanas. Os projetos de pesquisa prosseguem 24 horas por dia à medida que laboratórios de um continente passam o seu trabalho do dia eletronicamente para laboratórios de um outro continente que esteja recebendo sol. Qual é a pressa? A velocidade, sozinha, não fará com que a empresa seja bem-sucedida no século XXI. Fazer tudo às pressas provavelmente venha a causar mais prejuízo do que lucro. A abordagem eficaz à velocidade não é correr, ou passar por cima de etapas importantes, mas chegar na frente mais cedo, eliminando o desperdício e aperfeiçoando os processos. Na verdade, o aspecto mais importante da velocidade não é necessariamente trabalhar mais rápido e, sim, aprender mais rápido.

Nas indústrias de alta tecnologia, a concorrência mais acirrada, mudanças tecnológicas mais rápidas e ciclos de vida dos produtos mais curtos estão todos contribuindo para pressionar as empresas a trabalhar mais rapidamente. "Ciclos de vida mais curtos significam que quem quer que chegue na frente primeiro consegue a maior fatia de mercado enquanto que às demais só resta competir em preço", escreve Christopher Meyer, um consultor em gerência que se especializou em velocidade. "Aquelas que chegam tarde descobrem que o ciclo de vida do produto termina muito cedo depois da sua introdução, tornando, assim, o custo de cada desenvolvimento bastante caro."[2]

Os líderes das empresas estão obviamente fascinados com a força da velocidade. Alguns executivos, como Andy Grove, da Intel, fariam da velocidade o principal impulsionador das atividades de uma empresa. Jack Welch sempre se refere à velocidade, nas suas cartas artesanalmente redigidas nos relatórios anuais da GE, como um dos "procedimentos" que definem a GE. "*Mais rápido*, em quase todos os casos, é *melhor*", escreveu ele no relatório de 1994. "Desde o processo decisório até a efetivação dos negócios, as comunicações, a introdução do produto, a velocidade, em quase todas as situações, acaba sendo o diferenciador competitivo." No relatório de 1993, ele disse:

> Embora a velocidade tenha tido o seu impacto mais contundente no processo de introdução dos nossos produtos novos — o impulsionador do crescimento de primeira linha — o seu impacto quantitativo mais imediato foi no gerenciamento dos nossos bens. O foco na velocidade do nosso ciclo, que vai desde o pedido até a expedição — desde a hora em que o pedido é feito até sermos pagos — aumentou, em dois anos, o nosso giro de estoque em 27%, o que significa quase 2 bilhões de dólares em dinheiro.

Pesquisa SEI	
A aceleração de todos os processos de uma empresa tornou-se crítica	79%
Estamos fazendo isso	21%

A velocidade "redefine o espaço", reduzindo investimentos em fábricas e equipamentos. Nos últimos três anos, o ritmo mais acelerado nos liberou aproximadamente quinze mil metros quadrados de espaço destinado à produção dentro da empresa. Para um negócio como o de plásticos, isso significou uma economia de aproximadamente meio bilhão de dólares que teriam sido necessários para um novo espaço — como ter uma nova fábrica, de graça.

A velocidade está permitindo que mudemos o centro de gravidade da empresa rapidamente no sentido de áreas de grande crescimento no mundo, principalmente a Ásia... E finalmente, a velocidade, com uma técnica chamada de compreensão rápida do mercado, originalmente obtida da Wal-Mart, mas desenvolvida e adaptada ao nosso negócio, fez com que a liderança da GE, em todos os níveis da empresa, em todos os negócios, passasse a viver no campo com os clientes.[3]

Apesar do seu entusiasmo pela velocidade, Welch tem o cuidado de situá-la como um dos diversos trunfos das ações da GE. A lista de seus trunfos muda de ano para ano, mas a velocidade sempre está presente. Ele não comete o erro de se prender à velocidade como uma panacéia que garante o sucesso da empresa, que foi o que aconteceu em algumas empresas nos anos 80 logo que a força da velocidade foi amplamente reconhecida. A velocidade é uma poderosa arma gerencial, mas ela tem as suas conseqüências não previsíveis. Quando é que os proprietários de computadores se cansarão de tantas atualizações de software e mudanças de modelos? E o que acontece quando uma empresa, que ludibriou os seus lucros com uma torrente de novos produtos, perde a sua força, como parece ser inevitável mais cedo ou mais tarde? Essas vendas e esses lucros impressionantes podem acabar sendo uma coisa temporária.

KINGSTON: UM MERCADO EM ALTA VELOCIDADE

A Kingston Technology Corporation de Fountain Valley, Califórnia, construiu o seu enorme sucesso em cima da idéia de que pode preencher um pedido para atualização de memória para computador em 24 horas. Quando John Tu, um emigrante calmo, estudioso, de Xangai, via Alemanha, e David Sun, um jovem tempestuoso natural de Taiwan, fundaram a empresa em 1987, eles tinham algumas idéias criativas a respeito da empresa. Seria como uma família chinesa. Os funcionários viriam primeiro, os fornecedores em segundo lugar e os clientes em terceiro (supondo-se que funcionários felizes e fornecedores bem treinados fazem o melhor para o cliente). Tu e Sun preferem fazer negócios na base da confiança do que através de documentos legais complicados. E eles fizeram da velocidade um elemento crítico do seu negócio.

Quando Tu e Sun entraram no negócio de fornecer atualização de memória para computadores, era o normal que se levasse duas semanas ou mais para atender um pedido. Eles viram uma oportunidade de mudar o mercado reduzindo esse tempo para um dia. "Criamos uma indústria de computadores que acredita que tudo é mais ou menos a mesma coisa que todo o resto", diz Gary MacDonald, vice-presidente de marketing na Kingston. "É tudo um mercado de bens de consumo. São todos produtos essencialmente virtuais, coisas que podem ser adquiridas em qualquer lugar, a qualquer hora e em qualquer quantidade. Se eu não puder comprar de você, compro de outra pessoa que seja equivalente a você. Só quando as coisas são percebidas como únicas é que os clientes admitem esperar. A velocidade é intrínseca à indústria. É um mercado de alta velocidade."

O mercado para memória adicional e outras atualizações da Kingston é construído sobre a experiência conhecida dos proprietários de computador que descobrem que seu hardware novinho imediatamente fica inadequado devido ao surgimento de alguma nova aplicação necessária mais poderosa. As empresas geralmente querem que as atualizações sejam entregues junto com os computadores novos. A Kingston consegue atender a pedidos com um estoque de componentes apertado de cinco dias que ela tenta manter disponível, atualizando-o constantemente e prevendo o que os clientes vão encomendar. A Kingston pode rapidamente reabastecer o seu estoque de produtos esgotados enviando as placas de circuito e outros ingredientes com as especificações para dois fabricantes associados localizados a uma distância de cinco minutos de caminhão, saindo de seus escritórios em Fountain Valley. Os itens esgotados voltam no mesmo dia. Todas as tardes, os caminhões da FedEx começam a chegar à área de carregamento e as encomendas do dia, normalmente milhares de itens no valor de 200 dólares cada, começam a ser preparadas para a entrega no dia seguinte.

"É como se fosse um depósito flutuando na órbita do céu", diz MacDonald. A Kingston não tem um estoque de produtos esgotados à mão, embora mantenha um estoque básico de placas e outros materiais necessários para compor os adicionais. O segredo é prever o que o mercado vai querer. Quando a Compaq introduz um novo computador, a Kingston tenta ter as atualizações de memória projetadas e prontas para serem entregues no momento que o computador chega ao mercado. A introdução do Windows 95 pela Microsoft causou um surgimento previsível na demanda de atualizações. Se um cliente solicita uma atualização totalmente nova que a Kingston ainda não projetou, então a entrega pode levar dois dias. MacDonald compara a operação àquela de uma Burger King porque você tem um estoque básico, neste caso de placas, em vez de pães e carne moída, e uma variedade de ingredientes eletrônicos, em vez de comestíveis. Você monta tudo de acordo com as necessidades dos clientes e o seu sucesso depende de como você prevê as demandas, para depois aplicar excelência operacional no atendimento correto e rápido dos pedidos.

"Você tem que ter um sentido geral do mix provável de produtos e, depois, é só ter um estoque ativo", diz MacDonald. "Essa é uma das coisas que nós fazemos incrivelmente bem aqui." Tão bem que a Kingston atualmente tem 40% do mercado de atualizações de PC. As vendas subiram rapidamente, de 120 mil dólares no primeiro ano, 1987, geralmente dobrando a cada ano. Elas atravessaram o limiar de um bilhão de dólares em 1995 e cresceram rapidamente em 1996, mas a Kingston não revela o valor porque a empresa foi comprada por 1,5 bilhão pela Softbank, uma empresa japonesa com uma cultura semelhante que coloca os trabalhadores na frente.[4] O ingrediente que entra no hardware da Kingston é padrão. O que torna o produto competitivo é a velocidade. Contanto que a qualidade e o serviço não sofram, a velocidade ganha.

CORREIO CONVENCIONAL

Quando trabalhamos com computadores, parece que nos tornamos tão infectados com a sua velocidade — com o tempo declarado em termos de milhões ou até mesmo de bilhões de instruções por segundo — que queremos que tudo se mova à velocidade da luz e a demora se torna intolerável. Na verdade, a nossa vida passa mais rapidamente. Os bancos finalmente acordaram para o fato óbvio de que as pessoas detestam enfrentar filas por mais de alguns minutos para terem acesso ao seu próprio dinheiro, então nós agora temos filas mais curtas e caixas automáticos. Temos praticamente acesso instantâneo aos nossos registros, quer eles estejam na corretora ou na Administração do Seguro Social. As empresas aéreas podem efetuar uma reserva e designar um assento em dois minutos. A L.L. Bean e a Lands' End entregam um pedido em um ou dois dias com a ajuda da FedEx ou da UPS. A Lenscrafters nos faz um par de lentes em 60 minutos. Não estamos mais dispostos a esperar 45 a 60 dias por um automóvel feito de acordo com as nossas especificações, então a Ford está tentando diminuir este ciclo para 15 dias.

Os clientes passaram a esperar que tudo seja feito rapidamente. Queremos modems mais rápidos, impressoras mais rápidas, copiadoras mais rápidas. As empresas sabem que é importante responder rapidamente às indagações dos clientes. Não só aquele banco encurtou as suas filas, como também consegue responder às suas perguntas pelo telefone a uma hora da madrugada com um sistema automatizado ou, se necessário, um funcionário do banco ao vivo.

Alguns preguiçosos ainda sobrevivem e podem até estar piorando. Podem levar semanas para consertar um relógio de pulso. Peça a uma loja de móveis para encomendar um novo sofá para você e é provável que você não o receba por uns dez dias. As empresas aéreas podem fazer as suas reservas em apenas alguns minutos, mas elas ainda não descobriram como evitar que o embarque de uma aeronave seja um sacrifício em matéria de desconforto e demora. E o Serviço Postal dos Estados Unidos, como o serviço de correios de muitos outros países, conseguiu o feito inédito de diminuir a marcha da automatização. O Serviço de Correios pode entregar uma carta num dia, contanto que você esteja disposto a pagar US$10,75 por uma entrega de um dia para o outro, que é o que você costumava ter que pagar por um selo de primeira classe quando o preço era quatro centavos. Mas, graças ao fax, ao FedEx, ao telefone e ao e-mail, o Serviço Postal tornou-se irrelevante para as comunicações importantes.

A aceleração sistemática, organizada, dos negócios apareceu com o passar dos anos numa variedade de estilos e sob diversos rótulos. A produção *just-in-time* é a mais respeitável e talvez a mais conhecida. O fato de que algumas dessas técnicas têm estado conosco há alguns anos indica que a velocidade não é um modismo, mas também não significa que as empresas realmente já aprenderam a ser rápidas.

A DISCIPLINA DA VELOCIDADE

A idéia da produção *just-in-time* (JIT) pode ser creditada ao falecido Taiichi Ohno, um executivo que veio de baixo, na Toyota, e foi o arquiteto do sistema de produção da empresa, o qual provavelmente é o melhor sistema já elaborado. Aqueles que costumam pensar que as idéias gerenciais são apenas modismos que vêm e passam, devem considerar que a noção JIT foi plantada na cabeça de Ohno no início dos anos 50, quando ele começou a pensar como poderia eliminar o desperdício que fazia com que o trabalhador japonês fosse menos produtivo do que o trabalhador americano. Ele transformou o JIT num dos dois pilares do sistema de produção da Toyota, sendo que o outro ele chamava de "autonomação" ou "automatização com um toque humano".

A ferramenta que fazia com que o JIT funcionasse era o *kanban*, uma idéia que Ohno obteve do supermercado americano durante uma visita aos Estados Unidos em 1956. Em contraste ao sistema arcaico de distribuição de alimentos no Japão na época, em grande parte feito através de mascates de rua, o supermercado era um lugar onde os clientes podiam comprar o que queriam, quando queriam e na hora em que queriam. Os operadores de supermercado certificavam-se de que o fluxo de mercadorias correspondesse à demanda. O *kanban* ou cartão de pedido aplicava a noção de supermercado à fábrica, criando uma maneira pela qual os trabalhadores, em determinado momento, pudessem encomendar exatamente o que necessitavam, na hora exata, diretamente da linha de produção.

Levaram-se décadas até a Toyota conseguir dar velocidade a todos os seus processos. As mudanças de matriz, que levavam de duas a três horas nos anos 40, foram reduzidas para 15 minutos a uma hora nos anos 50 e para três minutos no final dos anos 60. De acordo com a estimativa de Ohno, foram necessários dez anos para se estabelecer o *kanban* na Toyota, que adotou o processo em toda a empresa em 1962.[5]

Como muitas das empresas americanas que adotaram o JIT nos anos 80 descobriram, ele pode ser uma arma poderosa que pode oferecer benefícios muito além do que simplesmente expedir os produtos mais rapidamente. Uma grande empresa, como a General Motors, pode reduzir os estoques em bilhões de dólares. O tamanho das fábricas pode ser reduzido também, porque todo esse trabalho em andamento não fica pendente, talvez até enferrujando ou sendo estragado. Os depósitos podem ser reduzidos ou eliminados. O JIT é um disciplinador rígido que coloca todo mundo de prontidão. Os defeitos nas peças ou nos processos, que podem ser escondidos num estoque abundante, são logo percebidos e têm que ser corrigidos imediatamente.

Entretanto, como Ohno havia advertido de forma visionária, "uma introdução hesitante do *kanban* ocasiona centenas de prejuízos e nem uma única vantagem".[6] A não ser que muitas outras mudanças sejam feitas ao mesmo tempo, o JIT pode criar o caos. A qualidade deve ser soberba, os sistemas de transporte, estocagem, contabilidade e contas a pagar têm que ser redesenhados e toda a rede de fornecedores deve ser trazida para dentro do sistema. No Japão, a adoção do JIT ficou longe de ser universal ou abrangente. Embora a Toyota tenha aperfeiçoado o seu sistema até o ponto de fazer com que as entregas chegassem nas fábricas em poucas horas, a Nissan não adotou a idéia além das entregas diárias (o que foi uma grande melhoria para os estoques mensais que a Nissan costumava ter). As ruas congestionadas e as estradas horríveis do Japão acabaram sendo o maior obstáculo para uma maior aceitação do JIT. Os caminhões, com motores que exalavam poluentes, enfileiravam-se nos arredores das fábricas JIT, esperando para descarregar no momento certo. Até mesmo as indústrias automobilísticas viram que teriam que modificar a sua programação.

Boas estradas e um acesso fácil às fábricas tornaram as entregas JIT nos Estados Unidos mais fáceis, mas a idéia provou ser decepcionante sob outros aspectos. A alta qualidade dos suprimentos e a confiança necessária entre fornecedor e cliente geralmente são inexistentes. O JIT torna uma empresa mais vulnerável a impedimentos como greves, mau tempo e escassez de peças. Muitas empresas americanas não viram o *just-in-time* como parte de um esforço total de se conseguir um sistema de produção enxuto, mas sim como uma forma de cortar custos pressionando os fornecedores. Na verdade, a responsabilidade de manter estoque passou do empreiteiro principal para o fornecedor. Isso, naturalmente, derrotava toda a finalidade do JIT porque os benefícios derivados do custo, da qualidade e da flexibilidade em potencial não eram aproveitados. O fornecedor que efetua as suas expedições *just-in-time*, mas não atualiza os seus procedimentos contábeis para executar as suas cobranças mais rapidamente, não tem nenhum benefício financeiro: ele simplesmente substitui os estoques com contas a receber. O JIT provou não ser a panacéia que muitos gerentes buscavam, mas é amplamente utilizado e — embora quase não seja mencionado atualmente na imprensa que persegue modismos — certamente será uma das ferramentas do empreendimento do século XXI. Aplicado seletivamente, com a análise apropriada, ele funciona muito bem. Não tem muito sentido, por exemplo, em se solicitar freqüentes remessas de componentes eletrônicos pequenos e baratos de fábricas distantes, mas faz sentido se efetuar entregas freqüentes de materiais volumosos feitos nas proximidades.

TÊXTEIS: A FORÇA DA VELOCIDADE

Desde o JIT, apareceram outras técnicas para acelerar os processos comerciais — nomes como Quick Response (Resposta Rápida), Fast Cycle Time (Tempo Rápido de Ciclo), Efficient Consumer Response (Resposta Eficiente ao Consumidor) e Time-Based Competition (Concorrência Baseada em Tempo). As indústrias têxteis e de vestuário precisavam unicamente andar mais depressa. O que muda mais rápido do que a moda? Ainda assim, no início dos anos 80, a indústria levava 66 semanas para passar um pedaço de tecido por todos os seus processos. Roger Milliken, presidente do conselho de uma indústria têxtil familiar sediada em Spartanburg, Carolina do Sul, conservador ao extremo na política mas bastante inovador nos negócios, descobriu a força da velocidade. As fábricas feitas para longos processos de produção tiveram que ser reprojetadas para lidarem com processos curtos e mudanças rápidas. Os pontos de distribuição tiveram que ser eliminados ou aperfeiçoados. As informações tiveram que fluir rapidamente através de toda a rede. A empresa Milliken reduziu os seus prazos de entrega de 42 dias, no início dos anos 80, para sete dias nos anos 90, passou a atender pedidos de pequenas quantidades de materiais com os quais não teria se importado antes e seu recorde de cumprimento de prazos chegou perto de 100%.[7]

O conceito de rápida resposta se espalhou por todas as indústrias têxteis e de vestuário e por outras indústrias. Envolvia grandes gastos e reorganizações de algumas das maiores empresas de vestuário. A Levi Strauss & Company, descontente com o serviço que estava fornecendo aos seus clientes, anunciou em 1993 um programa no valor de 500 milhões de dólares para aumentar a velocidade da entrega de seus jeans e outros tipos de roupa. Em 1995, ela havia aumentado o valor para 850 milhões, do quais cerca de um terço foi destinado a melhorar a distribuição[8].

A tecnologia da informação tornou isso tudo possível. As empresas atualmente têm uma idéia melhor do que está acontecendo ao longo de todas as linhas e podem integrar as suas redes de suprimentos. Informações detalhadas sobre pontos de venda, criados automaticamente no balcão da retirada de mercadorias, vão direto para as fábricas e ao fornecedor para que saibam diariamente o que está sendo vendido e o que é preciso reabastecer. Novos códigos de barra padronizados, avisos de remessa avançados e, para remessas internacionais, a liberação prévia na alfândega têm ajudado a melhorar a velocidade. Como o custo da distribuição geralmente excede os custos da fabricação, as empresas mudaram radicalmente a sua idéia a respeito de depósitos e meios de transporte. Há muita coisa que pode acontecer num depósito para atrasar as remessas — as roupas têm que ser desembaladas, verificadas, etiquetadas, receber um selo de garantia e colocadas num cabide. Isso pode levar de quatro a seis dias. Mas se a mercadoria chegar "pronta para ser vendida", a estada no depósito pode ser reduzida para algumas horas[9].

TRANSPORTES: ELIMINANDO AS PARADAS

Mesmo que não fossem boas para servir melhor o cliente, a velocidade e a sincronização de toda a rede de abastecimento fazem sentido economicamente porque os custos com a estocagem têm crescido mais rapidamente do que os custos com o transporte. A velocidade muda o papel do depósito, assim como a sua configuração. Em vez de ser um lugar para guardar coisas, ele se torna um lugar para processar as expedições. As indústrias de varejo e de vestuário estão consolidando os seus depósitos e centros de distribuição. Quando a Federated Department Stores fundiu-se com a Macy's, ela reduziu o número de centros de distribuição no nordeste de cinco para dois. Empresas de expedição, como a United Parcel, estão pensando no dia em que as mercadorias serão transportadas da fábrica ou, no caso dos importados, do porto de entrada, diretamente ao ponto de venda, saltando por cima dos intermediários e dos centros de distribuição.

Quando a Levi Strauss começou a reestruturação, no valor de 850 milhões de dólares, do seu sistema de distribuição, Bob Rockey, então presidente da North America, chamou a atenção para o fato de que levava de sete a 14 dias para a Levi Strauss atender um pedido e a loja poderia levar mais quatro a 12 dias para colocar as mercadorias nas prateleiras. "Isso significa de duas a quatro semanas para reabastecer o que já foi vendido", disse ele, "um mês com consumidores potencialmente insatisfeitos". Ele disse que a Levi Strauss pretendia reduzir o tempo que levava para reabastecer mercadorias esgotadas nas lojas de 14 para três dias e ele queria que os fornecedores entregassem os tecidos em três semanas, em vez de 16.[10]

A adoção do método da resposta rápida pode ser extremamente cara e pode exigir grandes mudanças nos processos de uma corporação; então, embora as técnicas tenham êxito, a sua adoção tem sido lenta. Além do mais, a tecnologia da informação, que torna a velocidade possível, é mais poderosa atualmente do que era há poucos anos. Os códigos de barra podem transmitir informações mais detalhadas. A idéia de se utilizar a velocidade como uma ferramenta competitiva tomou conta de todas as empresas — nos bancos (reduzindo o tempo necessário para aprovar empréstimos, por exemplo), na indústria automobilística (no tempo para desenvolver novos modelos), nos produtos para escritório (reduzindo o estoque e aumentando os giros de estoque), assim como nas indústrias têxtil, de varejo e de produção em geral. George Stalk, vice-presidente do Boston Consulting Group, cuja área de especialização é a "concorrência baseada no tempo", declara que as empresas que implementarem essas técnicas reduzirão o tempo de espera em 60% e os estoques em 50 a 60% em dois anos, assim como atingirão produtividade e melhorias na qualidade.[11]

AUTOMÓVEIS: METAS OUSADAS

As empresas de automóveis utilizam a velocidade para competir em três níveis: (1) a rapidez com que podem desenvolver um novo modelo; (2) a rapidez com que introduzem os novos modelos; e (3) a rapidez com que entregam os carros depois que o cliente faz a encomenda. No início dos anos 80, Detroit descobriu que os fabricantes japoneses podiam fazer todas essas coisas muito mais rapidamente do que as Big Three (as Três Grandes). Desde então, progrediram bastante, mas ainda estão relativamente lentas.

Quando um americano vê um carro novo que deseja, ele quer comprá-lo imediatamente, se possível fora do lote. Um consumidor japonês lida com a compra de um carro mais deliberadamente, estudando e pensando sobre as escolhas. Mas são os japoneses que conseguem comprar primeiro um carro especial, sob encomenda. Tempos atrás, antes da velocidade se tornar uma estratégia competitiva, além de custo e melhoria de qualidade, levava até 26 dias para entregar um Toyota e de 45 a 60 dias para entregar um Ford. A lentidão da distribuição e do manuseio das informações era a principal responsável por essa demora. A montagem, propriamente dita, do carro não oferecia muito potencial de melhoria. Entretanto, a Toyota reduziu o tempo que levava para montar um carro de dois dias para um dia e a Ford atualmente já adaptou a maioria de suas fábricas para efetuarem montagens em 24 horas. Uma melhor tecnologia da informação pega as encomendas dos clientes lá atrás na montagem e as leva até o fornecedor — de forma que o carro e seus componentes são puxados através do sistema. A Toyota pode entregar um carro em uma semana no Japão e a Ford estabeleceu uma "meta ousada" de entrega em duas semanas, o que significa uma reconfiguração de todos os seus procedimentos.[12]

As mudanças anuais de modelo, pelo menos as alterações superficiais do metal cromado e na lataria, costumavam ser um ritual sagrado em Detroit. Colocar a "Tarefa Número 1" na rua dentro do prazo era tudo que importava. Hoje, na Ford, a Tarefa Número 1 não quer dizer o primeiro carro de uma nova produção, mas, sim, a garantia de qualidade. As mudanças anuais de modelo não são mais importantes. O importante é colocar na rua novos modelos significativamente diferentes a cada quatro ou cinco anos. Mas esse pode ser o limite. O principal executivo da Honda, Nobuhiko Kawamoto, vê perigo em se tentar diminuir mais o ciclo de vida de um modelo. Ele diz que os clientes japoneses estão comprando mais carros europeus precisamente porque os seus fabricantes não mudam os modelos com tanta freqüência. A Honda não pretende diminuir (ou aumentar) o seu ciclo de modelo de quatro anos.[13]

O tipo mais significativo de concorrência baseada em tempo é o terceiro, o tempo que leva para desenvolver um carro novo. O ciclo de desenvolvimento é importante, não porque precisamos mudar de modelos mais depressa, mas porque a velocidade cria uma economia enorme de custos e melhoria de qualidade, e oferece ao fabricante de automóveis a flexibilidade de competir com o produto certo na hora certa — enquanto a moda ou a coqueluche permanece atual. O desenvolvimento rápido oferece ao fabricante uma arma para lançar na concorrência.

Os ciclos de desenvolvimento às vezes são difíceis de se determinar por causa das diferenças quando se estabelece prazos de início e de término, mas certamente os produtores americanos foram mais lentos do que os japoneses. Em meados dos anos 80, por exemplo, os japoneses levavam uma média de 46 meses para desenvolver um novo carro e os americanos levavam 60 meses.[14] Enquanto isso, os japoneses já estavam bem na frente desenvolvendo um sistema de produção enxuto, mas os americanos estavam só começando a captar a idéia. A criação de três novos carros competitivos do tipo sedan familiar ilustra a força da velocidade. A Ford decidiu, em 1980, criar o Taurus e a GM decidiu, em 1981, fazer uma plataforma competitiva designada GM-10. O Taurus, projetado por uma equipe com um verdadeiro poder de comandar os recursos que necessitava, chegou ao mercado cinco anos depois que começou. Teve alguns problemas iniciais de qualidade mas, no final das contas, foi muito bem-sucedido. Embora a GM-10 fosse nominalmente um esforço de equipe, na verdade ela foi projetada da maneira antiga com muitos empurrões e puxões entre as diferentes divisões e sem qualquer líder forte de equipe. O primeiro modelo, um Buick Regal cupê, não saiu das linhas de montagem em Flint até 1988, sete anos depois que começou. Tinha sérios problemas de qualidade no início e levou mais dois anos para outros modelos da GM na plataforma da GM-10 chegarem até o salão de exposição. Até mesmo o Saturn, projetado na maneira nova num novo tipo de fábrica, levou seis anos para chegar ao mercado (1984-1990). Enquanto tudo isto estava acontecendo em Detroit durante os anos 80, a Honda já tinha atravessado duas gerações de Accords e, em 1986, decidiu construir um outro Accord, maior, para competir com os dois novos carros familiares americanos da Ford e da GM. Este Accord chegou ao mercado em 1989 e teve tanto sucesso que competiu com o Taurus pelo título de carro mais vendido nos Estados Unidos.

Observe os fabricantes americanos em meados dos anos 90. Todos eles progrediram muito no desenvolvimento de carros mais rápidos, mas os japoneses ainda estão muito na frente. A Honda e a Toyota conseguiram diminuir os seus prazos de desenvolvimento para três anos. A Chrysler vem logo atrás com 29 meses, mas também tem uma meta de 24 meses. A GM ainda estava levando 48 meses desde a criação até a produção em 1995, mas, com um novo processo de inovação, pretende reduzir isso para 38 meses, depois 26 e, eventualmente, 20 ou 22 meses. A Ford planejou ir de 36 meses para menos de 24 meses.[15]

Os demais fabricantes adotaram essencialmente os mesmos métodos para aumentarem a velocidade do desenvolvimento, dos quais a Toyota foi a pioneira. Cada novo projeto é entregue nas mãos de uma equipe multifuncional com um forte líder, o que os japoneses chamam de um *shusa*. Ele tem o poder de comandar os recursos das quais a equipe necessita. Os engenheiros de desenvolvimento e de produção trabalham juntos para se certificarem de que o projeto pode ser executado e que as ferramentas para construir o carro estarão disponíveis quando o projeto estiver pronto. Normalmente, nos Estados Unidos, os engenheiros de produção entrariam somente quando os engenheiros de projeto tivessem terminado e a empresa gastaria duas vezes mais no desenvolvimento do que na fabricação. No Japão, as proporções de gastos são revertidas e o pessoal da fábrica começa a trabalhar no processo de fabricação no início, de forma que quando o novo carro está pronto, as fábricas também estão. A simplicidade do projeto, a redução no número de peças e o fato dos fornecedores, dos revendedores, dos clientes e da alta gerência serem todos envolvidos bem no início do processo desempenham um importante papel na aceleração do projeto. A criação de linhas de carros sobre plataformas-padrão faz com que seja mais rápido e fácil desenvolver novos modelos. Com um projeto auxiliado pelo computador, as peças têm mais possibilidade de serem compatíveis desde o início. A Ford chega até mesmo a dizer que utiliza a sua tecnologia da comunicação e os seus laboratórios ao redor do mundo para manter o desenvolvimento em franco funcionamento 24 horas por dia, com um laboratório em Detroit passando trabalho para um laboratório na Ásia, quando o dia de trabalho chega ao fim, e assim por diante, para a Europa e de volta para Detroit na manhã seguinte.

Na indústria automobilística, assim como em outras indústrias, a velocidade reduz os estoques, o tamanho das fábricas e dos depósitos e a quantidade de capital empatado. Se uma equipe de projeto com 500 pessoas leva dois anos, em vez de quatro, para criar um novo carro, os custos obviamente caem de forma dramática. A velocidade evidencia erros de qualidade imediatamente, em vez de isso só ser percebido após uma grande produção de produtos com defeitos. A velocidade permite que a empresa seja mais receptiva ao cliente, para customizar os produtos em massa ou mudar rapidamente os modelos, as cores ou quaisquer que sejam as características que os clientes possam preferir.

Será que importa que os novos automóveis atualmente podem ser desenvolvidos mais rapidamente do que as mudanças de modelos, propriamente ditas, isto é, em dois anos versus quatro ou cinco anos? Importa sim, porque a velocidade cria opções e flexibilidade, além de economizar dinheiro. A empresa que desenvolver novos produtos mais rapidamente poderá atender ao gosto do consumidor à medida que os seus gostos forem mudando ou poderá atrasar o início de um novo projeto de desenvolvimento para ver para onde o mercado está indo.

A velocidade, se for aplicada adequadamente, tem efeitos profundos em toda a empresa e tem muitas aplicações. A velocidade pode ser aplicada ao processo decisório e pode até mesmo envolver os clientes. Se uma empresa quiser ser ágil, as decisões terão que ser tomadas mais rapidamente e isso significa distribuir o poder para empurrar as decisões para o mais perto possível do mercado. Quando você tem um novo produto, também é importante que você atinja vendas de pico e consiga a melhor penetração no mercado rapidamente.

O desenvolvimento da linha AS/400 de computadores de tamanho médio, da IBM, no final dos anos 80, abriu os olhos da empresa para o quanto os clientes poderiam ajudar a acelerar o processo — e melhorá-lo de uma maneira geral, assim como o produto. Um projeto mais antigo de substituir uma confusão de computadores incompatíveis de tamanho médio teve tantos problemas que a IBM o abandonou em 1985 e começou a trabalhar num projeto totalmente novo, cujo codinome foi Silverlake, nas instalações da IBM em Rochester, Minnesota. Por causa da demora, o Silverlake teve que produzir o seu novo computador AS/400 em três anos, em vez dos seis anos que seriam de esperar. O Silverlake ficou preso por um desentendimento quanto à dúvida se o AS/400 poderia ou não utilizar aplicações de sistemas mais antigos. Os executivos do Silverlake decidiram convidar os principais clientes para ajudá-los a decidir, uma manobra totalmente contrária à tradição de extremo sigilo da IBM. O painel provou ser tão proveitoso, não somente nesse assunto, mas também em outros, que a equipe do

Silverlake começou a convocar painéis regulares de clientes, não apenas em Rochester, mas também no Japão e na Europa. Com a ajuda dos clientes, o Silverlake atingiu a sua meta de três anos — até mesmo antes de começar a ser vendido, centenas de clientes já tinham desenvolvido milhares de aplicações para o novo sistema. "Nós fizemos uma boa colheita de benefícios virtuais", disseram integrantes da equipe ao descreverem a contribuição dos clientes.[16]

OS LIMITES DA VELOCIDADE

Na indústria de eletrônicos, e em outras indústrias onde novos produtos aparecem constantemente, um ciclo rápido de desenvolvimento é ainda mais importante do que na indústria automobilística. Um estudo de 1983 feito por Donald G. Reinertsen, da McKinsey & Company, ainda é freqüentemente citado para demonstrar como a velocidade é importante para o sucesso de um novo produto. Baseado em estudos-modelo, em vez de experiências reais, concluiu-se que, se um produto entrar seis meses atrasado no mercado, os ganhos potenciais durante o seu ciclo de vida cairão em 33%. Mas se os custos de desenvolvimento forem 50% acima do seu orçamento, os lucros só serão reduzidos em 3,5%. Então, pendure as despesas e trabalhe mais rápido.

Entretanto, o estudo da McKinsey também enfatizou alguns outros pontos que parecem não ser citados pelos defensores da velocidade. O estudo anexou a grande importância da velocidade nos custos com o desenvolvimento, principalmente para um produto de vida curta (cinco anos), num mercado que cresce rapidamente (20% ao ano), com uma rápida erosão em preços (12% ao ano). Entretanto, se um produto tem vida longa (20 anos), num mercado que cresce devagar (7%), sem erosão de preços, então o custo de uma demora de seis meses é somente 7% dos lucros potenciais (e a penalidade para um excesso nos custos de desenvolvimento ainda é trivial). Mas no mercado lento, o custo do produto, propriamente dito, é da máxima importância. Se o preço do produto for fixado 9% acima do seu valor, isso reduzirá os lucros do seu ciclo de vida em 45%. Estabelecer preços altos demais num mercado que cresce rapidamente também reduz os lucros totais, mas somente em 22%. Portanto, a importância relativa dos custos da velocidade e da produção depende do mercado. "A corrida dos novos produtos nem sempre depende da velocidade", escreveu Reinertsen. "A velocidade, às vezes, é secundária e, se for enfatizada indevidamente, pode levar a desastres."[17]

Recentemente, Reinertsen disse que o mau uso do seu estudo tem sido um espinho para ele durante anos. "O que todos captaram foi o custo de uma demora de seis meses", diz ele. "É mais fácil fazer disso um lema e pregá-lo na parede, do que efetuar uma análise." Ele esclarece que há muitos produtos com dez ou até mesmo 30 anos de ciclo de vida, as chaves de fenda e os conectores elétricos, por exemplo. O custo de se atrasar a introdução de uma nova chave de fenda provavelmente será muito baixo. A maioria dos gerentes não tem idéia de como calcular o custo de um atraso e quando precisa dar estimativas, vem com números totalmente diferentes. Mas se eles analisarem os fatos em volta do produto e do seu mercado, poderão fazer estimativas razoavelmente precisas.[18]

Christoph-Friedrich von Braun, ex-chefe de estratégia da tecnologia do setor de P&D da Siemens Corporation, argumentou que os ciclos de vida mais curtos dos produtos (por exemplo, uma inovação com um ritmo mais rápido) podem elevar as vendas ou os lucros contanto que os ciclos continuem curtos, mas que inevitavelmente se atingirá um limite em algum ponto antes que o ciclo chegue a ser zero. Quando esse limite for atingido, o aumento nas vendas e nos lucros provará, na melhor das hipóteses, ter sido um pico temporário. As vendas voltarão a se estabelecer no seu nível anterior. "A receita total somente aparece durante a mudança de ciclos mais longos para ciclos mais curtos", escreveu von Braun numa análise teórica na *Sloan Management Review* em 1990. "A receita total da empresa não aumenta numa base segura."[19]

Como deixa claro a pesquisa de von Braun, deve ser feita uma distinção entre dois tipos de velocidade — o ciclo da introdução de produtos e o ciclo do desenvolvimento desses produtos. Reduzir o ciclo de vida pode ser necessário por razões de concorrência mas, por si só, não é necessariamente desejável. Porém, reduzir o ciclo de desenvolvimento sempre é desejável, mesmo se o tempo para o desenvolvimento ficar mais curto do que a vida do produto. Um desenvolvimento mais rápido reduz custos, reduz a pressão sobre a empresa e aumenta a flexibilidade, porque você pode esperar para tomar decisões quando estiver mais perto da hora em que o produto vai chegar ao mercado.

A velocidade deve ser tratada com cautela porque pode ter resultados não desejados. Por exemplo, quando a Analog Devices decidiu, no fim dos anos 80, estabelecer novas metas corporativas, ela incluiu o atendimento dos pedidos dos clientes em três semanas, em vez de dez semanas, e reduziu o ciclo de desenvolvimento do produto de 36 meses para seis meses. Mas, o que ocorreu foi que os clientes estavam mais preocupados com uma entrega confiável do que com uma entrega rápida. Alguns poderiam esperar um ano, contanto que pudessem contar com o recebimento do pedido dentro do prazo. A pressão para acelerar o desenvolvimento teve o resultado não-intencional de encorajar os engenheiros a trabalharem em projetos mais fáceis, de curta duração e evitarem os projetos maiores, mais arriscados. Então, as metas de desenvolvimento foram descartadas e a meta de entrega foi corrigida para atender as datas solicitadas pelos clientes.[20]

É claro que os gerentes já adquiriram uma arma extremamente poderosa com a idéia de acelerarem todos os seus processos. Assim como a melhoria da qualidade, a velocidade funciona de maneira contraintuitiva — pelo menos na filosofia convencional. Historicamente, as empresas dizem que, se você quiser uma qualidade melhor ou de forma mais rápida, você vai ter que pagar. O que as empresas aprenderam agora é que essa qualidade, pelo menos a qualidade definida como ausência de defeitos, e a velocidade, na verdade, custam menos — e apóiam uma à outra. Mas ser rápido tem as suas limitações e os seus riscos que podem, no futuro, limitar a sua utilidade.

Indicadores

- Você está tentando fazer com que todas as suas operações fiquem mais rápidas, em vez de trabalhar somente naquelas mais óbvias, como produção e introdução de produtos?
- Você está utilizando a velocidade para criar valor para os seus clientes e para diferenciar os seus produtos ou serviços?
- Você consegue antecipar a demanda do mercado de modo a poder se preparar para atender a essa demanda quando surgir (quer ela seja de hambúrguer ou adicionais de computador)?
- Você reduziu as suas necessidades de espaço em fábrica e equipamento ao máximo possível através de processos acelerados?

- Você mudou os seus sistemas de distribuição, estocagem e transporte para economizar o máximo por meio de uma velocidade maior?
- Você tornou os seus processos de produção tão flexíveis quanto possível para ajustarem-se rapidamente às mudanças de demandas?
- Você utilizou os métodos *just-in-time* para acelerar todos os processos na sua empresa, melhorar a qualidade, reduzir o estoque e as necessidades de capital ou você simplesmente passou a responsabilidade pelo estoque para outro lugar?
- Você está utilizando a reengenharia concorrente para acelerar o desenvolvimento de novos produtos?
- Você gasta bastante tempo e dinheiro preparando-se para a produção e o marketing de novos produtos para que as introduções não se atrasem?
- Você está obtendo todos os benefícios da velocidade como uma disciplina para fazer com que a empresa aperfeiçoe todas as suas operações?
- Você está fazendo diferença entre acelerar o desenvolvimento do produto (que é sempre uma vantagem) e acelerar as introduções do produto (que nem sempre é desejável)?

Vínculos

- A empresa precisa saber como aprender rapidamente se ela quiser ser mais rápida.
- Ela também precisa de trabalhadores que estejam preparados para tomar decisões. Uma longa rede de comando é inimiga da velocidade.
- Uma boa tecnologia da informação, ligando a empresa desde o cliente até o fornecedor, é essencial para uma corporação ágil.

Advertências

- A velocidade, como ferramenta gerencial, não combina com a pressa. Em vez disso, ela significa acabar com o desperdício e simplificar os produtos e processos para chegar mais rápido.

- A velocidade, aplicada sozinha, não ajuda.
- Uma operação *just-in-time* torna uma empresa vulnerável a greves, mau tempo e escassez.
- A velocidade conseguida através de atalhos e uma qualidade inferior prejudicam mais do que ajudam.
- A velocidade não é igualmente útil a todos os produtos e a todas as indústrias. Em indústrias onde os produtos mudam lentamente ou onde suas vendas são feitas em picos, como os brinquedos, a velocidade oferece menos vantagens.
- A aceleração tem os seus limites. Ela pode não ser infinita e, em algum ponto, pode fazer mais sentido procurar outras formas de expandir a empresa.
- Os clientes podem se cansar de tantas atualizações, mudanças de modelos, planos de economia e escolhas alternativas.

13

REDEFININDO QUALIDADE

"A qualidade não é completa até que cause uma impressão em alguém."
— Lew Platt, principal executivo, Hewlett-Packard[1]

A Gestão da Qualidade Total e os seus diversos rebentos e primos têm ascendência sobre todas as outras atuais iniciativas, tendências, teorias e metáforas sobre as quais falamos quando descrevemos como estamos mudando o nosso jeito de fazer negócios e gerenciar as corporações. Poderíamos voltar um pouco mais atrás, mas comecemos pelo Japão logo após a Segunda Grande Guerra, quando as forças de ocupação dos Estados Unidos trouxeram três engenheiros americanos para ajudarem a melhorar a rede de comunicações deplorável do Japão e mostrar aos japoneses como utilizar os controles do processo estatístico desenvolvidos duas décadas antes nos Bell Labs. Eles produziram um simples livro didático para ser utilizado por empresas como a Nippon Electric Company (NEC) e a Tokyo Communications (mais tarde conhecida como Sony). O falecido W. Edwards Deming foi para o Japão em 1950 pregar a sua mensagem da qualidade; um outro americano, Joseph Juran, logo depois, foi também. Os executivos japoneses seguiram o conselho dos dois americanos zelosa e meticulosamente e somaram alguns conceitos inovadores deles próprios. Em meados dos anos 70, depois de quase três décadas de trabalho paciente e esmerado, algumas poucas empresas japonesas atingiram níveis de qualidade e de produtividade inimagináveis no Ocidente, na época.

Pesquisa SEI	
É importante que todas as atividades de uma empresa agreguem valor para o cliente	81%
Estamos fazendo isso	36%

Lá pelo final da década, as empresas americanas acordaram para um pesadelo. A Canon ameaçava a existência da Xerox com copiadoras muito melhores e mais baratas do que as máquinas não confiáveis com as quais a Xerox dominava a indústria da reprodução que havia inventado. A Ford e a Chrysler (assim como a GM, muito tempo depois) temiam por suas vidas, à medida que carros japoneses bem fabricados e a preços razoáveis capturavam um enorme pedaço do mercado americano. A Hewlett-Packard comprou do Japão milhares de chips de memória de acesso aleatório, quando houve escassez do produto nos Estados Unidos e, supondo que os produtos japoneses fossem de segunda categoria, testou-os rigorosamente. Nenhum falhou. E assim foi. A Corning, a Motorola e outras empresas viram a sua existência ameaçada por produtos concorrentes do Japão que eram melhores e mais baratos. Os negócios de eletrônicos nos Estados Unidos quase foram erradicados pelo consumidor.

Depois de um período de negação, que só terminou após muitos executivos americanos terem visitado o Japão e retornado para dizer que os japoneses realmente estavam trabalhando com mais inteligência, as empresas americanas começaram a aperfeiçoar primeiro a qualidade de seus produtos e depois os seus serviços. A melhoria da qualidade se tornou a primeira e a mais significativa das novas idéias gerenciais que estão transformando os negócios em todo o mundo. As empresas que deram os primeiros passos no sentido de melhorarem a sua qualidade logo descobriram que, a menos que mudassem a maneira como faziam a maioria das coisas, não iriam progredir. A gestão da qualidade total se tornou uma capa detalhada para todas as coisas que a empresa precisava fazer para se tornar mais competitiva.

Os anos 80 se tornaram um período de experimentos quando as empresas, nas suas tentativas de atingirem níveis mais altos de qualidade, continuavam a cometer erros básicos. No princípio, a qualidade foi designada a círculos de qualidade de baixo nível, como se os trabalhadores pudessem fazer tudo sozinhos na fábrica sem que a gerência fosse incomodada. Depois, a qualidade foi designada para diretores ou vice-presidentes da qualidade. Finalmente, os principais executivos começaram a ver que, a menos que eles mesmos ficassem à frente das medidas de qualidade, nada aconteceria. Depois de muitos fracassos e decepções, as empresas descobriram exatamente o quanto precisava ser feito. As pessoas tinham que ser treinadas não somente nas ferramentas da qualidade, mas na arte de lidar diferentemente com as pessoas. O sistema de recompensa tinha que mudar para encorajar as melhorias da qualidade e do trabalho em equipe, em vez da obtenção de lucros de curto prazo. As empresas tinham que passar a conhecer melhor os seus clientes e a trabalhar mais estreitamente com seus fornecedores. Os gerentes tinham que ser diferentes, para estimular a independência das pessoas que um dia eles comandaram. As organizações tinham que mudar, para derrubar as paredes funcionais de forma a focalizarem-se na melhoria dos processos.

Em resumo, para reduzir o número de falhas nos novos carros ou para conseguir uma taxa de rendimento melhor nos chips de computador, as empresas tinham que se reinventar. A qualidade se tornou o laboratório de testes para as outras coisas que as empresas tinham que fazer. Se quisessem ser mais inovadoras, ou acelerar os seus processos, ou fazer melhor uso da tecnologia da informação, ou competir num mercado global mais acirrado, ou utilizar melhor os seus funcionários habilitados, ou efetuar a reengenharia de forma inteligente, as empresas teriam que fazer quase as mesmas coisas que teriam que fazer para melhorar a qualidade. Geralmente, elas cometiam os mesmos erros que as empresas haviam cometido logo que começaram a abordar a melhoria da qualidade. Por isso mesmo, elas ainda hoje os cometem.

A TENDÊNCIA QUE NÃO SAI DE MODA

Como pioneira da nova gerência, a GQT sofreu muitas críticas e escárnio devido aos seus passos errados e aos seus fracassos. Na verdade, lá pelos anos 90, ela era descartada como uma tendência que desapareceria gradualmente. Os consultores que se especializavam em melhoria da qualidade descobriram que os seus negócios lhes escapavam, a menos que eles colocassem uma nova etiqueta como "reengenharia" no que estivessem recomendando. A verdade é que a GQT é cansativa. Talvez a personalidade dos japoneses seja mais adequada a ela do que a personalidade dos americanos, pois são necessários anos de trabalho paciente e detalhado para se fazer com que a melhoria da qualidade seja adotada e, mesmo depois, o trabalho nunca acaba. Os profissionais da qualidade não são de muita ajuda. Eles costumam praticar uma combinação evasiva de retidão — afinal de contas, a GQT não é uma religião — com uma compulsão insana de colocar os assuntos relativos à qualidade em detalhes penosos, abstratos. Uma conferência ou um texto sobre a GQT podem ser um enfado enorme. Livres de amarras, os profissionais da qualidade podem envolver as suas empresas numa nova burocracia de procedimentos, equipes, medições e relatórios. Não é de surpreender que os gerentes freqüentemente vêem os seus profissionais da qualidade como sendo irrelevantes e ficam felizes quando a reengenharia os elimina ou diminui o seu número. W. Edwards Deming realmente transcendeu a hipocrisia rabulista da profissão da qualidade e inflamou a imaginação dos gerentes e trabalhadores, mas, à medida que envelhecia e continuava, aos 90 e poucos anos, a sua campanha extraordinariamente vigorosa, seus ataques à gerência se tornaram tão cruéis que ele acabou afastando gente que ele tinha a intenção de atrair.

Com todas essas desvantagens, então, o movimento da qualidade se desgastou? Muito pelo contrário. Talvez esteja mais forte do que nunca. Se o leitor tiver alguma dúvida quanto a isso, considere o quanto as práticas da qualidade mudaram as nossas idéias básicas sobre gerência desde 1980. A prática gerencial atualmente diz que se deve fazer tudo certo da primeira vez, em vez de alcançar qualidade através da inspeção e da correção, como costumávamos fazer. A qualidade deve ser definida pelo cliente, em vez de simplesmente pelas especificações técnicas. Estabeleça metas ousadas para muito além do que era possível se pensar. Em vez de trabalhar no isolamento sigiloso, compare as suas atividades com as atividades das outras empresas para ver o que consegue aprender. Observe como você trabalha, veja onde pode melhorar, meça os resultados e, depois, observe novamente. A maioria dos novos conceitos gerenciais neste livro foi reforçada, se não derivada, do impulso de melhorar a qualidade: equipes de disciplinas cruzadas, pressionando o poder para baixo e trabalhando mais rápido, um melhor treinamento, um novo papel para os líderes. Eis aqui o que pode ser dito sobre o estado atual do movimento da qualidade:

- É quase certo que aqueles primeiros esforços salvaram a Xerox, a Motorola, a Ford, a Chrysler e muitas outras empresas da extinção, ou pelo menos impediram o seu desaparecimento como grandes empresas.
- Um alto nível de qualidade em produtos e serviços, mais alto do que qualquer coisa que se poderia imaginar nos anos 70, tornou-se uma dádiva no mercado. Sem isso, muitas empresas simplesmente não poderiam competir.
- Algumas das primeiras empresas a se transformarem e que tiveram sucesso na gestão de qualidade total colocaram-se, em meados dos anos 90, numa nova direção a fim de tornar a sua qualidade ainda melhor. Essas empresas incluem a Hewlett-Packard, a General Electric, a Motorola e a Xerox.

COISAS QUE DÃO ERRADO

Antes de olharmos nessas novas direções, devemos fazer uma rápida pausa para vermos o que foi conseguido. Como os gerentes da qualidade gostam de medir tudo, podemos mostrar aqui alguns resultados mensuráveis (lembrando que alguns dos valores mais importantes da boa qualidade não podem ser medidos). Quando a indústria americana acordou em 1980, a qualidade medíocre dos carros feitos em Detroit foi talvez a evidência mais condenatória do que havia de errado com a gerência americana. Uma medida simples da qualidade dos carros é o número de "coisas que dão errado" (CQDE) a cada 100 carros. Uma CQDE pode ser qualquer coisa desde uma imperfeição na pintura, ou uma porta ou painel desalinhado, até uma avaria funcional. No início dos anos 80, os carros fabricados em Detroit tinham de 300 a 400 CQDE a cada 100 carros, cerca de três vezes o nível dos carros fabricados no Japão. Por volta de 1985, Detroit reduziu os defeitos para uns 200, enquanto os melhores carros japoneses baixaram para quase 100. Como mostra a Figura 13.1, os índices para os carros americanos só reduziram para quase 100 por volta de 1996.

Esses números significam que a maioria das marcas dos carros novos atualmente é praticamente livre de defeitos. Se você comprar um Lexus, é provável que tenha metade das chances de não encontrar nada a reclamar sobre ele. Se comprar um Saturn ou um Lincoln, provavelmente encontrará um defeito muito pequeno. A diferença não é

Figura 13.1
Ficando Cada Vez Melhor

As melhorias na qualidade dos automóveis americanos, japoneses e europeus, durante a última década, podem ser vistas sem dificuldade através dessas classificações a partir dos levantamentos, feitos por J. D. Power, dos automóveis de 1985, 1995 e 1996. Os números se referem aos problemas a cada 100 carros, relatados por seus proprietários 90 dias após comprá-los. Uma estatística de 100 significaria uma média de um problema por carro. Esta é só uma das diversas formas de se analisar a qualidade dos carros. Por exemplo, não nos fala sobre a confiabilidade a longo prazo de um carro. Todos os carros melhoraram muito desde 1985, mas alguns mostram um resvalamento de 1995 a 1996. Tanto os fabricantes quanto os modelos individuais são levantados. Eles são listados na ordem de suas posições em 1996. A lista não é completa, mas inclui os melhores e alguns dos piores e os que mais mudaram.*

Carro	1985	1995	1996
Média Mundial	**247**	**103**	**100**
1. Lexus	—	60	54
2. Infiniti	—	55	67
3. Volvo	315	86	71
4. Honda	150	78	71
5. Toyota	135	74	80
6. Saturn	—	91	81
7. Mercedes-Benz	169	79	83
11. Lincoln	231	100	86
13. Jaguar	350	132	90
16. Cadillac	253	91	95
22. Ford	255	116	116
24. Chrysler	315	109	124
25. Volkswagen	241	183	125
26. Chevrolet	262	105	128
31. General Motors	255	155	145
33. Mitsubishi	242	164	150

* Dados dos levantamentos iniciais sobre qualidade da J. D. Power & Associates nos arquivos do autor ou publicados no *USA Today*, 8 de maio de 1996.

suficientemente significativa para influenciar a sua escolha. Aceita-se como uma coisa óbvia, uma dádiva para qualquer empresa que queira competir seriamente, que os novos carros não tenham defeito algum.

AQUELAS EMOÇÕES INTERNAS

A paridade desigual na qualidade entre os principais fabricantes de automóveis não coloca um fim à concorrência pela melhor qualidade. A base sobre a qual se julga a qualidade muda, ou sobe para um novo nível, mais subjetivo e emocional. Um executivo na indústria de automóveis japonesa, Shinji Sakai, principal executivo da Toyota Motor Sales USA, reflete uma opinião abrangente quando diz que precisamos de "um conceito de qualidade mais amplo". "A qualidade de hoje não tem a ver só com estatísticas que medem os defeitos, ela reflete as emoções internas dos clientes a respeito do produto", diz Sakai. "...a redescoberta da qualidade significa o aperfeiçoamento do conceito de qualidade total. Não podemos falar de boa qualidade só em termos do produto físico ou do processo de produção. Isso deve envolver a experiência total de propriedade e fazer da meta a satisfação do cliente". Além de fornecer transporte, disse ele, presumivelmente com alguma ajuda do seu departamento de relações públicas, o automóvel deve ser um espaço móvel privado, um "centro de lazer que supra diversão e recreação durante as viagens", e ele "deve ser receptivo às demandas públicas e ambientais".[2]

O movimento da qualidade atingiu um ponto onde precisava ser renovado. Um dos primeiros a vivenciar isto foi Yotaro (Tony) Kobayashi, presidente de conselho da Fuji-Xerox. A sua empresa começou o seu esforço nos anos 70, muito antes da própria Xerox ou, no que diz respeito ao assunto, antes de qualquer outra empresa americana e, em 1980, já tinha ganho o Prêmio Deming no Japão. Em meados dos anos 80, diz Kobayashi, a GQT tinha tornado a empresa "um pouco estruturada demais e as pessoas haviam perdido o interesse. Não é interessante o bastante. Não é divertido. É maçante... As pessoas estavam dizendo que o individualismo estava sendo assassinado pela chamada abordagem da qualidade". Em 1988, a Fuji-Xerox adicionou o que ela chamou de Novo Método de Trabalho à GQT. As pessoas foram encorajadas a serem mais individualistas, a correrem riscos, a perguntarem "por que não?" em vez de perguntarem simplesmente "por quê?" e a se divertirem.[3]

Por uma ou outra razão, em meados dos anos 90, alguns dos pioneiros em qualidade nos Estados Unidos, alguns dos que tiveram o melhor desempenho, decidiram que teriam que renovar a sua abordagem, a fim de elevarem os seus padrões ou para tomarem novos rumos. A Motorola compreendeu que a sua tão alardeada norma Seis Sigma — que significa um nível fenomenal de menos de 3,4 falhas por milhão de peças — não seria boa o bastante para os novos equipamentos eletrônicos do século XXI. A Hewlett-Packard decidiu que simplesmente não compreendia os sentimentos dos clientes bem o bastante e lançou um novo impulso de qualidade para fazer isso. A Xerox, que tinha salvo e depois reconstruído a empresa nos anos 80 com base na sua estratégia da qualidade, descobriu que estava muito abarrotada de ferramentas e programas, a maioria dos quais não funcionava. Ela começou a criar um esforço mais disciplinado e focalizado. A General Electric descobriu, um tanto para sua surpresa, que os seus níveis de qualidade simplesmente estavam muito aquém das empresas-líderes e, com a sua energia característica, Jack Welch lançou um novo ataque com base na qualidade.

MOTOROLA: GRANDES METAS

As empresas que tiveram melhor desempenho na qualidade estabeleceram, para si próprias, metas extraordinariamente difíceis, conseguiram atingi-las e, depois, estabeleceram metas ainda mais difíceis. A Motorola provavelmente é o exemplo mais famoso. Para colocar uma perspectiva no que a Motorola e outras empresas fizeram e estão tentando fazer, a típica empresa americana em 1980 tinha um índice de defeitos de 8%. Isso não queria dizer que 8% dos carros ou das copiadoras vendidas tinham um defeito. Queria dizer que 8% das peças produzidas para esses carros ou copiadoras eram defeituosos. Os carros e as copiadoras, propriamente ditos, eram crivados de defeitos. A qualidade melhorou tanto desde então que os defeitos agora normalmente são medidos na Motorola em peças por milhão em vez de percentagens. Um índice de defeito de 8% equivale a 80 mil defeitos por um milhão de peças. Em 1981, quando a Motorola começou o seu impulso de qualidade, ela estabeleceu uma "meta de alcance" para reduzir os defeitos dez vezes mais em cinco anos. Como não foi bom o bastante, então a Motorola decidiu melhorar outras dez vezes mais até 1989 e, depois, dez vezes mais até 1991. Isso teria reduzido o índice de defeitos da Motorola para cerca de oito em um milhão de peças.

A Motorola refinou esta meta um pouco mais anunciando a sua norma Seis Sigma em 1987. A estatística utiliza a letra grega sigma (σ) como um símbolo para a variação-padrão. O Seis Sigma envolve 3,4 erros por um milhão de peças e a Motorola objetivou alcançar isso até 1992, de um ponto de partida de seis mil erros. A Motorola não atingiu a meta Seis Sigma, embora alguns de seus produtos e processos tenham atingido, e até mesmo excedido, a meta. A empresa, como um todo, conseguiu chegar a 150 peças por milhão (ppm) até 1992.[4] No início de 1997, a Motorola tinha reduzido os erros para 20 ppm, que não era um padrão Seis Sigma, mas era imensamente melhor do que o índice havia sido. Nas antigas medições através de porcentagens, a Motorola atingiu um índice de erro de 0,25%. Richard Buetow, vice-presidente sênior da Motorola para qualidade, explica que 20 ppm não significa que, se a Motorola construísse um milhão de estações espaciais, somente 20 teriam um problema. Antes, em cada etapa do processo de montar uma estação espacial, os problemas surgiriam, mas somente 20 vezes em um milhão de etapas. "Nenhuma outra empresa no mundo atingiu este nível e a maioria nem mesmo sabe em que nível está", diz ele.

Apesar de ainda faltar um pouco para chegar à meta Seis Sigma, a Motorola mudou toda a escala novamente. "Os nossos produtos continuam encolhendo e os processos ficam mais difíceis", diz Buetow. "No século XXI, teremos semicondutores desde um bilhão até 20 bilhões de peças. Então, estamos nos movimentando no sentido de peças por bilhão. Temos que continuar melhorando. Ainda não atingimos um ponto onde a qualidade custa caro. A qualidade ainda vale a pena. Temos que fazer isso para o futuro e porque os nossos custos mesmo assim diminuem." A Motorola já está medindo alguns processos em peças por bilhão.

Metade dos fracassos na Motorola atualmente chega até ela através dos seus fornecedores. Eles ainda não souberam como acertar o seu ritmo com a sua cliente, embora a Motorola certamente tenha tentado. A Motorola cortou o número de fornecedores de dez mil para cerca de mil fornecedores preferenciais e todos eles têm que mostrar que possuem um programa sério de melhoria de qualidade. Entretanto, grande parte da maquinaria que a Motorola compra simplesmente não consegue gerar produtos a um nível que não apresente praticamente nenhuma falha. Então, a Motorola está investindo em pesquisa para trazer ferramentas para o Seis Sigma.

Como a maior parte das empresas, a Motorola vê a velocidade como parte do esforço de melhorar a qualidade e estabeleceu mais uma daquelas grandes metas: diminuir o tempo que leva para desenvolver um novo produto em dez vezes mais em cinco anos. Em outras palavras, se ela leva 36 meses para criar um certo tipo de produto, deve levar três meses ou um pouco mais. A Motorola também está tentando compreender o cliente melhor e está utilizando novas ferramentas para fazer isso. A empresa contrata entrevistadores terceirizados para conversar com os clientes sobre suas experiências com os produtos da Motorola. Foi assim que a Motorola aprendeu a consolidar as atualizações de software, porque os clientes ficavam irritados pela forma com que eram iludidos.[5]

GENERAL ELECTRIC: FALTA UMA OBSESSÃO

A GE tem uma longa história de envolvimento na melhoria da qualidade. Um de seus ex-diretores da qualidade, Armand Feigenbaum, tornou-se um dos mais respeitados gurus da área e o seu livro, *Total Quality Control*, tem sido um livro didático padrão por mais de 40 anos. Recentemente, Jack Welch achou que, com o seu constante foco nos três "S" — *speed, simplification* e *stretch* (velocidade, simplificação e ousadia) — a GE atingiria padrões de qualidade de classe mundial. Na verdade, a GE estava fazendo muitas das coisas que uma empresa deve fazer para melhorar — por exemplo, a formação de equipes, a idéia de uma empresa sem fronteiras, a eliminação das camadas e o treinamento. Welch achava que essas ações ou idéias embutiam qualidade nas atividades da empresa. Mas a GE não tinha uma política explícita rotulada de GQT ou algo semelhante.

A GE acordou em 1995 para descobrir que a sua qualidade não era nada digna de alarde — como ficariam sabendo os leitores de *Consumer Reports*. Os aparelhos da GE (e as máquinas Hotpoint feitas pela GE) geralmente se classificavam no meio da escala em levantamentos feitos entre os leitores de *Consumer Reports*. As lavadoras de roupas e os fornos de microondas conseguiram obter classificações muito boas na maioria dos tamanhos, mas as novas geladeiras sem CFC (clorofluor-carbonos) e as lavadoras de pratos obtiveram classificações intermediárias ou menores. As classificações no âmbito da GE variavam de primeiro lugar até intermediário, dependendo da categoria de preço. Quanto à freqüência de conserto, os aparelhos da GE apareceram, em sua grande maioria, no meio, geralmente atrás da Whirlpool, mas as diferenças estatísticas não foram muito boas.[6] O *Wall Street Journal* relatou que erros no projeto criaram problemas com as locomotivas da GE e as turbinas a gás, atrasando até mesmo a entrega dos seus novos motores a jato para o Boeing 777.[7]

Quando a GE se comparou com outras empresas, ela descobriu que o seu desempenho geral era bom mas muito abaixo das outras. A GE se comparou com as empresas-líderes, Motorola, Texas Instruments, Hewlett-Packard e Xerox. Todas essas empresas, na colocação de Jack Welch, "estavam bem no olho do furacão competitivo asiático", enquanto a GE "tinha o luxo de escolher os seus campos de batalha". As outras faziam da qualidade "um foco gerencial definido — uma obsessão". A GE, não. Então, enquanto as outras chegavam cada vez mais perto do Seis Sigma, a GE se viu com um índice de 35 mil defeitos por milhão, simplesmente mediano para uma boa empresa. Com esse índice e 70 bilhões de dólares em receita, a GE poderia estar jogando fora de 7 a 10 bilhões de dólares por ano em sucata, retrabalho e correção de erros. Então, no final de 1995, a GE estabeleceu para si mesma a meta de cortar esse índice de 35 mil defeitos para 3,4 defeitos por milhão, ou Seis Sigma, em cinco anos.

Para chegar lá, como Welch explicou, a GE deixaria de consertar produtos para consertar processos, de maneira que eles não "produziriam nada além de perfeição, ou perto da perfeição". A empresa adotou um método de quatro etapas para conseguir isto: medir cada processo e transação, analisá-lo, aperfeiçoá-lo e, depois, controlar os resultados. Para liderar este esforço, a GE designou o que Welch ostensivamente descreveu como "campeões" da gerência sênior, treinando 200 "mestres em faixa-preta" e 800 "faixas-preta" como executivos de qualidade em regime de expediente integral para liderar as equipes e focalizar-se nos processos. Todos os 20 mil engenheiros da GE receberiam treinamento. Com menos ostentação, mas talvez com mais efeito, a GE mudou o sistema de bônus para que 40% dos bônus de um gerente dependessem de suas contribuições para se chegar ao Seis Sigma.[8]

XEROX: UM NOVO MODELO

Ao contrário da GE, a Xerox fez da qualidade o centro de sua luta para ressuscitar no começo de 1982. O que ela chamou de seu modelo de "Liderança Através da Qualidade" deu certo (embora a Xerox ainda não tenha chegado perto de voltar aos seus níveis anteriores a 1980 no que diz respeito a bens e fatia de mercado). Mas, como outras empresas, à medida que o programa amadurecia e os anos 90 passavam, a Xerox viu que precisava se refocalizar e se renovar. Os seus "gerentes seniores e especialistas em qualidade viram deficiências na abordagem de qualidade da empresa e passaram a lutar por uma maneira de superá-los", escreve Richard J. Leo, vice-presidente e gerente-geral da Xerox Quality Services, em Rochester. Ele disse que a Xerox "tinha um grande número de ferramentas e processos da qualidade, mas o seu pessoal não os estava usando consistente ou eficientemente". A empresa estava sofrendo de "desordem conceitual". O principal executivo, Paul Allaire, disse que a Xerox não poderia se beneficiar das oportunidades de mercado e de sua própria tecnologia "a não ser que superasse uma burocracia incômoda, impulsionada pela funcionalidade e usasse o nosso processo de qualidade para se tornar mais produtiva".

O novo "modelo gerencial da Xerox", que Allaire e sua equipe começaram a desenvolver em 1994, foi projetado para aplicar mais disciplina ao uso de todas aquelas ferramentas e para aumentar a velocidade da Xerox, não apenas para gerar produtos mas também para tomar decisões. Allaire tencionava focalizar os esforços de qualidade da Xerox "em dois objetivos críticos: crescimento dos lucros e produtividade de classe mundial".

A mudança da Xerox ao vincular a qualidade diretamente aos lucros coincide com uma mudança semelhante nos critérios do Malcolm Baldrige National Quality Award. Nos anos 80, quando o prêmio foi instituído, a qualidade era considerada a sua própria recompensa. Nenhuma justificativa externa era considerada necessária. Melhorar a qualidade era a coisa certa a fazer e os negócios melhorariam naturalmente. Mas em meados dos anos 90, este idealismo tinha sido substituído por uma insistência nos resultados práticos. Nos primeiros critérios para o Prêmio Baldrige, a eficácia dos esforços de qualidade de uma empresa era julgada pela satisfação do cliente. De um total possível de mil pontos, 300 eram na categoria de foco e satisfação do cliente. Mas os critérios Baldrige de 1997 incluíram uma nova categoria chamada "resultados comerciais", com um placar possível de 450 pontos. A satisfação do cliente, valendo 130 pontos, foi incorporada a esta nova categoria de resultados comerciais — e agora há uma categoria separada chamada de foco de cliente e mercado valendo 80 pontos.

A estrutura bastante formal e complexa do novo "modelo gerencial da Xerox atribui cada uma das ferramentas de qualidade, iniciativa e atividade da Xerox a seis práticas comerciais: liderança, recursos humanos, gerenciamento do processo comercial, utilização de informação e ferramentas da qualidade, foco de cliente e mercado e resultados comerciais. Na verdade, a última categoria mede o desempenho da empresa nas cinco primeiras. A idéia é que tudo que a Xerox faz será agora alinhado às suas metas de qualidade e que todas as suas unidades e funcionários saberão que ferramentas e métodos usar".[9]

HEWLETT-PACKARD: UM PROBLEMA EMOCIONAL

Como as outras, a Hewlett-Packard se viu com um problema de mesmice de qualidade nos anos 90. A HP tinha se saído extremamente bem desde o início dos anos 80, tanto no aperfeiçoamento da qualidade como nos resultados comerciais. Entretanto, ela sentiu que estava faltando alguma coisa no seu esforço em qualidade, que ela tinha estagnado. A Hewlett-Packard comparou os seus esforços com os esforços das outras grandes empresas e descobriu que "essas outras empresas se sentiam totalmente presas, da mesma forma que nós nos sentíamos presos", diz Richard LeVitt, diretor de qualidade corporativa. Elas todas estavam usando as mesmas ferramentas importadas e as mesmas idéias que tinham sido embutidas nos diversos prêmios de qualidade no Japão, na Europa e nos Estados Unidos. "A tecnologia da qualidade não estava progredindo rápido o bastante", diz LeVitt.

LeVitt esboçou um plano para uma nova abordagem à qualidade que o presidente do conselho, Lew Platt, pegou da sua mesa numa noite de sábado em outubro de 1995. Ele leu o plano no domingo e começou a implementá-lo na segunda-feira. Eles o chamaram de "Qualidade 1 a 1". Como Platt explicou mais tarde numa palestra, a HP não estava descartando o antigo conceito de qualidade, com sua ênfase na métrica e nos processos gerenciais, mas estava indo além dele para aprender mais a respeito das experiências dos clientes. "O nosso hábito normal é pensar em qualidade conforme faz um produtor, focalizando os processos e os controles nas nossas atividades de produção diárias", disse

Platt. "Contudo, a qualidade não é completa até que causa uma impressão em alguém."

A abordagem à qualidade-padrão de "produtor", com a sua crença em "conformidade às exigências" e "aptidão para uso", era natural a uma empresa high-tech como a HP: engenheiros construindo itens sofisticados para serem usados por outros engenheiros. As especificações eram extremamente importantes. Mas, à medida que o mercado da HP passou a vender mais itens de consumidor no mercado varejista para pessoas menos sofisticadas, a idéia de qualidade precisou mudar. Como LeVitt colocou, em vez de estar tão absorvida pela estimulante evolução da tecnologia, a HP tinha que pensar mais em como a organização Disney cria uma experiência para visitantes nos seus parques temáticos. LeVitt diz que a HP descobriu que os clientes tinham fortes reações emocionais a coisas que não pareciam importantes para a empresa. "Tivemos que compreender um dia na vida do cliente", diz LeVitt. "O que acontece assim que eles tentam utilizar o produto? Eles o retiram da caixa e tentam montá-lo e usá-lo. Essa experiência gera satisfação? Prazer? Surpresa? Ansiedade?" Leituras analíticas apenas dão uma impressão superficial da reação do cliente.

Os esforços da HP de entrar na cabeça do cliente incluem vídeos de clientes abrindo e montando as suas compras. Os seus funcionários visitam as lojas. Não só os vendedores, como também os engenheiros, os operadores de linha de montagem, os funcionários do departamento financeiro e de pessoal e os gerentes gerais — pessoas que talvez nunca tivessem lidado com um cliente cara a cara — vão para as lojas, montam exposições e, depois, começam a conversar com clientes de verdade. Platt diz que ele tem reuniões com clientes, individualmente, ou em grupos, cinco ou seis vezes por semana. A idéia geral é pegar a visão de qualidade racional do produtor e misturá-la com a visão subjetiva, emocional, do cliente.[10]

Assim como a prática gerencial, a GQT pode ser levada ao extremo, que é o que muitas empresas já descobriram. Ferramentas demais, medições demais, reuniões demais podem prender uma empresa numa burocracia de qualidade criada pelo que a revista *Quality Progress* apelidou de "qualicratas". "Há centenas de ferramentas", diz Martin R. Mariner, diretor de qualidade da Corning. "Você pode ficar maluco com tantas ferramentas. Não apresento uma nova há dois anos." A Corning também descobriu que tinha toda uma equipe que só respondia a indagações de outras empresas, dando, ao mesmo tempo, instruções para elas, o que não ajudava em nada à qualidade da Corning. Então, a Corning acabou com toda a ajuda gratuita e, em vez disso, começou a oferecer instruções periódicas pelas quais cobra 100 dólares por cabeça.[11]

A Motorola, a GE, a Xerox e a Hewlett-Packard são empresas que começaram cedo a descobrir novas maneiras de gerenciar e melhorar a sua qualidade, todas chegando ao mesmo ponto no início ou em meados dos anos 90, quando precisaram ligar novamente as suas máquinas. Cada uma delas adotou uma abordagem diferente à próxima geração de melhorias de qualidade — o que mostra mais uma vez como cada uma das empresas tem que encontrar a sua própria maneira de se aproximar do século XXI. Entretanto, os mesmos tópicos básicos estão por baixo das ações de cada empresa: a insistência em medir resultados, o estabelecimento de metas altas o bastante para fazerem todo mundo engolir, a utilização de equipes transfuncionais, o treinamento de pessoas na utilização das ferramentas, a divulgação das práticas da qualidade através de toda a empresa e em todas as suas atividades, sempre buscando novas maneiras de melhorar. Longe de ser uma tendência envelhecida, a melhoria da qualidade está sendo embutida nos negócios. Faz parte do preço de admissão ao mercado. Mas está levando muito mais tempo para amadurecer do que se esperava em 1980 — a menos, é claro, que eles tivessem visto e compreendido a experiência japonesa.

Indicadores

- O esforço em melhorar a qualidade está focalizado no que realmente importa para o cliente?
- O esforço em qualidade da sua empresa já amadureceu o bastante para ter deixado de exigir "conformidade às exigências" ou "aptidão para utilização" e já compreende toda a experiência do cliente com a sua empresa, assim como com o produto que ela vende?
- A empresa está tentando melhorar a qualidade de tudo que faz?

- A empresa está encorajando — ou forçando — os seus fornecedores a melhorarem a sua qualidade?
- Você revisa periodicamente as suas metas de forma a atender às crescentes expectativas dos clientes?
- Você está utilizando as ferramentas estatísticas e outras ferramentas de melhoria de qualidade e dando às pessoas o treinamento que precisam para usá-las?
- Os seus planos de pagamentos e incentivos encorajam as pessoas a melhorarem a qualidade?
- A alta gerência demonstrou um compromisso de longo prazo para com a melhoria da qualidade?
- A sua empresa utiliza equipes, *benchmarking* e outros estratagemas gerenciais para melhorar a qualidade?
- Além dessas e de outras medidas específicas, a sua empresa mudou basicamente a forma como opera? Caso a resposta seja não, é improvável que aconteçam melhorias de verdade na área de qualidade.

Vínculo

- A menos que a sua empresa esteja realizando muitas das outras melhorias discutidas neste livro, como processos para aumentar a velocidade, melhoria na inovação de produtos e utilização de equipes, o esforço em qualidade sozinho não vai chegar muito longe.

Advertências

- Chegar-se a um alto nível de qualidade leva muito tempo — na verdade, a busca nunca cessa.
- A qualidade tende a estar nos detalhes e trabalhar nesses detalhes pode ser cansativo e enfadonho.
- A busca pela excelência pode perder a força depois de algum tempo e é provável que precise ser renovada.
- O especialista em qualidade pode tentar sufocar uma empresa em ferramentas e tentar criar uma burocracia que seja inimiga da qualidade de verdade.

PARTE 4

A Resposta — A Organização

14

O Alcance Global

"Mercados de nicho pequenos, diminutos mesmo, podem se tornar surpreendentemente grandes quando ampliados para o resto do mundo."
— *Hermann Simon*[1]

Michel Besson, "Mike" para seus amigos nos Estados Unidos, usava quatro chapéus antes de voltar a Paris em 1996. Como vice-presidente executivo da Compagnie de Saint-Gobain, uma empresa francesa global de vidro, embalagens e material de construção, ele participava do comitê gerencial que se reunia uma vez por mês em Paris. Como principal executivo da Saint-Gobain na América do Norte, administrava a CertainTeed Corporation (material de construção), a Norton Company (abrasivos e produtos químicos especiais) e outras subsidiárias a partir de seu escritório comum em Valley Forge, Pensilvânia. Ele também era responsável pelos diversos negócios mundiais da Saint-Gobain, como material de construção, abrasivos e cerâmica, que freqüentemente levavam-no à Ásia. Ele usava um quarto chapéu como supervisor dos negócios da Saint-Gobain na América Latina, o que naturalmente significava freqüentes viagens para lá.

Este amontoado de chapéus parecia não pesar na cabeça de Besson, um francês cordial que residiu nos Estados Unidos durante 16 anos e fala inglês com aquele sotaque francês que transmite uma enorme intimidade com os assuntos do mundo. A complexa "matriz" na disposição das organizações e linhas de autoridade, que muitos executivos consideram parte do que lhes deixa loucos na globalização, funciona, há muitos anos, muito bem na Saint-Gobain. Talvez o segredo da Saint-Gobain seja o fato de que a sua visão da organização formal é tranquila. Ela não possui qualquer organograma e nem quer saber de ter um. A matriz está sempre mudando com as pessoas. "Definimos as funções de acordo com a personalidade das pessoas, de acordo com a situação", diz Besson. Inevitavelmente, surgem tensões entre os oceanos e entre as empresas, mas a cultura da Saint-Gobain não tolera muito guerras internas, então os gerentes tendem a solucionar as suas diferenças antes que muitos danos sejam feitos[2].

Tornar-se global apresenta à gerência camadas de problemas e trocas complicadas. A empresa com uma verdadeira estratégia mundial, que é o que a maioria das grandes empresas precisa ter para poder sobreviver ao século XXI, tem um escopo que pode render grandes vantagens e economias. Mas isso não significa que a empresa toda tenha que ser globalizada. Na verdade, cada empresa tem uma variedade de escolhas que pode fazer em três áreas distintas:

1. *O Portfólio.* Em vez de um conjunto de produtos ou serviços globais, você talvez precise de um portfólio dos mesmos, alguns globais, outros regionais, outros locais.
2. *Os Domínios.* Você tem que escolher os domínios nos quais deseja ser global. Os produtos podem não ser globais, mas a rede de suprimento pode, ou a área de P&D, ou os processos comerciais.
3. *O Modo.* Você tem que escolher um modo de operação. Pode operar sozinho ou através de uma *joint venture* ou uma aliança, ou, se estiver apenas experimentando, através de representantes de vendas ou contratos de licenciamento.

Que tipo de organização deve-se criar? Como se mescla culturas e éticas diferentes? Como exercitar controle? A existência do mercado global não significa que o mundo seja apenas um grande mercado.

Pesquisa SEI	
É mais importante operar como uma organização global do que como uma organização nacional ou multinacional	64%
Estamos fazendo isso	30%

Podemos pensar dessa forma porque vemos a MTV, o McDonald's, a Levi's e a Coca-Cola em todos os lugares. Mas esses produtos onipresentes significam coisas muito diferentes em lugares diferentes. Comer no McDonald's em Los Angeles significa fazer uma refeição rápida e barata. Em Beijing (Peking), é uma ocasião especial. Então, o produto é o mesmo, mas o mercado e, conseqüentemente, o segmento do mercado são diferentes. Alguns mercados são locais. Muitas comidas, bebidas, peças de vestuário e publicações são locais ou regionais. Muitos itens de luxo — relógios de pulso caros, jóias, automóveis caros, champanhe francês, por exemplo — são vendidos num mercado global. Os ricos em todas as partes querem as mesmas coisas. Os altos executivos estabelecem um mercado global para viagens e hospedagens. Seja qual for a sua nacionalidade, eles ficam nos mesmos lugares, viajam da mesma maneira. Embora o produto seja global, o marketing e a propaganda podem ser locais. Os anúncios e a fixação de preços são diferentes. Você quase sempre vai precisar de aconselhamento local para orientá-lo a respeito de leis e costumes desconhecidos.

Efetuar uma avaliação dos riscos de operar em regiões e países diferentes é importante para a empresa global. Os bancos se propõem a exibir avaliações de risco por países, mas eles se referem, na maioria das vezes, aos riscos de se emprestar dinheiro. Os riscos ligados à operação de um negócio são diferentes. Eles dependem de políticas comerciais, taxas de câmbio, decisões do banco central e de quem seja o seu parceiro. Se o seu parceiro é o filho de um homem poderoso local, então os seus riscos são menores — a menos, é claro, que haja uma revolução.

A maioria das corporações está tendo que lutar com esses problemas de negócios globais, e as que não estão fazendo isso hoje, provavelmente estarão em breve. Num levantamento feito pela Conference Board dos fabricantes americanos nos mercados mundiais mencionados no Capítulo 3, todas as 64 empresas que participaram do levantamento com vendas de 5 bilhões de dólares ou mais têm fábricas no exterior. Em toda a amostragem de 1.250 empresas, somente 94 são puramente domésticas e a maioria delas tem vendas abaixo de 500 milhões de dólares por ano. Mesmo entre as empresas menores, nove empresas, de um total de dez, têm atividades no exterior [3] (ver Figura 14.1).

Não é como se todas essas empresas estivessem apenas começando a aprender a trabalhar além de suas fronteiras. A Alcoa, a

Coca-Cola, a Du Pont, a Eastman Kodak, a Ford, a General Electric, a Gillete, a H.J. Heinz, a NCR, a Quaker Oats, a Sherwin-Williams, a Standard Oil of New Jersey (hoje chamada de Exxon) e a Westinghouse Electric estavam entre as 41 grandes corporações americanas descritas como multinacionais em 1914 e todas continuam lá[4], assim como muitas das outras 41, só que com novos nomes ou propriedade.

Figura 14.1
Lucros Globais

As empresas que operam internacionalmente devem crescer mais rápido do que as empresas puramente domésticas e aquelas com os mais sinceros compromissos internacionais devem ser as mais rentáveis. Foi isso que se veio a descobrir num levantamento da Conference Board das empresas americanas de produção, classificadas de acordo com o nível de globalização que atingiram. A Conference Board classificou as empresas com fábricas próprias em todas as três maiores regiões econômicas como "multinacionais"; aquelas com uma fábrica ou *joint venture* no exterior como "comprometida internacionalmente" e aquelas com operações de vendas no exterior ou autorizadas como "com tendências internacionais". As percentagens de retorno sobre patrimônio líquido (ROE — return on equity) e retorno sobre ativos (ROA — return on asset) não incluem juros e impostos.

Tipo de empresa	Número de empresas	Crescimento de vendas de 5 anos	ROE em 3 anos	ROA em 3 anos
Total	1.250	15,9%	20,9%	8,4%
Multinacional	155	10,9	29,6	12,3
Comprometida internacionalmente	548	15,9	20	8,4
Com tendências internacionais	384	19,8	20,7	7,5
Doméstica	94	8,2	21,4	7,3

Fonte: Conference Board. U.S. *Manufacturers in the Global Marketplace, Report Number 1058-94-RR* (Nova Iorque: The Conference Board, 1994), p. 35.

O que faz com que seja difícil para essas empresas veteranas e muitas das recém-chegadas desempenharem no mercado atualmente é que os termos de concorrência mudaram radicalmente. As antigas multinacionais são atualmente tidas como aviltantes "fundadoras de bandeiras", postos coloniais de empresas essencialmente domésticas.

Elas se tornavam proprietárias de algumas fábricas, ou minas, ou organizações de venda em países estrangeiros. Os mercados atuais exigem empresas globalmente integradas. As unidades domésticas e internacionais devem se fundir como um todo para que funcionem como uma única organização, não uma coleção de feudos ou postos fronteiriços. Dependendo do negócio, talvez seja preciso globalizar os seus produtos, ou as suas compras, ou a P&D, ou a produção, ou o marketing e as vendas, ou a tecnologia da informação, ou todas essas atividades.

Em todas as discussões sobre globalização, as multinacionais, em sua grande maioria, ainda são basicamente fundadoras de bandeiras. A pesquisa SEI para este livro mostrou que cerca de um terço das empresas pesquisadas sentia que estava atingindo postura e estrutura globais adequadas — e algumas delas estavam provavelmente exagerando. Quando você lida com diferentes culturas e línguas, reconhecer a necessidade de fazer algo é uma coisa e fazer é outra. Vejam o caso da Canon, uma excelente empresa com um forte desempenho no mercado global. O seu principal executivo, Ryuzaburo Kaku, diz que ele talvez tenha que desmontar a estrutura da divisão de produtos que estabeleceu nos anos 70. "Este sistema da divisão de produtos hoje parece ser deficiente", diz ele. "Nós agora estamos nos deparando com uma era de multinacionalismo, e paredes verticais entre as divisões são antagônicas às tendências atuais. Portanto, embora eu tenha instituído o sistema da divisão de produtos, em virtude do fato dele ter se tornado rígido, nós agora estamos pensando em reestruturá-lo completamente."

Mas, e quanto à globalização da Canon no topo? "Enquanto eu for o presidente do conselho da empresa", diz Kaku, "não existe a mínima chance de qualquer estrangeiro atuar na diretoria da Canon, e isso por uma razão muito simples — eu não falo inglês. Outras pessoas, a começar pelo presidente, falam inglês. Quando chegarmos ao ponto em que todos os integrantes do conselho possam falar inglês, poderemos ter vários membros que não sejam japoneses. ...Então, quando essa hora chegar, a Canon poderá ser verdadeiramente globalizada. Não sei se a Canon deve ou não ser totalmente descentralizada. No momento, quero dirigir a Canon como uma operação controlada centralmente. O que eu sinto é que a empresa deve ser centralizada com as responsabilidades e os direitos divididos".[5]

ABB: RADICALMENTE GLOBAL

Assim como a idéia de se empurrar as decisões para baixo o máximo que for possível, a idéia de se tornar verdadeiramente global é tão contrária às práticas tradicionais que os executivos têm dificuldade de fazer com que isso funcione. O resultado é confusão, muitas abordagens diferentes e uma escassez de modelos que se possa seguir. Se existe de fato uma empresa global hoje, teria que ser a ABB, um conglomerado de engenharia elétrica sediado na Suíça. Sete nacionalidades estão representadas em seu conselho de diretores que se compõe de onze integrantes e quatro nacionalidades no seu comitê executivo de oito pessoas. Pessoas de 19 países compõem a equipe básica da matriz com 171 pessoas em Zurique. O inglês é a língua oficial da empresa, embora seja a língua nativa de somente 20% dos seus funcionários. Mas o inglês é a língua nativa dos negócios globais. O homem que montou a empresa, Percy Barnevik, diz que, mesmo quando dois suecos na empresa conversam um com o outro, eles conversam em inglês.

A ABB foi criada em 1988 a partir de duas velhas e dormentes empresas, a ASEA da Suécia e a Brown Boveri da Suíça. A maneira como Barnevik, um sueco perspicaz, juntou as duas empresas e transformou-as em um empreendimento global já é uma lenda nos negócios. Barnevik tornou-se um herói da gerência, o Jack Welch da Europa, um homem digno de admiração. Primeiro, ele começou reduzindo tudo radicalmente. Ele unificou os funcionários das duas empresas e reduziu a equipe em 90%. Depois, pegou mais 50% das pessoas e tirou-as da matriz. Ele fez disso uma prática: reorganizar empresas operacionais e adquirir novas, para reduzir o seu pessoal em 90%. Muitas das pessoas demitidas foram transferidas para o campo. A esta altura do desenvolvimento da ABB, Barnevik não era exatamente um herói, pelo menos não em casa, na Suécia. Mas a globalização, diz ele, significa que milhões de pessoas perdem os seus "atuais empregos laboriosos e de baixa tecnologia e precisam encontrar colocação em áreas de maior tecnologia e no setor de serviços". A capacidade em excesso e as fábricas redundantes, principalmente na Europa, ficam mais evidentes. Enquanto os Estados Unidos têm duas fábricas de locomotivas e o Japão tem três, a Europa tem 37. As oficinas na Europa se fundem e talvez seja necessário somente metade do número de pessoas para fazer o mesmo número de locomotivas", diz Barnevik.

Ele criou o que descreve como uma rede "radicalmente descentralizada", com cinco mil centros de lucro em 1.300 empresas operacionais ao redor do mundo. Elas foram agrupadas em 51 divisões ou áreas de negócios. O que ele conseguiu foi — para uma empresa de 36 bilhões de dólares por ano — uma organização bastante horizontal com muita autoridade empresarial nos pequenos centros de lucro, nas extremidades da empresa. Somente uma pessoa, no escritório da divisão, está situada entre o chefe de uma empresa operacional e o comitê executivo em Zurique. As empresas operacionais controlam a maior parte do dinheiro destinado à área de P&D, tomam as suas próprias decisões a respeito de gastos e empréstimos de capital e são responsáveis pelos lucros, parte do quais elas guardam.

Os chefes das empresas operacionais trabalham dentro de uma matriz, sendo que num dos eixos estão os chefes das unidades comerciais (que são globais) e no outro eixo estão os gerentes do país. "Não escolhemos uma matriz", disse Barnevik. "Simplesmente temos uma matriz, quer gostemos ou não." O chefe de uma empresa operacional tem dois chefes — se é que ele tem mesmo algum chefe. Mas o que é importante a respeito da ABB não é tanto a estrutura, mas a maneira como ela funciona. A matriz não é utilizada para impulsionar uma organização de cima para baixo, mas para apoiar as empresas operacionais numa organização de baixo para cima.

Essas 1.300 empresas, obviamente, não operam livremente no raio de ação global. Barnevik conscientizou a todos a respeito do que seria importante. Apesar da sua expansão, a ABB tem um foco limitado. Barnevik não vê qualquer utilidade no conglomerado antigo, do tipo podemos-operar-qualquer-coisa, como as Litton Industries e a ITT. A ABB se prende às indústrias de engenharia elétrica. Ela tem metas distintas, em termos de crescimento e rentabilidade e a sua cultura é bem definida. Logo depois da fusão em 1988, Barnevik reuniu a alta gerência em Cannes para descrever a nova empresa, que era "descentralizada sob condições centralizadas". Ele publicou um livreto com a missão e os valores, mencionando coisas como: "Tomar medidas e fazer a coisa certa é o melhor. Tomar medidas, fazer a coisa errada e rapidamente corrigi-la é a segunda melhor opção. Criar demoras ou perder oportunidades é o pior curso de ação". Um outro tema focaliza a empresa no cliente, uma idéia que dificilmente era parte das antigas filosofias da ASEA e da Brown Boveri. A empresa também é mantida sob controle por um sistema automatizado de relatório global e pelo que foi descrito como uma Guarda Pretoriana de 500 a 600 jovens gerentes globais que se deslocam ao redor do mundo e que são cuidadosamente cultivados e observados enquanto absorvem novas culturas e habilidades. A ABB cresceu através da aquisição e da expansão, de 17 bilhões de dólares em vendas em 1988 para 36 bilhões de dólares em 1996 e forçou a sua entrada vigorosamente na Ásia e na Europa Oriental. Mas, apesar de toda a sua globalização, mais da metade dos seus negócios ainda permanece na Europa. A esta altura, a ABB é mais uma experiência fascinante do que um novo modelo comercial.[6]

WHIRLPOOL: INDO PARA O EXTERIOR PARA PERMANECER FORTE EM CASA

Até 1988, muitos dos altos funcionários da matriz da Whirlpool Corporation em Benton Harbor, Michigan, não possuíam passaportes. Atualmente, a Whirlpool é a maior fabricante de aparelhos elétricos do mundo e é indiscutivelmente o melhor exemplo que os Estados Unidos podem oferecer de uma empresa global. Os executivos da Whirlpool estão familiarizados com as cidades de Milão, Stuttgart, Hong Kong, Nova Delhi e São Paulo. Uma década atrás, a Whirlpool encontrava-se confortavelmente situada como a maior fabricante de aparelhos elétricos nos Estados Unidos. Estava competindo com êxito deixando de ser uma corporação de cima para baixo para ser uma organização mais enxuta, mais empresarial, impulsionada por equipes e planos de participação de lucros que recompensavam os funcionários pelas melhorias na qualidade e na produtividade. Nenhuma empresa estrangeira, de baixo custo e alta qualidade, tinha surgido para ameaçar as lavadoras de roupas, as secadoras, as geladeiras e os outros aparelhos da Whirlpool.

Entretanto, a Whirlpool já tinha visto que melhorar a qualidade e a produtividade não ia ser suficiente para permitir que ela ficasse no topo. Você tinha que ter esses atributos para permanecer no jogo, mas eles não o manteriam à frente dos concorrentes que estavam fazendo as mesmas coisas. Quando David Whitwam se tornou principal executivo em 1987, ele lançou um estudo de oito meses da empresa que chegou a uma conclusão inesperada: o negócio de aparelhos elétricos estava se tornando cada vez mais global, quer a GE, a Maytag, a Whirlpool e as outras empresas quisessem, quer não, e tornar-se uma empresa global seria a melhor maneira de manter uma vantagem competitiva. As características dos aparelhos variavam de país para país, mas a tecnologia, o processo e os negócios eram os mesmos em todo lugar.

Uma chance arriscada de fazer uma grande aposta na Europa surgiu quando a Philips Electronics colocou à venda a sua agonizante empresa européia de aparelhos elétricos em 1989. A Whirlpool, então, se tornou parcialmente proprietária e adquiriu tudo por um total de 1 bilhão de dólares em 1991, tornando-se imediatamente a maior fabricante de aparelhos do mundo. A Philips tinha uma coleção de negócios nacionais que ofereciam as melhores oportunidades que um negócio global poderia capturar. Como Whitwam salientou numa entrevista à *Harvard Business Review*, as máquinas de lavar roupa feitas pela Philips na Alemanha tinham mais características e eram mais caras do que as máquinas feitas na Itália, mas, essencialmente, elas eram as mesmas máquinas. Ainda assim, elas não tinham nem mesmo um único parafuso em comum. A Philips tinha várias empresas nacionais que ofereciam aparelhos diferentes em cada um dos mercados.

O clássico modo corporativo americano de lidar com uma aquisição doentia como a da Philips teria sido enviar uma equipe de gerentes para a Europa para colocar a empresa em forma, cortar custos e fazer demissões. Whitwam preferiu uma abordagem mais lenta e cuidadosa. Ele achava que os novos parceiros tinham que resolver os seus problemas culturais antes que pudessem começar a reorganizar os negócios. Quase nenhum americano foi colocado na Europa e nenhum deles tinha funções sênior. (Whitwam mais tarde efetivamente colocou executivos americanos para dirigir a operação européia.) Em vez disso, europeus e americanos visitavam-se, examinando as respectivas operações. Eles não tinham assinado nada para fazerem parte de qualquer empresa global e, no começo, diz Whitwam, cada parte criticava a maneira que a outra trabalhava. Durante os seus processos de qualidade, os europeus seguiram o sistema ISO 9000, que essencialmente estabelece normas de qualidade, enquanto que os americanos seguiram os critérios do Prêmio Baldrige, que presta mais atenção aos processos de qualidade. A Whirlpool nomeou um comitê transatlântico para selecionar o que achava que era melhor dos diversos sistemas de qualidade e criar um novo plano global de qualidade para a Whirlpool. Outras equipes desenvolveram políticas mundiais numa variedade de áreas, desde estratégia até pessoal.

À medida que os dois lados opostos chegavam mais perto um do outro, a Whirlpool começou a racionalizar as suas operações. Hoje, uma fábrica em Varese, ao norte da Itália, gera fornos quadrados sob o rótulo Bauknecht para o mercado de primeira linha, modelos mais arredondados com o nome da Whirlpool para o mercado intermediário e fornos utilitários com a marca Ignis. Eles são todos basicamente a mesma coisa por dentro. A Whirlpool está pronta para cortar o número dos antigos depósitos da Philips na Europa de 36 para 8. A empresa tem metade dos 1.600 fornecedores que costumava ter. Em vez de comprar fios para geladeira de 17 fornecedores, ela compra de dois.

Depois da aquisição, os aparelhos no início exibiam os nomes conjuntos das marcas Philips-Whirlpool na Europa, mas o nome da Philips já desapareceu. A tecnologia, assim como a marca, está se tornando global. Quando a Whirlpool produziu uma nova geladeira sem CFC nos Estados Unidos em 1994, o isolamento foi desenvolvido na Europa e o compressor no Brasil. Esses tipos de trocas estão mostrando à empresa global como os produtos de um lugar podem se encaixar num nicho inesperado em outro lugar. A empresa americana adquiriu um estilo aperfeiçoado da Europa e aprendeu como fazer gabinetes de aço inoxidável para as suas lavadoras KitchenAid para substituir os gabinetes de ferro forjado e porcelana que costumava vender.

A Whirlpool não encontrou uma abertura já pronta na Ásia, como encontrou na Europa, então ela decidiu competir no mercado em franca ascensão do Pacífico através de *joint ventures*, em vez de aquisições. Por exemplo, a Whirlpool se associou à Shenzhen Petrochemical Holdings Company para aumentar a produção da empresa chinesa de aparelhos de ar-condicionado de 500 para 1.000 diariamente. Junto com seus parceiros na Índia, a Whirlpool está construindo uma fábrica de geladeiras com capacidade para 1,5 milhão de unidades por ano. A Whirlpool e os seus parceiros na China e na Índia produzem, ou logo estarão produzindo, geladeiras, lavadoras, fornos de microondas e aparelhos de ar condicionado na Ásia. A Whirlpool, basicamente uma empresa doméstica há apenas uma década, tem fábricas em 12 países e vendas em 120 atualmente. (Para saber mais a respeito de *joint ventures* e alianças, veja o próximo capítulo.)

Tornar-se uma empresa global com um bom controle no melhor local em seu mercado impulsionou a Whirlpool. As vendas aumentaram em aproximadamente 50%, para 8,8 bilhões de dólares, desde a aquisição da Philips. Os lucros aumentaram 4,5% por ano em 1990 para 397 milhões de dólares em 1994. Mas ser global não anula as forças do mercado. A Whirlpool encontrou um obstáculo em 1995. As vendas dos aparelhos estavam diminuindo nos Estados Unidos e, mais tarde, a economia da Europa entrou em colapso. As vendas da Whirlpool na Europa ficaram prejudicadas mais ainda quando o valor da lira subiu porque a Whirlpool fabrica mais na Itália do que em qualquer outro país da Europa.[7]

ALGUÉM QUER UM AUTOMÓVEL DE CLASSE MUNDIAL?

A abordagem à globalização na ABB e na Whirlpool parece relativamente objetiva se comparada às complexas disputas, inversões e replays experimentadas na indústria automobilística. Se você fabrica carros e quer ser global, deve fabricar um carro global, certo? Um carro que possa ser vendido em todos os mercados. Isso parecia viável nos anos 70 e até mesmo no início dos anos 80. A concorrência entre os fabricantes de automóveis era menos intensa nessa época e os mercados eram menos exigentes. A Toyota tinha um carro mundial e a Ford começou os seus esforços para criar um carro mundial com o Escort no final dos anos 70. Mas acabou sendo bem mais complicado do que isso. As empresas de automóveis descobriram que poderiam lucrar muito mais se fossem globais numa série de direções, mas não necessariamente fabricando um carro para o mundo todo.

Como disse a Toyota no seu relatório anual de 1995: "A nossa estratégia global costumava centrar-se em 'carros mundiais', o que modificaríamos ligeiramente para modelos que desenvolvemos e fabricamos especialmente para mercados regionais selecionados". A Toyota concentra a produção perto de mercados onde os modelos são mais populares — o Avalon e o Camry nos Estados Unidos, o Carina E na Europa e o Toyota Utility Vehicle no Sudeste da Ásia, por exemplo. A Toyota globalizou a sua lógica e as suas compras, que permitem que ela troque peças ao redor do mundo e a sua base de dados, que ajuda as operações da Toyota em qualquer lugar a encontrarem o fornecedor mais competitivo.

Para uma empresa que tem sido líder mundial em tantos conceitos que farão parte da corporação do século XXI, a Toyota é estranhamente conservadora na sua organização corporativa global. Tokuichi Uranishi, gerente-geral para planejamento corporativo, reconhece que a Toyota tem unidades operacionais separadas demais nos Estados Unidos que precisam ser consolidadas e que o escritório central no Japão ainda é muito dividido funcionalmente para operar como um escritório central global eficiente. A área de compras precisa ser mais integrada, por exemplo.[8]

O uso da frase "carro mundial" é proibido nos escritórios centrais da Honda em Tóquio. O principal executivo, Nobuhiko Kawamoto, diz: "Se você analisar os países onde os automóveis são muito utilizados, os ambientes são todos bem diferentes, o que significa que a maneira como os automóveis são usados será muito diferente. Eu não acredito que seja correto prever o desenvolvimento do mesmo carro no mundo todo". Então, a Honda agora baseia a sua organização em regiões. Em 1992, Kawamoto criou quatro regiões operacionais: as Américas; a Europa, o Oriente Médio e a África; a Ásia e a Oceania; e o Japão. Em 1994, ele tornou essas regiões independentes, com a responsabilidade de desenvolver, fabricar, promover o marketing e vender veículos nas suas regiões. As etapas específicas que serviriam de apoio para essa autonomia incluíam dobrar o esforço em P&D e expandir a produção de motores nos Estados Unidos. A Honda está utilizando os Estados Unidos como uma base para entrar mais na América Latina.[9]

FORD: MAIS UM ESCORT, DE NOVO

Em oposição à Toyota e à Honda, a Ford não abriu mão da idéia de criar um carro mundial, apesar de seus esforços frustrados, desde o final dos anos 70, de projetar um Escort que vendesse em todo o mundo. O segmento de mercado do Escort, no que tange aos carros econômicos, constitui 33% do mercado mundial de carros. Sendo assim, pareceria que, se existisse um mercado para um carro mundial, esse mercado estaria na extremidade baixa. Nos anos 80, a Ford apresentou o Escort global como o carro mais vendido no mundo, uma reivindicação um tanto falsa. A operação européia da Ford realmente recebeu a responsabilidade de desenvolver um carro mundial, mas o projeto e as operações relativas à sua fabricação não foram fundidos sob uma única administração. Sendo assim, os engenheiros em Detroit tinham o direito de improvisar com os projetos que vinham da Inglaterra e da Alemanha e, como eram engenheiros, eles improvisavam mesmo. O resultado: dois Escorts que pareciam um com o outro visualmente mas que não compartilhavam de uma única peça importante. Não havia como um ou outro projeto ser fabricado no outro lado do Atlântico. Por exemplo, os painéis do interior foram prensados em módulos diferentes. Se você juntasse os dois carros econômicos feitos para a América do Norte e para a Ásia pela Mazda, que na ocasião pertencia à Ford em 25%, teria quatro carros econômicos distintos. Se olharmos para trás, Richard Parry-Jones, galês de 47 anos de idade que agora dirige o centro global de veículos pequenos e médios da Ford na Inglaterra, disse: "Não podíamos oferecer um valor de liderança se seguíssemos um desenvolvimento paralelo de desperdício. Multiplicamos os custos de desenvolvimento por quatro, cada um trabalhando separadamente e sem aprender com os outros. Nós não éramos de classe mundial em qualidade, custo ou velocidade. Tínhamos um processo de aprendizagem interno medíocre."

Com o desenvolvimento da linha dos compactos Ford Contour e Mercury Mystique de 1995, a Ford aperfeiçoou um pouco a sua coordenação. No final dos anos 80, quando a Ford começou a criar a versão européia do carro, o Mondeo, ela tinha se reorganizado para criar um Ford Automotive Group mundial com uma equipe de planejamento global. A Ford Europa ficou com a responsabilidade principal de desenvolver o carro, então designado como CDW27. O Mondeo, com os seus similares na América do Norte, pode ser plausivelmente descrito como um carro mundial. A plataforma é a mesma que para a maioria das peças essenciais, embora motores diferentes tenham sido desenvolvidos na Europa e na América do Norte. Entretanto, a Ford ainda se encontrava no meio do caminho da reorganização e simplificação do seu processo relativo ao projeto de suas peças, de sua base de fornecedores e da sua fabricação. As equipes européias e americanas ainda estavam brigando umas com as outras, assim como tinham feito uma década antes. Na verdade, o desenvolvimento do Mondeo custou 6 bilhões de dólares e levou seis anos — números excessivamente altos para os anos 90. Considerando que os japoneses já reduziram o seu ciclo de desenvolvimento para menos de três anos, e estão tentando chegar a dois, que é onde a Ford gostaria de estar também, a Ford ainda tem muito caminho pela frente.

O esforço mais recente e ambicioso da Ford para se globalizar foi lançado no início de 1993 por Alexander Trotman, o inglês que se tornaria principal executivo da Ford mais tarde no mesmo ano. Ele sempre gostou da idéia de tornar a Ford realmente global e comissionava um estudo de operação de "trens de força", isto é, o projeto e a produção de motores e transmissões — como uma operação unificada mundialmente. As vantagens pareciam óbvias. A Ford fez cinco motores de quatro cilindros, mas precisava somente de dois. A equipe que estudava trens de força, diz Robert Transou, vice-presidente do grupo em fabricação, concluiu que era uma grande idéia — mas não a recomendou. Em vez disso, a equipe disse que a Ford só se beneficiaria mesmo se todas as equipes de desenvolvimento do veículo fossem unificadas.

Trotman trouxe a idéia e, no início de 1994, 27 funcionários *sênior*, ou particularmente promissores, mais da Europa do que da América do Norte, se desligaram de suas funções e se alojaram numa seção do sétimo andar do escritório central mundial da Ford em Dearborn para trabalharem no plano "Ford 2000".

Eles trabalharam praticamente em quarentena, sete dias por semana, durante quatro meses. Seu estilo era espartano. Eles tinham uma secretária. Reuniam-se às sete da manhã para discutir horários e tarefas e depois se separavam. Eles tinham que ter completado as suas tarefas quando se reunissem novamente no final do dia, a menos que uma tarefa fosse particularmente complexa. Eles começaram tentando elaborar organogramas para a Ford do futuro mas depois decidiram que tinham começado pelo lado errado. As pessoas que apresentavam organogramas, a partir de então, eram rechaçadas. Em vez disso, a equipe começou a analisar princípios e processos. O princípio mais importante era que uma organização mundial dirigiria a produção. A empresa compartilharia de plataformas, trens de força, tecnologia e melhores práticas.

O plano Ford 2000 que surgiu radicalmente reorganizou a empresa de 90 anos de idade no início de 1995. A Ford Automotive Operations (FAO) tomou conta do negócio mundial de automóveis e foi dividida em cinco "centros de programas de veículos", cada qual com responsabilidade global pelo projeto e pela engenharia de uma linha específica (carros pequenos, carros com tração dianteira, carros com tração traseira, caminhões leves, caminhões comerciais). Trotman e os executivos designados para a nova FAO, incluindo o vice-presidente de desenvolvimento de produtos, Jacques Nasser (um australiano considerado como provável sucessor de Trotman), organizaram-se para divulgar a mensagem. Trotman exigia "paixão, paixão, paixão" e cutucava os seus gerentes: "No passado, eu disse que vocês eram como uma camada de terra argilosa. Eu poderia derramar água em vocês que nada passaria."[10]

Desde que a Ford desenvolveu o Contour-Mondeo antes da reorganização, o próximo Escort, mais uma tentativa de fabricar um carro mundial, será o primeiro a emergir do zero a partir do novo sistema. Desta vez, não existem esforços competitivos na Europa ou na América do Norte. Todo o trabalho de desenvolvimento vem direto do centro automotivo de pequenos carros na Europa, que é responsável pela criação de um carro que venda em todo o mundo. As fábricas na Grã-Bretanha, na Alemanha, no México, nos Estados Unidos, na Argentina, em Taiwan, na Índia e na Indonésia vão construir o carro. Richard Parry-Jones, o chefe do centro, diz que se alguém na antiga Ford tivesse pedido a ele para desenvolver um carro que venderia na China e no Brasil da mesma maneira que na Europa, ele teria dito a essa pessoa para ir plantar batatas. Agora, ele sabe que a responsabilidade é dele. Ele acredita que um carro econômico pode vender em todo o mundo com algumas adaptações para mercados específicos. Por exemplo, na Índia, o Escort será um carro familiar e a maioria das famílias que tem condições de comprar um carro lá também poderá contratar um motorista. Eles vão querer mais espaço no banco de trás. A resposta: trilhos mais longos para o banco da frente, de forma que o motorista possa se espremer para a frente. A versão indiana terá que ser mais tolerante com as variações aleatórias nos níveis de octana da gasolina. Na América do Norte, o Escort é considerado um carro para iniciantes, mas quase todos os compradores querem transmissão automática. Somente 5% dos motoristas europeus querem mudanças automáticas, mas eles preferem um carro mais compacto e estão mais propensos a encomendar teto solar. Essas adaptações todas podem ser feitas, diz Parry-Jones, sem que haja qualquer mudança fundamental no carro.

Parry-Jones dirige o projeto do que ele chama um escritório no ciberespaço. Ele viaja muito e realiza conferências através do PicTel (televídeo) semanalmente com Nasser em Detroit e com seu comitê operacional espalhado ao redor do mundo. Ele viaja para cima e para baixo entre os escritórios em Dunton e Cologne, da mesma forma como fazem muitas das duas mil pessoas que trabalham no projeto na Inglaterra e na Alemanha. Para tentar fazer com que a viagem entre os dois centros seja praticamente instantânea, a Ford usa um jato MD-80 com 118 lugares que funciona como ponte aérea quatro vezes por dia entre os aeroportos de Cologne e Stansted, perto de Dunton. Os engenheiros em ambas as localidades também podem trabalhar juntos sem viajar, se lançarem os desenhos em telas do PicTel, fazendo as modificações enquanto conversam. Quando os engenheiros se conhecem pessoalmente, diz Parry-Jones, eles conseguem trabalhar bem através da tela.

Mesmo antes da introdução do novo Escort mundial, os planos globais da Ford mostraram sinais de extenuação. Os custos da Ford ainda eram muito altos. A Chrysler podia produzir um carro por mil dólares menos na América do Norte e os custos da GM por carro eram 800 dólares mais baratos na Europa.[11] A Ford estava perdendo dinheiro na Europa. Para reduzir custos, ela cortou o número total de plataformas dos seus carros de 32 para 16 e também reduziu o número de trens de força. Ao vender a divisão de caminhões comerciais e combinar os seus dois centros automotivos de carros grandes, a Ford cortou o número de centros automotivos de cinco para três (carros pequenos e médios, carros grandes e de luxo e caminhões leves, que inclui vans e utilitários esportivos).[12]

GENERAL MOTORS: DIVISÃO CENTRAL DE COMPRAS

Os executivos da General Motors acham que a Ford está errada em acreditar que ser global significa construir carros globais. "Não começaríamos dizendo 'vamos fazer um carro mundial'", diz Arvin F. Mueller, executivo do Grupo de Desenvolvimento de Veículos e Operações Técnicas. "Antes, perguntaríamos o que os nossos clientes ao redor do mundo querem e, depois, como satisfazer as necessidades regionais. A idéia de um carro mundial não está focalizada externamente." Talvez haja um mercado global para um carro econômico e talvez haja um mercado para o carro mais caro e de luxo, os Rolls-Royces e os Jaguares, mas todos esses carros intermediários, os carros familiares, os carros esportivos, os veículos utilitários são, no máximo, regionais.

A GM acha que faz mais sentido colocar os seus processos, em vez de seus produtos, numa base mundial e cuidar deles um de cada vez, em vez de tentar tornar toda a empresa global de uma vez só. A

GM centralizou as suas compras no mundo todo. Os funcionários da empresa admitem que José Ignacio López de Arriortua, o basco acusado de carregar consigo os segredos da GM quando desertou para a Volkswagen em 1993, fez algum bem à corporação estremecendo todo o sistema de fornecimento durante o seu breve e turbulento reinado como chefe de compras da GM. Ele forçou os preços para baixo e livrou-se de pessoas que tinham um desempenho medíocre. A GM globalizou todas as suas compras para ter alavancagem. "Mesmo se a compra fosse regional, ela seria determinada centralmente", diz Mueller. "Podemos escolher para um mercado específico."

Richard Wagoner, presidente das operações da América do Norte da GM, diz que a área de compras global é uma das duas formas pelas quais a GM diminuiu os seus custos, sendo que a outra foi produção enxuta e flexível. As compras centrais têm o efeito de permitir que os fornecedores cresçam com a GM em todo o mundo e de juntar os engenheiros da GM à medida que tentam utilizar componentes e sistemas comuns. Os resultados, diz Wagoner, são "totalmente surpreendentes". A GM também atravessou a tarefa maciça de colocar todos os seus cem mil usuários do Lotus Notes num sistema global. A parte mais difícil foi reduzir 26 diferentes pacotes de projeto CAD/CAM para três até 1994. Em 1996, a GM escolheu o Unigraphics do Electronic Data Systems para criar um sistema global.[13]

PEQUENAS EMPRESAS, GRANDES MERCADOS

Os debates sobre a globalização concentram-se, na maior parte, nas grandes multinacionais que querem deixar de ser meras fixadoras de bandeiras. O mundo, na verdade, oferece extraordinárias oportunidades para muitas empresas menores que podem, às vezes, deslizar para grandes mercados globais sem as inconveniências que afligem as grandes empresas. O estudo da Conference Board dos fabricantes americanos nos mercados globais diz que "o tamanho pequeno da empresa não apresenta qualquer obstáculo ao seu desenvolvimento internacional bem no início do ciclo de desenvolvimento da empresa. As vendas estrangeiras são responsáveis por 22% do movimento total de vendas anuais para as empresas com vendas de 100 a 500 milhões de dólares".[14] A tecnologia da informação dá até mesmo às menores das empresas alguns dos atributos das grandes empresas: elas podem alcançar e prestar serviços a clientes em qualquer lugar rapidamente, podem prontamente lançar mão de outros recursos e podem oferecer benefícios sofisticados. Pela Internet, elas podem alcançar vastos mercados a um custo baixo.

A Labconco Corporation, um fabricante privado de equipamento para laboratórios em Kansas City, foi fundada em 1925 e estabeleceu um departamento internacional em 1979. As vendas fora dos Estados Unidos e do Canadá agora chegam a 30% do total de 34 milhões de dólares por ano. As caixas para luvas, as capelas, os secadores, os concentradores e outros equipamentos de laboratório da Labconco agora são distribuídos pelo mundo todo. O negócio é relativamente simples de manusear. A Labconco tem três representantes de vendas estrangeiros, um na Europa, um na América Latina e um na Ásia, que saem de Kansas City para percorrerem os seus territórios de seis a oito vezes por ano. Eles trabalham através de distribuidores exclusivos em cada país. Como não há mais do que uns poucos distribuidores de equipamento de laboratório em cada país, descobrir o distribuidor certo não é uma tarefa complexa.[15]

Tendo em mãos um enorme mercado doméstico, as pequenas e médias empresas americanas nunca sentiram a mesma urgência que as empresas européias de encontrar mercados ao redor do mundo. Num livro fascinante, *Hidden Champions*, Hermann Simon, consultor em Bonn e professor visitante na London Business School, descreve quantas empresas alemãs pouco conhecidas com vendas anuais abaixo de 1 bilhão de dólares se tornaram dominantes em seus mercados ao redor do mundo. Como diz Simon: "Mesmo os mercados de nicho diminutos podem se tornar surpreendentemente grandes quando ampliados para o resto do mundo". Seus campeões ocultos incluem Hauni, o maior fabricante do mundo de máquinas de fabricar cigarros; Tetra, que abastece metade dos frutos do mar tropicais do mundo; e Brita, que fabrica 85% dos filtros de água do mundo.

Essas empresas não são novas no mercado mundial. A maioria delas já existe há décadas, sob líderes consistentes, de longo prazo, concentrando-se firmemente em seus mercados específicos (conforme mencionado no Capítulo 7). Elas não tiveram pressa em adotar novos estilos gerenciais. Não precisaram, porque têm sempre estado perto de seus clientes. Elas já são enxutas, simples e rápidas. Já trabalham para melhorar sempre. São bem-centradas e inovadoras. Em outras palavras, elas não são sobrecarregadas com as deficiências que as grandes empresas agora estão tentando superar, fazendo todas as mudanças discutidas neste livro. Além desses princípios sensatos de boa gerência, Simon não encontrou nenhum padrão de como essas empresas chegaram aos seus mercados globais. Elas não seguiram um plano bem organizado para alcançar os mercados estrangeiros. "Antes, elas começaram a se internacionalizar muito cedo, muito rapidamente e, de um modo geral, de forma caótica."[16]

As pequenas empresas normalmente se arriscam no exterior primeiro com contratos de licenciamento e operações de vendas. Essa estratégia dá à empresa uma experiência relativamente baixa nos riscos de se trabalhar no exterior e, de acordo com o relatório da Conference Board sobre os fabricantes americanos, ela geralmente atinge um rápido crescimento em vendas. Entretanto, vendas e licenciamento, como política de longo prazo, geram retorno relativamente baixo sobre os ativos. Na verdade, os piores desempenhos em termos de retornos sobre ativos entre as multinacionais são aqueles que não progridem além deste estágio. Os seus retornos não são muito melhores do que aqueles das empresas que permanecem em casa. Os operadores internacionais que têm mais lucros são as verdadeiras multinacionais que possuem fabricação nas três maiores regiões industriais do mundo. Ter uma abrangência geográfica boa é mais importante do que os países que você escolhe, diz a Conference Board. Localizar instalações de P&D no exterior também parece gerar maiores retornos.[17]

CONHECENDO OS LOCAIS

O que deve ser local e o que deve ser global? Essa é uma pergunta importante para qualquer multinacional. À medida que a tecnologia da informação e outras atividades de apoio se tornam mais sofisticadas e mais internacionais, uma corporação pode globalizar mais as suas atividades. É por isso que as empresas automobilísticas, e outras, podem agora colocar a sua área de compras numa base mundial. Outras atividades, principalmente aquelas afetadas pelas leis locais relacionadas a práticas de mão-de-obra e meio ambiente, por exemplo, talvez tenham que permanecer locais. Quando a empresa sueca de móveis IKEA chegou aos Estados Unidos em 1985, ela achou que poderia operar exatamente como tinha feito tão bem na Europa, vendendo bons jogos de mobília a preços moderados de grandes depósitos. Em 1990, tornou-se claro que a IKEA não iria progredir nos Estados Unidos. Quando os gerentes suecos da empresa analisaram bem as suas operações, eles descobriram que os americanos não gostavam das camas estreitas da IKEA (principalmente porque os tamanhos eram medidos em centímetros) ou de seus pequenos armários de cozinha ou das gavetas rasas das suas cômodas. As dimensões da IKEA tinham sido bem recebidas em toda a Europa, mas elas não agradavam ao gosto americano. Então, a IKEA se reajustou dando aos seus produtos americanos dimensões mais generosas (medidas em polegadas) e o que começou como sendo um fracasso transformou-se em sucesso.[18]

Quando as empresas começam a ser verdadeiramente globais, elas tendem, no início, a tornar todas as suas operações globais, o que provavelmente não é um mau início. Por exemplo, quando a Rhône-Poulenc entrou numa onda de aquisições nos Estados Unidos e comprou 18 grandes empresas (como os produtos químicos básicos da Stauffer Chemical e os produtos agrícolas da Union Carbide) entre 1986 e 1989, ela precisou colocar muita diversidade sob um só chapéu. Peter Neff, o principal executivo das operações na América do Norte até 1996, disse: "Nós perdemos o equilíbrio por algum tempo e dissemos: 'OK, tudo está global'". Naquela época, administrar os seus negócios de uma maneira central era conveniente para o estilo da Rhône-Poulenc de tomar todas as decisões em Paris. Entretanto, Jean-René Fourtou, o consultor que assumiu a direção da empresa agonizante em 1986, tinha planos de transformá-la numa organização descentralizada, dotada de *empowerment*.

Portanto, nos anos 90, a empresa recuou nos seus esforços de globalização total e começou a analisar cada uma das unidades e atividades. "A gente realmente tem que compreender o que pode ser administrado globalmente e o que precisa ser administrado localmente", diz Neff. "Essa é uma percepção e uma compreensão que leva algum tempo para uma empresa adquirir." A pesquisa farmacêutica é claramente global mas o fornecimento de produtos químicos para tratamento de água às refinarias de petróleo em Houston é claramente local, por exemplo. As práticas de remuneração são diferentes ao redor do mundo e os processos de marketing e de vendas são locais. Então, uma organização global de vendas ou de pessoal não deve funcionar, sustenta Neff. Mas uma operação global de P&D faz sentido na indústria farmacêutica. Com o tempo, a Rhône-Poulenc analisou cada uma de suas unidades comerciais na América do Norte, 19 na época, e decidiu quais seriam administradas com autonomia local considerável e quais deveriam ser administradas mais centralmente.[19]

Neff observou, com um certo discernimento, os ajustes difíceis que os americanos e os franceses teriam que fazer na nova Rhône-Poulenc. Os americanos são mais individualistas, enquanto que os franceses são mais hierárquicos e comunitários. Os americanos querem ações rápidas; os franceses gostam de ter tudo sincronizado antes de agirem.[20]

O Oriente e o Ocidente têm um abismo ainda maior entre as duas extremidades. Quando a América se encontra com o Japão, por exemplo, o americano dá as suas opiniões sem pensar, enquanto que o japonês espera até ter ouvido a todos e acha que só os tolos falam primeiro. O americano admira a juventude e a realização; o japonês respeita a idade e a experiência de vida (embora, hoje, talvez menos); o americano pensa que ele controla o seu destino; o japonês acredita mais em forças externas. E assim vai, ao redor do mundo. Esses são os tipos de contradições e conflitos que as empresas globais têm que solucionar através de treinamento, viagens e de uma determinada dose de persuasão forçada, se quiserem ser as melhores nos mercados mundiais.

Não é nada simples ser uma corporação global e existem apenas algumas escolhas objetivas. Você tem que enfrentar trocas difíceis e tomar decisões complexas em muitos níveis. Você tem que decidir o que fazer globalmente, o que fazer regionalmente e o que fazer localmente, como se organizar para fazer isso, que mercados entrar, que parceiros escolher, que riscos tem condições de correr.

Indicadores

- Supondo-se que você queira ser um empreendimento global, você já selecionou o modo certo, se vai ser através de contratos de licenciamento, ou *joint ventures*, ou investimento direto nos seus próprios empreendimentos?
- Você selecionou os domínios certos nos quais ser global, se não em produtos ou serviços, então em compras ou P&D, por exemplo?
- Você selecionou os portfólios certos de produtos e serviços que devem ser globais, regionais e locais?

- Você viu como os mercados para os mesmos produtos podem ser segmentados diferentemente em diferentes partes do mundo?
- Você dedicou tempo para conhecer as pessoas, principalmente os parceiros e os clientes, e a cultura dos lugares onde você opera?
- Você avaliou adequadamente os tipos diferentes de risco nas diferentes áreas onde pretende atuar?
- Você tomou medidas para internacionalizar os seus funcionários? Os seus executivos? A sua diretoria?
- Você conseguiu a difusão geográfica certa para cobrir os seus mercados e minimizar o risco?
- Você testou as oportunidades para conduzir P&D no exterior e aprender com outras operações globais?
- Você opera a sua empresa como um todo internacionalmente integrado?
- Você possui a arquitetura correta para lidar com assuntos em seu nível apropriado, quer seja local, regional ou global, permitindo autonomia local onde necessária e exercendo direção central quando exigida?

Vínculos

- A qualidade de seus bens ou serviços está em conformidade com os padrões mundiais exigidos pela operação?
- Sua tecnologia da informação é capaz de costurar a empresa em uma única operação global?

Advertências

- A resolução de conflitos culturais entre funcionários em diferentes países ou regiões pode ser a parte mais difícil da globalização.
- A utilização de licenciados e representantes de vendas pode ser um meio relativamente livre de risco de iniciar operações internacionais, mas isso limita suas possibilidades no longo prazo.
- Mercados globais não necessariamente exigirão produtos globais.
- Não globalize tudo que a empresa faz. Você necessitará de um equilíbrio.

15

A CORPORAÇÃO ESTENDIDA

"Existe a preocupação de terceirizarmos a ponto de termos uma corporação oca."
— Joe Neubauer, principal executivo, Aramark Corporation[1]

A idéia de que as empresas devem se abrir para a criação de redes, alianças, parcerias, *joint ventures* e terceirização continua cada vez mais forte apesar de alguns fracassos bem conhecidos do público. Fica cada vez mais difícil trabalhar isoladamente. Naturalmente, no começo, haverá muitas falhas, quando as empresas estiverem vivenciando parcerias, especialmente se o desempenho for julgado em relação a grandes expectativas. No entanto, as razões para se trabalhar mais de perto com outros são irresistíveis: dividir custos e riscos, colocar seus produtos em novos mercados, colocar novos produtos em seus mercados, adquirir de outros as habilidades e o conhecimento de que você precisa, desfazer-se do trabalho periférico para focalizar-se na parte vital do negócio, obter ajuda para andar mais rápido, melhorar a qualidade — esta lista poderia prosseguir para cobrir a maioria das coisas que as empresas precisam fazer atualmente. Uma nova tecnologia da informação torna a criação de redes mais fácil e mais eficaz.

O trabalho com outros pode assumir muitas formas e as diferenças são grandes entre elas. Entretanto, todas envolvem um elemento comum. Se você realmente quer que outros trabalhem com você eficazmente, você deve estar aberto a eles. Eles precisam conhecer mais sobre o seu negócio, seus planos, seus futuros produtos, até seus segredos particulares e, provavelmente, você deve saber mais sobre os deles também. Portanto, a confiança é o ingrediente básico de qualquer um desses arranjos de rede ou cooperativos. Você precisa de um bom contrato que defina a transação, mas sem confiança o contrato não irá significar nada.

A idéia de se confiar em pessoas que não são da empresa é muito estranha ao negócio, pelo menos para a atividade americana de negócios, que é preciso coragem e uma enorme mudança de atitude para se tornar parte de uma rede. Jordan Lewis, consultor de alianças e escritor sobre o mesmo tema, menciona que quando estava conversando com um grupo de 100 principais executivos, ele perguntou aos que haviam sido fornecedores de alguma empresa se possuíam alianças reais com seus clientes. Apenas um punhado dos principais executivos respondeu que sim. Além da retórica, nada havia mudado muito, disseram os principais executivos, porque os clientes deles não confiavam neles. Depois, Jordan Lewis inverteu a questão e perguntou se algum deles havia tido alianças com seus fornecedores. Apenas dois responderam que sim. A desculpa dos outros: porque não se pode confiar nos fornecedores![2]

A questão da confiança fica mais complicada quando estão envolvidas parcerias internacionais. Se você se juntar a uma empresa japonesa, ela não descobrirá todos os seus segredos e depois entrará em concorrência com você? Uma pesquisa realizada pela McKinsey & Company sobre *joint ventures* realizadas com empresas japonesas que terminaram nos anos 80, descobriu que em 75% dos casos a parceira japonesa havia absorvido a *joint venture*. Gary Hamel, professor da London Business School, descreve as parcerias "como uma corrida pela aprendizagem".[3] Quem aprende mais, obtém mais. Parcerias nada

Pesquisa SEI	
É crucial para as empresas se tornarem mais interligadas em rede e menos integradas verticalmente	49%
Estamos agindo dessa forma	25%

mais são do que aprendizagem. E essa aprendizagem tem que ser mútua. No caso da parceria NUMMI na Califórnia, por exemplo, a GM aprendeu (lentamente) sobre o sistema de produção da Toyota, enquanto a Toyota aprendeu (rapidamente) como trabalhar na América e lidar com os sindicatos.

Obviamente, confiança não pode ser conquistada com uma visita rápida a Tóquio ou Seattle. Conquistar confiança demanda tempo e boas relações — exigindo ainda mais tempo e obstinação dos altos executivos — e, no Japão, talvez cantar um pouco em karaoquês para mostrar que está entre amigos de verdade e que se sente à vontade. Requer uma química especial, tanto quanto a química dos negócios. Contudo, de uma forma ou de outra, tornou-se patente a necessidade de estar aberto às relações com outras pessoas.

Ao trabalhar com outros, quase toda grande empresa dará um exemplo de mudança através de atitudes. Até por volta de 1980, a IBM era totalmente fechada. Construía sistemas fechados, era reservada, não compartilhava sua tecnologia com outras empresas e reunir-se com uma concorrente representava uma grande ofensa. Depois, para criar o PC, a IBM teve a Intel como parceira e partiu para sistemas abertos. No restante da década até os anos 90, a IBM construiu uma extraordinariamente complexa teia de relacionamentos com clientes e fornecedores, com outras empresas como a Motorola e a Apple nos Estados Unidos, e com a Toshiba e a Siemens fora dos Estados Unidos, além de consórcios como o Sematech.

Muitas novas alianças e parcerias fracassaram, ficaram fracas ou simplesmente não foram muito produtivas. As que fracassam normalmente não têm muita repercussão como, por exemplo, o fracasso das alianças da AT&T com a Olivetti e com a Philips. De acordo com a SEI Survey, apenas 25% das empresas participantes consideravam ter-se associado de forma apropriada. Contudo, como mostram as Figuras 15.1 e 15.2, a formação de alianças continua forte.

EMPRESAS AUTOMOBILÍSTICAS: QUIMONOS ABERTOS

O relacionamento entre os fabricantes de automóveis dos Estados Unidos e seu fornecedores é um ótimo exemplo do novo tipo de co-

Figura 15.1
Tendências na Formação de Alianças

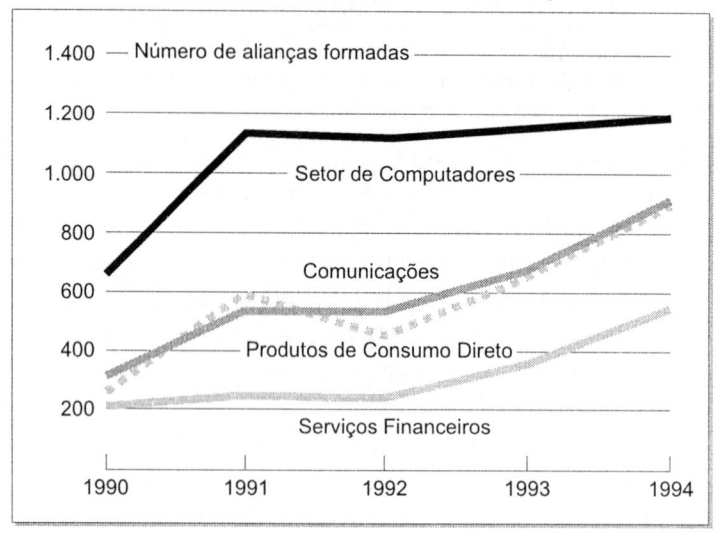

```
1.400 — Número de alianças formadas
1.200
1.000               Setor de Computadores
 800
                Comunicações
 600
 400         Produtos de Consumo Direto
 200
                Serviços Financeiros
      1990    1991    1992    1993    1994
```

Fonte: Praschant Kale, Wharton School, a partir dos dados do *The Alliance Analyst.*

laboração. O antigo relacionamento poderia ter sido projetado explicitamente para fabricar automóveis ruins com altos custos. As Big Three (GM, Ford e Chrysler) tratavam seus fornecedores com distância, davam-lhes a menor quantidade possível de informações, escolhia-os por meio de concorrência baseada em preço, firmavam contratos por apenas um ano e mudavam prontamente de um contrato para outro por questão de centavos. Como conseqüência, os fornecedores não tinham conhecimento ou motivação para melhorar seus produtos, não queriam fazer investimentos de longo prazo e não tinham a menor sensação de, junto às empresas de automóveis, estar tornando os clientes mais satisfeitos. O cruel tratamento dado aos fornecedores da GM, no início dos anos 90, por Ignacio López de Arriortua, transformou os fornecedores insatisfeitos em fornecedores enfurecidos. Ele os ameaçava para conseguir cortes nos preços, trocava sumariamente de fornecedor e cometia o pecado de mostrar as propostas de um fornecedor para os demais.

Figura 15.2
Obsessão por Alianças

As corporações dos Estados Unidos tornaram-se intensivas em alianças, como ilustra esta listagem das dez maiores formadoras de alianças. A lista, compilada pelo *The Alliance Analyst*, abrange contratos anunciados publicamente de 1990 a 1994. O *The Alliance Analyst* disse que a média de retorno sobre o patrimônio líquido para os acionistas das 25 maiores empresas ativas é de 17,2% ao ano, comparados aos 7,7% mencionados na lista *Fortune 500*, da revista *Fortune*. A coluna JV refere-se a *joint ventures*, OEM (licenciamento para fabricação de originais) e parcerias com fornecedores.

Empresa	Total	JV	Capital	Marketing	OEM	P&D	Internacionais	Outras
IBM	764	148	41	357	41	336	188	263
AT&T	386	85	16	186	17	147	151	156
Hewlett-Packard	337	40	12	197	33	162	96	125
General Motors	313	152	10	97	4	102	170	170
General Electric	305	167	10	93	7	76	186	159
Digital	291	25	7	180	22	107	74	82
Motorola	285	54	10	96	10	125	114	147
DuPont	231	106	6	91	2	65	120	142
Microsoft	212	16	6	85	15	123	48	95
Sun Microsystems	207	4	4	108	21	100	47	68

Fonte: *The Alliance Analyst* (24 de julho, 1995), p. 15.

Enquanto as Big Three inflacionavam seus custos mantendo seus fornecedores à distância, os fabricantes japoneses de automóveis lucravam com relacionamentos estreitos, baseados em parte no sistema *keiretsu* de famílias de empresas. A Toyota gerenciou seus relacionamentos com fornecedores particularmente bem. A Toyota manda pessoas da empresa para trabalharem com fornecedores por dias ou até meses, ou as transfere permanentemente. Na verdade, 11% dos altos executivos dos fornecedores afiliados da Toyota são ex-funcionários da Toyota. Logo, a empresa controladora e seus fornecedores se conhecem intimamente, assim como suas necessidades e, é claro, mantêm relacionamentos de longo prazo. (Ainda deve ser dito que a Toyota também tem participação nos fornecedores *keiretsu*.) Além disso, a Toyota patrocina uma associação de fornecedores para que esses possam se beneficiar com os conhecimentos um do outro. Quando a Toyota começou a trabalhar nos Estados Unidos, ficou desapontada em descobrir que os fornecedores americanos não "abriam seus quimonos" e nem mesmo queriam funcionários da Toyota visitando suas fábricas.[4] O sistema japonês está longe de ser perfeito, é claro. Os fornecedores fora do sistema *keiretsu* desfrutam da liberdade de vender para qualquer um e de ter margens de lucro maiores. Os funcionários das empresas fornecedoras do *keiretsu* são cidadãos de segunda classe comparados aos funcionários da empresa controladora.[5]

Os fabricantes de automóveis dos Estados Unidos estão trabalhando com considerável sucesso para transformar seus fornecedores aborrecidos em parceiros interessados. Jeffrey Dyer, professor de gestão da Wharton School, acompanhou os esforços da Chrysler de 1993 a 1996. Em 1990, ele comentou: a Chrysler era a empresa das Big Three em que os fornecedores menos confiavam. Porém, o processo e as atitudes mudaram. Os contratos ficaram mais longos, de dois para cinco anos, e agora os fornecedores às vezes trabalham sem contrato. Em vez de se escolher um fornecedor entre pelo menos três proponentes depois de concluído o projeto da peça, os fornecedores são agora pré-selecionados antes da peça ser projetada. Os fornecedores são escolhidos com base em seu desempenho e histórico, em vez de preço. O fornecedor pré-selecionado pode então participar do projeto da peça. A concorrência desapareceu quase completamente na Chrysler, informa Jeffrey Dyer, e os novos automóveis são 97% projetados nesse sistema de pré-seleção de fornecedor. O processo ajuda a acelerar o desenvolvimento de novos modelos porque as informações fluem mais rapidamente nos dois sentidos, as peças são construídas simultaneamente com o restante do automóvel, e a Chrysler não perde tempo em busca de fornecedores. A Chrysler reduziu o tempo de desenvolvimento de um automóvel novo de mais de quatro anos para três anos e cortou o custo de desenvolvimento.

Embora não esteja escrito no contrato, a Chrysler espera que os fornecedores a ajudem a cortar os custos em 5% ao ano. Esta empresa encoraja os cortes nos custos ao deixar que o fornecedor economize metade do dinheiro. De acordo com um programa chamado SCORE (pelo esforço de redução de custos por parte do fornecedor), proposto em 1989 pelo presidente da empresa, Robert Lutz, a Chrysler não audita as estimativas de redução dos custos dos fornecedores. Em vez disso, como gesto de confiança, a empresa aceita as estimativas deles. No início, alguns fornecedores tiraram vantagem da confiança, mas a empresa informou que estava ciente de não estar tendo o benefício das reduções, e as estimativas melhoraram. A Chrysler também oferece ao fornecedor a escolha de dar à empresa mais da metade do benefício dos cortes de custo e, em retorno, a obtenção de uma classificação superior como fornecedor, o que pode significar mais negócios realizados com a Chrysler. A Magna International, grande fornecedora canadense de vários tipos de peças, escolheu deixar a empresa coletar 100% dos 75,5 milhões de dólares economizados, resultado das sugestões da Chrysler. Como conseqüência, em cinco anos a Chrysler dobrou suas compras da Magna para um bilhão de dólares no modelo 1995. A Chrysler também recompensa seus fornecedores com um dólar extra por automóvel para cada 450 gramas de material economizado e com um prêmio de 20.000 dólares para cada peça que puderem eliminar ao simplificarem o projeto.

Jeffrey Dyer diz que o plano SCORE da Chrysler reduziu os custos em 269 milhões de dólares em 1993 e em mais de um bilhão de dólares em 1996. Esses números influíram diretamente nos resultados financeiros da empresa. A nova negociação com fornecedores também ajudou a tornar a Chrysler a produtora de menores custos entre as Big Three, aumentou a participação de mercado da empresa e, como mencionado, acelerou o processo de projeto.[6]

O relacionamento entre a Ford e a PPG Industries-Chemfil, descrito em *Business Horizons*, é outro tipo inovador de parceria. A Chemfil realiza a limpeza de carrocerias na montadora Taurus-Sable em Chicago antes de serem pintadas e, depois, remove a tinta que foi aplicada em excesso. Nos antigos dias ruins, a Ford simplesmente negociaria o menor preço possível para certas quantidades de fluidos de limpeza, a Chemfil os entregaria (presumindo ter ganhado o contrato para o ano em questão), e isso seria o resultado do relacionamento. A Chemfil, agora designada pela Ford uma fornecedora Tier I (de primeiro escalão), entra na fábrica e assume responsabilidade pela limpeza das carrocerias que serão pintadas e, depois, remove o excesso de tinta. A Chemfil realiza o processo e faz a manutenção do equipamento. É responsabilidade da Chemfil a exata quantidade de fluido que utiliza e como realiza sua tarefa. A Ford não paga pela quantidade de produtos químicos utilizados pela Chemfil, mas pelo número de automóveis que são limpos.

Um folheto próprio descreve as responsabilidades das duas partes. A Ford, por exemplo, deve treinar o representante da Chemfil que fica na fábrica quanto a controles estatísticos do processo para que esse representante possa continuar melhorando o processo. A Ford também mantém a Chemfil informada sobre as mudanças no processo de pintura para que esta última possa se adaptar e melhorar. O dinheiro economizado pelas melhorias é compartilhado pela Ford e pela Chemfil. Como uma fornecedora Tier I, a Chemfil assume a responsabilidade de gerenciamento dos contratos com as fornecedoras Tier II (de segundo escalão) que realmente fornecem os líquidos. Como a Chrysler, a Ford aceita com confiança os custos estimados pela Chemfil. O contrato presume que a Chemfil irá melhorar a produtividade e, portanto, a Ford tem os custos menores garantidos. Entretanto, caso fatores externos forcem os preços da Chemfil a subir, o contrato pode ser depois renegociado para maiores valores.[7]

CORNING: PARTES DA EQUAÇÃO

A história das *joint ventures* é repleta de famosos desastres. O casamento da Renault com a Volvo durou apenas quatro meses. As parcerias da Chrysler com a Renault e a Volvo nunca levaram a lugar algum. A *joint venture* entre a Corning e a Dow Chemical acabou com a Dow Corning Corporation buscando proteção sob os termos do Capítulo 11 das leis de falência devido a processos que surgem contra implantes de silicone em seios. Contudo, a *joint venture*, quando formal, é um meio conhecido para uma corporação ampliar suas forças ou adquirir novas. Diferente de outros tipos de alianças ou parcerias, a *joint venture* envolve o estabelecimento de um novo empreendimento.

Apesar da experiência da Dow Corning, Jamie Houghton, principal executivo da Corning até 1996, diz:

> Fomos muito bem-sucedidos com alianças e já as realizamos há muito tempo. As pessoas estão começando a compreender que as alianças irão prevalecer mais no futuro do que agora ou do que prevaleceram no passado. As coisas mudam muito rápido. Você sabe, você não pode mais fazer as coisas sozinho. A Big Blue não pode simplesmente fazer tudo na IBM. Logo, acho que as alianças, de uma forma ou de outra, ficarão cada vez mais importantes e, na Corning, acontece que temos uma cultura que diz: "Tudo bem. Se esse é o melhor meio de realizar o negócio, vamos lá".

A empresa Corning, veterana de 48 *joint ventures* desde os anos 20, ainda possuía 16 *joint ventures* ativas no final de 1996. Setenta e cinco por cento delas foram um sucesso, comenta o principal executivo Roger Ackerman e, historicamente, elas contribuíram com 25 a 35% da renda da Corning, embora recentemente esse nível tenha sido reduzido para 20%, como resultado da confusão da formação da Dow Corning.

A Corning mantém uma *joint venture* com a Samsung na Coréia para a fabricação de telas de TV. A Corning foi pioneira no projeto e na fabricação de telas para TV. Porém, sem aliança local, a Coréia permaneceu um mercado fechado para a Corning. Agora, a Samsung-Corning possui vendas de mais de 900 milhões de dólares por ano, a Corning tem acesso ao mercado coreano e ao restante da Ásia, e a Samsung aumentou a produção e adquiriu know-how da Corning. Nos anos 70, quando a Corning desenvolveu a primeira fibra ótica utilizável, percebeu também que as companhias telefônicas não comprariam somente a fibra ótica, mas que iriam precisar de cabos adaptados à fibra ótica. A Corning firmou aliança com uma empresa de tecnologia de cabo de primeira classe, a Siemens, e formou *joint ventures* de 50% de participação com a Siemens na Alemanha e nos Estados Unidos. Como adição à sua capacidade na América do Norte, a *joint venture* Siecor Corporation adquiriu outras instalações de fabricação de cabos nos Estados Unidos. Para ter acesso a outros mercados de telefonia, a Corning criou *joint ventures* de fibras óticas no Reino Unido e na Austrália. "Tínhamos a grande descoberta que era a fibra ótica", diz Roger Ackerman. "Porém, essa era uma parte da equação. Tínhamos a alternativa de desenvolver nossa própria tecnologia de cabos. Isso teria levado, quem sabe, cinco anos? Mas a Siemens já estava no negócio de cabeamento. Com ela, estávamos instantaneamente aptos a acelerar. A Siecor é a maior fornecedora de cabos óticos do mundo atualmente."

Uma *joint venture* mais recente com o Vitro Group no México começou em 1992 e parecia promissora devido ao acordo de livre comércio com o México e porque as linhas de produtos de vidro de consumo das duas empresas pareciam complementar uma à outra. Essa empresa formou *joint ventures* em ambos os países, com cada associado detendo 51% da *joint venture* em seu próprio país. No entanto, a dupla associação provou ser de difícil controle, o colapso do peso dificultou a exportação para o México, e "uma metodologia de gestão muito mais frouxa" na empresa mexicana, mencionada delicadamente por um executivo da Corning, provou-se desconfortável. Portanto, a transação foi eliminada rapidamente com alguns telefonemas.

A Corning desenvolveu um simples conjunto de razões para formar uma *joint venture*, o que incluía obter acesso a um mercado geográfico que, de outra forma, estaria fechado, obter acesso a uma nova tecnologia, obter ajuda para levar nova tecnologia para o mercado, encontrar um ponto de venda para os produtos que não se adequassem ao negócio da Corning e compartilhar riscos. Para fazer uma parceria funcionar, a Corning deseja conhecer o parceiro de negócios bem o bastante para descobrir se ambos os lados possuem os mesmos valores. Guy Di Cicco, diretor de globalização da Corning, diz que a empresa dele se parece com uma regra de 50-50 de participação, concepção ganha-ganha que faz com que ambos os lados se sintam confortáveis e fiquem tranqüilos. (As empresas americanas que se confortam ao insistirem em controle majoritário de uma aliança, pensando que isso lhes dará a capacidade de intervir e salvar a aliança caso saia algo errado, ainda estão no antigo modo de controle.) Os proprietários da *joint venture* devem dar a seus gerentes certa autonomia e ficar fora das discussões. A Corning evita se juntar a negócios concorrentes, mas o crescente alcance global de muitas empresas dificulta essa decisão porque um parceiro na Europa pode se tornar um concorrente na Ásia. Portanto, comenta Di Cicco, a Corning está agora mais cautelosa no que diz respeito às implicações geográficas de suas *joint ventures*.[8]

SAP: CENTENAS DE PARCEIROS

Embora os tipos tradicionais de parcerias, como as *joint ventures* da Corning, continuem a crescer, as empresas estão descobrindo novas formas e usos para as alianças. A SAP, empresa alemã de softwares, rodou o mundo com literalmente centenas de alianças, apresentando ín-

Pesquisa SEI	
Habilidade em escolher parceiros e em trabalhar com eles tem-se tornado crítica	75%
Já alcançamos isso	25%

dice fenomenal de crescimento. A Rhône-Poulenc Rorer utiliza mais de uma dezena de alianças de pesquisas para chegar em boa posição na corrida pelas terapias genéticas.

Sem as suas 500 alianças pelo mundo, diz o vice-presidente de parcerias estratégicas da SAP para a América, Alexander Ott, não haveria nenhum meio de sua empresa ter quintuplicado seu negócio em todo o mundo entre 1991 e 1996. A SAP é fornecedora líder mundial de "softwares de empreendimento", os grandes sistemas cliente-servidor que substituem os *mainframes* e unificam uma empresa do setor de lojas à sala do conselho. No final de 1996, a SAP havia instalado 9.000 de seus sistemas cliente-servidor R/3 pelo mundo. "Realizamos isso sem fusões, aquisições, *royalties, joint ventures* ou negociações de participação de capital", comenta Alexander Ott. Na verdade, nenhuma das alianças da SAP é sequer exclusiva.

A SAP utiliza as alianças de quatro formas:

1. Para ajudar as empresas de consultoria a implementarem e instalarem sistemas R/3 para seus clientes. Uma vez que as alianças não são exclusivas, os consultores ficam livres para recomendarem a seus clientes os concorrentes da SAP, principalmente a Oracle, PeopleSoft e Baan, empresa alemã. Porém, na verdade, os consultores escolhem com mais freqüência indicar a SAP.
2. Para ajudar as empresas de hardware, como a IBM e a Hewlett-Packard, a desenvolverem plataformas que funcionem com os sistemas R/3.
3. Para trabalhar com os parceiros de tecnologia para desenvolverem softwares e aplicativos. A SAP trabalhou com a Microsoft para fazer o R/3 funcionar no sistema operacional NT da Microsoft e com provedores de bancos de dados, como a Informix e a Oracle, para fabricarem R/3 compatível com seus bancos de dados.
4. Para encorajar as universidades a utilizarem o R/3 para pesquisa e em seus cursos e workshops.

Entre os 500 parceiros da SAP, 13 estão classificados como globais. Incluem as empresas de contabilidade-consultoria Big Six American e a Cap Gemini, empresa européia de consultoria, assim como a Electronic Data Systems, IBM e Hewlett-Packard. A HP é uma parceira de três vias, como cliente do R/3, provedora de hardware e empresa de consultoria que ajuda outras empresas com o sistema R/3. A Oracle é tanto concorrente quanto parceira da SAP. Uma das razões por que a SAP é uma parceira atraente para essas empresas é que a instalação do seu sistema, não obstante quão lucrativo possa ser no final, é extremamente complexa e dispendiosa, além de exigir muito tempo. São necessários anos para uma empresa como a HP fazer o R/3 rodar apropriadamente. Portanto, quando a Arthur Andersen compromete-se a ajudar um cliente global a instalar o R/3, essa pode ser uma atribuição altamente lucrativa. A Arthur Andersen possui 3.000 consultores treinados e designados para não fazerem nada além disso — e a SAP ajuda no treinamento desses consultores. Alexander Ott afirma que as vendas da SAP criam um pós-mercado para seus parceiros lucrarem 20 bilhões de dólares por ano.[9]

RHÔNE-POULENC RORER (RPR): MUITAS APOSTAS

A Rhône-Poulenc Rorer, subsidiária situada na América que controla o negócio de produtos farmacêuticos da Rhône-Poulenc em todo o mundo, utiliza parcerias de forma incomum para tentar ganhar o prêmio de terapia genética. A RPR é forte em quatro campos (câncer, asma, antiinfecciosos e antibióticos), mas a partir de 1994 teve pouca capacidade em matéria de terapia genética. Robert Cawthorn, presidente do conselho, aposentado recentemente, que havia sido anteriormente presidente da Biogen, acredita que a terapia genética pode se tornar a terapia do século XXI e quer que a RPR seja uma grande atuante nessa área. Mas como atuar nesse mercado? Observar a terapia genética agora é como observar as peças de um quebra-cabeça sem saber como é a imagem, diz Robert Cawthorn. A RPR não possui as habilidades para realizar a pesquisa sozinha. Ela poderia ter comprado uma ou duas empresas de pesquisa genética, mas depois poderia ter gasto muito dinheiro apostando nas tecnologias erradas. Em vez disso, a RPR escolheu fazer um pequeno investimento em muitos parceiros de pesquisas e criou um conjunto de opções em uma rede flexível de aliados.

Thierry Soursac, jovem oncologista francês que também é PhD em farmacologia e MBA, controla as alianças da RPR. Ele diz que a empresa realizou investimentos iniciais limitados de 200.000 a 5 milhões de dólares em 19 parceiros de pesquisas que eram escolhidos de forma a combinar com uma lista de capacidades de pesquisa que a Rhône-Poulenc Rorer considerava necessárias. Os parceiros são recompensados com mais injeções de participação quando alcançam certas marcas cuidadosamente, e Thierry Soursac diz que a RPR paga apenas se a marca ainda for significativa quando for alcançada. A rede é fluida. Os parceiros vêm e vão todo trimestre. Se a pesquisa de um parceiro provasse ser bem-sucedida, a RPR teria os primeiros direitos de recusa a licenças exclusivas ou não-exclusivas para os produtos.

As forças que Thierry Soursac vê nessa abordagem são que a RPR conseguiu os primeiros 13 parceiros por 12,5 milhões de dólares, que a empresa tem acesso ao trabalho de mais de 2.000 cientistas no mundo e que o arranjo é flexível, o qual pode se adaptar às tecnologias que avançam rapidamente. Quanto aos pontos fracos, Thierry Soursac tem que lidar com muitos egos, a rede mostra-se largamente dispersa geograficamente e, no início, os advogados criaram problemas que foram verdadeiros "pesadelos", principalmente no que se refere à confidencialidade. E continua muito difícil prever os futuros rumos da terapia genética. "Estamos abrindo nosso caminho pela selva e não conseguimos ver mais do que três metros à nossa frente", diz Soursac.[10]

PRODUZINDO FORA DE SUAS INSTALAÇÕES

A terceirização tornou-se o meio mais comum e controverso de estender a corporação nos anos 90. Esse meio foi criticado como uma nova vilania corporativa, uma forma bitolada de cortar custos e um meio tortuoso de deslocar trabalhadores sindicalizados e outros funcionários caros que trabalham na empresa. A terceirização foi a causadora de uma greve ocorrida em 1996 em duas fábricas de peças de freios da General Motors em Ohio, que durou 17 dias e fechou 26 montadoras devido à falta de peças. A GM está determinada a cortar os custos ao deslocar a produção para outras fábricas mais baratas. Tradicionalmente, o setor automobilístico tem comprado peças de outros fabricantes: a Chrysler compra 70% de suas peças, a Ford 50% e a GM apenas 30%. O fato de a GM ter maior dependência de fornecedores internos dispendiosos a colocou em desvantagem quando os fabricantes de automóveis começaram a cortar custos. A GM queria transferir a produção de freios de suas fábricas, onde o custo da mão-de-obra dos UAW (trabalhadores unidos da indústria automobilística) era de 43 dólares a hora e estavam incluídos benefícios, para uma fábrica sem funcionários sindicalizados na Carolina do Sul, onde os custos de mão-de-obra vão de 16 a 23 dólares a hora, incluindo um razoável pacote de benefícios.[11] Os UAW, é claro, querem proteger os empregos de seus membros. A greve terminou com ambos os lados declarando vitória e a questão sem solução.

Terceirizar não é nenhuma novidade, mas o surto da terceirização moderna — produzir fora de suas próprias instalações, conforme descrito pela revista *The Economist* — começou em 1989 quando a Eastman Kodak transferiu grande parte de seus serviços de informação para outras três empresas, IBM, Digital Equipment Corporation e Businessland. A transação chocou os agentes corporativos de informações porque essa atitude ameaçava as carreiras deles e, rapidamente, levou esperança para os principais executivos, porque muitos deles estavam fartos dos departamentos de informações, os quais, na realidade, não compreendiam que consumiam enormes quantias de dinheiro sem produzir nenhuma renda. A transação realizada pela Kodak mostrou a terceirização em seu melhor comportamento. A IBM e outras empresas queriam demonstrar que a terceirização podia funcionar e fez todo o possível para satisfazer a Kodak. A Kodak descreveu as transações como parcerias e disse estar baseada em contratos breves, simples e em acordos de cavalheiros. Os parceiros tinham que revisar os contratos freqüentemente à medida que aprendiam a trabalhar juntos e que a colaboração entre eles se disseminava pelo mundo, mas a informação é que estavam satisfeitos.

Depois da transação da Kodak, o entusiasmo em terceirizar o trabalho dos postos de informações difíceis de serem controlados e normalmente negligenciados se espalhou pelas empresas americanas. As empresas que assinaram contratos de terceirização no início dos anos 90 anunciaram esperar economizar de 20 a 50%.[12] Porém, um estudo das primeiras parcerias, realizado pelo Information Systems Research Center, da Universidade de Houston, descobriu que algumas delas estavam tendo "sérios problemas" e sendo desembaraçadas com grande despesa.[13]

Entretanto, a esperança de economizar dinheiro perdurou e as empresas viram outras boas razões para transferir seus sistemas de informação para outras empresas. Caso você estivesse promovendo a reengenharia e cortando as despesas indiretas, a terceirização lhe dava uma oportunidade de reprojetar seus sistemas. Caso você quisesse focalizar-se em suas "competências essenciais", transferindo o trabalho com computadores para outra pessoa, a gerência ficava livre dessa responsabilidade. Se você quisesse evitar a despesa de substituir computadores que haviam se tornado obsoletos muito rapidamente e o custo de novo treinamento de funcionários, era interessante ter outra pessoa para cuidar disso. Dessa forma, o negócio da terceirização cresceu.

CSC: PROCURA-SE CONSISTÊNCIA

O mercado mundial de terceirização de sistemas de informação explodia em 10 bilhões de dólares todo ano desde 1994, começando com 10 bilhões, esperando-se atingir 40 bilhões de dólares em 1997.[14] A Computer Sciences Corporation está ganhando uma boa participação nesse mercado. Em 1996, J.P. Morgan e a CNA Financial terceirizaram boa parte de seu processamento de dados para a CSC por 2 bilhões de dólares cada uma no tempo de duração dos contratos, e a DuPont assinou uma transação de 4 bilhões de dólares por dez anos, sendo a maior parte desse dinheiro para a CSC.

A CSC concordou em assumir todos os sistemas de computador da Hughes Electronics, incluindo o hardware e as pessoas, de acordo com um contrato de 1,5 bilhão de dólares com oito anos de duração que entrou em vigor no início de 1995. A Hughes precisava muito se remodelar e unificar um conjunto variado de sistemas e equipamentos que haviam se acumulado com o passar dos anos — como acontece em muitas empresas — e ter as despesas indiretas sob controle. "Hughes queria que os níveis de serviço melhorassem", comenta Heidi Trost, vice-presidente da CSC que gerenciou o contrato. "A tecnologia da informação da Hughes não era gerenciada consistentemente e precisava desesperadamente de consistência." A Hughes queria poder transferir conhecimento e informações facilmente para toda a empresa, mas não poderia enquanto tivesse uma miscelânea de sistemas.

A CSC assumiu a propriedade, a operação e a manutenção de tudo que estava relacionado à TI, de mainframes a desktops, de redes a centros de dados e até o sistema telefônico. A Hughes detinha apenas a parte inicial do projeto de novos sistemas para permanecer ligada à estratégia de informações. Sob os termos do contrato, todas as 2.000 pessoas da TI deslocadas da Hughes receberam ofertas de trabalho da

CSC. A tarefa era mais difícil e complexa do que qualquer um da Hughes ou da CSC havia imaginado, comenta Heidi Trost, e a CSC de fato sofreu conseqüências. No entanto, os problemas foram amenizados por uma transição gradual, começando na área do sul da Califórnia-Arizona e se espalhando para o restante do país. O contrato era flexível e de fato provou precisar de ajustes. Os engenheiros da Hughes estavam acostumados a escolher qualquer coisa que imaginassem precisar e, como resultado, a CSC descobriu não menos de 2.000 configurações diferentes entre os 20.000 PCs da Hughes. A CSC distribuiu um catálogo com apenas três configurações para os engenheiros da Hughes escolherem, mas eles se rebelaram perante essa restrição. No fim, a CSC estabeleceu 20 configurações. Serão necessários alguns anos para a transição ser completada, mas até agora está atingindo as metas definidas pelas duas partes.[15]

Embora a terceirização da TI tenha ganhado os grandes contratos nos anos 90, as corporações também têm terceirizado outras atividades simples. Depender de outros não é grande novidade. De certo modo, as corporações, como outras pessoas, nunca tiveram escolha senão terceirizar os serviços de utilidade pública, sem as quais não poderiam trabalhar, como água, eletricidade e telefones. Porém, hoje, as empresas têm a escolha de buscar fontes externas para muitas outras necessidades. Elas claramente não querem terceirizar funções competitivas centrais, como relacionamento com o cliente, estratégia ou liderança. Mas é fácil ver quantas atividades periféricas, como a sala de correspondência, o restaurante e partes do departamento pessoal, são boas candidatas à terceirização.

A SEI Investments está pronta para terceirizar o maior número de atividades que conseguir. Quando essa empresa acabou com seu departamento de RH, algumas das pessoas que trabalhavam no setor foram remanejadas para as divisões para realizarem o mesmo trabalho, mas outras foram encorajadas a sair e formar uma nova empresa com contrato de terceirização com a SEI. Dois administradores de benefícios incorporaram-se para concorrerem com outras empresas pelo contrato com a SEI (eles venceram). O principal executivo, Al West, diz que a terceirização lhe dá uma flexibilidade que nunca teve e poupa "muito tempo da gerência".[16] As decisões quanto à terceirização tornam-se questionáveis quando estão relacionadas a atividades mais cruciais, como fabricação, distribuição e projeto, mas é mais provável que essas atividades também sejam terceirizadas atualmente. As empresas estão descobrindo claramente que muitas tarefas podem ser executadas melhor e até com menores custos por outras pessoas. A terceirização se tornou um negócio que gera 100 bilhões de dólares ao ano, e a proporção de grandes corporações que utilizam a terceirização aumentou de 58%, em 1992, para 86%, em 1996.[17]

Joe Neubauer, que construiu a Aramark com base na execução de atividades para outras empresas melhor do que as próprias contratantes poderiam fazer, diz que "a terceirização certamente não é algo novo, mas a faixa de terceirizações possíveis é agora imensa e continua crescendo". Ele vê a terceirização como parte natural da mudança da burocracia e do controle central para um melhor foco, uma gerência mais horizontal e mais autonomia. A própria Aramark diminuiu seu foco para oferecer serviços de *catering* para outras empresas e acabou com os negócios que tinha de transporte, ônibus escolares, construção e asilos. A seguir, algumas das idéias e alertas de Joe Neubauer sobre a terceirização:

> Usando uma grande empresa como a General Motors como exemplo, em qualquer uma das instalações dela seria fácil encontrar os seguintes funcionários: processadores de dados, contadores, responsáveis por correspondência, advogados, zeladores, funcionários de restaurante, artistas, vigias, redatores, enfermeiras e pintores. O encontro mais próximo deles com o negócio de automóveis é quando vão de carro para casa. Quantos deles realmente fabricam automóveis? Quase nenhum deles. Contudo, a empresa investe enormes recursos nesses funcionários... terceirizar esses tipos de funções deixaria livres as pessoas que tomam as decisões...
>
> As funções de linha estão quase se tornando candidatas à terceirização. Isso apresenta um tipo diferente de desafio para os gerentes. O ponto de partida é geralmente uma discussão sobre algo chamado "cadeia de valor". A questão passa a ser onde está essa competência essencial da empresa, a genialidade sobre a qual o restante da empresa deve refletir... compreender essa questão ajuda a definir que vínculos da cadeia são cruciais para serem retidos e quais para serem terceirizados.
>
> Não cometa erros, a terceirização desafia fundamentalmente um princípio central da antiga cultura corporativa: o controle. Com a terceirização vêm os riscos — da perda de habilidades cruciais à perda da alavancagem sobre grandes fornecedores. O moral pode ser afetado quando os funcionários se perguntarem se suas funções serão as próximas a serem terceirizadas. Um panorama muito estreito pode deixar uma empresa muito isolada

— dissociada da realidade do mercado. Finalmente, existe a preocupação de terceirizarmos a ponto de termos uma corporação oca.

As empresas que tentam concorrer simplesmente cortando custos e despesas indiretas podem ter algumas surpresas. A terceirização não é uma solução para todos os problemas. É normalmente chamada de decisão entre "fazer ou comprar". Mas ela pode muito bem tornar-se rapidamente na decisão de "fazer ou quebrar". Ela pode fazer ou então quebrar sua gerência de RH, acabar com sua produtividade e, por fim, afetar sua lucratividade. Há muitos exemplos de corte de despesas indiretas ou de "terceirização" de uma determinada função com o objetivo de economizar dinheiro que só serviram para constatar que as despesas aumentaram em vez de diminuírem. A terceirização apenas como meio de reduzir custos é um erro; como estratégia defensiva é um fracasso... ela deve ser uma decisão estratégica positiva, medida por critérios estratégicos em longo prazo. E não descarte importantes oportunidades de aprendizagem que liguem você às preferências do cliente, às capacidades do fornecedor ou às novas tecnologias.

Também há uma dimensão humana igualmente interessante na terceirização... um programador de sistemas da GM tem alguma chance de ser o presidente da empresa? O supervisor de manutenção da IBM vai ser algum dia convidado para controlar o departamento de P&D da empresa? Não. Eles estão efetivamente fora do plano de carreira. A terceirização traz a esses empreendimentos pessoas que são direcionadas para fazê-los avançar; qualquer funcionário pode avançar para chegar à alta gerência na Aramark.[18]

James Emshoff, cuja empresa de transcrições de prontuários e diagnósticos médicos, Medquist, existe devido à terceirização, reforça as idéias de Joe Neubauer. O que é interessante perguntar ao considerar a escolha de realizar determinada atividade na própria empresa ou terceirizá-la, ele diz, é: "Você pode se prender em alguém como um parceiro que irá levar essa atividade para o próximo nível de inovação? Muita importância é dada a apenas uma brutal redução de custos. Utilize alguém que esprema 30% dos custos! A abordagem mais inovadora é utilizar alguém que tenha a atividade como centro e você conseguirá três vezes a inovação comparada se realizada fora de sua operação."[19]

O que há além da terceirização? Além das *joint ventures*, parcerias, alianças e redes? O *keiretsu* japonês é um modelo para o restante do mundo? A preocupação chinesa tipo família possui lições para os negócios na Europa e nas Américas? Os 55 milhões de chineses que trabalham fora de seu país de origem são extraordinariamente bem-sucedidos na atividade de negócios. A revista *Fortune* descreve-os como "nada menos do que os mais vigorosos capitalistas do mundo".[20] Wong Yip Yan, presidente do conselho da WyWy House, uma empresa grande e diversificada situada em Cingapura, vê a economia do Sudeste Asiático engolindo a dos Estados Unidos face à força desses chineses que, ele diz, irão produzir os primeiros trilionários do mundo. Wong é um dos poucos empreendedores chineses fora de seu país que não emprega membros da família, e agora ele concordaria que pode ter sido um erro não ter contratado outros Wongs.[21] Atualmente, é difícil conseguir boas pessoas na Ásia, e você tem que ter pessoas nas quais possa confiar.

Boa parte da força dos negócios chineses deriva do intenso cultivo de redes de família e de amigos: as pessoas nas quais se pode confiar; pessoas com quem se pode lidar sem a preocupação de ter advogados e contratos. Os negócios chineses em outros países tendem a ser negócios de família (como é a maioria das grandes empresas indianas), e os filhos homens e, ocasionalmente, as filhas, trabalham na mesma sala com o patriarca antes de serem transferidos para cuidarem de postos avançados do império. "Qualquer organização chinesa é uma organização que aprende porque todos sentamos em volta de uma mesa e falamos uns dos outros", comenta Wong. "Essa é uma organização que aprende. Nada de grandes escritórios, nada de sala de conferência. O chefe senta a uma mesa no meio de todos e esses ouvem o que ele diz."

Na Kingston Technology Corporation, em Fountain Valley, Califórnia, os dois fundadores, David Sun e John Tu, sentam-se no meio de um "curral" nos escritórios da empresa e, mesmo que os demais não se sentem à mesma mesa, podem ouvir alguma coisa da conversa, especialmente quando David Sun, o sócio barulhento, está falando. Os fundadores imigrantes criaram o que é provavelmente o mais próximo de um grande empreendimento familiar chinês nos Estados Unidos — e, por sinal, extremamente bem-sucedido. Os funcionários não são parentes, mas são tratados como família. David Sun e John Tu dizem que os funcionários vêm em primeiro lugar, antes dos clientes e dos fornecedores. Os dois acreditam que os funcionários devem participar dos lucros. Então, quando a Kingstom, fundada em 1987, foi vendida por 1,5 bilhão de dólares à Softbank Corporation em 1996, David Sun e John Tu tiveram uma sorte inesperada. A Kingston reinvestiu 500 milhões de dólares na Softbank, deixando 1 bilhão de dólares intocados. Os sócios não acharam que o tamanho do lucro representava qualquer razão para mudarem sua regra de que os funcionários devem receber 10% dos lucros; então, disponibilizaram 100 milhões de dólares em bonificações aos 250 funcionários. A enorme recompensa quase coincidiu e contrastou eloqüentemente com o pacote de 90 milhões de dólares conferido a Michael Ovitz no momento de sua infame saída da Walt Disney.

O novo proprietário, a Softbank, descrita como a Microsoft japonesa, concordou em não mudar a filosofia da Kingston. Como outros chineses fora de seu país, David Sun e John Tu não têm nenhum ar ou aparência de executivos. Eles gostam de confiar nas outras pessoas. Não possuem advogados no quadro funcional e gostam que seus relacionamentos com os outros sejam baseados em confiança e em um aperto de mão. Na verdade, não possuem qualquer contrato por escrito com dois produtores que fabricam seus produtos. Porém, consideraram necessário ser um pouco mais verbais ao lidarem com outras pessoas. Grandes empresas, como a IBM, que é tanto cliente quanto fornecedora, exigem contratos. E a Kingston ficou desapontada com parceiros em que confiou não precisar de contrato. Portanto, hoje, a Kingston tem advogados fora da empresa para cuidarem dos contratos.[22]

A Kingston se diferencia dos chineses fora do país de origem exatamente no que Gary MacDonald, vice-presidente de marketing, descreve como "um nível quase indicativo de temor em relação à confiança nos funcionários". Os chineses confiam na família e nos amigos, mas não nos funcionários. Na verdade, as empresas chinesas podem tratá-los com bastante crueldade, como podem confirmar os trabalhadores de fábricas e lojas que são explorados e recebem salários baixíssimos em toda a Ásia (e em Nova Iorque, também). As empresas chinesas são paternalistas e autoritárias. O chefe fracassa em suas responsabilidades se deixar que outros tomem as decisões. A idéia de transferir para baixo o maior número possível de responsabilidades, que está se tornando a maneira americana, não se adequa ao modelo chinês.

Outro obstáculo para o intercâmbio de modelos entre os dois lados do Pacífico é que a maioria das empresas americanas é de capital aberto, enquanto as chinesas são em sua maioria privadas. Aliás, a Kingston também é uma empresa de capital fechado, e MacDonald concorda que ela não poderia ser gerenciada da forma atual se tivesse que atender às exigências de Wall Street todo trimestre. Wall Street consideraria o estilo chinês muito simples e informal, bastante impenetrável.

A questão não é se a Ásia ou o Ocidente podem importar modelos do outro lado do oceano. Eles não funcionariam dessa forma. Porém, as idéias podem ser adaptadas. As empresas chinesas fora da China estão recorrendo mais a gerentes profissionais e a mercados de ações. E o sistema *keiretsu* está se afrouxando. No Ocidente, claramente, a idéia solidificou que parcerias, alianças, *joint ventures*, terceirização — redes de empresas — estão se tornando essenciais para os negócios hoje. As corporações ocidentais formaram centenas de alianças. Elas podem servir como meio de entrar em novos mercados, dividir riscos, adquirir novas tecnologias e produtos, permitir que a gerência se concentre no essencial de seu negócio e deixar que outros façam o que são capazes de fazer melhor. As parcerias precisam ser abordadas com certa ambivalência. Por um lado, deve haver uma disposição para estabelecer um compromisso em longo prazo, o que significa conhecer bem seus parceiros o bastante para confiar neles. Por outro lado, uma vez que muitas parcerias logo fracassam ou perdem sua justificativa, você precisa da flexibilidade para retirar-se rapidamente. Você tem que equilibrar a necessidade de saber o suficiente sobre o que seu parceiro ou a empresa terceirizada está fazendo, para ficar satisfeito que esteja funcionando de acordo com seu interesse com a necessidade de deixar a aliança funcionar livre de intromissões. Você precisa informar ao seu parceiro tudo que ele precisa saber para trabalhar eficazmente, mas não muito que ele possa se virar contra você e tornar-se um rival. Os parceiros podem ser aliados em um mercado ou em uma parte do mundo e se tornarem concorrentes em outro. Eles podem mudar de uma posição para outra rapidamente. Gerenciar um portfólio de parceiros é uma tarefa sutil e exigente.

Indicadores

- Antes de terceirizar ou formar uma parceria, você imaginou o que faz melhor e que capacidades precisa para mantê-las por serem a essência de sua organização?
- Você tem razões importantes e sólidas para formar uma parceria, como entrar em um novo mercado, colocar novos produtos em seu mercado ou conseguir nova tecnologia?

- É uma boa transação para ambos os lados?
- Existe confiança e uma boa química em ambos os lados?
- Você aprenderá com a parceria?
- Você trata seus fornecedores como parceiros?
- Você trata seus clientes como parceiros?
- Se você estiver começando uma *joint venture*, está disposto a deixá-la operar de forma autônoma?
- Caso esteja terceirizando, você testou as alternativas, incluindo dar a seu próprio pessoal uma chance de concorrer no trabalho?

Vínculos

- Uma parceria é uma oportunidade de aprender sobre novos mercados, novos meios de gerenciamento.
- Trabalhar para uma empresa de *catering* que cuida de restaurantes corporativos, por exemplo, dá às pessoas mais oportunidades do que trabalhar em um restaurante da empresa. Portanto, a terceirização pode criar melhores prospecções de carreira.
- Terceirizar poupa tempo da gerência.

Advertências

- A terceirização não deve ser abordada simplesmente como um dispositivo para economizar dinheiro. Ela provavelmente não conseguirá trazer esse resultado.
- As parcerias criadas de forma imprudente podem deixar o conhecimento crucial escapar e ajudar a formar um concorrente.
- Uma empresa pode deixar escapar suas habilidades em uma parceria malprojetada.
- Embora as empresas tenham sempre terceirizado trabalho, essa se tornou uma grande e provocadora questão entre a mão-de-obra e a gerência.

16

O LOOP DE APRENDIZAGEM

"Concordo que a velocidade com que as pessoas e as organizações aprendem pode se tornar a única vantagem competitiva segura, principalmente nas indústrias que utilizam muito conhecimento."
— Ray Stata, principal executivo, Analog Devices Incorporated[1]

Jamie Houghton, aposentado como principal executivo pela Corning em 1996, faz do conhecimento um tópico para palestras: se a Corning pegar meio quilo de vidro e transformar esse vidro num prato de jantar Corelle, o vidro é vendido por 90 centavos meio quilo. Mas se a Corning transformar a mesma quantidade de vidro em fibra ótica, ela vende esse vidro por 550 dólares meio quilo. A diferença é o conhecimento. Aplicar um nível alto de habilidade a um simples produto aumenta o seu valor, neste caso, em 600 vezes, ou mais. À medida que formos aprendendo a agregar mais valor aos produtos e processos, aplicando habilidades e conhecimento, mais importante será aprender — e aprender como aprender. Houghton também conta que em 1972, um terço da força de trabalho da Corning era composto de gente cujo trabalho era conceitual e dois terços das pessoas trabalhavam com as suas mãos. Por volta de 1994, a proporção tinha sido invertida. Dois terços dos funcionários da Corning eram trabalhadores conceituais.[2]

Esta é a era do trabalhador do conhecimento, conforme Peter Drucker a denominou. As pessoas com conhecimento substituem terra, equipamento e capital como principais ativos de uma empresa. Isto significa, naturalmente, que os funcionários de hoje em dia têm que ser mais bem informados e treinados do que eram. Como mencionamos no Capítulo 1, a força de trabalho de 1900, quando somente um, entre dez americanos, terminava o segundo grau, teria sido inútil no mercado de trabalho atual. Hoje em dia, 82% da população americana têm diploma de segundo grau e 23% têm curso superior ou mais. Mesmo assim, muitos funcionários precisam também de reforço das disciplinas básicas, assim como treinamento na função, para poderem trabalhar na nova corporação. Os gerentes prevêem que encontrar e manter gente qualificada será crucial para competir no século XXI.

A demanda por conhecimento é tão grande atualmente que vai muito além da educação e do treinamento das pessoas. Se as pessoas puderem aprender mas não compartilharem esse conhecimento, ele tem somente um valor restrito dentro da organização. E se a organização nem registrar esse conhecimento, então ele não estará disponível às outras pessoas dentro dela. Todo o conceito de aprendizagem e de conhecimento evolui bastante naturalmente, da mesma forma que o conceito da corporação, propriamente dita, evolui. Estamos saindo de uma visão funcional para uma visão sistêmica da corporação; portanto, o nosso conhecimento precisa ser sistêmico também. Precisamos compreender não somente as divisões da organização, mas também como elas agem uma com as outras. À medida que o foco da gerência for mudando de produtos para processos, precisamos saber mais acerca dos processos. À proporção que as organizações forem evoluindo de um modo comando-e-controle para um modo sentir-e-responder, a nossa atitude a respeito da informação vai mudando e deixaremos de vê-la como algo que deva ser controlado de cima para algo que se origina no mercado e carrega a empresa consigo.[3]

Normalmente, aprendemos mais estudando o passado. Mas a experiência pode ser uma professora ruim e pode se tornar um obstáculo para se tomar as decisões certas num mundo que muda rapidamente.

Pesquisa SEI	
É importante que uma organização seja flexível e dinâmica, portanto em contínua aprendizagem	83%
Estamos conseguindo isso	15%

Se a nossa experiência fixar padrões que não sejam mais válidos na nossa mente, então estaremos vendo o mundo através de lentes distorcidas. A Ford, nos anos 70, teve uma grande prova da sua própria pesquisa de que uma minivan seria um enorme sucesso, mas a prova não se encaixava na visão que a alta gerência tinha do mercado de automóveis. Então, deixou-se que a Chrysler, por pressão de dissidentes da Ford, provasse o apelo das minivans. Os satélites da NASA começaram a colher provas de buracos nas camadas de ozônio por volta de 1978, mas as notícias dos buracos não foram publicadas até 1985. O motivo: os cientistas tinham programado os seus computadores para rejeitarem leituras muito baixas de ozônio na suposição de que isso só poderia ser resultado de erros nos instrumentos. (Felizmente, a NASA ainda tinha os dados originais e pôde verificar que os níveis de ozônio estavam caindo desde 1978.)[4] A mente funciona da mesma maneira. Quando a informação não se encaixa num padrão familiar, ela pode ser rejeitada. Pensamos que estamos vendo os fatos, mas, na verdade, estamos vendo o que os modelos na nossa mente nos mandam ver. Portanto, uma parte importante da aprendizagem é saber o que descartar.

Um outro problema com a aprendizagem tradicional é que ela enfraquece a imaginação e nos leva a desconfiar da intuição. Mas a intuição sempre foi importante para os líderes e continua sendo, apesar de todas as informações disponíveis atualmente para aqueles que tomam as decisões. É uma questão de se chegar a um equilíbrio entre o que se sabe instintivamente ser certo e o que se pode provar através de fatos. Muitos líderes importantes tomaram excelentes decisões intuitivamente. Ray Kroc decidiu gastar 2,7 milhões de dólares, que ele não tinha em 1960, para comprar os irmãos McDonald, apesar dos conselhos negativos que ele havia recebido porque "alguma coisa ficava me impelindo para fazer isso". Ronald Reagan não parecia se importar muito com os detalhes do governo ou até mesmo com os fatos básicos, mas as suas intuições políticas eram magníficas. Bill Clinton deleita-se nos detalhes de política e governo, mas não consegue traduzir esse conhecimento numa política baseada em princípios. A intuição não é uma adivinhação desinformada. "Significa conhecer o seu negócio", diz Ross Perot. "Significa fazer valer numa situação tudo aquilo que você viu, sentiu, provou e experimentou numa indústria." Então, a intuição é um tipo diferente de aprendizagem que o executivo precisa.[5]

Se os negócios estiverem na vanguarda da reforma educativa, o estabelecimento de ensino trará a retaguarda para a frente. Alguém que saísse de 1900 para 1997 provavelmente acharia o mercado de trabalho irreconhecível, mas as salas de aula de hoje provavelmente pareceriam-lhe confortavelmente familiares, exceto, talvez, pelos computadores. Atualmente, o ensino é basicamente igual ao que era naquela época. O professor se levanta e fala com a turma. Os alunos entediados fazem algumas anotações e se esquecem da maior parte das coisas que o professor diz. O estabelecimento de ensino é um enorme obstáculo à mudança. Alguns educadores, principalmente aqueles do ensino particular, estão começando a acreditar em todas as pesquisas que mostram que há melhores maneiras de se ensinar e aprender. Eles falam de "aprendizagem centralizada no aluno", por exemplo, que envolve os alunos em todos os aspectos de sua educação, até mesmo da elaboração de seu currículo. Os alunos retêm 15% do que ouvem numa palestra, mas eles se lembrarão de 80% do que vivenciarem.

ALÉM DAS DISCIPLINAS

No ensino superior, as escolas de negócios estão mudando, algumas delas radicalmente. Talvez elas tenham uma visão mais do mercado e das necessidades dos seus clientes do que, por exemplo, as escolas de ciências humanas. A pressão para mudar as escolas de negócios começou em meados da década de 80, refletindo as pressões competitivas que estavam mudando os negócios propriamente ditos. Se era para se ter um novo tipo de gerência, era preciso que houvesse um novo tipo de escola de negócios. A revista *Business Week* aderiu a essa pressão, dando início a um levantamento semestral em 1988 que classificava as melhores escolas de negócios. As escolas competem incisivamente por melhor classificação, o que pode ser traduzido no recrutamento de melhores alunos e na realização de programas de educação de executivos mais "vendáveis".

É difícil de se acreditar hoje, mas há quatro décadas as escolas de negócios tinham pouco prestígio, assim como as faculdades para a formação de professores, e seus professores tinham salários iniciais abaixo daqueles dos professores de escolas secundárias. Dois relatórios devastadores, emitidos separadamente em 1959 pela Ford Foundation e pela Carnegie Foundation, atacavam as escolas de negócios pelo baixo calibre de seus professores, de suas pesquisas e de seus alunos, e por estarem fora de contato com os negócios. A onda resultante de reformas elevou os padrões e os gastos e estabeleceu algum rigor acadêmico. As escolas se padronizaram ensinando seis matérias básicas: contabilidade, finanças, recursos humanos, marketing, operações e estratégia. Com o passar do tempo, o currículo das escolas de negócios adquiriu uma similaridade monótona. A busca por respeitabilidade acadêmica levou os professores a se especializarem ainda mais em suas disciplinas. Os professores de finanças ensinavam finanças e não se preocupavam com marketing. O problema com esta abordagem, conforme os estudos do SEI Center apontaram, era que nenhum problema de negócios podia ser resolvido dentro de uma determinada disciplina. Todos os problemas de negócios são transfuncionais. Além do mais, gerência é muito mais do que seis disciplinas. E quanto à inovação, o empreendedorismo, a liderança, o risco, a informação? E quanto ao resto do mundo? O currículo da escola de negócios se focalizava nos Estados Unidos.

Em Wharton, que era a primeira classificada nos levantamentos de 1994 e 1996 da revista *Business Week*, o SEI Center serve como um instituto de pesquisa, estudando o perfil da corporação do século XXI e, a partir daí, as suas necessidades na educação. Com base nos primeiros trabalhos do SEI Center, a Wharton começou a mudar em 1989, sob o comando do reitor da época, Russell Palmer, passando a refletir a realidade e a mudança nos negócios. Sob a direção de Tom Gerrity, sucessor de Palmer, a Wharton adicionou cursos em qualidade, ética, liderança, trabalho de equipe, informação e negócios globais. Os alunos são encorajados a fazer uma excursão de estudos de um mês no exterior. Para derrubar as paredes entre as disciplinas, o currículo mudou, incluindo cursos transfuncionais ministrados por equipes de professores de diferentes departamentos. O ano tradicional de dois semestres foi substituído por módulos de seis semanas. Os alunos trabalham em equipes de seis, assumem estudos multidisciplinares de caso e vão para o "campo" para executar tarefas reais de consultoria. No espírito do empowerment, os alunos têm mais opinião nos assuntos da escola. Eles participam dos comitês que lidam com as reformas e com a administração. Eles também avaliam os professores num processo formal de "feedback" que força o corpo docente a ser receptivo. Um professor foi retirado de um curso por causa das avaliações ruins feitas pelos alunos. A Wharton reconhece que não pode fazer reformas e, depois, se acomodar num estado estático se os negócios continuarem a mudar, de forma que o SEI Center continua a fornecer pesquisas para reformas adicionais.

DERRUBANDO AS BARREIRAS ACADÊMICAS

Talvez seja impossível encontrar uma escola de negócios nos Estados Unidos que não tenha começado a fazer importantes mudanças nos últimos dez anos. Sob Joseph White, que veio da Cummins Engine Company em 1990, a escola de negócios da Universidade de Michigan passou por uma série de reformas, incluindo o novo requisito de que os professores devem receber uma classificação "muito boa" de seus alunos para garantir o seu mandato.

William Glavin, ex-vice-presidente do conselho da Xerox Corporation, pegou algumas das idéias desenvolvidas na Wharton, onde ele tinha atuado como conselheiro, e aplicou-as vigorosamente como presidente do Babson College, uma escola totalmente voltada para os negócios nas proximidades de Boston. Ele pôde ir mais além do que Wharton havia ido. Babson eliminou os cursos funcionais para os calouros. Em vez disso, eles pegam módulos de 4, 8 e 13 semanas focalizando-se em problemas específicos de negócios. No segundo módulo, por exemplo, eles passam pelo processo de determinar o potencial de um novo produto. Um professor de contabilidade lida com as implicações de custo de um novo produto e um professor de direito lidera o debate sobre as implicações de impostos e que tipo de organização poderia tratar do novo produto. Muitas das aulas dos módulos têm dois ou mais professores de plantão. Em seu segundo ano, os alunos do Babson podem se concentrar numa disciplina funcional, mas com a idéia de que, quando se formarem, eles pensarão em si mesmos não como especialistas em finanças ou marketing, mas como líderes empresariais. Glavin se lembra que quando ainda estava na Xerox, no final dos anos 80, ele disse a um conselho da Wharton que a escola estava preparando pessoas para trabalhos que não existiam mais. Os negócios estavam se desfazendo de suas equipes corporativas de técnicos especializados e buscando empreendedores e gerentes que pudessem lidar com todos os problemas.

Tantas mudanças assim são difíceis nas tradições acadêmicas de especialização, de independência (para não dizer antagonismo) e de evolução ao princípio do mandato através de publicações, em vez de ensino. Como você pode ter um mandato e muito menos o respeito dos seus colegas, escrevendo relatórios de pesquisa sobre matérias não acadêmicas como trabalho de equipe e a arte da negociação? Derrubar essas barreiras acadêmicas é ainda mais difícil nas escolas de maior prestígio, onde os professores são protegidos por honrarias e mandatos. Isso foi ainda mais difícil na Harvard Business School. Embora outras escolas tentassem fazer mudanças fundamentais, a Harvard conduziu o mesmo curso, com leves correções, durante o reinado de 15 anos do reitor John McArthur.

Entretanto, Kim Clark, educado em Harvard e que acredita piamente que a gerência realmente pode fazer diferença, substituiu McArthur em 1995 e começou a aplicar vigorosamente à escola propriamente dita as novas idéias gerenciais que alguns dos professores estavam ensinando. Embora McArthur apenas tolerasse e-mail, Clark gastou 11 milhões de dólares em seis meses para saturar a escola com tecnologia da informação. David Upton, principal arquiteto do novo sistema, explica que, em vez de fazer a reforma com um projeto de tecnologia tipicamente grande que distribuiria um sistema monolítico três anos depois que fosse necessário, a Harvard escolheu uma abordagem dinâmica que adiciona sistemas em pequenas porções. As porções se encaixam num plano mais amplo, que pode, por si só, evoluir.

O novo sistema da Harvard foi projetado para ser aberto, fácil de usar e penetrante. A intranet da escola é a ferramenta básica para operá-la e para grande parte da aprendizagem. Os professores podem baixar fotos de seus alunos e colocá-las nos mapas de assentos de sala de aula e ainda baixar o currículo de cada aluno e até mesmo ouvir a voz deles pronunciando o próprio nome (importante numa escola com muitos alunos estrangeiros). Cada aluno tem uma home page que contém horários, tarefas, resumo dos cursos, grande parte do material do curso, anúncios e perguntas dos professores. Embora os alunos ainda pareçam preferir os famosos estudos de caso da Harvard no papel, os casos estão também sendo digitalizados, com componentes de vídeo e de áudio. Em um dos estudos de caso, os alunos podem ver uma fábrica chinesa em operação e ouvir o seu gerente americano.[6]

Assim como os consultores falam de corporação virtual, os acadêmicos estão falando sobre a universidade virtual. A tecnologia da informação torna possível dar um curso interativo, multimídia, a alunos distantes. A insatisfação com a distribuição-padrão de conhecimento em sala de aula e os seus custos estão impelindo os professores a desenvolverem cursos multimídia que podem levar a alunos que morem no fim do mundo, por meio de CD-ROM ou via Internet, os mesmos materiais que alunos do MIT, Stanford ou Wharton recebem. O material pode ser atualizado instantaneamente, embora possa levar anos para se revisar um livro de texto. Ele pode ser customizado no sentido de que o aluno pode mandar baixar o material quando e onde ele quiser. Uma combinação de palestras, debates e recursos visuais interativos pode chegar mais à mente do aluno do que um professor que fica de pé e fala por uma hora. Um recurso visual interativo pode transmitir a um aluno de engenharia a teoria difícil de compreender de como os materiais são distorcidos mais clara e rapidamente do que pode uma palestra.[7]

Um dos co-autores deste livro, Jerry Wind, é co-fundador do que poderia ser descrito como uma universidade a caminho de ser virtual, o novo Interdisciplinary Center of Law, Business and Technology em Herzliyya, perto de Tel Aviv. A escola tem uma equipe mínima (25 professores de tempo integral para 1.500 alunos) e uma pequena biblioteca, mas muitos professores de tempo parcial, muitos deles professores americanos, que podem ser chamados para ensinar partes de cursos transfuncionais. O centro está desenvolvendo a distribuição eletrônica de instrução e material.

AVENTURAS NO TREINAMENTO

"A ironia de tudo isto é que enquanto as universidades se tornam mais parecidas com empresas, as empresas estão tentando ficar mais parecidas com universidades", observou a revista *The Economist*.[8] Na realidade, muitas empresas chamam os seus centros de treinamento de universidades. Os custos das empresas com treinamento têm crescido vertiginosamente. As corporações nos Estados Unidos com mais de cem funcionários gastaram 59,8 bilhões de dólares em 1996 para treinarem um total de 58,6 milhões de funcionários, de acordo com um levantamento da revista *Training*. As empresas que empregam mais de dez mil pessoas gastaram em média 15 milhões de dólares em treinamento em 1996.[9] Algumas empresas envolvidas em nova tecnologia e novas práticas gerenciais gastaram até mais. Por exemplo, a Andersen Consulting investiu 290 milhões de dólares em treinamento. A Motorola, 240 milhões.

A ansiedade em encontrar alguma fórmula mágica para transformar e energizar os seus funcionários levou algumas corporações a recorrerem, anos atrás, ao "movimento do potencial humano" e a adotarem "aventuras experimentais", conceitos Nova Era e até mesmo determinadas seitas. Nos anos 80, Werner Erhard, o fundador de "est", e a "Igreja" da Cientologia, ambas organizações estabelecidas, se focalizam no mercado de treinamento em negócios. Erhard substituiu a est pela empresa Transformation Technologies Inc., que autorizava consultores gerenciais a utilizarem os seus materiais. Esses materiais, embora purgados de alguns dos aspectos mais brutais da antiga est, expunham os treinandos a horas de conversa fiada impenetrável que supostamente mudaria as suas vidas. Embora as celebridades de Hollywood sejam os que mais entusiasmo têm para se converterem a essas seitas, os líderes de negócios provaram que também podem ser presas fáceis. Os clientes da Transformation Technologies, no final dos anos 80, incluíam a Boeing, a General Dynamics, a IBM e a Lockheed. Felizmente, o interesse corporativo em treinamento de seitas diminuiu.[10] Entretanto, as experiências em aventuras parecem ter ganho um lugar permanente no arsenal de treinamento das empresas. Evidentemente, uma experiência ao ar livre, temperada com a emoção de um pouco de perigo (cuidadosamente limitada por uma corda de segurança curta), transforma os rivais no escritório em companheiros de equipe. Se você cai de cima de um muro e os seus colegas pegam você em segurança nos seus braços, então você vai confiar que eles o protejam no escritório também, não vai? Os palestrantes motivacionais também permanecem muito populares. O entusiasmo que eles geram dura no mínimo uma semana.

Colocando de lado o convencional, a tendência atual do treinamento corporativo está se movendo em direções que vão ao cerne da pedagogia. Os motivos que as empresas têm para mudar e melhorar o treinamento podem ser mais fortes e mais urgentes do que os motivos que as escolas de negócios têm para fazer reformas. Embora o meio comum de realizar esse treinamento ainda seja na sala de aula, as empresas estão tentando diversas alternativas. Há diversos motivos óbvios para se fazer isso. Um deles é simples e prático: numa empresa em que se fez um downsizing e que está sendo acelerada, simplesmente não há tempo suficiente para as pessoas saírem por uma ou duas semanas, ou até mesmo por um dia, para fazerem um curso. Se o ciclo de produto da Hewlett-Packard leva apenas seis meses, uma ausência de uma ou duas semanas pode ser muito prejudicial. A Microsoft, que, ao contrário de muitas empresas, não possui nenhum treinamento gerencial formal e nenhuma "universidade" própria, não acredita em doses cavalares de treinamento. "Sair para fazer treinamento vai contra a nossa cultura", diz Mike Murray, vice-presidente de relações humanas da Microsoft. "O nosso trabalho é tão sensível ao tempo que passar um dia fora do escritório é impossível. O nosso pessoal fica irrequieto depois de meio-dia. Então, eles param de ouvir, mesmo que a aula dure o dia todo. A Microsoft prefere utilizar um treinamento específico para a função, em vez de livros de texto ou aprendizagem teórica."[11]

A demanda cada vez maior de treinamento executivo nas escolas de negócios mostra que cursos formais que durem uma semana ou mais permanecem sendo importantes para certos propósitos. Esses cursos funcionam quando dão ao executivo novas habilidades fundamentais ou conhecimento. O executivo pode voltar para o escritório e utilizar a plataforma de conhecimento, ampliando-a e renovando-a com treinamento eletrônico, *just-in-time*. Os cursos executivos também preenchem uma função que quantidade nenhuma de treinamento à distância, *just-in-time*, poderia dar: eles conectam o executivo com uma nova rede de colegas. Como muitos aspectos da nova corporação cobertos neste livro, o treinamento de negócios não mudará completamente do modo antigo para o novo, mas provavelmente será uma combinação dos dois e cada empresa precisará encontrar o equilíbrio que melhor se ajuste às suas necessidades.

XEROX: UMA EXPERIÊNCIA SOCIAL

Os motivos pelos quais o treinamento corporativo formal geralmente fracassa aparecem distintamente claros num artigo publicado na revista *Training* a respeito de uma tentativa de se dar treinamento multifuncional às pessoas num centro de atendimento ao cliente da Xerox em Lewisville, perto de Dallas. O centro tinha três departamentos e os funcionários geralmente tinham que encaminhar os clientes de um departamento para o outro para resolverem um problema, uma experiência frustrante tanto para os clientes quanto para os funcionários. A Xerox decidiu juntar os três departamentos e dar treinamento multifuncional a todo mundo para que cada representante pudesse lidar com todos os problemas de um determinado cliente. Não haveria mais encaminhamentos. Um consultor fez a sugestão sensata de que já que os três departamentos já tinham todo o conhecimento necessário, os funcionários poderiam treinar uns aos outros. O escritório central de treinamento da Xerox em Leesburg, Virgínia, ficou horrorizado e vetou a idéia. Seus representantes fizeram uma rápida visita a Lewisville para analisar as necessidades de treinamento, as quais eles, depois, passaram para os elaboradores de currículo em Leesburg. Meses mais tarde, os instrutores trouxeram roteiros detalhados para Lewisville e começaram uma série exaustiva de cursos. Os treinandos em procedimentos de crédito e cobrança tiveram que participar de palestras durante onze semanas. Eles reclamavam que ouviam falar muito sobre tarefas que nunca executariam e pouco sobre partes críticas de seu trabalho. Disseram que os instrutores não tinham qualquer conhecimento real do que acontecia dentro do centro. Então, quando voltavam para suas mesas, os seus colegas tinham que explicar para eles o que realmente precisavam aprender. De qualquer forma, a essa altura os treinandos já tinham esquecido o que lhes tinha sido ensinado na aula.

Quando o fracasso da abordagem tradicional ficou claro, as aulas pararam. A Xerox voltou a procurar os consultores, o Institute for Research and Learning, em Menlo Park, California, e desta vez seguiu a sua recomendação. Os representantes de serviços foram tirados de seus cubículos solitários e reunidos em grupos combinados de seis ou sete. Eles começaram a ensinar uns aos outros e a atender ligações de clientes desde o primeiro dia. Eles aprenderam socialmente, através da conversa, ouvindo e fazendo. Ajudaram uns aos outros a aprenderem e acharam a experiência estimulante. O treinamento funcionou. (Infelizmente, eles estão todos de volta em seus cubículos departamentais porque, depois de uma experiência de dois anos, a Xerox decidiu em 1996 que não podia arcar com o custo considerável de concluir a fusão dos três departamentos. Então, a operação foi um sucesso mas o paciente morreu.)[12]

MOTOROLA: DECADÊNCIA EM 30 DIAS

A começar por Robert Galvin, no início dos anos 80, os principais executivos da Motorola têm treinado uma das marcas registradas da empresa. Os funcionários da Motorola têm que fazer cinco dias de treinamento por ano e isso pode subir para 20 dias até 2000, embora não haja qualquer mandado formal. Os engenheiros já recebem esse volume de treinamento. A empresa gasta 4% de sua folha de pagamentos em treinamento (7% se você incluir o pagamento e as despesas dos treinandos). O orçamento da Motorola University de 120 milhões de dólares é cerca de metade da conta total de treinamento da corporação. A Motorola University em Schaumburg, Illinois, possui equipe e instalações de uma escola de negócios de bom porte, assim como onze filiais ao redor do mundo, e escritórios de vendas em Beijing, Tianjin, Tóquio, Yokohama e Cingapura (para vender materiais do curso às suas unidades de negócios, fornecedores e clientes).

Com o passar dos anos, a Motorola aprendeu uma ou duas coisas a respeito de treinamento corporativo. A primeira surpresa desagradável surgiu quando a Motorola tentou treinar a sua força de trabalho em métodos para a melhoria da qualidade e descobriu que 40% dos funcionários eram funcionalmente "analfabetos", inclusive na linguagem numérica. Então, a Motorola teve que recomeçar com alguma informação básica. Depois, a Motorola surpreendeu-se em descobrir que treinar trabalhadores não adiantava em nada se os seus supervisores também não tivessem sido treinados. A média gerência simplesmente dizia aos trabalhadores para voltarem a fazer as coisas à moda antiga. Então, a Motorola, mais uma vez, recomeçou, mas desta vez de cima, com o próprio Bob Galvin fazendo o treinamento. (Na Xerox, a abordagem "cascata" ao treinamento se tornou um exemplo clássico de fazer a coisa certa. David Kearns, principal executivo em 1984, recebeu, ele próprio, o treinamento de qualidade; depois, treinou seus subordinados diretos, que, por sua vez, treinaram os seus, e daí em diante até chegar ao nível mais baixo da empresa. Assim, todos, exceto as pessoas do nível mais baixo da Xerox, tanto receberam quanto deram treinamento.)

A estrutura de treinamento de grande porte, formal, da Motorola conflita um pouco com os novos rumos da educação corporativa, mas se tornou mais flexível. A Motorola reconhece que há muitas formas de se dar treinamento, diz Edward Bales, consultor e ex-diretor de educação da empresa. A Motorola University, na verdade, realiza apenas 50% do treinamento da empresa. As unidades de negócios são livres para escolher o seu próprio treinamento, que pode ser fornecido pela corporação, por fornecedores externos ou pelas próprias unidades. O treinamento pode ser feito em Netscape ou na intranet da empresa. A Motorola recentemente introduziu o primeiro curso interativo na intranet. Os funcionários da Motorola em qualquer parte do mundo podem acessá-lo quando precisam. A Motorola University vê o seu papel como sendo de experimentar, liderar e auxiliar tanto quanto de conduzir treinamento. A empresa testou a realidade virtual com êxito como uma ferramenta para o treinamento de novos trabalhadores na linha de montagem. Normalmente, os novos funcionários iriam logo trabalhar na linha sem supervisão, mas Bales diz que depois de três dias numa linha virtual, eles têm a proficiência de alguém que trabalhou numa linha real por cinco ou seis meses. "Os retornos são imensos, imensos", diz Bales. A idéia não é tão artificial quanto pode parecer se você considerar que grande parte do trabalho numa fábrica hoje em dia consiste em operar computadores.

Bales diz que o treinamento começa a decair imediatamente, desaparecendo da cabeça do treinando geralmente dentro de 30 dias, a menos que seja utilizado. O treinando também precisa retornar para o ambiente certo. Se o gerente não compreender o que o treinando aprendeu, ou o local de trabalho não tiver sido adaptado para utilizar o novo treinamento, então o treinamento se perde. A complexa coordenação exigida por esta abordagem *just-in-time* ao treinamento favorece a distribuição eletrônica de instrução no local de trabalho do treinando quando ele necessita dela.[13]

HEWLETT-PACKARD: USE O QUE VOCÊ PRECISA

A Hewlett-Packard coloca quase tanto esforço em treinamento quanto a Motorola (e devota 3,3% de sua folha de pagamento há décadas). A HP não possui uma universidade e descartou treinamento em sala de aula. Claudia Davis, diretora de treinamento, questiona o sentido de pegar uma quantidade prescrita de treinamento. "Por que você faria 40 ou 80 horas se não precisa?", pergunta ela. "Utilize, seja qual for, a quantidade de horas que você precisa. Espera-se que as pessoas aqui aprendam, mas elas são livres para escolher como fazer isso. Não é minha função certificar-me de que as pessoas o façam. Elas são responsáveis pelo seu próprio treinamento. Na verdade, é como se você fosse o seu próprio empregador. A empresa não fica tomando conta de você. Nós só facilitamos as coisas para você." Ao nível do topo, a HP submete seus gerentes ao que ela chama de *beachhead scanning* (varredura de área nova e estratégica), sessões de cinco dias para diferentes grupos de executivos ouvirem pessoas como C.K. Prahalad e pensarem sobre estratégia e mercados futuros. Mas, para outros, o mais provável é que o treinamento seja no trabalho ou através de aconselhamento. "Se uma pessoa faz um curso de cinco dias, 40% do seu tempo provavelmente são desperdiçados", diz Davis. "Mas se ela faz o curso num computador na sua mesa, quando quiser, depois do expediente, e pode pesquisar palavras-chave para descobrir o que necessita, então o curso se torna muito mais produtivo."[14]

A HP acompanha o treinamento não perguntando às pessoas que participaram se elas lucraram (elas geralmente dirão que foi maravilhoso), mas perguntando às pessoas que elas gerenciam se elas notaram alguma mudança. Os vendedores costumavam ficar ausentes para fazer treinamento sobre novos produtos, mas descobriram que o treinamento era ineficaz e agora estão mais propensos a resgatarem fragmentos de treinamento nas sessões de desjejum ou de almoço. Agora que eles todos possuem laptops, também podem adaptar o treinamento quando for mais conveniente, e procurar pelo segmento específico que venham a precisar.[15] Ligar os representantes de áreas numa base de dados, na verdade, reduz a necessidade de treinamento. A HP agora atende todos os modelos de equipamento no escritório dos clientes, mas os representantes não precisam saber tudo sobre todos eles. A partir do site, eles podem acessar a informação que precisam para atenderem uma determinada máquina.

APRENDENDO A APRENDER

Treinar pessoas é uma coisa. Ensinar toda uma organização a aprender é outra — é mais difícil, mais complexo e ultimamente sujeito a intensos debates sob diversos ângulos, incluindo a filosofia Nova Era, a qual é difícil de conectar concretamente ao mundo dos negócios. Os engodos e a ambigüidade não devem nos impedir de aceitar a importância de se criar uma organização que aprende. Este conceito não é um conceito vago. Uma organização que aprende se abre para a obtenção, o desenvolvimento e a distribuição de conhecimento rapidamente para que todos possam ter acesso a idéias, práticas e produtos melhores e mais atuais. Ela examina os seus próprios processos sistemática e freqüentemente para melhorá-los. A maneira como a 3M expandiu a utilização da microrreplicação (de padrões geométricos) para fins inimagináveis no começo, desde projetores até abrasivos e refletores, é um dos melhores exemplos de uma organização que aprende (ver Capítulo 11).

As burocracias, entre elas as clássicas corporações ocidentais, não são organizações de aprendizagem. Elas são resistentes à aprendizagem. Isolam-se do exterior; não aprendem com os seus erros e os seus funcionários não aprendem uns com os outros. Em vez de considerar o conhecimento como um ativo, cujo valor aumenta quando é compartilhado, elas o consideram uma arma que deve ser guardada em segredo, tanto dos que estão do lado de dentro quanto dos que estão do lado de fora.

Quando a enormidade do sucesso da indústria japonesa acordou o mundo ocidental duas décadas atrás, ficou claro que as organizações japonesas tinham aprendido como aprender bem e rapidamente. Elas tinham criado organizações de aprendizagem. Parte do motivo foi simplesmente uma boa organização. Os japoneses participavam assiduamente, anotando e fotografando durante as reuniões profissionais e técnicas. A Toyota contratou centenas de engenheiros para fazerem nada além de visitar as suas fábricas, captando boas idéias num lugar e levando-as para outro. Logo depois da Segunda Grande Guerra, o Sindicato Japonês de Cientistas e Engenheiros (JUSE — Japanese Union of Scientists and Engineers) passou a servir como um fórum bem utilizado para treinamento e troca de idéias sobre melhoria de qualidade.

Além desses esquemas óbvios para a promoção da aprendizagem, a cultura japonesa parece mais adequada à propagação do conhecimento. No livro *The Knowledge-Creating Company*, Ikujiro Nonaka e Hirotaka Takeuchi, ambos professores treinados por americanos na Hitotsubashi University, explicam algumas das diferenças entre o Oriente e o Ocidente. Os ocidentais vêem as organizações como máquinas que processam informações construídas como dados rígidos formais e sistemáticos. Os japoneses, dizem, também reconhecem a importância do tipo de conhecimento tácito que um artesão-mestre pode ter nas pontas dos dedos mas que ele não consegue explicar com palavras. A diferença está entre ver uma organização como uma máquina e ver uma organização como um organismo vivo. O conhecimento tácito é subjetivo e intuitivo, e difícil de transmitir, mas os japoneses sabem como se comunicar de maneira sutil. Eles usam metáforas e símbolos que pouco significam para os ocidentais mas que criam insights nos japoneses. O conhecimento tácito também é transmitido através da continuidade de cultura nas corporações japonesas. De qualquer maneira, o resultado é que os japoneses conseguem transformar o conhecimento tácito em conhecimento explícito, o que ajuda a explicar como as melhores empresas japonesas chegaram a níveis tão altos de produtividade e qualidade e produziram tantos produtos novos.[16]

Alguns dos artifícios gerenciais largamente adotados atualmente pelas organizações ocidentais empurram-nas na direção de se tornarem organizações de aprendizagem. O benchmarking, por exemplo, tem o efeito fortificante de mostrar aos burocratas corporativos que outras pessoas realmente conseguiram pensar numa maneira melhor de se fazer as coisas. Contanto que você não veja muito de perto o que os outros estão fazendo, você pode pensar que sabe mais. Mas um estudo sistemático de outras organizações pode rapidamente apagar a expressão presunçosa do seu rosto. Que o executivo cem por cento americano teria alardeado há 20 anos que "nós roubamos desavergonhadamente", como Roger Milliken e outros fazem agora? O benchmarking também serve para livrá-lo de conhecimento que não é mais, ou nunca foi, verdadeiro, uma parte importante da aprendizagem. Quando as equipes juntam pessoas de diferentes partes de uma organização, diferentes disciplinas e diferentes níveis, elas servem para espalhar conhecimento e derrubar atitudes insulares. O conceito da organização "sem fronteiras" promovido pela GE tem o mesmo efeito de derrubar barreiras para espalhar conhecimento. Embora os Estados Unidos não tenham o seu próprio JUSE, eles têm o prêmio de qualidade Baldrige, que, desde 1988, estabelece critérios nacionais para boas práticas gerenciais. Muitas outras organizações, como o Center for Quality Management, em Cambridge, a American Society for Quality Control, em Milwaukee e o American Productivity and Quality Center, em Houston, também têm espalhado conhecimento na indústria.

A LÓGICA DO FEEDBACK

Embora algumas novas técnicas gerenciais difundidas ajudem uma empresa a aprender, elas não criam uma organização que aprende, isto é, uma organização que está sempre se aperfeiçoando através da análise dos resultados de suas ações. Os gerentes se orgulham de suas decisões, tomadas com base na lógica e nos fatos, mas, na realidade, a sua filosofia não é mais lógica do que a filosofia do resto da sociedade. Vivemos numa sociedade que não consegue distinguir a diferença de ciência lixo para ciência verdadeira, na qual as pessoas acreditam em astrologia, dietas sem esforço, OVNIs, a ameaça iminente de um ataque aéreo pelas tropas das Nações Unidas e a ameaça subversiva da Comissão Tripartida. Por que os líderes de negócios deveriam ser diferentes?

A mera noção de "feedback" é uma ferramenta poderosa para trazer uma medida de lógica a uma organização e, ao mesmo tempo, transformá-la numa organização que aprende. Utilizamos feedback a nossa vida toda para aprender. Se uma criança coloca a mão num fogão quente, ela aprende que nunca mais deverá fazer isso. É um processo natural de aprendizagem. Quando isso chega às organizações, o feedback se torna mais complexo. John Dewey expressou a idéia de um ciclo repetitivo de invenção, observação, reflexão e ação. A idéia aparece na teoria gerencial sob muitos aspectos, sendo que o mais conhecido é o ciclo "planejar, fazer, avaliar, agir" (PDCA — plan, do, check, act) de W. Edwards Deming para o alcance de melhorias contínuas.

O "feedback de *loop* fechado" não funciona, mesmo quando é aplicado a um processo simples, se as pessoas não souberem como utilizá-lo. Assim que Deming tentou ajudar a Nashua Corporation em 1979, ele descobriu que os técnicos que produziam papel-cópia revestido faziam reajustes sempre que viam alguma variação na espessura do revestimento porque não sabiam que havia uma variação natural. Tendo interpretado mal o feedback, eles na verdade pioravam a variação. As máquinas funcionavam melhor sem a interferência dos técnicos. Deming ensinou-os como fazer uma série de medições e utilizá-las em mapas de controle para que eles soubessem que reajustes seriam realmente necessários fazer.

As mensagens transmitidas por feedback chegam truncadas quando os fatos estão em conflito com o que pensamos que sabemos. John Sterman, professor na Sloan School do MIT, tem realizado extensos trabalhos sobre aprendizagem em organizações complexas e esclarece que as imagens mentais podem bloquear o conhecimento que deve vir da "aprendizagem de *loop* fechado". Como exemplo, ele mostra o fracasso da NASA em observar a evidência de buracos nas camadas de ozônio detectatos por seus satélites, que descrevemos no início deste capítulo. A mente funciona da mesma maneira. Quando a informação não se encaixa num padrão na nossa mente, ela pode ser rejeitada.

Para remover os modelos falsos de nossa cabeça, Chris Argyris, da Harvard Business School, propôs a idéia da aprendizagem de *loop* duplo (ver Figura 16.1). Em vez de haver apenas um *loop* processado pelos nossos modelos mentais, deveria haver uma segunda parte do loop que examinaria os modelos propriamente ditos. Para simplificar, deveríamos olhar não só o que deu errado e corrigir isso, como também

Figura 16.1
Ciclos de Aprendizagem

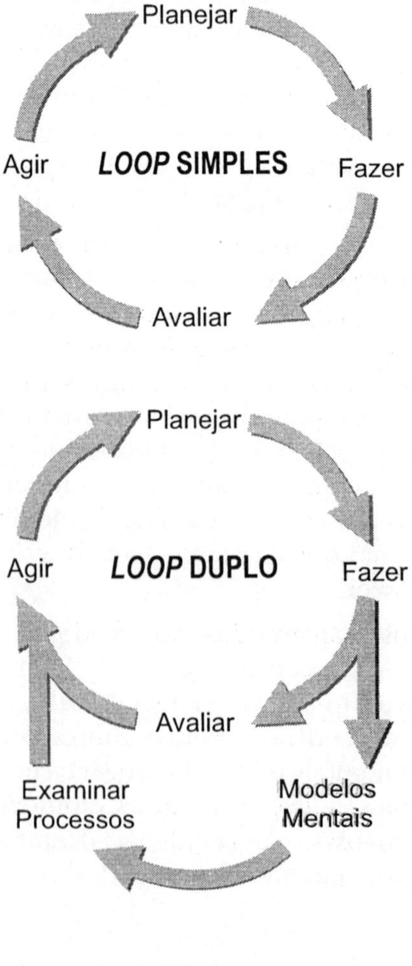

LOOP SIMPLES: Planejar → Fazer → Avaliar → Agir

LOOP DUPLO: Planejar → Fazer → Avaliar → Agir; Modelos Mentais → Examinar Processos

deveríamos examinar por que deu errado e corrigir o sistema. Aí, a organização teria adquirido um novo conhecimento e um novo método para aprendizagem. Na prática, é claro, a utilização de feedback para auxiliar uma organização é extremamente complexa, sujeita a muitas variáveis, distorções e atrasos. Os modelos interativos e os mundos virtuais podem ser muito proveitosos. Os simuladores de vôo, utilizados há muitos anos, são um exemplo claro. Eles podem apresentar mais emergências simuladas para um treinando em um dia do que um piloto encontraria numa vida toda de vôo.[17]

MICROSOFT: CRÍTICAS BRUTAIS

A maneira como a Microsoft utiliza feedback para melhorar e aprender é descrita em detalhes por Michael Cusumano e Richard Selby no livro *Microsoft Secrets*. Começando nos anos 80, a Microsoft passou a realizar, como prática regular, um *post mortem* depois de cada projeto que concluía. Os *post mortem* levam cerca de três meses para serem concluídos e mais da metade deles resultam em relatórios detalhados por escrito, que Bill Gates e outros executivos examinam atentamente. O pessoal da Microsoft não aprecia muito instruções vindas de cima ou recomendações oferecidas por consultores, mas eles podem ser brutais na crítica do seu próprio trabalho. Portanto, os *post mortem* têm "garras e dentes". O desenvolvimento desastroso do Word 3 para Windows, que foi lançado quatro anos depois do prazo, em 1989, deu origem a alguns poderosos *post mortem* que levaram a melhorias significativas na maneira como a Microsoft desenvolve software. Os primeiros *feedback* buscavam apenas erros que haviam sido cometidos nos produtos, não os pontos fracos do processo. Nos anos 90, a Microsoft acrescentou um segundo *loop* aos *post mortem*, focalizando-se nos processos. Em vez da atenção ser concentrada no que acontecia de errado, ela passou a ser concentrada nos motivos pelos quais dava errado.

Em 1990, a Microsoft também começou a investir no imenso número de contatos que tem com os clientes — cerca de 60 mil por dia por computador ou telefone — e adicionar isso ao feedback. Isso não só somava realidade de mercado ao que os *post mortem* produziam, mas também melhorava a reputação da Microsoft de lidar friamente com os clientes. Para ampliar os benefícios do que estava aprendendo — de modo que toda a empresa, em vez de algumas equipes apenas, aprendesse e melhorasse —, a Microsoft circulava relatórios e os próprios *post mortem*, usava uma palestra em fita de vídeo, organizava retiros e almoços com as contrapartes de diferentes projetos. Apesar desses esforços para transformar a Microsoft numa organização que aprende — mais do que se poderia encontrar na maioria das empresas — as equipes de desenvolvimento relatam que os mesmos tipos de problemas aparecem em um projeto após o outro.[18] Tornar-se uma organização que aprende não é simples nem fácil.

Indicadores

- Você tem uma cultura que encoraja a aprendizagem?
- Você está criando uma organização que aprende?
- Você monitora sistematicamene o que está fazendo para que possa fazer melhor (aprendizagem de *loop* simples)?
- Você examina sistematicamente os seus processos e as suas imagens mentais dos negócios para ver onde elas precisam ser revisadas e o que precisa ser desaprendido (aprendizagem de *loop* duplo)?
- Você tem uma estrutura e uma cultura que encorajem a transferência de conhecimento de uma parte da organização para outras?
- Você olha sistematicamente para fora da organização para ter novas idéias?
- Você está oferecendo aos seus funcionários o treinamento de que necessitam para manter a competitividade da sua organização?
- Você está usando a tecnologia da informação para dar um treinamento *just-in-time* ao seu pessoal quando e onde ele precisa?
- Você também está oferecendo o melhor mix de métodos de treinamento, incluindo treinamento em sala de aula e universidade, encontros regionais, instrução "virtual", cursos de aperfeiçoamento e "aprendizagem social"?
- Você está testando o valor do seu treinamento examinando as mudanças no comportamento das pessoas que foram treinadas?

- A aprendizagem na sua organização vai desde o apoio ao cliente, passando por todos os processos na organização, de forma a ligar o todo num único sistema receptivo ao mercado?

Vínculos

- Benchmarking, equipes, tecnologia da informação e empowerment, todos têm o efeito de ajudar a criar sistemas de aprendizagem.
- Se as pessoas forem treinadas mas depois voltarem para os seus chefes e sistemas que não estão preparados para utilizar o que elas aprenderam, o treinamento terá sido em vão.

Advertências

- Se o treinamento não for utilizado dentro de 30 dias mais ou menos, ele começa a desaparecer.
- Os gerentes em empresas que sofreram downsizing e foram forçadas a acelerar o seu ritmo, não têm muito tempo ou paciência para treinamento em sala de aula.
- Não obstante a eficácia de muitos dos novos métodos de treinamento e ensino, o treinamento multimídia e as aulas virtuais não devem eliminar o treinamento em sala de aula. No máximo, podemos esperar um equilíbrio dos dois.

17

O Empreendimento Cívico

"Nós só queremos fazer negócios de maneira responsável pois acreditamos que isto tenha um impacto direto nos resultados finais."
— Peter Jacobi, presidente, Levi Strauss

Você ainda ouve o argumento, por parte de alguns *cowboys* capitalistas inconformados, como Al Dunlap, de que a corporação não tem qualquer objetivo a não ser enriquecer os seus acionistas. O argumento já perdeu quase toda a sua sustentação, conforme descrito no Capítulo 4. Esperamos mais dos negócios atualmente. A corporação que se esquece disso provavelmente vai se ver muito pressionada por algum tipo de mix de clientes, advogados, fofoqueiros, sindicatos, defensores de direitos civis, feministas, ambientalistas, demonstradores, protestadores, ativistas dos direitos dos animais, representantes de tribos, mídia, funcionários do governo local e de órgãos governamentais. Os padrões de comportamento que se espera das empresas estão aumentando e as penalidades sociais e econômicas, sem mencionar as legais, por qualquer violação, são mais rígidas.

As corporações são altamente vulneráveis aos ataques que têm como base os fracassos éticos e conseguem mostrar a sua boa fé muito mais rápido através de uma demonstração do que Peter Drucker um dia descartou como sendo "eticamente chique". Nos últimos dez anos, as corporações americanas formalmente, e com bastante seriedade, adotaram princípios de ética. A General Dynamics supostamente criou o primeiro escritório de ética corporativa nos Estados Unidos em 1985[1]. Hoje, mais da metade das empresas da *Fortune 500* tem o seu.[2] Seria difícil encontrar, hoje em dia, uma grande corporação que não tivesse um código de ética, ou uma escola de administração sem um curso em ética comercial. A KPMG Peat Marwick e outras empresas de consultoria começaram a dar aos seus clientes consultoria em ética e a efetuar "auditorias de ética" para detectar problemas em potencial ou analisar a eficácia dos programas de ética existentes.

Entretanto, um aroma de tapeação ainda envolve o assunto de ética corporativa, o que não é de surpreender, considerando-se o número de empresas que foram pegas violando as leis. Uma empresa pode formular um código de ética, mas se esse código ficar engavetado na mesa de um conselheiro geral, ele não terá muito impacto. Quando uma empresa aplica o seu código demitindo um funcionário em decorrência de uma pequena violação a uma proibição de utilizar o carro da empresa para fins pessoais, enquanto o presidente do conselho manda a sua esposa para Paris no jato da empresa, a ética desce pelo ralo. Esse tipo de comportamento tende a ficar conhecido em toda a empresa rapidamente. Conforme o *Wall Street Journal* revelou, uma empresa de consultoria, a Towers Perrin, forneceu aconselhamento sobre ética idêntico e feito às pressas a muitos clientes que achavam que estavam pagando por serviços personalizados.[3] A questão da ética não atrai prosa nem aconselhamento do tipo "pacote para aquietar a demanda".

Apesar do aroma que envolve a ética comercial, as empresas têm que levá-la com seriedade. Conforme salientado no início deste livro, as diretrizes publicadas em 1991 pela U.S. Sentencing Commission especificavam penalidades mais leves para uma empresa que fosse pega violando a lei mas que tivesse um código de ética em funcionamento. Esse alerta forçou muitas empresas a adotarem códigos de ética, ou a revisarem os códigos existentes, ou a retirarem códigos adormecidos dos arquivos do conselheiro geral e tentarem colocá-los para funcionar. Mas, além das possíveis penalidades legais, a fúria que pode ser despertada atualmente, quando uma empresa é pega num lapso, pode ser devastadora.

Por outro lado, as corporações aprenderam que tomar uma atitude ética rapidamente, quando surge um problema, não é apenas a coisa certa a ser feita, mas pode ser a melhor coisa para a empresa. A Johnson & Johnson, que sempre afirmou que o bem-estar dos clientes e dos funcionários vinha antes dos lucros, deu um famoso exemplo disso nos anos 80 quando, sem qualquer hesitação, gastou 100 milhões de dólares para retirar o Tylenol das prateleiras e advertir o público, depois que se descobriu que alguns vidros haviam sido misturados com cianureto por um sabotador. A empresa ganhou um crédito enorme com esta postura. Compare esse comportamento com o silêncio obstinado de muitas das antigas empresas do tipo comando-e-controle de automóveis, petróleo, tabaco e serviços de utilidade pública, quando são confrontadas com uma acusação de alguma violação às leis relativas ao meio ambiente ou à segurança!

A Texaco costumava ser uma dessas empresas tensas. Como outras grandes empresas de petróleo, ela era imersa em racismo. Antes de Pearl Harbor, a Texaco até mesmo tentou, por algum tempo, ajudar Francisco Franco e Adolf Hitler. Mas em 1996, quando o *New York Times* revelou gravações de uma conversa racista na Texaco, a reação foi a de uma empresa diferente. Dentro de semanas, o novo principal executivo da Texaco, Peter Bijur, tinha tomado diversas providências extraordinárias. Os quatro executivos envolvidos na reunião, onde a conversa racista tinha sido gravada, foram punidos. A Texaco rapidamente resolveu um processo judicial por discriminação que já durava dois anos e que, antes, ela estava esperando ganhar. A Texaco concordou em pagar 176 milhões de dólares a funcionários antigos e atuais e a financiar diversos programas de diversidade. A empresa contratou uma agência negra de publicidade e estabeleceu uma meta para aumentar as compras de empresas cujos proprietários faziam parte de minorias, de 135 milhões de dólares para 1 bilhão de dólares anualmente até o ano de 2000. Ela estabeleceu metas específicas para a contratação de mais funcionários negros e mulheres, disse que financiaria bolsas de estudo e residências para alunos de minorias e estabeleceria um programa de aconselhamento para os funcionários. Todos os funcionários teriam treinamento em diversidade. A remuneração dos gerentes seria vinculada ao seu desempenho nas metas de diversidade. Para supervisionar todas essas atividades, a Texaco adicionou *ombudsmen* e organizou uma "força tarefa de igualdade e tolerância", e Bijur nomeou um assistente pessoal negro para monitorar o progresso da empresa. Tudo isto, mesmo depois de Bijur ter dito que uma análise das fitas gravadas da reunião mostrava que os termos raciais insultuosos citados pelo *New York Times* não haviam sido pronunciados. Ainda assim, como disse Bijur, as descobertas "não mudam o contexto inaceitável e o tom dessas conversações". As reformas extraordinárias, provavelmente sem precedentes, anunciadas por Bijur, emocionaram tanto o Reverendo Jesse Jackson que ele cancelou um boicote à Texaco e os grupos mais exaltados se acalmaram. Bijur poderia ser criticado por ter ido longe demais, mas ele fez cessar os danos e transformou um desastre numa oportunidade — a um custo que uma corporação de 30 bilhões de dólares por ano pode arcar de imediato.[4]

LEVI STRAUSS: ATIVISTA GLOBAL

As ações da Texaco pareciam claras, decisivas e objetivas, pelo menos nos resultados imediatos da revelação. Elas eram as coisas certas a serem feitas. Entretanto, a longo prazo, a experiência nos mostra que ser ético está longe de ser simples. A coisa certa nem sempre é clara e nem sempre é apreciada. A Levi Strauss & Company possivelmente tem um recorde de comportamento ético tão bom e longo quanto o de qualquer outra empresa nos Estados Unidos. Com uma história que data desde meados do século XIX em São Francisco, quando ela fabricava calças de grande durabilidade para os que trabalhavam nas minas de ouro e com a sua atual prosperidade baseada na popularidade mundial dos seus jeans resistentes, a Levi Strauss é uma empresa altamente em evidência, vulnerável à opinião pública. Ela começou a oferecer bolsas de estudo para a universidade no século XIX e quando o terremoto de 1906 destruiu a sua fábrica em São Francisco, ela manteve todos os seus funcionários na folha de pagamentos por seis meses até que houvesse trabalho para eles fazerem. (Entretanto, em 1908, uma brochura da empresa anunciava que "ninguém, além de mulheres brancas e jovens operadoras, permaneceria empregado" na sua fábrica. Na época, a diversidade não era um problema e o sentimento antichineses era forte em São Francisco.)

Nos anos 40, muito antes do que seria necessário, a Levi Strauss se tornou o que mais tarde se chamaria de um "empregador de oportunidades iguais" e recusou-se a abrir fábricas em estados como os de Alabama e Mississippi, onde eles teriam sido discriminados. A Levi Strauss começou a ajudar as vítimas da AIDS em 1982, só um ano depois que a AIDS foi identificada como doença. Quando Robert Haas, o tetra-sobrinho do fundador, se tornou principal executivo em 1984, uma das suas primeiras providências foi a de fechar o capital da empresa com uma compra alavancada (compra pela própria gerência). A empresa estrebuchava e Haas queria operá-la como bem entendesse, sem ser atormentado por Wall Street no que tivesse a ver com resultados de curto prazo. Entre outras coisas, ele queria ser livre para insistir no comportamento ético.

Haas tornou a política da Levi Strauss, com relação às vítimas da AIDS, generosa e sensível. A empresa não filtra candidatos a emprego no que se refere à AIDS, oferece cobertura médica para as suas vítimas e seus parceiros, fornece aconselhamento, permite que continuem trabalhando enquanto for possível e responsabiliza os gerentes pela forma como lidam com a AIDS. Haas achava que a empresa estava fazendo um bom trabalho, promovendo mulheres e integrantes de minorias, mas durante um almoço para várias dessas pessoas em 1986, ele diz: "A minha satisfação presunçosa com o nosso progresso caiu prontamente por terra". Ele ficou sabendo que essas pessoas normalmente encontravam impedimentos ao seu progresso em decorrência de sexo ou raça. Embora a Levi Strauss tenha reforçado os seus esforços com atitudes positivas, ela ainda não chegou onde gostaria de chegar.

A Levi Strauss fez inimigos externos ao prestar ajuda às vítimas da AIDS e fez mais inimigos ainda durante os anos 90 reduzindo as suas contribuições para os escoteiros, depois que a organização expulsou líderes de tropa homossexuais. A empresa também tem tido problemas com questões éticas e de relações públicas criadas quando fechou fábricas nos Estados Unidos e contratou empreiteiros no exterior que utilizassem mão-de-obra barata. A Levi Strauss não dá nenhuma garantia de emprego nos Estados Unidos mas tem uma política de demissão mais generosa do que a maioria das empresas.

Enquanto outras empresas têm sido atacadas por usarem etiquetas de estabelecimentos escravizantes no exterior, a Levi Strauss tem monitorado os seus fornecedores. Em 1992, a empresa criou um conjunto de diretrizes para suas fontes, aplicáveis em todos os lugares, que diziam que ela não compraria de empreiteiros que fizessem uso de mão-de-obra infantil ou de penitenciárias, que fizessem as pessoas trabalharem mais de 60 horas por semana e que não dessem aos trabalhadores um dia de folga por semana. Ela também não compraria ou venderia em países que abusassem dos direitos universais humanos. Então, diz o presidente Peter Jacobi (que, na época, era vice-presidente para assuntos internacionais), a Levi Strauss passou 18 meses numa auditoria maciça de todos os seus 600 e poucos fornecedores. "A nossa missão não é ser a salvadora dos direitos humanos ao redor do mundo", diz Jacobi. "Nós só queremos fazer negócios de maneira responsável pois acreditamos que isto tenha um impacto direto nos resultados finais."

Com base nos direitos humanos, a Levi Strauss se retirou de Mianmá (antiga Birmânia) e da China, encerrando não somente suas atividades produtivas como também suas vendas. A Levi Strauss pretende permanecer em Hong Kong, agora que foi devolvida à China, mas vai observar o que acontece por lá. Na Costa Rica, Jacobi descobriu uma empresa subcontratada que estava automaticamente despedindo as mulheres quando elas se casavam e a persuadiu a mudar de política. Em Bangladesh, a Levi Strauss descobriu uma subcontratada que estava empregando umas 40 crianças com menos de 14 anos de idade. Despedi-las simplesmente não era a resposta porque algumas eram o único arrimo de sua família. A Levi Strauss persuadiu a subcontratada a enviar as crianças para a escola e continuar a pagar os seus salários, enquanto a LS pagava os custos com a escola — contanto que a subcontratada não substituísse essas crianças por outras. No mundo todo, a LS diminuiu 5% dos seus subcontratados e disse a mais 20% que melhorassem.

A Levi Strauss embute o que ela chama de "aspirações" na empresa com constantes lembretes, publicações e seminários, incluindo uma "semana de liderança" de treinamento e workshops de três dias e meio sobre diversidade. O que realmente faz com que as pessoas levem as aspirações a sério, entretanto, é que os gerentes são julgados pelos seus iguais e pelas pessoas que se reportam a eles. Um terço da avaliação tem a ver com ética e isso se traduz em remuneração, promoção e bonificações. Se o comportamento ético prejudicou a Levi Strauss, não dá para notar. As vendas atingiram um recorde de 7,1 bilhões de dólares em 1996, 7% acima do ano anterior e aproximadamente três vezes o nível de 1984, um ano antes de a LS se tornar uma empresa de capital fechado. Haas concorda que empresas de capital aberto podem ser conscientes — e citou a Cummins Engine e a Herman Miller como exemplo — mas diz que ajuda "não ter a Wall Street nos calcanhares". Ele afirma: "Na nossa empresa, os assuntos éticos superam todos os outros assuntos, incluindo os negócios".[5]

BEN & JERRY'S: CAPITALISMO ATENCIOSO

O "marketing das causas sociais", como o chama Thomas Dunfee, da Wharton, eleva o comportamento consciente ética e socialmente até chegar a um ponto onde se torna a estratégia de marketing da empresa.[6] Esse marketing pode ser extremamente bem-sucedido, à medida que os fundadores íntegros, apesar de estranhos, da The Body Shop e da Ben & Jerry's Homemade, Incorporated descobrem como torná-lo uma ferramenta útil. A Patagonia e a Starbucks também apelaram bastante àquela grande parte de público que se importa com o fato de que a empresa onde ganha o seu sustento deva utilizar ingredientes totalmente naturais, comprem de fornecedores confiáveis, ajudem aos oprimidos, etc. Não é fácil manter essa postura ano após ano pois até mesmo um escorregão insignificante pode expor uma empresa a acusações de hipocrisia. A The Body Shop sofreu uma queda no mercado de ações depois que várias acusações foram feitas na imprensa falada e escrita que questionavam quão genuínas ou valiosas as suas políticas eram. (Em um caso, a The Body Shop processou a imprensa por calúnia e difamação e ganhou.)

A Ben & Jerry's estabeleceu-se em Burlington, Vermont, em 1978, através de Ben Cohen e Jerry Greenfield, amigos desde o tempo de escola, determinados a fabricarem um excelente sorvete e, mais tarde, para preencher uma visão do que eles chamavam de "capitalismo atencioso". Naturalmente, poder-se-ia perguntar até que ponto é de utilidade pública vender sorvete gorduroso da melhor qualidade que faz criar adiposidade sobre a pele e entope as artérias. Mas a sinceridade da Ben & Jerry's não deixa margens a dúvidas. Os seus relatórios anuais, que, à primeira vista, poderiam ser erroneamente interpretados como um livro de rabiscos de uma criança, classificam detalhadamente e com toda a honestidade o desempenho social da empresa em suas páginas antes de fazerem qualquer menção ao desempenho comercial. Os sócios usam até mesmo um auditor externo para elaborar essa parte do relatório anual. Lendo essas páginas, você descobre que a Ben & Jerry's contribui com 7,5% da sua renda bruta para boas causas (ver Figura 17.1 sobre doações corporativas), que ela paga mais caro para comprar o seu leite de leiterias locais em Vermont (com a condição de que eles não usem hormônios de crescimento bovino recombinados), que ela compra bolo de chocolate de uma confeitaria em Yonkers, Nova Iorque, que ela contrata pessoas desempregadas. Os relatórios também revelaram

Figura 17.1
Caridade Corporativa

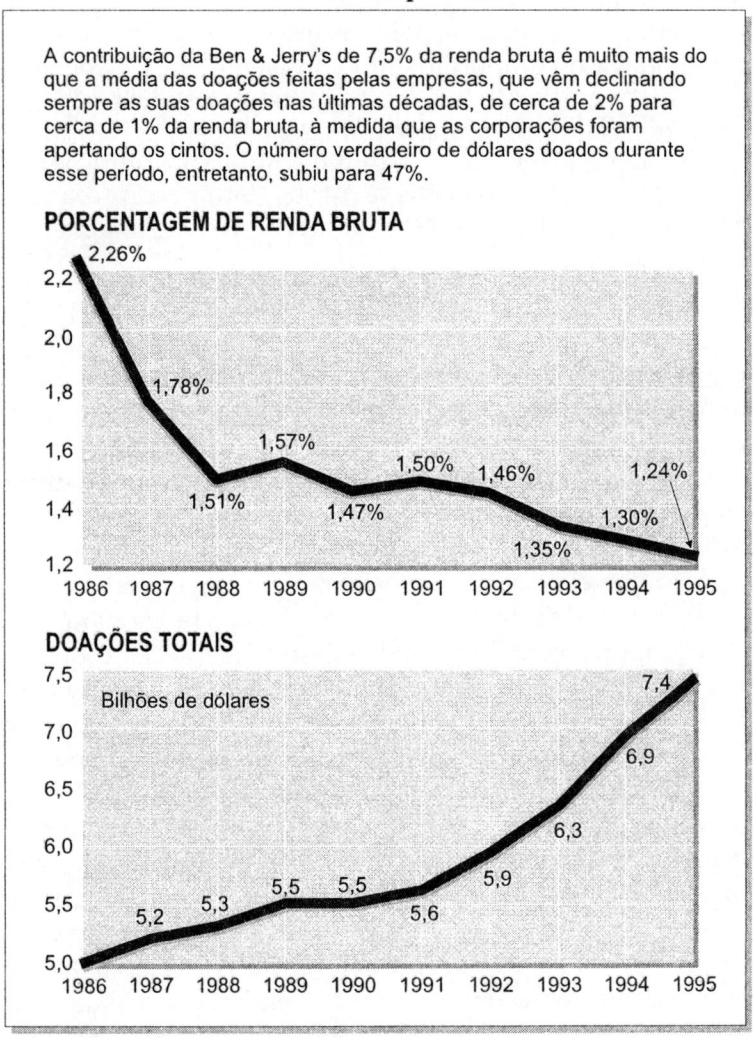

A contribuição da Ben & Jerry's de 7,5% da renda bruta é muito mais do que a média das doações feitas pelas empresas, que vêm declinando sempre as suas doações nas últimas décadas, de cerca de 2% para cerca de 1% da renda bruta, à medida que as corporações foram apertando os cintos. O número verdadeiro de dólares doados durante esse período, entretanto, subiu para 47%.

PORCENTAGEM DE RENDA BRUTA

Ano	%
1986	2,26%
1987	1,78%
1988	1,51%
1989	1,57%
1990	1,47%
1991	1,50%
1992	1,46%
1993	1,35%
1994	1,30%
1995	1,24%

DOAÇÕES TOTAIS (Bilhões de dólares)

Ano	Valor
1986	5,2
1987	5,3
1988	5,5
1989	5,5
1990	5,6
1991	5,9
1992	6,3
1993	6,9
1994	7,4

Fonte: Conselho de Levantamento de Fundos da Associação Americana.

que o dióxido de enxofre foi usado para preservar as cerejas no sorvete Cherry Garcia e que eles discutiram detalhadamente se o sabor Rainforest Crunch realmente contém bastante castanhas-do-pará das florestas tropicais para justificar o rótulo e se a compra dessas castanhas realmente ajudava o povo nativo da Amazônia.

A Ben & Jerry's cresceu mas não muito. Em 1993, as vendas chegaram a 140 milhões de dólares, com lucros de 7 milhões de dólares. Mas os fundadores estavam se afundando.

Conforme mencionou o relatório anual daquele ano, todos na empresa estavam falando de "falta de liderança, falta de direção, falta de clareza". A empresa disse a Milton Moskovitz, autor de *100 Best Companies in America*, que ela não merecia estar na sua próxima edição. Em 1994, com as vendas do sorvete de alta qualidade estagnadas, a Ben & Jerry's perdeu dinheiro e o valor de suas ações caiu.

Os sócios decidiram que precisavam de um gerente profissional como principal executivo e, do seu jeito extravagante, anunciaram que o candidato que pudesse escrever o melhor texto de cem palavras sobre o motivo pelo qual ele deveria ser escolhido como principal executivo, seria o escolhido. Na realidade, eles utilizaram os serviços de uma empresa de recolocação de executivos e escolheram um executivo experiente dentre os escolhidos pelos grupos de consultores da McKinsey & Company. Mais uma vez, eles tiveram problemas. A Ben & Jerry's tinha uma regra louvável de que a pessoa mais bem paga na empresa não poderia ganhar mais de sete vezes o que ganhava o funcionário de menor salário (a proporção era 5:1 até 1990). Isso teria que ser esquecido se a Ben & Jerry's quisesse contratar um chefe de primeira linha. O novo principal executivo, Robert Holland, recebeu uma remuneração total no valor de 405 mil dólares em 1995, quase 18 vezes o pagamento de um sorveteiro. Quando Holland tentou expandir o negócio, ele esbarrou em problemas básicos. Ben Cohen opôs-se a uma expansão na França em decorrência da política do governo francês a respeito de testes nucleares no Pacífico. Os sorvetes de frutas pareciam promissores como um novo mercado, mas o empreendimento da Ben & Jerry's em sorvetes de frutas foi retardado porque ameaçava reduzir as compras da empresa das leiterias de Vermont que ela desejava apoiar. Holland pediu demissão no final de 1996 e foi substituído em 1997 por Perry Odak, executivo da U.S. Repeating Arms Company (fabricantes de espingardas Winchester). A Ben & Jerry's apóia o controle de armas de fogo.[7]

O caso da Ben & Jerry's é raro porque é uma empresa que simplesmente era boa demais para o seu próprio bem. A Ben & Jerry's agora está trabalhando no sentido de alcançar um novo equilíbrio entre negócios e ética, o que certamente não significa que ela tenha que abrir mão da ética. O caso da Texaco é mais o que esperamos dos negócios — a empresa que é pega cometendo sérios delitos depois de ocultá-los durante anos. Mas a Texaco tornou o caso singular desfazendo-se de tudo que era ruim rapidamente, desculpando-se completamente e limpando tudo de maneira bem visível. Esse tipo de reação está cada vez mais se tornando a norma. A Levi Strauss pode ser considerada um modelo de comportamento coerente e ético a longo prazo, o que é quase certo ter feito mais bem do que mal aos seus negócios, mas isso é uma coisa difícil para uma empresa de capital aberto administrar.

ÉTICA VIAJANTE

Agir com ética nos negócios não é nem simples nem fácil. As demandas caóticas e estridentes feitas pela sociedade não mostram como se deve chegar a soluções claras e lógicas. Um negócio global tem que trabalhar com um outro nível de complexidade, porque a ética nem sempre caminha bem. Quando Michel Besson, como chefe dos negócios da Saint-Gobain na América do Norte, proibiu o cigarro dentro da empresa, a imprensa em Paris denunciou-o como um tirano e alguns executivos-sênior em Paris juraram que nunca viriam para a América.[8] (Embora os direitos dos não-fumantes estejam agora bem assegurados nos Estados Unidos, os fumantes ainda parecem ter a supremacia na França.)

As pessoas que não são americanas, às vezes, se espantam com a preocupação dos americanos pela ética corporativa. Para que se importar quando o mundo sempre foi e sempre será corrupto? Foi essa a atitude na Coréia do Sul, por exemplo. Entretanto, uma nova mensagem foi transmitida daquele país em 1996, quando os chefes de oito *chaebol*, enormes conglomerados que controlam os negócios da Coréia do Sul, foram presos por subornarem funcionários do governo em proporções maciças, e condenados à prisão. Entre eles, estavam os chefes da Daewoo e da Samsung. Quatro tiveram as suas sentenças suspensas, mas, na verdade, nenhum deles deverá passar algum tempo na cadeia. À medida que os negócios ficam mais globais, as corporações podem esperar mais pressão para agirem em conformidade com as normas éticas globais. Ainda temos um longo caminho pela frente. No Japão, por exemplo, a idéia do assédio sexual, para a qual não há um termo em japonês, pode ser errada e está apenas começando a ser compreendida.

Então, são tantas as vezes em que o papel de vilã é atribuído à empresa — a julgar pelo que se vê pela televisão, os nossos criminosos consistem-se, em grande parte, de homens de negócios — que estamos criando uma imagem distorcida dos negócios. Como a revista *The Economist* disse: "A América corre o perigo de criar uma sociedade na qual as grandes empresas servem de desculpa para os erros de todo mundo — onde as gravadoras musicais incitam adolescentes problemáticos a cometerem suicídio e as lanchonetes que vendem hambúrgueres forçam os clientes a derramar café quente sobre eles mesmos".[9] Mesmo quando uma empresa está certa, ela pode ser tentada a declarar-se culpada para evitar uma briga onerosa ou uma batalha publicitária que talvez não ganhe. A Royal Dutch Shell não agüentou a pressão do Greenpeace quando tentou desvencilhar-se da plataforma de petróleo desativada Brent Spar e rebocou-a de volta à terra firme, mesmo estando convencida de que afundar tudo no mar causaria menor prejuízo ambiental. Ao todo, são 75 poços de petróleo no fundo do Mar do Norte que estão chegando ao fim de sua vida. E o que será feito deles?

Como a General Motors demonstrou, quando levou a NBC para assistir a uma exibição sobre o perigo de tanques de gasolina de silhão nos caminhões da GM e provou que a NBC tinha ajudado os tanques a explodirem, a empresa pode vencer se tiver uma defesa forte. A Dow Corning e as suas empresas associadas perderam centenas de milhões de dólares por causa do litígio sobre um possível dano causado por implantes de seios. Mas a Dow Corning, que, ao escrevermos este livro, continuava a operar sob as provisões do Capítulo 11 da lei de falência, decidiu primeiro brigar na justiça na crença de que os estudos científicos pendentes apoiariam a sua afirmativa de que os implantes não eram prejudiciais. Neste caso, apesar da enorme pressão causada pelos processos judiciais e pela publicidade a respeito das mulheres que acreditam terem sido prejudicadas, a Dow Corning poderia, até um certo ponto, manter a sua postura de que estava certa já que acredita que não haja qualquer prova científica de que foram os implantes que causaram o dano. Mas, aí, em 1997, a Dow Corning decidiu que os custos para brigar na justiça estavam ficando muito altos e ofereceu ao reclamante um acordo no valor de 2,4 bilhões de dólares.

O caminho certo para a diversidade também é difícil de seguir. Para a Kingston Technologies, na Califórnia, a diversidade vem naturalmente. Os seus dois fundadores chineses reuniram uma força-tarefa composta por 16 grupos étnicos diferentes. A empresa dá cursos de inglês como segunda língua. Mas em Minnesota, a 3M não faz qualquer esforço no sentido de recrutar as minorias, na crença de que recrutar as pessoas certas para as carreiras na 3M tem prioridade sobre selecioná-las por raça ou sexo. Mais do que a maioria das empresas, a Corning tentou empregar mulheres e minorias. Conforme mencionado no Capítulo 4, Jamie Houghton fez da diversidade uma das suas três metas principais (as outras sendo melhor qualidade e melhor desempenho). Fez isso, disse ele, unicamente porque os homens brancos constituirão somente de 15 a 20% das pessoas que entrarão na força de trabalho no século XXI. A Corning não tinha problemas em empregar mulheres ou negros, diz ele, mas o problema é que os negros "acabam saindo mais depressa do que os brancos".[10]

A Corning tem duas mulheres na sua diretoria, outras em posições-sênior e três como gerentes de fábrica. Entretanto, os negros não se adaptaram muito bem, em parte por causa da localização remota de algumas das instalações da Corning. A cidadezinha de Corning, em Nova Iorque, é, em grande parte, composta de cidadãos brancos. Calvin Johnson, líder de equipe na fábrica próxima, um empertigado negro da Academia de West Point, diz que "o atrito entre negros tem sido terrível", talvez porque a Corning se localize tão afastada de tudo, talvez devido ao medo do *downsizing*. Pessoalmente, ele gosta da área. É um lugar seguro para a sua família. Mas existem problemas. É difícil encontrar um barbeiro que saiba cortar cabelo afro-americano. Um amigo dele vai de carro até Ithaca, a uns 60 quilômetros de distância, só para cortar o cabelo. A Corning subsidia uma Sociedade de Profissionais Negros, que faz um bom trabalho, diz ele, e tenta compreender por que os negros abandonam o trabalho. Johnson acha que o atrito entre os negros talvez tenha cessado.[11] Roger Ackerman, o sucessor de Houghton, diz que a diversidade continua prioritária na sua agenda.

O FIM DOS TRADICIONAIS CONSELHOS-DIRETORES

Assim como as empresas estão sofrendo um maior escrutínio quanto ao seu desempenho e comportamento, o mesmo tem acontecido com as suas diretorias. As diretorias passaram a exemplificar a rede de contatos da velha guarda, os companheiros dos principais executivos com os quais se podia contar para acompanharem tudo sem se importarem muito com o desempenho da empresa ou com o tamanho da remuneração do principal executivo. Os principais executivos e os ex-principais executivos atuavam nas suas respectivas diretorias e esperava-se que eles retribuíssem os favores. Recentemente, muitas diretorias adicionaram negros e mulheres. Isto é, um de cada foi adicionado e esperava-se que eles representassem os seus próprios grupos mas que não se envolvessem muito nos negócios propriamente ditos.

Toda essa confraria de diretores se dissolveu nos anos 90. Os mercados e a sociedade começaram a exigir um nível mais alto de desempenho e padrões das diretorias, da mesma forma que vinham exigindo das corporações. Os enormes grupos de investidores institucionais, atualmente chegando a cerca de metade das ações comuns das empresas americanas, receberam força e foco que os investidores insignificantes nunca haviam tido. Nenhuma corporação queria entrar na lista anual das dez empresas que seriam fiscalizadas pelo Califórnia Public Employees' Retirement System (Calpers) devido ao seu baixo desempenho.

O fim da era das velhas diretorias chegou com quatro grandes explosões durante um período de seis meses que ocorreu do final de 1992 até meados de 1993, quando os diretores de quatro gigantes em apuros, American Express, Eastman Kodak, General Motors e IBM, finalmente reuniram energia para despirem-se dos seus papéis passivos e jogarem para o alto os seus principais executivos. Durante mais de uma década, os negócios se reestruturaram para satisfazer às novas demandas dos clientes, dos funcionários e da tecnologia, fazendo as mudanças descritas neste livro e agora, finalmente, havia chegado a vez das diretorias acordarem para tomar parte na reformulação dos negócios. Com uma pressão agressiva por parte dos acionistas e investidores institucionais, as diretorias começaram não só a ser mais independentes e ativas, mas também a analisar a sua própria conduta e composição. As diretorias não seriam mais "enfeites de uma árvore de Natal", como haviam sido descritas.

Uma rebelião semelhante é remotamente improvável no Japão. "Os diretores no Japão não são diretores no sentido americano", diz Masaru Yoshitomi, presidente do conselho da US-Japan Management Studies Center em Wharton. "Os diretores japoneses são apenas funcionários de categoria mais alta. No momento, não existe qualquer mecanismo eficaz para supervisionar o principal executivo."[12] As diretorias japonesas são enormes pelos padrões ocidentais, chegando a 30 membros ou mais. A Toyota tinha 54 diretores em 1995. Muito poucos são de fora e menos ainda são estrangeiros. Cortar o tamanho das diretorias seria difícil porque um cargo de diretor é considerado a recompensa máxima de uma prestação de serviços boa e dedicada (embora a Toyota tenha anunciado que reduzirá o tamanho de sua diretoria). Os diretores normalmente são velhos colegas, às vezes colegas de escola, do presidente e eles não estão dispostos a jogar a responsabilidade para cima dele. Mesmo os auditores, geralmente, são de dentro da empresa. Os bancos perderam muito do controle que tinham sobre as empresas. Entretanto, os principais executivos japoneses são mais controlados por um sentido de responsabilidade com relação aos trabalhadores do que os americanos, e eles não esperam fazer as enormes fortunas que os principais executivos americanos aceitam como óbvias.

John Smale, ex-principal executivo da Procter & Gamble, que liderou a rebelião da diretoria da GM que expulsou Robert Stempel como principal executivo e que depois atuou como presidente do conselho da GM, descreveu o que ele aprendeu numa palestra em 1993. Depois de anotar os fundamentos básicos da liderança corporativa, acrescentou ele: "Há ainda mais um elemento que nunca chamou muita atenção até recentemente: a saber, o papel da diretoria". Ele disse que a diretoria precisa "atuar como um auditor independente do progresso da gerência, fazendo as perguntas difíceis que a gerência, sozinha, pode não fazer". A diretoria precisa "reconhecer que, além da sua responsabilidade para com os acionistas, ela também tem responsabilidade para com os funcionários, os clientes, os fornecedores e as comunidades onde a corporação opera". Mas a "responsabilidade primordial" permanece sendo a perpetuação bem-sucedida da empresa.[13]

Novas diretrizes e recomendações para o comportamento da diretoria vieram da National Association of Corporate Directors e outras organizações, do relatório Cadbury na Inglaterra em 1992 e do foco sobre o desempenho das diretorias na imprensa e nas universidades. A Harvard, a Stanford e a Wharton começaram a dar seminários para ajudar os diretores a aprenderem as suas funções. A revista *Business Week* começou a publicar as melhores e piores diretorias. A diretoria da Campbell Soup ficou em primeiro lugar em 1996 — e também foi selecionada como a "diretoria do ano" na Wharton — e a diretoria da Archer Daniels Midland foi a primeira da lista como a pior.[14] A diretoria da

ADM, composta em grande parte por amigos e familiares de Dwayne Andreas, principal executivo da empresa, foi malhada publicamente por sua passividade no desenrolar do escândalo do estabelecimento de preços da ADM, o que resultou numa multa de 100 milhões de dólares.

O NOVO PAPEL

As recomendações sobre como melhorar o controle das corporações têm sido inúmeras e, no todo, simples e claras, o que é animador na área de teoria gerencial. As diretorias devem ser razoavelmente pequenas (cerca de uma dúzia de pessoas seria o ideal) e devem incluir muito poucas pessoas de dentro. Os membros independentes da diretoria devem escolher um diretor líder para dar ao grupo coesão e eles devem se reunir regularmente sem os diretores executivos. Os executivos ativos devem servir em não mais do que uma ou duas diretorias externas e os executivos aposentados em não mais do que quatro ou cinco. A remuneração e os termos de serviço dos membros da diretoria devem ser limitados. A idéia de que as funções de presidente de conselho e principal executivo devam ser separadas não tem muito apoio entre os reformistas nos Estados Unidos, embora esse arranjo seja comum na Europa e entre as organizações sem fins lucrativos nos Estados Unidos. O Relatório Cadbury disse que as diretorias inglesas devem agregar um comitê de auditoria (o que as diretorias americanas já possuem).

As diretorias e as empresas estão seguindo essas recomendações? Não exatamente. A Directorship, uma empresa de consultoria, relata que o número de diretores das empresas incluídas na revista *Fortune 500* que atendem a nove diretorias aumentou de 19 em 1991 para 35 em 1995, enquanto o número de diretores que atendem a dez ou mais diretorias subiu de 17 para 33. A explicação mais generosa para essa tendência é que a demanda de diretores de primeira linha tenha aumentado até chegar a um ponto onde eles precisam atuar em mais diretorias. Mas, sob outros aspectos, as empresas estão respondendo aos apelos de reforma. O levantamento anual da Korn/Ferry International de diretores e presidentes de conselho revela tendências consistentes com as recomendações sobre reforma de diretorias (ver Figura 17.2).

Por mais louváveis que possam ser, essas mudanças não vão muito além de atacar a estrutura da diretoria. Elas não são dirigidas a questões mais fundamentais a respeito do papel e do objetivo da diretoria.

Como discutiremos no próximo capítulo, a reforma estrutural vem depois, não antes, que mais questões básicas tenham sido esclarecidas. O fato de que mais diretorias estejam formalmente avaliando o desempenho do principal executivo deve ser uma boa notícia, talvez um presságio de pacotes de remuneração mais razoáveis para os principais executivos. É curioso que uma reforma que não aparece nas listas de coisas que as diretorias devam fazer seja a redução da remuneração de altos executivos. A desigualdade entre a remuneração dos altos executivos e a remuneração do restante da empresa continua a criar indignação. Entretanto, em outros aspectos, apesar de alguns lapsos muito grandes, as corporações estão trabalhando no sentido de uma melhor cidadania e controle. O seu novo padrão ético, a sua crescente aceitação da diversidade e as suas reformas das salas de reunião de diretoria refletem as novas exigências da sociedade e o reconhecimento de que a corporação não existe apenas para beneficiar o acionista.

Figura 17.2
Como as Diretorias Estão Mudando

O levantamento anual da Korn/Ferry International de 1.100 diretores e presidentes de conselho de empresas da revista *Fortune* escolheu essas mudanças na composição e nos procedimentos das diretorias que são mais consistentes com as reformas mais recomendadas:

	1994	1995	1996
Número médio de diretores	12	11	11
Número médio de pessoas na empresa	3	2	2
Diretorias com integrantes mulheres	63%	69%	71%
Diretorias com integrantes da minoria	44%	47%	51%
Diretorias com diretores-líderes	22%	27%	24%
Diretores externos mantêm reuniões executivas sem o principal executivo	66%	73%	62%
A diretoria formalmente avalia o principal executivo	67%	78%	69%
A diretoria tem um comitê formal para avaliar a si mesma e controle	41%	49%	51%

Fonte: Korn/Ferry International, *23rd and 24th Annual Board of Directors Study* (1996 e 1997).

Na verdade, talvez possamos declarar o fim da antiga dúvida se a empresa deva servir a toda a sociedade ou somente ao acionista. As duas missões estão se aproximando. Tornou-se claro que se uma corporação não é uma boa cidadã, ela provavelmente não vai servir muito bem aos seus acionistas. As penalidades por comportamento antiético, por criar riscos à saúde ou ao meio ambiente, por abusar dos trabalhadores, estão se tornando tão rígidas que ameaçam não só os lucros como também, às vezes, a existência da corporação. Se alguma coisa pudesse provar como ficou arriscado para uma corporação fracassar em cidadania, foi o colapso repentino da intransigência da indústria do tabaco em 1997. Depois de décadas de um lobby intenso, de negar que o tabaco podia causar câncer ou que podia causar dependência, de negar que a sua propaganda se dirigia principalmente aos jovens, a indústria do tabaco subitamente concordou com um acordo num processo judicial instaurado contra ela por 23 procuradores públicos estaduais colocando enormes somas de dinheiro num fundo para ajudar as vítimas do cigarro. Não resta dúvida, os processos judiciais passaram a representar um grande risco e certamente a Grande Indústria de Tabaco havia se tornado cada vez mais impopular, mas o que pode ter feito a indústria desistir de lutar foi o fato de que as ações das indústrias de tabaco subiam sempre que havia rumores de um acordo. Os interesses da sociedade e dos acionistas tinham se fundido.

Indicadores

- Os seus líderes corporativos estão, em palavras e em atitudes, claramente comprometidos com o comportamento ético e com uma boa cidadania corporativa?
- Você possui um conjunto claro de normas éticas e visivelmente reforça essas normas através das suas atitudes?
- O comportamento ético e a boa cidadania são incluídos nas suas avaliações de desempenho e na remuneração dos seus funcionários?
- Você já analisou onde a sua empresa poderia ser vulnerável a processos judiciais em virtude de ética deficiente, por exemplo, de poluição ou de abuso de mão-de-obra infantil por parte de algum fornecedor?

- Se a empresa, ou alguns de seus funcionários, fossem acusados de terem feito alguma coisa inaceitável, você já planejou como seria a sua reação?
- Você está se esforçando realmente para diversificar a força de trabalho e manter os trabalhadores de minorias que você contrata?
- A sua diretoria está agindo sob pressão ou independentemente para supervisionar a corporação?
- A diretoria escolheu um diretor-líder independente? Ela se reúne regularmente em sessões executivas sem os diretores internos? Ela avalia o desempenho do principal executivo regularmente?

Vínculo

- O comportamento ético e a boa cidadania corporativa estão se unindo mais para o desempenho das ações da empresa a longo prazo.

Advertências

- A pressão intensificada para apresentar resultados rapidamente e muitas vezes com equipes reduzidas, pode forçar os gerentes a fecharem os olhos a lapsos éticos.
- Manter os funcionários de minorias pode provar ser mais difícil do que encontrá-los e contratá-los.
- Tenha o cuidado de não praticar muitas boas ações porque a sua auréola pode escorregar e sufocá-lo.

18

UMA ARQUITETURA INTEGRADA

"Não há nada de fácil, de automático ou que possa ser transformado em fórmula na arquitetura e no projeto organizacional. Cada situação é única."
— David Nadler[1]

Depois de tudo que dissemos a respeito das características da corporação do século XXI e dos impulsionadores da mudança, dos novos mercados, da tecnologia da informação, dos interessados, etc., o que podemos dizer sobre a aparência de uma nova corporação? Qual é a sua arquitetura? A resposta convencional a essa pergunta seria descrever a estrutura da corporação, colocar todo mundo em caixas e definir a rede de comando. Isso não funcionaria nem um pouco hoje em dia. Colocaria ênfase nos lugares errados porque, atualmente, a estrutura formal é secundária. Você não se reporta somente ao seu chefe no novo empreendimento; você se comunica com quem quer que precise se comunicar. A hierarquia não é essencial. Portanto, a natureza do novo empreendimento é mais ambígua, mais difícil de se detectar, mais difícil de se descrever.

Pesquisa SEI	
É crítico que uma organização lisonjeira e transfuncional substitua a hierarquia tradicional	77%
Estamos fazendo isto	55%

Para dar uma aparência à nova corporação, para substituir um conceito um tanto abstrato por uma identidade tangível, você poderia visitar os novos escritórios centrais da SEI Investments na zona rural do estado da Pensilvânia, próximo a Valley Forge. As principais atividades da SEI são a terceirização, a administração das contas de confiança dos bancos e os investimentos de fundos de pensão. Mesmo antes de se mudar para seus novos escritórios em 1996, a SEI já tinha adquirido muitas das características da corporação do século XXI. Toda a empresa baseou-se na equipe. Os escritórios anteriores em Wayne eram abertos, sem divisórias — até mesmo a mesa onde o principal executivo, Al West, se sentava ficava exposta a quem quer que quisesse falar com ele — e os cargos de secretária haviam sido abolidos. A empresa tinha convertido o seu sistema de informação de um sistema de distribuição central para um sistema aberto cliente-servidor, o qual os clientes e os funcionários pudessem utilizar.

Os novos escritórios de cinco prédios são no estilo de fábricas e foram construídos numa ladeira rural tendo toda a sua estrutura em aço estruturado, canos e dutos expostos em cores vibrantes, fúcsia e azul brilhante em um prédio, amarelo, dourado e vermelho em outro. O que realmente chama a atenção, entretanto, são os espirais grossos de fios dependurados de umas vigas por cima de todos os prédios, como se fossem muitas serpentes se dependurando de um pálio na selva. Esses "pítons", como os chama o pessoal da SEI, contêm telefone, computador e fios elétricos. West quer que os seus funcionários se movimentem com freqüência e facilidade para formarem novas equipes e estava cansado de pagar 2 mil dólares por mudança para rearrumar as mesas e conectar todos os fios sob o assoalho. Agora, quando as pessoas precisam mudar de lugar, elas simplesmente retiram o seu píton da tomada, arrastam a mesa, a cadeira e o arquivo para o novo local (tudo é equipado com rodinhas), esticam o braço para pegar o píton mais próximo, ligam a tomada, notificam os computadores onde estão e põem-se a trabalhar. Espera-se que os funcionários da SEI façam a mudança sozinhos, mesmo que seja de um prédio para o outro. Os caminhos e o assoalho emborrachado no interior são fáceis de transpor. Num dos casos, uma nova equipe instalou-se e estava pronta para trabalhar duas horas depois que começou a mudança. Se uma tabela de organização fosse desenhada para a SEI, ela não permaneceria válida por muito tempo.

A equipe que reprojetou as operações de automóveis da Ford no mundo todo em 1994 começou criando organogramas, mas depois compreendeu que essa abordagem era como tentar projetar um prédio antes de saber para que ele seria utilizado (ver Capítulo 14). A equipe esqueceu os gráficos e começou a trabalhar com princípios e processos. A estrutura poderia vir mais tarde. Num livro intitulado *Organizational Architecture*, um grupo de consultores do Delta Group escreve que "na organização de rede, os padrões de interação (fluxo de informação, produto e pessoal) são dinâmicos e determinados pela necessidade, não por um plano rígido".[2] Alguns padrões são duradouros ou quase permanentes; outros, mudam rapidamente.

Não mencionamos os casos da SEI e da Ford como sendo modelos da corporação do século XXI. Provavelmente, não existe um modelo só, ou mesmo vários modelos. Entretanto, eles realmente simbolizam uma abordagem à criação de uma arquitetura corporativa. Já mencionamos (no Capítulo 11) que as corporações estão se tornando mais complexas e a complexidade exige uma forma diferente de organização e administração. Citamos John Sculley, que diz: "Não acho que faça mais muita diferença como você organiza as empresas". Em vez de ser definido como uma pirâmide ou uma tabela hierárquica, o empreendimento do século XXI pode ser mais bem definido como uma série de processos relacionados — todos focalizados na criação de valor para o cliente. Como outros organismos complexos — o cérebro humano ou até mesmo o meio ambiente —, este empreendimento complexo não pode ser comandado centralmente sem alguma dificuldade. Ele obtém a sua força e a unidade da interação e da cooperação entre as suas partes.

As empresas tradicionais não focalizavam em estrutura, como os consultores gerenciais que as aconselhavam. Os executivos estão atualmente compreendendo que, se não abandonarem essas tabelas de organização organizadas e seguras que colocam todo mundo no seu devido lugar, eles vão fracassar. Todo o movimento de melhoria de qualidade nos anos 80 apresentou às empresas a idéia de focalizarem no processo antes da estrutura, às vezes até excessivamente. O que estamos dizendo hoje é que o processo, a estrutura e outros elementos de uma organização terão que ser colocados nos seus devidos lugares e alinhados à visão, aos valores e aos objetivos da corporação.

ATENDENDO AOS INTERESSADOS

Gostamos de analisar a empresa do século XXI como um círculo de habilidades e recursos que são ligados uns aos outros mas que também atendem aos interessados, o foco da atenção de todos (ver Figura 18.1). Os interessados são, principalmente, os acionistas, os clientes e os funcionários — a ordem de importância variando com a empresa, a sua indústria e a sua nacionalidade. Girando ao redor do círculo na nossa ilustração no sentido anti-horário, a arquitetura da nova empresa exige essas habilidades e recursos:

Figura 18.1
Mudando a Arquitetura Organizacional

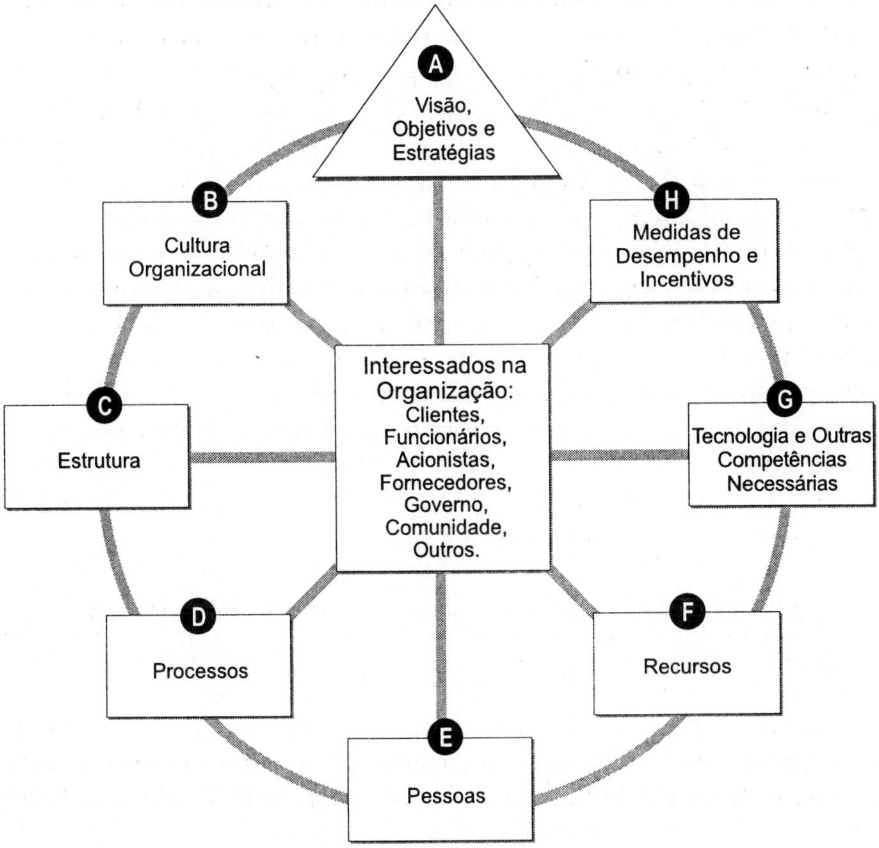

A Visão, Objetivos e Estratégias
B Cultura Organizacional
C Estrutura
D Processos
E Pessoas
F Recursos
G Tecnologia e Outras Competências Necessárias
H Medidas de Desempenho e Incentivos

Interessados na Organização: Clientes, Funcionários, Acionistas, Fornecedores, Governo, Comunidade, Outros.

B. *Cultura Organizacional*. Diversas empresas discutidas neste livro produziam, através de tabela e exemplo ou de boa sorte, durante anos, o tipo de cultura que seus negócios precisavam e ligavam isso aos valores da empresa. A 3M Company cultiva o clima inovador e a disposição de trocar informações que a fizeram tão bem-sucedida ao desenvolver novos produtos. Desde o seu início em 1912, a L.L. Bean transformou em culto ir aos extremos, se necessário, para servir bem ao cliente. O "Jeito HP" da Hewlett-Packard marcou a empresa como sendo um lugar onde as pessoas são respeitadas e dignas de confiança, mas onde se espera que elas demonstrem alto desempenho e trabalhem como membros de equipe. A Microsoft está trabalhando no sentido de se tornar uma organização de aprendizagem. Em algumas empresas que analisamos, a velha cultura teve que ser eliminada e substituída antes que, hoje, pudessem atuar competitivamente. Esse tipo de mudança certamente ocorreu nas três grandes indústrias de automóveis e na IBM, na Xerox e na Perot Systems.

C. *Estrutura*. As hierarquias e as redes de comando não vão desaparecer totalmente. As equipes talvez passem a tomar muito mais decisões, mas alguém no topo tem que poder ditar ordens às vezes, de forma que as velhas estruturas não desaparecerão totalmente. O papel mais importante da estrutura hoje é reforçar as estratégias da empresa, mudando com elas à medida que isso for sendo necessário. A estratégia deve ser impulsionada para o mercado da mesma forma que a estrutura deve ser construída ao redor dos setores de mercado. Vimos como a KPMG Peat Marwick, a Hewlett-Packard e a 3M se reorganizaram para fazer frente aos seus mercados. A VeriFone, muito mais nova do que as outras, foi organizada — se é que essa é a palavra certa para se usar — desde o início de forma que os seus executivos fizessem frente aos seus clientes mais do que uns aos outros. À medida que as empresas se tornam globais, elas precisam de uma estrutura global. A organização da matriz, que se tornou popular nos anos 70 e logo depois caiu no descrédito, chegando mesmo a ser odiada, porque provou ser muito burocrática e incômoda de se aplicar na época, mais uma vez parece promissora no novo contexto da organização comercial.

D. *Processos*. Conforme mencionado antes, o movimento para melhorar a qualidade nos anos 80 focalizou a atenção da gerência em processos, às vezes chegando ao limite do absurdo: a Florida Power and Light concentrou-se tanto em seguir processos complicados de melhoria de qualidade, realizando reuniões exatamente da forma prescrita e relatando essas reuniões em detalhes pungentes, que os seus funcionários passaram a detestar toda a idéia de melhoria da qualidade. Mas, em muitas empresas, uma abordagem de bom senso, de se analisar cada processo com novos olhos e eliminar os pontos fracos, deu resultados extraordinários. Estabelecendo-se novas metas e melhorando os seus processos repetidamente, a Motorola reduziu os defeitos de 80 mil peças por milhão (ppm) em 1980 para 25 ppm em 1996 (embora não tenha atingido a sua meta Seis Sigma ou 3,4 ppm). Essas e outras melhorias notáveis em outras empresas foram tão convincentes que se tornou comum para as empresas reexaminarem todos os seus processos, não apenas os processos para a fabricação de produtos, e a fazerem isso freqüentemente. A idéia de estabelecer objetivos que realmente expandissem uma empresa também começou na área da qualidade, espalhou-se através da empresa e agora é aplicada até mesmo a planos de crescimento. Ser competitivo atualmente significa criar valor do princípio ao fim, desde matéria-prima até clientes, com os melhores processos.

E. Pessoas. Algumas das empresas que entrevistamos acham que contratar e reter as melhores pessoas será muito importante para ter vantagem competitiva no futuro. A era da informação eleva os níveis de habilidades e desempenho exigidos dos trabalhadores e gerentes. Eles precisam estar preparados para assumir mais trabalho e responsabilidade à medida que as empresas forçam a autoridade para baixo, se tornam mais horizontais e cortam custos. As empresas precisam desenvolver muitos líderes, não apenas alguns, para os papéis do topo. Ao mesmo tempo, a insegurança, a mudança e os cortes de emprego têm prejudicado o ânimo e a lealdade. À medida que os executivos atuais se aproximem da época de se aposentarem, é provável que ocorra mais escassez de mão-de-obra. Finalmente, com a mudança da tecnologia e dos mercados, os empregadores precisarão revisar e atualizar as suas exigências quanto a pessoal. A colocação de pessoal parece que é um dos problemas mais difíceis da gerência na empresa do século XXI. O segredo para a lealdade do cliente, principalmente nas indústrias de conhecimento e de serviços, será encontrar maneiras de manter os funcionários satisfeitos e leais.

F. Recursos. A distribuição de recursos tem sempre sido uma das maiores responsabilidades da gerência e isso não deve mudar, embora as prioridades atribuídas a recursos diferentes tenham mudado. A distribuição de capital permanece tão importante como nunca, mas se torna mais complexa à medida que as corporações se espalham ao redor do globo. Se uma empresa americana descobre, como muitas já descobriram, que as suas operações no exterior são as que dão mais lucros, então como é que ela divide os seus investimentos entre as operações estrangeiras e as domésticas? As informações chegaram para serem conhecidas e centralizadas como um dos recursos mais importantes de uma corporação. O tempo dos altos executivos e gerentes tornou-se um dos raros recursos da nova empresa. As pessoas que operam as corporações enxutas e horizontais naturalmente têm mais coisas para fazer, além de responsabilidades extras — fornecer e instilar a visão, liderar os esforços na melhoria da qualidade, exemplificar a abordagem da equipe, familiarizar-se com os sócios, compreender o cliente e lidar com os outros interessados. Como ainda não há um substituto para as negociações cara a cara, o tempo do principal executivo se tornou mais valioso do que nunca.

G. Tecnologia. Os executivos que nunca tiveram muita necessidade de compreender a tecnologia perdem o sono à noite preocupando-se com os enormes investimentos que eles têm que fazer nesta área. Ulrich Cartellieri, diretor-gerente do Deutsche Bank, diz que ele não perde o sono por causa de riscos financeiros, que ele compreende, mas perde o sono por causa das centenas de milhões de dólares que o seu banco gasta atualmente com tecnologia da informação. Mesmo que os executivos não compreendam totalmente os riscos da tecnologia, eles ainda assim têm que tomar decisões complexas, fatais. Eles precisam estudar a tecnologia atual, comparar a sua própria tecnologia com a que existe disponível e o que é possível fazer nas fronteiras do desenvolvimento. Depois, eles precisam analisar as suas próprias necessidades e os seus problemas e chegar a soluções que sirvam aos clientes. Eles enfrentarão decisões do tipo "fazer ou comprar" para determinarem o que pode ser desenvolvido internamente e o que deve ser feito externamente. Eles precisam desenvolver visão, estratégias e objetivos para as tecnologias das suas empresas.

H. Medidas e Incentivos. Repetidamente, nos capítulos anteriores, mencionamos que as medições e os incentivos são o que realmente fazem a mudança acontecer. Isso se aplica a pessoas e a organizações. O que é medido, é notado. Novas medidas podem ser usadas para melhorar a qualidade e a produtividade, a satisfação dos clientes, o desempenho das equipes, a adoção de valores. Você estabelece novos objetivos, distende esses objetivos, se quer realmente estimular a organização; depois, mede o desempenho contra esses objetivos e, mais tarde, você recompensa as pessoas e as equipes de acordo com o seu desempenho. Uma avaliação total de 360 graus, em vez da avaliação tradicional do topo, constrói uma imagem mais equilibrada do desempenho de um gerente. Como têm tanta influência em mudar o comportamento de uma empresa, as novas medições precisam ser focalizadas no que é importante para os clientes (e os outros interessados) e como elas podem ter conseqüências imprevisíveis, precisam ser monitoradas e ajustadas.

A. *Visão, Objetivos e Estratégias.* Todos os elementos da arquitetura descritos anteriormente devem se alinhar com a visão, os objetivos e as estratégias da corporação que apóiam e para a qual trabalham. Embora se tenha abusado de palavras como "visão" e "missão" e, geralmente, elas não querem dizer mais do que bobagens corporativas, esperamos que no Capítulo 7, sobre liderança, tenhamos mostrado que esses elementos são genuinamente importantes na nova empresa. Se definidos adequadamente e se apoiados realmente pelos líderes, eles podem ajudar a levar uma corporação a um nível mais alto de desempenho. Se, como Bob Haas, da Levi Strauss, disse, "as idéias, e não as regras, controlam a nova corporação", então, uma visão é importante. Os objetivos, se forem desafiadores e praticáveis, dão à organização metas na direção das quais trabalhar e a estratégia fornece o mapa para se chegar lá. Como o círculo do nosso diagrama indica, esses três elementos, visão, objetivos e estratégias, reúnem todas as outras partes da arquitetura num esforço integrado para servir ao cliente, ao funcionário, ao acionista e aos outros interessados.

Esses interessados, obviamente, não se classificam todos da mesma forma, mas é o cliente quem impulsiona a empresa. Todos os elementos em nosso diagrama de arquitetura organizacional estão ligados e dizem respeito ao mercado. A estratégia é impulsionada pela resposta à questão: quem são os clientes e do que eles precisam? Toda a empresa, e não somente o departamento de marketing, precisa de uma linha clara da visão para o cliente. A conexão com o cliente tornou-se a preocupação universal das empresas.

Quanto aos outros interessados, salientamos no Capítulo 4 que a sua classificação depende do país sobre o qual se está falando. Nos Estados Unidos e na Grã-Bretanha, a maioria das empresas acredita que existem principalmente para o benefício dos acionistas, enquanto que no Japão, na Alemanha e na França, uma maioria maior ainda acredita que exista para servir a todos os interessados. Você obtém os mesmos resultados se compara a importância dos dividendos com a importância da segurança no emprego. Mas existe um movimento no sentido de uma visão comum da importância dos envolvidos. Na Europa e no Japão, o acionista impõe um pouco mais de respeito do que impunha; no Japão, os interesses do funcionário e da sociedade não são tão invioláveis quanto antes e nos Estados Unidos e na Grã-Bretanha os interesses da sociedade, do acionista e do funcionário estão mais próximos uns dos outros.

CRIANDO VALOR EM TODA A VOLTA

A percepção do interesse do acionista assume um aspecto mais amplo, mais de longo prazo, na nova empresa. Para conseguir os melhores resultados, você busca maneiras de agregar valor em toda a empresa, desde o funcionário até o cliente e o acionista. As empresas continuam a utilizar as medições normais de resultados finais como crescimento, lucros, fluxo de caixa, fatia de mercado, produtividade e os diversos números de "retorno", como retorno sobre ativos ou vendas, mas elas também estão buscando novas medições para verem como estão se saindo num sentido mais amplo; não apenas como estão se saindo por si sós, mas como estão se saindo no que diz respeito aos seus clientes e aos seus funcionários (ver Figura 18.2). A Xerox analisa o que ela descreve como um círculo de criação de valor, passando de funcionário a cliente e acionista e voltando para o funcionário (ver Figura 18.3). Ao medir o EVA (valor econômico agregado), o PVA (valor adicionado para o pessoal da empresa) e o CVA (valor agregado para os clientes) — três medições que algumas unidades da AT&T adotaram — pode-se avaliar o desempenho a longo prazo de toda a empresa. Eis aqui o que os termos significam:

Primeiro, valor econômico agregado (EVA), a mais usada dessas abordagens, muda a forma como você analisa a empresa. O custo do valor líquido utilizado não para calcular os resultados finais, mas se o

Figura 18.2
Selecionando Medições

A utilização cada vez maior de medições não-tradicionais e não-financeiras, para avaliar o desempenho corporativo e individual, ajuda a impulsionar as mudanças e a colocar ênfase nos indicadores de sucesso de longo prazo, em vez de nos indicadores de curto prazo. Embora a porcentagem de empresas que utilizam medições não-financeiras neste levantamento não tenha aumentado, aquelas que o fizeram aumentaram substancialmente o seu uso. A Sibson & Company seguiu a tendência durante quatro anos no início dos anos 90 (a empresa suspendeu o levantamento após 1994) e conseguiu os seguintes resultados:

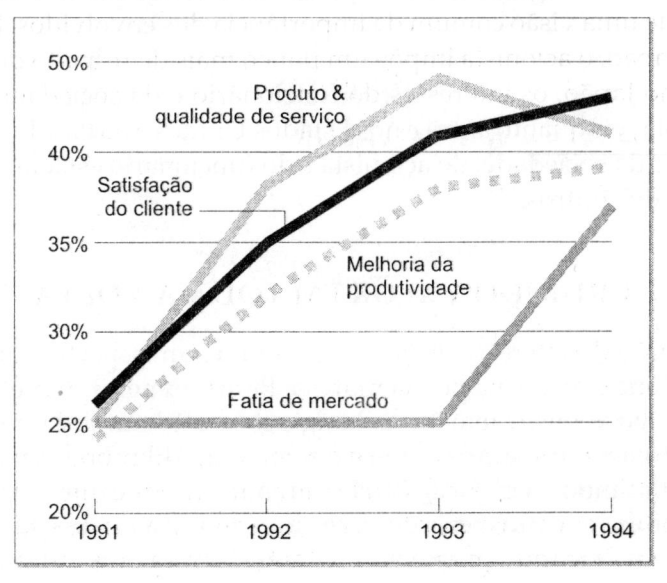

Fonte: Sibson & Company, Inc.

retorno total ao investidor ficar abaixo da média, então o investidor sofreu uma verdadeira perda: a oportunidade de ganhar mais em outro lugar. Se você atribui um custo de valor líquido nos relatórios financeiros, baseado no desempenho do mercado de ações de empresas comparáveis, você tem uma noção diferente da empresa. Se a empresa ainda mostra um lucro depois de subtrair o custo do valor líquido, então ela realmente está agregando valor para o investidor.

Se o seu objetivo é EVA de longo prazo, como deveria ser, então os truques de curto prazo, como mudar as vendas de um lugar para outro, não fazem nenhum sentido.

Figura 18.3
Círculo de Valores

Em vez de medir os resultados só pelos resultados finais, algumas corporações estão analisando medições mais amplas que levam em consideração não os lucros e as perdas, mas quão bem o cliente está se saindo e quão bem o funcionário está se saindo. A teoria é que se todas as três partes estão se saindo bem, então o acionista, no final das contas, se beneficiará. O diagrama mostra como a Xerox examina o círculo de valor.

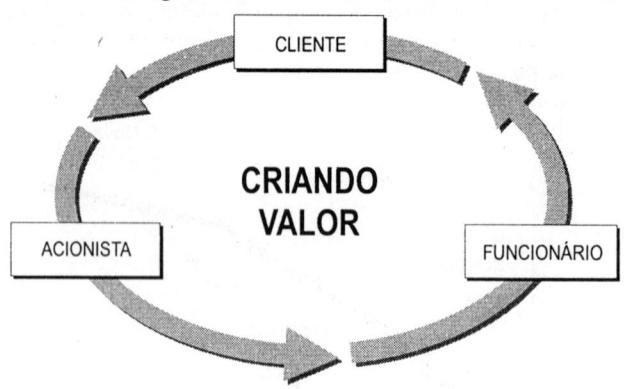

Segundo, o CVA, que dá mais valor ao cliente, é, naturalmente, fundamental ao negócio de uma empresa. Já exploramos, no Capítulo 5, como o conceito de servir ao cliente evoluiu. Ele começou simplesmente calibrando a satisfação do cliente com o produto ou serviço e, depois, evoluiu em sofisticação servindo a todas as necessidades dos clientes, solucionando problemas, em vez de mudar de produtos, tentando manter os clientes, em vez de simplesmente efetuar uma venda. É por isso que você vê a Merck e outras empresas farmacêuticas deixando de vender pílulas com descontos para se focalizarem no bem-estar e oferecendo soluções comerciais a instituições médicas (ver Figura 18.4). As agências de publicidade estão focalizando além dos anúncios de venda para suprirem um pacote integrado de relações públicas, propaganda, comunicação e marketing, no mundo inteiro, e suprirem este pacote na base do compartilhamento de riscos e recompensas, em vez de efetuarem cobranças.

Terceiro, o valor agregado para as pessoas ou funcionários (PVA), um conceito menos conhecido, expande a idéia da medição da satisfação dos funcionários. A Xerox atualmente chama isso de satisfação e motivação do funcionário.[3] Os funcionários têm o ambiente de trabalho, o treinamento e as recompensas para produzirem os melhores re-

**Figura 18.4
Mudando o Modelo**

O exemplo da indústria farmacêutica: partindo do velho costume de simplesmente forçar a venda de pílulas com um desconto, as empresas farmacêuticas estão mudando para um novo modelo que exige que elas ofereçam soluções comerciais e médicas. Se elas alcançarem essa nova meta, podem cobrar preços mais altos e entrar para as listas de fornecedores preferidos dos hospitais.

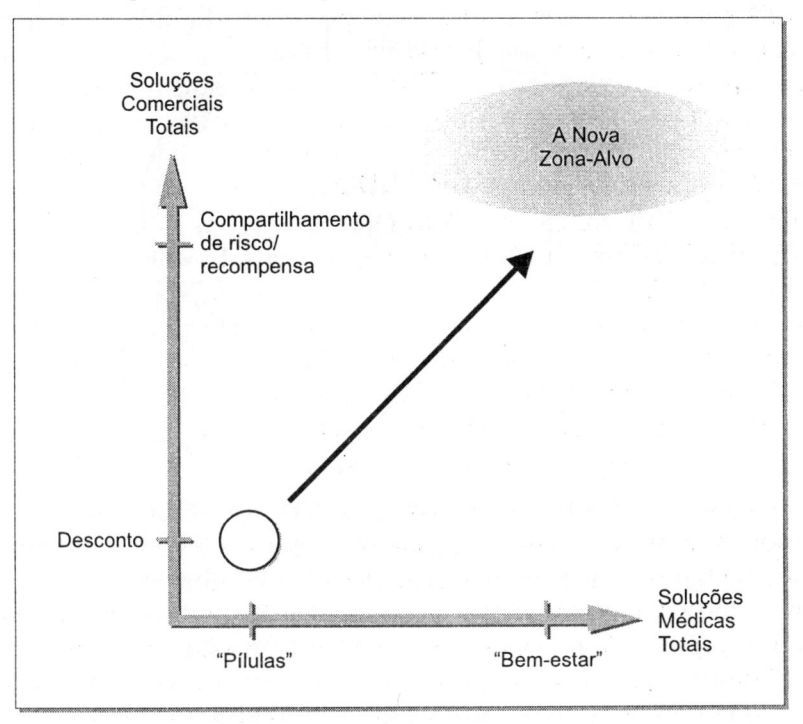

sultados para o cliente? O atendente resmungão afasta os clientes. Como contratar e treinar novos funcionários é caro, principalmente em empresas de conhecimento, então passa a ser importante ganhar a sua lealdade. Os funcionários estão somando ao seu próprio valor, ou futuro valor, através de sua experiência e aprendizagem? As medições deste tipo de valor agregado não são ainda consideradas muito confiáveis, mas a idéia de que um funcionário bem tratado e bem gerenciado soma um valor de longo prazo a uma empresa não é propriamente uma revelação. Mesmo assim, muito executivos a ignoram.

OLHANDO PARA O AMANHÃ

As empresas de investimentos se especializaram em áreas específicas, como consultoria financeira, administração de bens de confiança, fundos mútuos especializados e outros investimentos. A SEI começou há 25 anos oferecendo serviços terceirizados de computação para bancos e evoluiu para consultoria de fundos de pensão e administração de bens de confiança. Como a escolha dos veículos de investimento multiplicou, a SEI viu que o que essas instituições precisavam era de alguém para simplificar o mundo para elas, oferecendo o que ela chama de "soluções integradas". A SEI oferece um pacote de serviços para o cliente, incluindo projeto de portfólios, seleção de gerentes de investimento e administração de contas. A SEI designa gerentes de moeda ou de fundos mútuos para um cliente, fornece os serviços de custódia e de administração que as contas necessitam e supervisionam atentamente o desempenho dos fundos e dos gerentes que ela seleciona. A SEI diz que os seus clientes institucionais concordaram que este era o tipo de serviço que precisavam, mas alguns hesitaram em aceitá-lo porque temiam uma possível perda de controle. Esses céticos preferiram esperar para ver como a abordagem integrada funcionaria.

A abordagem integrada ou em pacotes é uma forma de fazer a difícil transição para o futuro. As pessoas se sentem mais confortáveis lidando com problemas familiares e aplicando soluções familiares, mas quando os negócios não se focalizam em novos problemas que podem exigir novas soluções, é como se elas estivessem dirigindo um automóvel olhando só pelo espelho retrovisor — uma forma perigosa de se dirigir. Elas precisam olhar para as oportunidades e as tendências do amanhã. As soluções integradas são um passo para dentro do futuro porque números cada vez maiores de clientes estão buscando parceiros que possam fornecer soluções durante um relacionamento prolongado, em vez de fornecedores que apenas as vendam um produto, parceiros que as ajudem a encontrar novas formas de lidar com novas oportunidades (veja a Figura 18.5).

Wayne Huizenga, o empresário que construiu a WMX Technologies e a Blockbuster, transformando-as em negócios de bilhões de dólares, não se prendeu a soluções familiares. Ele inaugurou a Republic Industries Incorporated em 1996 para criar um negócio integrado na indústria fragmentada de varejo de automóveis, vendendo carros novos e usados, fazendo aluguéis, *leasing*, prestando serviços, recondiciona-

**Figura 18.5
Cenários Estratégicos**

Assim como as pessoas, as corporações parecem mais confortáveis com as coisas que elas conhecem. Por isso, elas gostam de aplicar soluções familiares não somente aos problemas atuais como a problemas novos. Esta é a maneira mais certa de se fracassar. Elas devem aplicar soluções atuais a problemas novos, o que é altamente arriscado. O que o mercado exige atualmente são novas soluções para novos problemas.

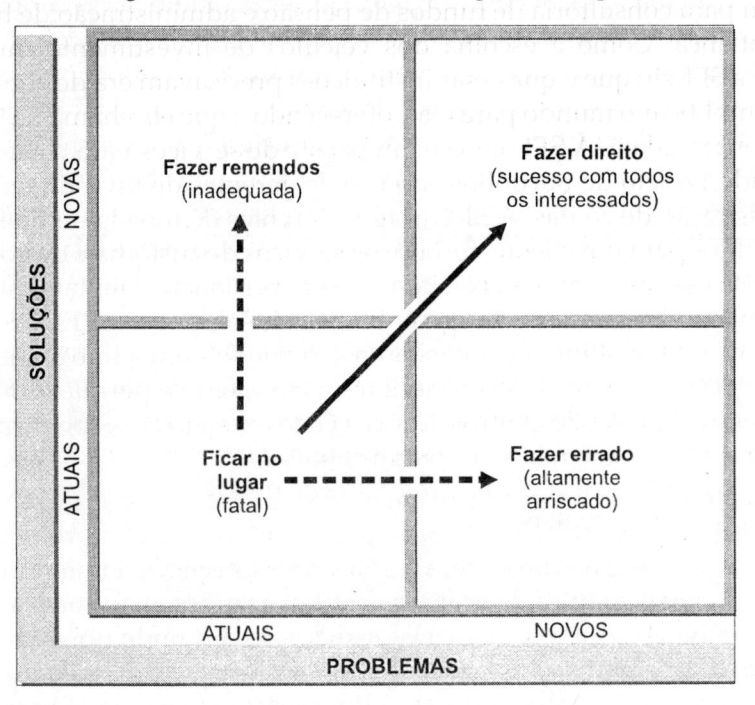

	ATUAIS	NOVOS
NOVAS	Fazer remendos (inadequada)	Fazer direito (sucesso com todos os interessados)
ATUAIS	Ficar no lugar (fatal)	Fazer errado (altamente arriscado)

SOLUÇÕES / PROBLEMAS

mento e financiamento em uma rede nacional em grande escala. Quer um bom carro usado? Vá a uma de suas superlojas da AutoNation USA. Elas ocupam cerca de 80 mil metros quadrados cada uma, só os salões de exposição medindo uns 60 mil metros quadrados. Elas têm brinquedos e filmes para as crianças, lanchinhos e carrinhos para levar os visitantes para percorrerem toda a área. Começando com sete localidades para a AutoNation em 1996, ele planejou espalhar-se com mais de 80 superlojas até 2000. Quer o carro usado mais barato? Vá a uma das lojas ValuStop. Quer comprar ou arrendar um carro novo? Ele começou a comprar grandes revendedoras no final de 1996 e dentro de alguns meses era o maior varejista de carros novos no país. Quer alugar um carro? Vá à Alamo ou à National. A Republic comprou-as em 1996 e 1997, respectivamente. Precisa de peças ou de financiamento? A Republic também os tem.

Um grande investimento na tecnologia da informação permitirá que a Republic localize os clientes onde quer que eles apareçam no sistema, para tentar fazer com que retornem. À medida que a empresa for crescendo, as peças se tornarão mais integradas, embora a forma exata da integração ainda precise evoluir. A AutoNation e os novos revendedores de automóveis, de um modo geral, estarão mais próximos, de forma que os clientes poderão se deslocar de um para o outro. Os clientes da AutoNation receberão "passaportes" que lhes darão direito a descontos que, mais tarde, podem estar disponíveis em qualquer lugar no sistema. Balcões da Alamo poderão ser vistos nas lojas da AutoNation para que os clientes que procuram por um carro ou os que esperam pelos serviços possam fazer um aluguel ou até mesmo conseguir um empréstimo. A Alamo e a National manterão os seus nomes de marca, mas como a Alamo serve mais a pessoas que viajam a lazer nos finais de semana e a National serve mais a pessoas que viajam a negócios durante os dias úteis da semana, a Republic talvez possa reduzir o estoque total de carros. A idéia é traduzir este tipo de integração para custos e preços mais baixos.

Se Huizenga tiver êxito, ele construirá um sistema integrado que começa com a compra de novos carros em grandes quantidades e, depois, reúne as outras partes do negócio de varejo de automóveis até que se transforme num todo que se encaixe tanto no ciclo de vida do automóvel quanto nas necessidades do proprietário e motorista. O alto risco do empreendimento de Huizenga tornou-se aparente quando a Toyota e a Honda abriram um processo para impedi-lo de adquirir as suas revendas; as ações da Republic caíram vertiginosamente. Entretanto, quer ele tenha êxito ou não, o conceito é tal que provavelmente seja aplicado largamente em muitos negócios no século XXI.

A Wharton School está tentando antecipar as necessidades futuras das novas soluções, não somente através da contínua atualização do seu currículo, mas também com uma nova estratégia global e a arquitetura que a apóie. Como muitas outras instituições que já deram o primeiro passo no sentido de se tornarem globais, a Wharton está essencialmente centrada num campus e tem alguns intercâmbios com outros. Um programa para ajudar os executivos e os gerentes a receberem um MBA da Wharton, trabalhando só nos finais de semana, revelou uma necessidade e uma oportunidade porque os alunos têm que ir muito longe para conseguirem os seus MBAs. Eles vão à Filadélfia por dois dias, não somente da região do meio do Atlântico, conforme era de se esperar, mas também do Meio-Oeste, da Costa do Pacífico e até mesmo do México. Apostando na popularidade desse programa, a Wharton está planejando estabelecer sete novas associações para os candidatos a um MBA da Ásia, da América Latina, da Europa e do Oriente Médio. As empresas poderão enviar equipes para cada um dos centros para as sessões de final de semana de quatro dias uma vez por mês durante 18 meses. Os alunos de MBA também passarão sete semanas na Filadélfia ou em algum outro campus. Os centros serão ligados eletronicamente e os alunos poderão se deslocar de um para o outro.

XEROX: DE OLHO NO ANO DE 2005

A Xerox se reinventou repetidamente para atender às necessidades do mercado; primeiro, em 1983 para focalizar em qualidade e, depois, em 1992, para se tornar uma empresa focalizada em processos e não em funções. Em 1995, a Xerox reagrupou-se para enfrentar o mercado, criando três divisões correspondendo aos seus três principais segmentos de mercado (substituindo divisões que correspondiam a linhas de produto). Em 1997, a Xerox reagrupou-se novamente em cinco divisões correspondendo a uma visão ainda mais nova dos mercados. A última reorganização, na qual a empresa substituiu o seu plano Xerox 2000 pelo plano Xerox 2005, combinou o tipo de progressão que estamos descrevendo neste capítulo, começando a dar uma olhada nos mercados futuros e terminando com uma nova arquitetura.

A Xerox começou o processo no início de 1996 formando uma equipe mundial de 17 pessoas, seus melhores líderes, que se reuniam onze vezes para ouvir os clientes e especialistas falarem a respeito de onde eles achavam que os mercados estariam indo. Embora poucos desses pudessem ver tão adiante quanto o ano de 2005, eles conseguiram convencer à equipe da Xerox que as necessidades de seus clientes estão mudando profundamente. Os clientes vão querer que os seus documentos sejam administrados por toda a empresa. "Precisamos de coerência dentro do caos", disse um cliente. Portanto, a Xerox deveria procurar mais oportunidades como a transação de 200 milhões de dólares com a Owens-Corning para manusear todos os seus documentos no mundo todo. Os clientes vão querer que os seus documentos sejam manuseados digitalmente, mas também vão querer que esses documentos tenham a forma que preferirem, quer seja em papel, quer seja na tela. Os clientes também estão ficando mais exigentes e independentes, mais propensos a dizerem à Xerox o que querem em vez de ouvir a Xerox falar sobre suas habilidades e adquirir os produtos da Xerox através dos canais que preferirem. Os planejadores também viram novas oportunidades de se aplicar a tecnologia da Xerox na impressão comercial, de expandir os negócios em mercados emergentes e de vender mais dos acessórios que as copiadoras utilizam.

Analisando essas exigências dos clientes, assim como as mudanças na tecnologia e na globalização dos mercados, a equipe da Xerox decidiu que a empresa precisava desenvolver sete grandes "imperativos estratégicos" novos:

1. Fornecer serviços e produtos completos relacionados a documentos para toda a empresa. A Xerox agora se descreverá como uma empresa com "soluções para documentos" e não com "serviços de documentos".
2. Fornecer aos clientes os três "Cs" — cor, conectividade e coerência.
3. Fazer de todas as suas propostas "cidadãs da Internet" e da intranet.
4. Desenvolver canais de distribuição de abrangência plena além da força direta de vendas, desde a Internet até o telemarketing, superlojas e catálogos de reembolso postal.
5. Entrar agressivamente nos mercados emergentes, principalmente China, Sudeste da Ásia, Rússia e Índia.
6. Adquirir as novas competências necessárias em marketing, em redes digitais e na gestão de canais indiretos, por exemplo.
7. Para continuar a mudar a maneira como a Xerox é gerenciada, principalmente "para ser muito mais rápida em tudo que fazemos" e "ter estômago para correr riscos".

Tendo decidido o rumo a tomar e o que seria necessário para chegar lá, a Xerox tomou a providência final para o ano de 2005 mudando a sua estrutura. A empresa havia dividido os seus negócios em três rumos em 1995 — um para lidar com empresas grandes, de muito volume, outro para os negócios normais e o terceiro para pequenos negócios independentes e necessidades domésticas. Cinco grupos emergiram do novo estudo:

1. "Sistemas de Produção" para fornecer uma produção digital de grande volume aos mercados de publicidade e impressão.
2. "Produtos para Escritório" para copiadoras isoladas ou interligadas em rede que possam digitalizar, imprimir, enviar/receber fax e copiar documentos.
3. "Serviços de Documentos" para as grandes e integradas "soluções relativas a documentos".
4. Os "Canais" para complementar a força direta de vendas, desenvolvendo novos canais através de varejistas, revendedores e distribuidores.
5. "Suprimentos" para dispensar nova atenção a todos os produtos que acompanham o processo de cópia, ou seja, papel, toner, tinta e cartucho.[4]

Naturalmente, a funcionalidade da Xerox 2005 ainda está para ser vista e grande parte dos resultados depende de elementos externos, como sorte, política e economia. Entretanto, a iniciativa da Xerox ilustra o que pensamos ser uma abordagem sólida à arquitetura corporativa. Em vez de começar criando uma estrutura, a Xerox começou vendo como o mundo estava mudando e mostrando disposição de mudar junto com ele — novamente. Tendo examinado o futuro — até onde era possível — a Xerox viu o que seria necessário para lidar com esse futuro. Então, determinou quais as novas competências que ela precisaria. E somente então, finalmente, a empresa decidiu como mudar a sua estrutura. A Xerox não tentou encaixar o seu conceito de mercado à sua estrutura ou linha de produto, ou criar o que seria mais conveniente ou fácil de gerenciar. Na verdade, a nova estrutura cria a possibilidade de conflito entre os cinco grupos e entre os canais. Mas o que interessa não é construir uma estrutura que se adapte à gerência, mas uma estrutura que se adapte ao cliente e à visão, aos objetivos e à estratégia corporativa. É uma idéia simples, mas rara nos negócios.

Indicadores

- Você ainda pensa na sua empresa em termos de uma tabela de organização, pirâmide ou hierarquia?
- Você tem uma visão clara de quais serão os seus mercados no futuro?
- Você já analisou os recursos e as habilidades que precisará para competir nesses mercados?
- Você já planejou de que forma esses recursos e essas habilidades estarão todos conectados e numa linha clara da vista do cliente?
- Tendo feito essas determinações, você criou a arquitetura certa para atender a essas necessidades? Ela é flexível?
- Você utiliza as medições certas para saber se está agregando valor para o cliente e recompensando o seu pessoal ao fazer isso?
- Você está buscando novas formas de atender às necessidades do cliente?
- Você está mudando o modelo do seu negócio para que, em vez de simplesmente efetuar uma venda, você esteja solucionando os problemas do cliente?

Vínculo

- A arquitetura tem que apoiar a visão, os objetivos e a estratégia da corporação.

Advertências

- Você deve aceitar logo que a nova arquitetura, muito provavelmente, será complexa.
- Sendo complexa e sujeita a freqüentes mudanças, a nova corporação será um lugar estressante e difícil para se trabalhar.

Conclusão

O novo tipo de empreendimento que tentamos descrever neste livro não exclui tudo que vem da antiga corporação. Não busque uma mudança evidente. Não há alterações rigorosas e/ou escolhas; adotar novas características não significa necessariamente eliminar as antigas. Em vez disso, como dissemos no início, a transformação está no equilíbrio. As hierarquias não irão desaparecer. As equipes não irão se tornar "todo-poderosas". Os executivos não vão transferir todas as decisões para seus funcionários. Teremos um mistura do antigo e do novo, o equilíbrio que varia de empresa para empresa dependendo do líder, do setor, do mercado e do país. As empresas familiares chinesas e indianas que funcionam fora de seu país de origem, o *chaebol* coreano, o *keiretsu* japonês, as corporações empreendedoras americanas e o modelo social restrito de negócios da Europa reagirão de diferentes formas — embora, talvez, não tão diferentes do passado. As organizações serão complexas e diversas, flexíveis e agitadas. Cada empresa terá sua responsabilidade específica.

A atividade de negócios é normalmente acusada, e com razão, de maria-vai-com-as-outras; no entanto, acreditamos que as idéias gerenciais destacadas neste livro não representam um modismo. Essas idéias precisam ser utilizadas e testadas por muitos anos. Elas irão evoluir, mas precisam ser aplicadas de forma seletiva. A mudança está a nossa volta, porém, a estabilidade pode ser a escolha correta.

Pesquisa SEI	
É crucial criar o equilíbrio único entre as novas e antigas características que se enquadram em cada negócio	68%
Estamos criando esse equilíbrio	25%

Para realizar o novo tipo de empreendimento, você precisará ser bom nas características básicas da boa condução de um negócio: fluxo de caixa, finanças, marketing e tempo propício. Você precisará ter os instintos certos e também sempre contar com a sorte. Não importa o quão bem você tenha conduzido uma corporação em uma determinada transformação, isso não ajudará se você estiver tentando vender um Edsel, Corfam, papel carbono ou uma moeda rara.

QUATRO PRINCÍPIOS

Na introdução deste livro, comparamos 13 aspectos da antiga corporação às novas características que vimos emergir na última década e meia. O livro examinou como as empresas passaram a adotar essas novas características e que lições podem ser aprendidas a partir dessa experiência. E, à medida que descrevemos as mudanças, vimos consistentemente quatro princípios operacionais que achamos que devem governar a forma de empreendimento do século XXI quando este chegar a um formato definitivo. O empreendimento bem-sucedido será *dinâmico, integrado, eficaz* e *responsável*. Para resumir idéias já realizadas repetidas vezes, eis por que consideramos esses princípios importantes:

Dinâmico. A atividade de negócios enfrenta tantas mudanças que os modelos antigos preparados para um mundo estável provavelmente não funcionarão. O ritmo e o escopo da mudança já atingiram níveis que executivos de negócios, que se sentiam confortáveis até recentemente com planos de cinco anos, agora estão temerosos em prever o que irá acontecer no ano seguinte. Novas tecnologias, especialmente a tecnologia da informação, novos produtos, novos concorrentes e novos mercados estão surgindo tão rapidamente que a corporação deve estar pronta para agarrar as novidades antes mesmo que o que for antigo comece a entrar em declínio. O próximo empreendimento deve, portanto, ser flexível e adaptável, pronto para enfrentar mudanças radicais ou descontínuas de igual para igual. O próximo empreendimento precisa tentar inventar o próprio futuro indo além do fato de se adaptar a novos mercados e tentando criá-los. Os líderes de negócios, estudiosos e consultores que participam de reuniões realizadas na Wharton School dizem estar preocupados especialmente com a crescente dificuldade de prever o futuro e a necessidade de lidar melhor com mudanças descontínuas. Durante a pesquisa para este livro, ficamos perplexos — e, de certa forma, limitados — pelas freqüentes reorganizações promovidas nas empresas que estudávamos. As empresas mudam tão rapidamente que fica difícil definir o perfil delas. O que se diz sobre uma determinada empresa pode ser válido apenas para ela e em um momento específico.

Integrado. James Emshoff, ex-presidente do conselho da MedQuist Incorporated, diz que "não há líderes suficientes na América corporativa que tenham a visão integrada que consiga reunir todos os aspectos da corporação do século XXI de uma forma equilibrada para fazer com que a transição ocorra".[1] O líder deve ser capaz de criar uma estratégia integrada, uma arquitetura integrada e de procurar conseguir reduções de custo e eficiências ao mesmo tempo em que procura conseguir crescimento. O executivo do próximo empreendimento precisa de uma sensibilidade em relação ao relacionamento, uma sensibilidade à forma como as novas características se inter-relacionam umas às outras. Vincent Barabba, responsável pelo Strategic Decision Center — Centro Estratégico de Decisões — da General Motors, escreve "(...) as atividades realizadas por qualquer empresa de um determinado setor serão muito semelhantes. As únicas diferenças entre as empresas estão na execução dessas atividades — particularmente no gerenciamento das interações... As atividades devem ser unidas como um sistema completo".[2]

Eficaz. O executivo de hoje pode se sentir como um fazendeiro do Iowa que disse: "Não me incomodem com mais idéias sobre como cuidar melhor das minhas atividades. Não estou cuidando de tudo agora tão bem quanto sei cuidar".[3] Hoje em dia, nossos problemas não vêm da falta de idéias e teorias. Várias delas — gestão total da qualidade, por exemplo, ou mesmo a reengenharia — dão uma boa perspectiva para criar um novo tipo de corporação, se aplicada apropriadamente. Porém, elas fracassaram em atender às expectativas, em grande parte devido à execução precária, fato de que os líderes de negócios estão bem cientes. Um grupo de altos executivos da Xerox estava especulando recentemente sobre a importância da estratégia e da execução. Eles concluíram que, com uma boa execução, seria possível superar a execução precária. Os executivos compartilham dessa mesma opinião. É claro, se a estratégia exigir a produção de algo que as pessoas não queiram, nenhuma execução, por melhor que seja, irá salvar a que for precária. Provavelmente, não há mais de um punhado de altos líderes executivos no país que, como Jack Welch, da GE, tem a coragem e a consistência suficientes para trabalhar nesse sentido de forma a fazer que as boas idéias funcionem.

Responsável. A atividade de negócios é movida por total auto-interesse caso nada mais trate melhor seus funcionários e o restante da sociedade. A atividade de negócios americana possui duas personalidades. A que normalmente se observa é injusta, gananciosa, cruel e desonesta. São os negócios de fusões e demissões, transações escusas, de gerentes em cargos medianos pasmos com determinadas situações e que são demitidos por dirigentes insensíveis cujos colegas de conselho lhes conferem valores exorbitantes. A outra personalidade experimenta um meio esclarecido de responder a todo um conjunto de pressões urgentes por parte dos clientes, dos concorrentes, da tecnologia e da sociedade. Em sua melhor forma, esse negócio é inteligente e inovador, nos fornece excelentes produtos e serviços, responde de forma inteligente ao cliente, equilibra as necessidades dos outros interessados, acompanha a globalização, possui meios imaginativos de obter o melhor de seus funcionários e tornar o trabalho deles mais satisfatório, e faz contribuições, às vezes em quantias generosas, para obras de caridade e para a comunidade. A maioria das empresas é, na verdade, uma mistura dessas duas personalidades, a boa e a ruim — se essa for a maneira correta de des-

Pesquisa SEI	
É mais crucial focalizar uma boa implementação do que criar novas estratégias	66%
Estamos trabalhando nesse sentido	26%

crevê-las. O novo modelo de empreendimento precisa agir como um bom cidadão.

MECANISMOS DE CRESCIMENTO

Não devemos esperar que o novo modelo de empreendimento nos leve a uma utopia corporativa. Longe disso. Os negócios serão estressantes, arriscados e incertos, possivelmente ainda mais do que é atualmente. O impulso para inovar mais e fazer tudo mais rápido com certeza será estressante. Mudar sempre é estressante. A falta de segurança no emprego e de um futuro garantido também. Os que buscam conforto no novo modelo de empreendimento não conseguirão.

Podemos também achar que essa nova forma de empreender sobrecarrega a gerência. Por exemplo, a abordagem de se estimular maior empenho no trabalho, no que se refere a mudar a cultura e o comportamento corporativos, sobrecarrega os planos de remuneração. Queremos que as estimativas de desempenho, as promoções, os salários e as bonificações dependam do desempenho dos gerentes como membros da equipe, das contribuições dos mesmos para a melhoria da qualidade, do foco deles nos clientes, da disposição deles para aprender, da contribuição deles para a diversidade e de tudo mais que os chefes dos mesmos considerarem crucial. É muita coisa para incluir em um plano de remuneração.

O líder pode ser incomodado da mesma forma por um excesso de novos papéis a serem desempenhados, sendo todos considerados essenciais. O líder deve criar a visão e trabalhar constantemente para imbuir a empresa dessa visão. O líder deve mostrar como exemplo que as equipes têm importância e dedicar tempo para trabalhar com elas. Ele deve demonstrar um compromisso com a ética, com a qualidade, com as alianças e com as parcerias. Sem a intervenção ativa dos líderes em todas essas áreas e em algumas outras, a empresa não irá mudar, o que representa um grande peso a ser carregado.

Atualmente, muitos executivos têm focalizado em preocupações imediatas e egoístas, em transações, pacotes, em obter bons resultados, corte de custos e em ajustes rápidos devido a modismos. Liderar demanda qualidades duradouras. É necessário ter disposição para assumir riscos, visão, coragem e persistência para fazer a nova forma de gerência funcionar.

E realmente funciona. As empresas americanas consideradas antiquadas há uma década retornaram aos mercados mundiais em boas condições de concorrência porque adotaram algumas das idéias descritas neste livro. Podemos esperar que elas e outras empresas, as que começaram tardiamente, se tornem mais competitivas, mais produtivas e mais inovadoras à medida que melhoram no que diz respeito à nova forma de gerenciamento. As idéias desse novo modelo de gerenciamento são aplicáveis no mundo, mas a flexibilidade dos negócios americanos deu a elas uma enorme vantagem. Chame de disposição para sofrer agora para obter resultados depois, ou chame de ser implacável, mas as empresas americanas provaram estar prontas para fazer o que for preciso para mudarem. As empresas japonesas continuam tão comprometidas com o emprego vitalício, e as européias, com exceção das britânicas, tão comprometidas com seus contratos sociais que não foram capazes de extrair nenhuma vantagem comparável do novo modelo de gerenciamento. Temos observado certa mudança para um compromisso menos rígido. No entanto, a atividade de negócios japonesa não está criando novas empresas ou novos empregos que se comparem aos negócios nos Estados Unidos, enquanto as empresas européias estão perdendo oportunidades e contribuindo para um nível brutal de desemprego. As empresas americanas podem parecer menos humanas, mas criaram milhões de novos empregos.

Após os anos de *downsizing* e cortes de custos, o crescimento tornou-se a preocupação-chave. Crescer sempre foi um objetivo, é claro, mas, por um tempo, ficou em segundo plano cedendo lugar para o aumento dos lucros por meio de corte de custos. Agora, os líderes de negócios voltaram ao objetivo de crescimento. O empreendimento do século XXI está particularmente situado para crescer porque traz novos meios de realizar negócios. As empresas que inovam melhor podem crescer através de novos produtos e extensões de produtos existentes. As empresas que aceleram seus processos podem lançar produtos e penetrar mais rápido nos mercados. Com alianças e parcerias bem-desenvolvidas, elas podem entrar em novos mercados geográficos ou levar novos produtos para mercados antigos. Com a tecnologia da informação correta e com os dados corretos sobre clientes, o novo modelo de empreendimento pode crescer por meio de personalização em massa, segmentação mais precisa do mercado, venda na Internet ou através de outros novos canais. O novo tipo de empreendimento focaliza mais claramente no cliente, realiza um melhor trabalho de descobrir novos clientes e constrói a fidelidade dos clientes que irão fazer compras repetidas. O novo tipo de empreendimento sabe como olhar para si mesmo e para seus mercados, ver aonde está indo e constrói o tipo de empresa que pode encontrar novas soluções para novos problemas. A antiga corporação foi o mecanismo da prosperidade. A nova é ainda mais promissora.

A grande classe média emergente da China, Índia e de outros países da Ásia e da América Latina está criando enormes mercados novos. As privatizações e desregulamentações em todo o mundo estão abrindo grandes segmentos das economias do mundo para os empreendimentos privados. O abrandamento das tarifas e das restrições comerciais está tornando os mercados mais globais. A tecnologia nos permite criar uma enxurrada de novos produtos, e a tecnologia da informação nos dá meios mais sofisticados de alcançar os clientes certos com esses produtos. Novas tecnologias e novas abordagens gerenciais e de treinamento tornam as pessoas mais produtivas. A nova corporação, focalizada em agarrar novas oportunidades e projetada para tanto, tem um futuro extraordinário.

APÊNDICE: UM HIATO NAS REALIZAÇÕES

Quando perguntamos para um grupo de executivos seniores do que precisam para se prepararem para o século XXI, existem poucas surpresas em suas metas. As aspirações são bastante aceitas e conhecidas. A surpresa está em quanto acham que ainda precisam avançar para concretizar a transformação. Para descobrir o que os executivos seniores consideram que serão as características cruciais de uma corporação bem-sucedida do século XXI e como as empresas deles estavam se saindo em adotar essas características, o SEI Center realizou uma pesquisa informal no outono de 1996.

Os maiores hiatos entre aspirações e resultados concretos vieram à tona quando perguntamos aos executivos sobre tornarem suas organizações flexíveis e inovadoras, e sobre melhorar a qualidade. Uma melhor qualidade, agora definida não apenas como gerar bons produtos e serviços, mas como criar uma experiência boa em todos os âmbitos para o cliente e como prover soluções para o cliente, era a maior prioridade. Os executivos também atribuíram alta prioridade a "reinventar" suas empresas e a torná-las mais horizontais e transfuncionais, mas pensaram que o desempenho também se enquadrava nesse hiato. Em contraste, atribuíram prioridade relativamente baixa à melhoria da ética nos negócios e ao atender às demandas, e comemoravam por chegarem bem perto de atender suas metas nessas duas áreas.

Entregamos a pesquisa a presidentes e outros executivos seniores que participaram do Forum Internacional da Wharton no outono de

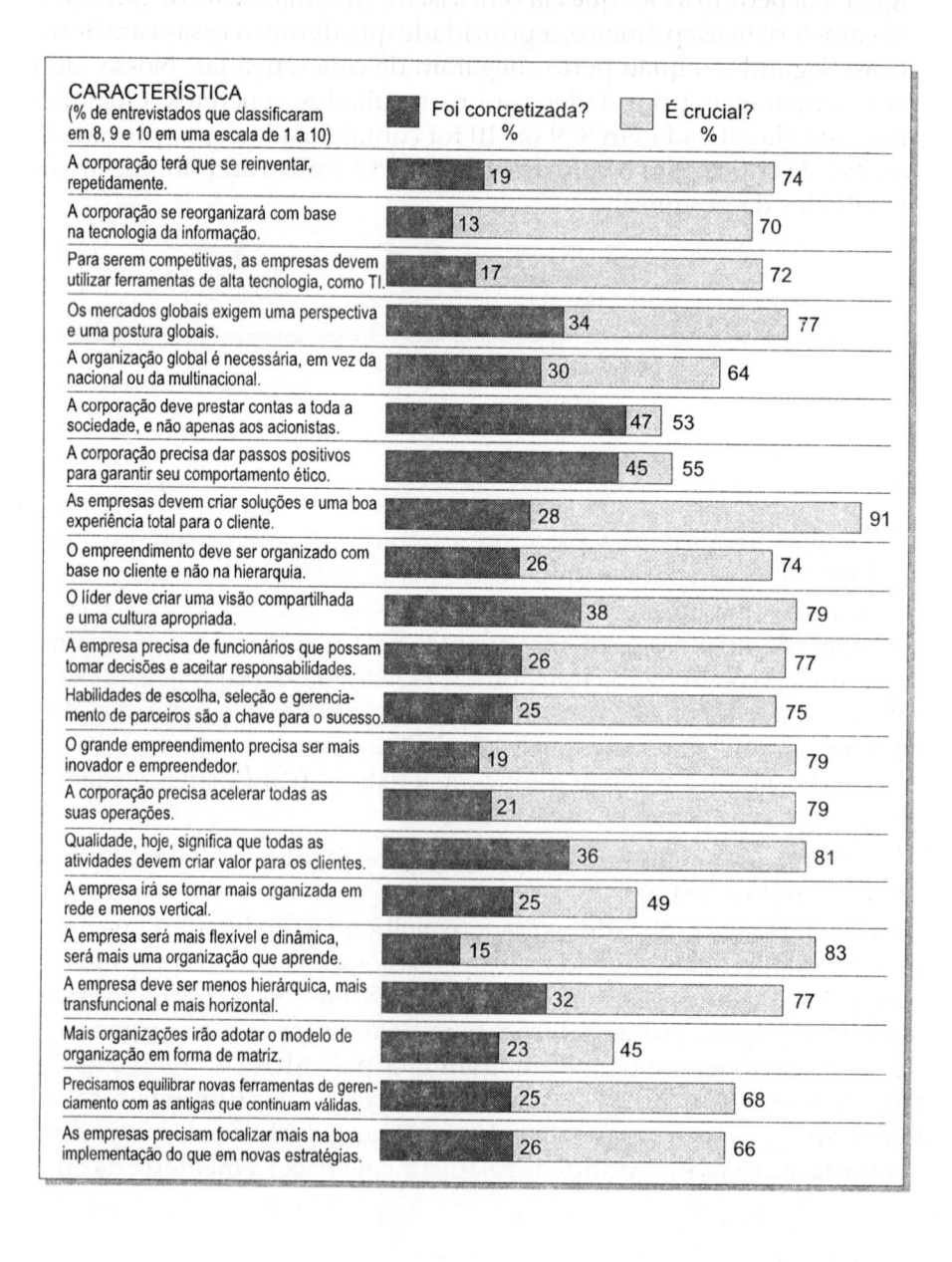

CARACTERÍSTICA (% de entrevistados que classificaram em 8, 9 e 10 em uma escala de 1 a 10)	Foi concretizada? %	É crucial? %
A corporação terá que se reinventar, repetidamente.	19	74
A corporação se reorganizará com base na tecnologia da informação.	13	70
Para serem competitivas, as empresas devem utilizar ferramentas de alta tecnologia, como TI.	17	72
Os mercados globais exigem uma perspectiva e uma postura globais.	34	77
A organização global é necessária, em vez da nacional ou da multinacional.	30	64
A corporação deve prestar contas a toda a sociedade, e não apenas aos acionistas.	47	53
A corporação precisa dar passos positivos para garantir seu comportamento ético.	45	55
As empresas devem criar soluções e uma boa experiência total para o cliente.	28	91
O empreendimento deve ser organizado com base no cliente e não na hierarquia.	26	74
O líder deve criar uma visão compartilhada e uma cultura apropriada.	38	79
A empresa precisa de funcionários que possam tomar decisões e aceitar responsabilidades.	26	77
Habilidades de escolha, seleção e gerenciamento de parceiros são a chave para o sucesso.	25	75
O grande empreendimento precisa ser mais inovador e empreendedor.	19	79
A corporação precisa acelerar todas as suas operações.	21	79
Qualidade, hoje, significa que todas as atividades devem criar valor para os clientes.	36	81
A empresa irá se tornar mais organizada em rede e menos vertical.	25	49
A empresa será mais flexível e dinâmica, será mais uma organização que aprende.	15	83
A empresa deve ser menos hierárquica, mais transfuncional e mais horizontal.	32	77
Mais organizações irão adotar o modelo de organização em forma de matriz.	23	45
Precisamos equilibrar novas ferramentas de gerenciamento com as antigas que continuam válidas.	25	68
As empresas precisam focalizar mais na boa implementação do que em novas estratégias.	26	66

1996 e a executivos selecionados dentre as 500 empresas listadas pela revista *Fortune*. Recebemos 53 respostas a um grupo de 21 perguntas sobre a natureza da corporação do século XXI. O número de homens de negócios americanos, japoneses e europeus entrevistados foi quase igual. Foi pedido a eles que classificassem, em uma escala de um a dez, as características; primeiro, a prioridade que deram a essas características. Segundo, o quão perto chegaram de concretizá-las. Nossa idéia era comparar as prioridades com os resultados concretos. Qualquer resposta classificada em 8, 9 ou 10 foi contabilizada como prioridade crucial ou crítica para o bom desempenho. O gráfico anterior mostra os resultados da pesquisa.

NOTAS

Introdução

1. Astra Merck, *Capabilities + Solutions*, 1994. (Livreto relatando uma reunião na empresa.)
2. Analogia sugerida por Harry Levinson, ex-presidente do conselho (aposentado) do Levinson Institute, em uma entrevista, 26 de abril, 1995.

Capítulo 1 — Por Que Mudar?

1. Sumantra Ghoshal e Christopher Bartlett, "Changing the Role of Top Management: Beyond Structure to Process", *Harvard Business Review* (janeiro-fevereiro, 1995), pp. 87-88.
2. Alfred D. Chandler Jr., *The Visible Hand: The Management Revolution in American Business* (Cambridge, Mass.: Harvard University Press, edição de bolso, 1977), pp. 79-203.
3. Frederick Winslow Taylor, *The Principles of Scientific Management* (Nova Iorque: Harper & Brothers, 1911).
4. Chandler, *op. cit.*, p. 280.
5. Alfred P. Sloan Jr. *My Years With General Motors* (Nova Iorque: McFadden Books, edição de bolso, 1965), pp. 139-140, 429-435.
6. Peter F. Drucker, *Concept of the Corporation* (Nova Brunswick, N.J.: Transaction Publishers, 1993, edição de bolso).
7. William H. Whyte, *The Organization Man* (Garden City, N.Y. Doubleday Anchor Books, edição de bolso).
8. *Ibid.*, pp. 142-152.
9. A. Blanton Godfrey, presidente do conselho do The Juran Institute Inc., discurso na Impro/94, 17 de novembro, 1994.

10. Claudia Goldin, "Egalitarianism and the Returns to Education During the Great Transformation of American Education", documento, 15 de novembro, 1996.
11. Ryuzaburo Kaku, presidente do conselho e CEO, Canon Inc., entrevista em 7 de dezembro, 1995.
12. Nobuhiko Kawamoto, presidente e CEO, Honda Motor Co. Ltd., discurso em Traverse City, Michigan, 4 de agosto, 1994.
13. Kawamoto, entrevista em 15 de dezembro, 1995.
14. *Wall Street Journal*, "Elf Aquitaine's Chief Illustrates the Changes in Europe's Executives" (9 de abril, 1996), p. A1.
15. John Sculley. Entrevista em 22 de julho, 1995.
16. Margaret Wheatley, *Leadership and The New Science* (San Francisco: Berrett-Koehler Publishers, edição de bolso, 1994). O livro, como um todo, é um interessante e inteligente "alcance" de para onde a organização está caminhando.
17. M. Mitchell Waldrop, *Complexity* (Nova Iorque: Touchstone, 1992), p. 145.
18. Dee Hock, entrevista por telefone em 18 de setembro, 1995.
19. Russell L. Ackoff, *The Democratic Corporation* (Nova Iorque: Oxford University Press, 1994), pp. 117-118 *et al*.

Capítulo 2 — O Reino dos Computadores

1. Tom Urban, presidente do conselho da Pioneer Hi-Bred International Inc., discurso em 7 de março, 1994. Outras matérias desta seção foram obtidas em uma entrevista com Mr. Urban em 23 de janeiro, 1996, uma entrevista com Tom Hanigan, vice-presidente e diretor de gestão de informações, e Jerry R. Armstrong, diretor de operações de vendas, Pioneer, 14 de novembro, 1995, assim como um estudo de caso da Harvard Business School nº 9-193-010, *Pioneer Hibred International Inc.: IT Support of Corn Research and Development* (revisado, junho 11, 1993), e estudo de caso da Harvard Business School nº 9-956-029 *Pioneer Hi-Bred International, Inc.: Partnering in the '90s* (12 de setembro, 1995).
2. Colin Crook, executivo sênior em tecnologia, Citibank, comentários na conferência da Wharton sobre o tema "O Impacto dos Computadores e da Informação sobre a Gerência: 1946-1996-2001", University of Pennsylvania, 14 de maio, 1996.
3. Harvard Business School, estudo de caso nº 9-490-012, *People Express Airlines: Rise and Decline* (revisado, 14 de setembro, 1993).
4. Margaret Wheatley, *op. cit.*, pp. 101-110.
5. Peter F. Drucker, *Post-Capitalist Society* (Nova Iorque: HarperBusiness, edição de bolso, 1994), pp. 1-8.
6. Paul Allaire, presidente do conselho e CEO. Xerox Corporation, palestra proferida na Wharton Conference, 14 de maio, 1996.

Capítulo 3 — O Impacto no Mercado

1. Robert Reich, *The Work of Nations* (Nova Iorque: Alfred A. Knopf, 1992), p. 3.
2. Conferência das Nações Unidas para Comércio e Desenvolvimento (UNCTAD), *World Investment Report 1996* (Nova Iorque e Genebra: Nações Unidas, 1996), p. 4.

3. Dados extraídos do *World Economic Outlook*, do Fundo Monetário Internacional (FMI), maio 1995, e do Relatório Anual do Banco de Compensações Internacionais (BIS), 1995-1996.
4. Howard Perlmutter, palestra para a International Management Association, 9 de dezembro, 1994.
5. Conferência das Nações Unidas para Comércio e Desenvolvimento (UNCTAD), *World Investment Report 1993* (Nova Iorque e Genebra, Nações Unidas, 1993), p. 19, e *World Investment Report* 1995 (Nova Iorque e Genebra, Nações Unidas 1995), pp. XX e 8.
6. The Conference Board, *U.S. Manufacturers in the Global Marketplace* (Nova Iorque: The Conference Board Inc. 1994).
7. *Ibid.*
8. *Inc.*, "The Inc. 500: Fastest-growing Private Companies", 1995, p. 31.
9. Hermann Simon, *Hidden Champions* (Boston: Harvard Business School Press, 1996), pp. 7-9, 67.
10. Council of Economic Advisers, *Economic Report of the President* (Washington, Government Printing Office, 1996), p. 402.
11. *The Economist*, "Economic Indicators" e "Emerging-Market Indicators" (26 de abril, 1997), pp. 108, 110.
12. Joseph T. Plummer, vice-presidente do conselho da DMB&B, entrevista por telefone em 3 de julho, 1996.
13. Robert C. Holmes, diretor-executivo, de planejamento e gestão estratégica da Astra Merck, entrevista em 16 de junho, 1995.
14. Walter P. Brooks, "Changing Uncertainties and Risks in Pharmaceutical R&D", *Spectrum*, em 16 de novembro, 1994 (*Spectrum* é uma publicação da Decision Resources Inc. distribuída a assinantes apenas).
15. Tufts Center for the Study of Drug Development, Tufts University. Calcular o custo de desenvolvimento de medicamentos é uma questão complexa e controversa. Entretanto, vários documentos de pesquisa preparados no Tufts Center têm oferecido subsídios para tanto.
16. Robert E. Cawthorn, nessa época, presidente do conselho da Rhône-Poulenc Rorer, entrevista em 18 de dezembro, 1995.
17. Tim Haigh, "U.S. Multinational Compensation Strategies for Local Nationals", *Compensation: Present Practices and Future Concerns* (Nova Iorque: Conference Board, 1995), p. 15.
18. AT&T, *1995 Annual Report*, pp. 8 e 13.
19. Kenichi Ohmae, "Letter from Japan", *Harvard Business Review* (maio-junho, 1995), pp. 154-163.
20. David P. Hamilton e Norihiko Shirouzu, "Japan's Business Cartels Are Starting to Erode, But Change Is Slow", *Wall Street Journal* (4 de dezembro, 1995), p. A1.
21. Kenichi Ohmae, *Triad Power* (Nova Iorque: Free Press, 1985), pp. 185-193.
22. Murray Weidenbaum, *Neoisolationism and Global Realities* (St. Louis; Washington University, 1996), p. 15.

Capítulo 4 — Reivindicações da Sociedade

1. A. J. Vogl "Tough Guy", *Across the Board* (fevereiro, 1995), p. 16.
2. Kaku, entrevista.
3. "Who's Next?" *The Economist* (13 de julho, 1996), p. 48.
4. "How High Can CEO Pay Go?" *Business Week* (22 de abril, 1996), pp. 100-101, e "Executive Pay", *Business Week* (21 de abril, 1997), pp. 58-59.
5. Vogl, *op. cit.*
6. Adolf A. Berle e Gardiner C. Means, *The Modern Corporation and Private Property* (New Brunswick, N. J.: Transaction Publishers, 1991, edição de bolso), pp. 113, 297-306.
7. Peter F. Drucker, *Concept of the Corporation*, p. 14, 20-21.
8. Donald S. MacNaughton, "A Responsible Business", discurso em 10 de outubro, 1971.
9. Robert B. Reich, "How to Avoid These Layoffs?" *New York Times* (4 de janeiro, 1996), p. A21.
10. Bill Clinton, pronunciamento no rádio, 23 de março, 1996.
11. Reich, *op. cit.*
12. Herbert Stein, "Corporate America, Mind Your Own Business", *Wall Street Journal* (15 de julho, 1996), p. A12.
13. William Safire, "The New Socialism", *New York Times* (26 de fevereiro, 1996).
14. Jacob Wallenberg, apresentação no Wharton European Forum, Londres, 29 de março, 1996.
15. James R. Houghton, nessa época CEO da Corning Inc., entrevista em 26 de outubro, 1995.
16. C. K. Prahalad, "Corporate Governance or Corporate Value Added? Rethinking the Primacy of Shareholder Value", *Journal of Applied Corporate Finance* (inverno 1994), p. 45. (O periódico é uma publicação do Continental Bank.)
17. Andrew Stark, "What's the Matter with Business Ethics?" *Harvard Business Review* (maio-junho, 1993), p. 38.
18. Joanne Ciulla, "Why Is Business Talking About Ethics", *California Management Review* (fevereiro, 1991).
19. The Conference Board, *Corporate Ethics Practices* (Nova Iorque: The Conference Board, 1992), pp. 11-13.
20. Ciulla, *op. cit.*
21. Robert C. Holland, membro sênior do SEI Center, "What Are the Prospects for a Global Code of Business Ethics?", discurso na University of Colorado, 8 de dezembro, 1994.
22. Robert C. Holland, "Integrative Social Contracts Theory", versão preliminar, 20 de abril, 1997.
23. John Rothchild, "Why I Invest with Sinners", *Fortune* (13 de maio, 1996), p. 197.

Capítulo 5 — As Exigências do Cliente

1. Peter Drucker, *Management: Tasks, Responsibilities, Practices* (Nova Iorque: Harper & Row, 1973), p. 61.
2. National Quality Research Center (University of Michigan Business School), *American Customer Satisfaction Index*. As atualizações trimestrais para novembro de 1995 e fevereiro e maio de 1996 atribuem uma baixa classificação às companhias aéreas, jornais e redes de noticiários. E classificações ainda mais baixas aos serviços públicos (do governo).
3. Richard J. Rosewicz, vice-presidente de fabricação da Labconco, entrevista em 27 de outubro, 1995.
4. A. Blanton Godfrey, CEO do Juran Institute Inc., entrevista em 11 de abril, 1995.
5. Richard LeVitt, diretor de qualidade corporativa da Hewlett-Packard, entrevista em 11 de outubro, 1995.
6. Ronald A. Mitsch, vice-presidente do conselho da 3M, entrevista em 15 de janeiro, 1996.
7. D. Drew Davis, vice-presidente de sede de marketing corporativo e assuntos públicos da 3M, entrevista em 15 de janeiro, 1996.
8. Harvard Business School, *Apple Computer 1992*, estudo de caso nº 9-792-081 (revisado, 22 de agosto, 1994).
9. Frederick F. Reichheld, *The Loyalty Effect* (Boston: Harvard Business School Press, 1996) e *Harvard Business Review* (setembro-outubro 1990, março-abril 1993 e março-abril 1996).
10. Yoram (Jerry) Wind "Market Segmentation", em *Corporation Encyclopedia of Marketing* por Michael J. Baker, org. (Andover, U.K.: Rutledge, 1995), p. 394.
11. Sculley, entrevista.
12. Taiichi Ohno, *Toyota Production System* (Cambridge, Mass.: Productivity Press, edição de 1988).

Capítulo 6 — Absorvendo o Cliente

1. Citado por G. Richard Wagoner Jr., presidente da GM North American Operations, em um discurso em Traverse City, Michigan, 9 de agosto, 1995.
2. Hatim Tyabji, CEO, e William R. Pape, vice-presidente sênior e diretor de tecnologia da informação, VeriFone, entrevistas em 26 de dezembro, 1995 e 12 de setembro, 1995, respectivamente.
3. Alfred P. Sloan Jr., *op. cit.* pp. 282-283.
4. Mitsch e Davis, entrevistas.
5. Jon C. Madonna, presidente do conselho e CEO, KPMG Peat Marwick entrevista em 12 de agosto, 1996.
6. Dick Knudtsen, gerente de produtividade e planejamento da força de vendas de computadores para as Américas, Hewlett-Packard Company, entrevista em 31 de outubro, 1995. Também discurso por Lew Platt, CEO da Hewlett-Packard, 5 de dezembro, 1996, em San Francisco.

7. Dwight L. Gertz, vice-presidente da Mercer Management Consulting, entrevista em 1º de março, 1995, e Dwight L. Gertz e João P. A. Baptista, *Grow to be Great* (Nova Iorque: Free Press, 1995), pp. 51-55.
8. John A. Crewe, presidente de marketing internacional e desenvolvimento da American Express, entrevista em 10 de outubro, 1995.
9. Sloan, *op cit.*, pp. 67-69
10. Alex Taylor III, "GM's 11,000,000,000 Turnaround", *Fortune* (17 de outubro, 1994), p. 70.
11. Arvin F. Mueller, executivo do Vehicle Development and Technical Operations Group, GM North American Operations, discurso em Traverse City, Michigan, 10 de agosto, 1995.
12. David Cole, diretor do Office for the Study of Automotive Transportation, da University of Michigan, entrevista em 12 de janeiro, 1996.
13. Michael J. Rothman e Edgar L. Murphy, "Data Mining: A Practical Approach to Database Marketing", *IBM Consulting Group* (17 de abril, 1995).
14. Jeffrey F. Rayport e John J. Sviokla, "Managing in the Marketspace", *Harvard Business Review* (novembro-dezembro, 1994), p. 41, e "Exploiting the Virtual Value Chain", *Harvard Business Review* (novembro-dezembro, 1995), p. 75.
15. *The Economist*, "Home Shopping–Home Alone?" (12 de outubro, 1996), p. 67.

Capítulo 7 — Reinventando o Líder

1. James O'Toole, *Leading Change* (Nova Iorque: Ballantine Books, edição de 1995), p. 21.
2. Andrea Gabor, "Ross Perot: How He'll Make His Next Billion", *U.S. News & World Report* (20 de junho, 1988), p. 24.
3. O relato do que aconteceu com a Perot Systems baseia-se em Mort Meyerson, então presidente do conselho e CEO da Perot Systems, entrevista em 14 de agosto, 1995, e Mort Meyerson, "Everything I Thought I Knew About Leadership Is Wrong", *Fast Company* (abril-maio, 1996), p. 71.
4. *Fortune*, "Rambos in Pinstripes: Why So Many CEOs Are Lousy Leaders" (24 de junho, 1996), p. 147.
5. Richard Hagberg, do Hagberg Consulting Group, entrevista por telefone em 26 de setembro, 1996.
6. John Smale, discurso para o Commercial Club of Cincinnati, 21 de outubro, 1993.
7. IBM, *Annual Report*, 1995.
8. Robert Howard, "Values Make the Company: An Interview with Robert Haas", *Harvard Business Review* (setembro-outubro, 1990), p. 134.
9. SEI Center for Advanced Studies in Management, *Visionary Leadership*, panfleto publicado pela Wharton School em 1991.
10. Rick Escherich, diretor-gerente da J. P. Morgan, "Corporate Clarity Index", memo datado de 17 de julho, 1996.
11. Thomas A. Stewart, "Company Values That Add Value", *Fortune* (8 de julho, 1996), p. 147.
12. Harvard Business School, *People Express Airlines: Rise and Decline*, estudo de caso nº 9-490-012 (revisado, 14 de setembro, 1993), p. 3.

13. David H. Gaylin, vice-presidente da Mercer Management Consulting Inc., entrevista em 1º de março, 1995.
14. *Measure*, "Framework for Our Objectives" (julho, 1989), p. 22. (*Measure* é uma publicação interna da Hewlett-Packard.)
15. *Forbes*, "Boy Scouts on a Rampage" (1º de janeiro, 1996), p. 68.
16. Mike Murray, vice-presidente de recursos humanos e administração, da Microsoft Corporation, entrevista em 11 de novembro, 1995.
17. James C. Collins e Jerry I. Porras, *Built to Last* (Nova Iorque: HarperBusiness, 1994), p. 279.
18. Hermann Simon, *op. cit.*, p. 227.
19. General Electric Company, *1995 Annual Report*.
20. John F. Welch Jr,. presidente do conselho da General Electric Company, discurso para a assembléia anual de acionistas, Charlottesville, Virgínia, 24 de abril, 1996.
21. Steven Kerr, vice-presidente de desenvolvimento de gestão corporativa da General Electric, entrevista em 30 de maio, 1995, e Robert E. Muir Jr., gerente global de recursos humanos, da General Electric Plastics, entrevista em 15 de fevereiro, 1996.
22. Kerr e Muir, entrevistas.
23. Joseph Neubauer, CEO da Aramark Corporation, entrevista em 10 de outubro, 1995, e Brian Mulvaney, vice-presidente sênior de relações humanas, da Aramark, entrevista em 18 de dezembro, 1995.
24. Dee Hock, "Addendum to Annual Bionomics Conference Address", documento não datado.
25. Robert N. Haidinger, CEO do JJI Lighting Group Incorporated, entrevista em 8 de setembro, 1995.
26. Tyabji, entrevista.

Capítulo 8 — *O Funcionário Dispensável*

1. *Newsweek*, 26 de fevereiro, 1996.
2. *New York Times*, "The Downsizing of America", de 3 a 9 de março, 1996.
3. Council of Economic Advisers, *Job Creation and Employment Opportunities: The United States Labor Market, 1993-1996*, 23 de abril, 1996. O parágrafo inteiro é baseado neste relatório.
4. *Ibid.*
5. Urban, entrevista.
6. Michael Hammer e James Champy, *Reengineering the Corporation* (Nova Iorque: HarperCollins, 1993), p. 200.
7. Dwight L. Gertz e João P. A. Baptista, *Grow to Be Great* (Nova Iorque: Free Press, 1995), pp. 14-15.
8. Gene Hall, Jim Rosenthal e Judy Wade, "How to Make Reengineering Really Work", *Harvard Business Review* (novembro-dezembro, 1993), pp. 4-16.
9. International Survey Research Corporation, 1996. Pesquisa corporativa.
10. James Champy, presidente do conselho do CSC Consulting Group, entrevista por telefone em 3 de maio, 1995.

11. Entrevistas conduzidas por Edith Terry no Japão em dezembro, 1995.
12. Kenneth P. De Meuse, Paul A. Vanderheiden e Thomas J. Bergmann, "Announced Layoffs: Their Effect on Corporate Financial Performance", *Human Resource Management* (inverno 1994), p. 522.
13. James Irvine, vice-presidente de comunicações da Workers of America, entrevista em 2 de abril, 1996.
14. Murray, entrevista.
15. Alfred P. West Jr., CEO da SEI Investments, entrevista em 5 de dezembro, 1995, e B. Scott Budge, vice-presidente sênior, entrevista em 7 de julho, 1995.
16. Tyabji e Pape, entrevistas.
17. Muir, entrevista.
18. *GE Annual Report,* 1995.
19. Urban, entrevista.
20. John McConnel, CEO, Labconco Corporation, e Michael Wyckoff, vice-presidente de relações e qualidade humanas, entrevistas em 27 de outubro, 1995.
21. Houghton, entrevista.
22. Roger G. Ackerman, presidente (atualmente presidente do conselho) da Corning Incorporated, entrevista em 21 de novembro, 1995.
23. Norman E. Garrity, vice-presidente executivo da Corning Incorporated (atualmente presidente da Corning Technologies), entrevista em 21 de novembro, 1995.
24. Estas questões foram sugeridas por Joel Brockner, "Managing the Efforts of Layoffs on Survivors", *California Management Review* (inverno, 1992), p. 9, e por Harry Levinson, em *The Levinson Letter* (1993).

Capítulo 9 — O Funcionário Indispensável

1. Peter F. Drucker, *Concept of the Corporation,* pp. 298-301.
2. Irving Bluestone, entrevista em 30 de março, 1992.
3. Jeremy Main, *Quality Wars* (Nova Iorque: Free Press, 1994), pp. 59-63.
4. Harvard Business School, estudo de caso nº 9-490-012, *op. cit.*
5. Sculley, entrevista.
6. Os parágrafos sobre a Boeing baseiam-se em entrevistas com Mullaly, McKinzie e James Pierre, presidente da Seattle Professional Engineering Employees Association (associação dos engenheiros), 3 de novembro, 1995, e David Clay, responsável pela área de oficinas da International Machinists Association (associação dos operários especializados), 2 de novembro, 1995.
7. Edward E. Lawler III, Susan Albers Morrison e Gerald E. Ledford Jr. *Creating High Performance Organizations* (San Francisco: Jossey-Bass Publishers, 1995), pp. 9-29, 134-135.
8. *Training* "Industry Report 1996" (outubro, 1996), pp. 37-69.
9. Chuck Blazevich, diretor de equipe de qualidade corporativa para sistemas empresariais da Motorola Incorporated, entrevista em 14 de dezembro, 1995.
10. Houghton, entrevista.

11. Calvin V. Johnson, da equipe de operações da Specialty Cellular Ceramics Plant, Erwin, New York, Corning Incorporated, entrevista em 21 de novembro, 1995.
12. Jack Welch, "To Our Share Owners", General Electric *1995 Annual Report*, p. 3.
13. Jack Welch, "To Our Share Owners", General Electric *1993 Annual Report*, p. 2.
14. Annette Ellison, Customer Center, GE Plastics Division, entrevista em 6 de fevereiro, 1996.
15. Jack Welch, *op. cit*, p. 5
16. Russell L. Ackoff, *op. cit.*, Capítulo 4, "The Circular Organization".
17. Gerald L. Good, vice-presidente executivo da Great Atlantic & Pacific Tea Company Incorporated, entrevista em 19 de março, 1996.
18. Tyabji e Pape, entrevistas.
19. Lawler et al., *op. cit.*, pp. 18-26.
20. West, entrevista.
21. Diane Woods, vice-presidente de estratégia global e desenvolvimento organizacional, da Levi Strauss, entrevista em 9 de novembro, 1995.
22. Uranishi, entrevista.
23. Kawamoto, entrevista.
24. Budge, entrevista.
25. Nadler, entrevista.
26. Murray, entrevista.
27. Tappas Sen, diretor de ambiente de trabalho do futuro, AT&T, entrevista por telefone em 17 de maio, 1996.

Capítulo 10 — Dominando a Informação

1. Comentários proferidos na conferência da Wharton School sobre "The Impact of Computers on Information and Management, 1946-1996-2001", Philadelphia, 13-14 de maio, 1996.
2. James Unruh, CEO da Unisys Corporation, comentários proferidos na Wharton Conference, 14 de maio, 1996.
3. Nikhil Deogun, "A Tough Bank Boss Takes on Computers, with Real Trepidation", *Wall Street Journal* (25 de julho, 1996), p. A1.
4. A matéria desta seção foi obtida em uma entrevista com Thomas N. Urban, presidente do conselho da Pioneer Hi-Bred International Incorporated, em 23 de janeiro, 1996, e em uma entrevista com Tom Hanigan, vice-presidente e diretor de gestão da informação, e com Jerry R. Armstrong, diretor de operações de vendas da Pioneer, em 14 de novembro, 1995.
5. Charles Paulk, diretor de tecnologia da informação da Andersen Consulting, entrevista em 15 de dezembro, 1995.
6. John D. Rollins, Andersen Consulting, entrevista em 12 de junho, 1995.
7. Wayne Yetter, na época presidente e CEO da Astra Merck, entrevistas em 25 de janeiro, 1995, e 12 de junho, 1995. Outras fontes: Cathryn Gunther, gerente da Astra Merck Metro New York Business Unit, entrevista em 18 de julho, 1995; estudo de

caso da Harvard Business School, estudo de caso nº N9-594-045, *Astra/Merck Group* (23 de março, 1994).
8. James R. Emshoff, na época presidente do conselho da MedQuist Incorporated, entrevista em 5 de outubro, 1995, acompanhamento em 22 de maio, 1997.
9. Jack A. Sprano, gerente de operações de gestão da informação, GE Plastics, entrevista em 15 de fevereiro, 1996.
10. Seth Lubove, "Cyberbanking", *Forbes* (21 de outubro, 1996), p. 108.
11. Pape, entrevista.
12. Entrevista com West e com Mark Wilson, vice-presidente da SEI, em 7 de julho, 1995.
13. John Sculley, palestra numa conferência sobre "The Impact of Computers and Information on Management: 1946-1996-2001", University of Pennsylvania, 14 de maio, 1996.
14. McConnell, entrevista.
15. Michel Besson, presidente e CEO da Saint-Gobain Corporation (USA), entrevista em 5 de dezembro, 1995.

Capítulo 11 — Estimulando a Inovação

1. Atribuído a Hewlett por Lew Platt, CEO da Hewlett-Packard, em um discurso na Yale University, 28 de fevereiro, 1997.
2. Harvey Golub, CEO da American Express Company, discurso no World Financial Center, Nova Iorque, 7 de fevereiro, 1996.
3. Lewis E. Platt, CEO da Hewlett-Packard, discurso para o Design SuperCon, 1º de março, 1995.
4. Gerald J. Fine, vice-gerente geral, Advanced Display Products, Corning Incorporated, entrevista em 21 de novembro, 1995.
5. Deborah Dougherty e Edward H. Bowman, "The Effects of Organizational Downsizing on Production Innovation", *California Management Review* (verão, 1995), p. 31.
6. Ikujiro Nonaka e Hirotaka Takeuchi, *The Knowledge-Creating Company* (Nova Iorque: Oxford University Press, 1995), p. 3.
7. James Brian Quinn, *Intelligent Enterprise* (Nova Iorque: Free Press, 1992), p. 294.
8. Henry Mintzberg, *Mintzberg on Management* (Nova Iorque: Free Press, 1989), p. 199.
9. Peter Drucker, *Post-Capitalist Society* (Nova Iorque: HarperBusiness, edição de bolso, 1994), pp. 58-59.
10. Matéria sobre a 3M baseada em entrevistas com Ronald A. Mitsch, vice-presidente do conselho; com William E. Coyne, vice-presidente sênior de pesquisa e desenvolvimento; com Joseph T. Bailey, vice-presidente de pesquisa e desenvolvimento no setor industrial e de produtos ao consumidor; e com Thomas E. Wollner, vice-presidente e chefe dos laboratórios centrais de pesquisa, todas realizadas em 15 de janeiro, 1996, e ainda em conversas telefônicas e em documentos fornecidos pela 3M. Também em Thomas A. Stewart, "3M Fights Back", *Fortune* (5 de fevereiro, 1996), p. 94.

11. A matéria sobre a Hewlett-Packard foi baseada em um discurso de Lewis Platt, CEO, *op. cit.*, e em John H. Sheridan, "Lew Platt: Creating a Culture for Innovation", *Industry Week* (19 de dezembro, 1994), p. 26.
12. William F. Buehler, vice-presidente executivo e diretor da sede corporativa da Xerox Corporation, entrevista ao telefone em 21 de junho, 1996. Também, "Nurturing an Employee's Brainchild", *Business Week* (edição empresarial, 1993), p.196.
13. A matéria sobre a American Express foi baseada nos discursos de Harvey Golub, CEO, em 7 de fevereiro, 1996, e em 11 de junho, 1996, em entrevista com Loren e em documentos empresariais.
14. Michael L. Tushman e Charles A. O'Reilly III, "Ambidextrous Organizations", *California Management Review* (verão 1996), p. 9.
15. Stephen Rudolph, vice-presidente de tecnologia da Arthur D. Little Incorporated, entrevista em 22 de janeiro, 1996.

Capítulo 12 — Acelerando o Ritmo

1. Esta citação de Andrew Grove foi publicada em "Inside Intel", *Business Week* (1º de junho, 1992), p. 86, e a citação do *Wall Street Journal* veio do artigo "The Latest Thing in Many Companies Is Speed, Speed, Speed" (23 de dezembro, 1994), p. A1, e foi atribuída a Kim Sheridan, presidente do conselho da Avalon Software Incorporated.
2. Christopher Meyer, *Fast Cycle Time* (Nova Iorque: Free Press, 1993), p. 7.
3. General Electric Company, Annual Reports, 1993 e 1994.
4. Gary MacDonald, vice-presidente de marketing da Kingston Technology Corporation, entrevista em 7 de novembro, 1995, e entrevista ao telefone em 15 de janeiro, 1997.
5. Taiichi Ohno, *op. cit.*, pp. 26-42.
6. *Ibid.*, 427.
7. Jeremy Main, *op. cit.* pp. 168-173.
8. *Daily News Record*, "Levi's Ups Ante on Reengineering Its QR Program to $850 Million" (9 de março, 1995), p. 2.
9. *Women's Wear Daily*, "Seminar Takes Stock of QR Distribution" (23 de abril, 1996), p. 12.
10. *Industry Week*, "Lessons from Levis: Quick Response too Slow for the 90s" (2 de maio, 1994), p. A16.
11. *Business Horizons*, "The Implications of Time-based Competition on International Logistics Strategies" (setembro-outubro, 1995), p. 39
12. Charles W. Szuluk, vice-presidente de liderança de processos da Ford Automotive Operations, entrevista em 20 de novembro, 1995.
13. Kawamoto, entrevista.
14. James P. Womack, Daniel T. Jones e Daniel Roos, *The Machine That Changed the World* (Nova Iorque: HarperPerennial (edição de bolso, 1991), p. 118.
15. Szuluk, entrevista; Arvin F. Mueller, vice-presidente e executivo do Vehicle Development & Technical Operations Group, General Motors, entrevista em 11 de no-

vembro, 1996, e *Wall Street Journal*, "Japanese Car Makers Speed Up Car Making" (29 de dezembro, 1995), p. B1.
16. Roy A. Bauer, Emilio Collar, Victor Tang, em co-autoria com Jerry Wind e Patrick R. Houston, *The Silverlake Project* (Nova Iorque: Oxford University Press, 1992), pp. 115-128.
17. Donald G. Reinertsen, "Speed and Product Costs", *Electronic Business* (julho, 1983).
18. Donald G. Reinertsen, Reinertsen & Associates, entrevista por telefone em 2 de janeiro, 1997.
19. Christoph-Friedrich von Braun, "The Acceleration Trap", *Sloan Management Review* (outono 1990), reimpressão.
20. Main, *op. cit.*, pp. 129-130.

Capítulo 13 — Redefinindo Qualidade

1. Lew Platt, presidente do conselho e CEO, Hewlett-Packard Company, discurso, Quality Forum XII, São Francisco, 3 de outubro, 1996.
2. Kawamoto, entrevista.
3. Yotaro Kobayashi, presidente do conselho da Fuji-Xerox Company, Ltd., entrevista em 27 de outubro, 1995.
4. Main, *op. cit.*, pp. 127-128.
5. Richard Buetow, vice-presidente sênior, Motorola Incorporated, entrevista em 14 de dezembro, 1995, e entrevista por telefone em 23 de janeiro, 1997.
6. *Consumer Reports*, edições de fevereiro, 1996 (refrigeradores duplex e com portas side-by-side, p. 40), maio, 1996 (refrigeradores duplex, p. 34), julho, 1996 (máquinas de lavar de roupas, p. 38), agosto, 1996 (fornos microondas, p. 43), outubro, 1996 (fogões, p. 36), e janeiro, 1997 (máquinas de lavar pratos, p. 43).
7. *Wall Street Journal*, "To Keep GE's Profits Rising, Welch Pushes Quality-Control Plan" (13 de janeiro, 1997), p. A1.
8. Welch, discurso, *op. cit.*
9. Matéria sobre a Xerox baseada na entrevista com Buehler e com Hector J. Motroni, vice-presidente de recursos humanos e qualidade, em 10 de maio, e em Richard, J. Leo "Xerox 2000: From Survival to Opportunity", *Quality Progress* (março, 1996), p. 65.
10. Matéria sobre a Hewlett-Packard baseada no discurso de Lew Platt, *op. cit.*, e em entrevista com LeVitt.
11. Martin R. Mariner, diretor da qualidade da Corning Incorporated, entrevista em 21 de novembro, 1995.

Capítulo 14 — O Alcance Global

1. Hermann Simon, *op. cit.*, p. 74.
2. Besson, entrevista.
3. Conference Board, *op. cit.*
4. Chandler, *op. cit.*, p. 368.
5. Kaku, entrevista.

6. Matéria sobre a ABB baseada na palestra de Percy Barnevik no SEI Center, 26 de novembro, 1991; em uma entrevista com Barnevik em *Across the Board*, ("Making a Giant Dance", outubro, 1994, p. 27); Christopher A. Bartlett e Sumantra Ghoshal, "Beyond the M-Form: Toward a Managerial Theory of the Firm", *Strategic Management Journal* (vol. 14, inverno 1993), pp. 23-46; Sumantra Ghoshal e Christopher A. Bartlett, "Changing the Role of Top Management: Beyond Structure to Process", *Harvard Business Review* (janeiro-fevereiro, 1995), pp. 86-96, e em material fornecido por Barnevik e pela ABB em 5 de março, 1997. Barnevik tornou-se, desde então, presidente do conselho da Investor AB, a mais importante das empresas da família Wallenberg, que detém uma considerável participação no capital da ABB.
7. Matéria sobre a Whirlpool baseada em "The Right Way to Go Global: An Interview with Whirlpool CEO David Whitwam", *Harvard Business Review* (março-abril, 1994, pp. 135-145, *Business Week*, "Call it Worldpool, 28 de novembro, 1994); e em relatórios e outras fontes.
8. Uranishi, entrevista, Relatório Anual da Toyota Motor Corporation, 1995.
9. Kawamoto, entrevista e discurso, *op. cit.*
10. *Automotive News*, "Trotman Passes the Word: Becoming No. 1 is Job 1", (11 de novembro, 1994).
11. *Business Week*, "Red Alert at Ford" (2 de dezembro, 1996), p. 38.
12. Matéria sobre a Ford baseada, em sua maior parte, em entrevistas com Robert H. Transou, vice-presidente de fabricação de todo o grupo Ford, com Richard Parry-Jones, vice-presidente do Small/Medium Vehicle Center, e com Charles W. Szuluk, vice-presidente de liderança em processos, todos lotados na Ford Automotive Operations, em 30 de novembro e 1º de dezembro, 1995.
13. Matéria sobre a GM baseada em entrevistas com Vincent P. Barabba, gerente-geral do Strategic Decisions Center, com Robert W. Hendry, vice-presidente e executivo do Business Support Group e com Arvin F. Mueller, vice-presidente e executivo do Vehicle Development and Technical Operations Group, todos lotados na North American Operations, em 11 de janeiro, 1996 e discurso de Wagoner, *op. cit.*
14. Conference Board, *op. cit.*, p. 21.
15. McConnell e Rosewicz, entrevistas; Stephen Gound, vice-presidente executivo de finanças da Labconco Corporation, e outros entrevistados na Labconco em 27 de outubro, 1995.
16. Simon, *op. cit.*, pp. 2, 78, 271-279.
17. Conference Board, *op. cit.*
18. *The Economist*, "Management Brief: Furnishing the World" (19 de novembro, 1994), p. 79.
19. Neff, entrevista.
20. Peter J. Neff, "Rhône-Poulenc's Global Odyssey", discurso para um seminário da Conference Board, 30 de março, 1994.

Capítulo 15 — A Corporação Estendida

1. Joseph Neubauer, CEO da Aramark Corporation, discurso para o Los Angeles Rotary, 4 de junho, 1993.

2. Jordan D. Lewis, *The Connected Corporation* (Nova Iorque: Free Press, 1995), p. XIII.
3. Jeremy Main, "Making Global Alliances Work", *Fortune* (17 de dezembro, 1990), p. 121.
4. Jeffrey H. Dyer e Harbir Singh. "The Relational View: Relational Rents and Sources of Interorganizational Competitive Advantage", documentação de estudo preliminar na Wharton School, 13 de outubro, 1996.
5. Lewis, *op. cit.*, p. XXI.
6. Jeffrey H. Dyer, palestra para o seminário da Wharton, 11 de novembro, 1996. Dyer também escreveu "How Chrysler Created an American Keiretsu", *Harvard Business Review* (julho-agosto, 1996), p. 42.
7. Thomas L. Zeller e Darin M. Gillis, "Achieving Market Excellence Through Quality: The Case of the Ford Motor Company", *Business Horizons* (maio-junho 1995), p. 23.
8. Matéria sobre a Corning baseada em entrevistas com Houghton e Ackerman em um artigo de Houghton, "Corning, Trust is the Key", *Across the Board* (novembro-dezembro, 1994), p. 42, e Guy Di Cicco, diretor de globalização da Corning Incorporated, palestra para o seminário da Wharton, 22 de novembro, 1996.
9. Alexander R. Ott, vice-presidente de parcerias globais da SAP America, Inc., palestra no seminário da Wharton, 22 de novembro, 1996, e entrevista em 6 de fevereiro, 1997. Também outras matérias publicadas e documentos da empresa.
10. Thierry Soursac, vice-presidente sênior da RPR, palestra em um seminário da Wharton, 22 de novembro, 1996, e entrevista com Cawthorn.
11. *Wall Street Journal*, "A Rich Benefits Plan Gives GM Competitors Cost Edge" (21 de março, 1996), p. B1.
12. Mary C. Lacity e Rudy Hirschheim, *Beyond the Information System Outsourcing Bandwagon* (Chichester: John Wiley & Sons, 1995), p. 20.
13. *Ibid*, pp. 14-16.
14. Relatório de pesquisa da Merrill Lynch sobre Computer Sciences, dezembro, 1996.
15. Heidi M. Trost, vice-presidente da Hughes Support Center, Computer Sciences Corporation, entrevista em 7 de novembro, 1995, e conversa por telefone em 5 de fevereiro, 1997.
16. West, entrevista.
17. *Business Week*, "Has Outsourcing Gone Too Far" (1º de abril, 1996), p. 26.
18. Neubauer, discurso.
19. Emshoff, entrevista.
20. Louis Kraar, "The Overseas Chinese", *Fortune* (31 de outubro, 1994), p. 91.
21. Wong Yip Yan, presidente do conselho da WyWy House, comentários feitos no seminário do SEI Center, 23 de maio, 1995.
22. Matéria sobre Kingston baseado em entrevistas na MacDonald e em material da empresa.

Capítulo 16 — O Loop de Aprendizagem

1. Ray Stata, "Organizational Learning – The Key to Management Innovation", *Sloan Management Review* (primavera, 1989).

2. James R. Houghton, CEO, Corning Incorporated, um discurso na Cornell University, 3 de novembro, 1994.
3. Este parágrafo foi, em grande parte, extraído de Vincent P. Barabba, *Meeting of the Minds* (Boston: Harvard Business School Press, 1995).
4. John D. Sterman, "Learning in and About Complex Systems", *System Dynamics Review* (verão-outono, 1994), pp. 291-329.
5. Este parágrafo foi extraído principalmente de Roy Rowan, *The Intuitive Manager* (Boston: Littler, Brown, 1986).
6. David Upton, "The Impact of Information Technology in Business Education", anotações sobre uma palestra no SEI Center em 22 de fevereiro, 1997.
7. Matéria sobre aprendizagem futura é proveniente da SEI Center Conference, "The Virtual University", 11-12 de janeiro, 1995.
8. *The Economist*, "Re-engineering the MBA" (13 de abril, 1996), p. 65.
9. *Training*, "Industry Report 1996" (outubro, 1996), pp. 38, 45.
10. Jeremy Main, "Trying to Bend Managers' Minds", *Fortune* (23 de novembro, 1987), p. 95.
11. Murray, entrevista.
12. David Stamps, "Communities of Practice", *Training* (fevereiro, 1997), pp. 35-37.
13. Edward F. Bales, diretor de sistemas de educação externa da Motorola Incorporated. Entrevista em 14 de dezembro, 1995 e por telefone em 24 de fevereiro, 1997. (Mr. Bales agora presta consultoria à Motorola.)
14. Claudia Davis, diretora de treinamento da Hewlett-Packard Company, entrevista em 31 de outubro, 1995.
15. Knudtsen, entrevista.
16. Nonaka e Takenchi, *op. cit.*, Capítulo 1.
17. Esta seção foi basicamente extraída de Sterman, *op. cit.*, e de uma entrevista e outras matérias suas.
18. Michael A. Cusamano e Richard W. Selby, *Microsoft Secrets* (Nova Iorque: Free Press, 1995), pp. 327-397.

Capítulo 17 — O Empreendimento Cívico

1. Gary Edwards, presidente do Ethics Resource Center, entrevista sobre Prevenção de Responsabilidade Civil Empresarial (19 de abril, 1993).
2. Tim Bell, diretor de serviços sobre ética nos negócios, KPMG Peat Marwick, entrevista por telefone em 14 de agosto, 1996.
3. *Wall Street Journal*, "Consultant's Advice on Diversity Was Anything But Diverse" (11 de março, 1997), p. A1.
4. Peter I. Bijur, CEO, Texaco Inc., carta aos acionistas, 26 de novembro, 1996, mais vários relatórios publicados.
5. Matéria sobre a Levi Strauss baseada em Peter Jacobi, presidente da Levi Strauss, entrevistas de 1º de novembro, 1995 e 6 de março, 1997; Harvard Business School, *Levi Strauss & Co. and the AIDS Crisis*, estudo de caso nº 9-391-198 (revisado, 1º de março, 1995); Robert D. Haas, CEO, Levi Strauss, discurso sobre diversidade,

julho, 1991; *San Francisco Focus*, "Mr. Blue Jeans" (outubro, 1993), p. 65; documentos da empresa.
6. Thomas W. Dunfee, "Marketing an Ethical Stance", *Financial Times*, 17 de novembro, 1995.
7. Ben & Jerry's Homemade, Incorporated, *Annual Reports, 1993, 1994 e 1995*; outros documentos da empresa; *Business Week* (15 de julho, 1996), *Wall Street Journal* (3 de janeiro, 1997).
8. Besson, entrevista.
9. *The Economist*, "White Smoke, and Black": (28 de junho, 1997), p. 16.
10. Houghton, entrevista.
11. Johnson, entrevista.
12. Masaru Yoshitomi, presidente do conselho do U.S.-Japan Management Studies Center, Wharton: comentários em um seminário da Wharton, 27 de março, 1997.
13. Smale, discurso, *op. cit.*
14. *Business Week* (25 de novembro, 1996), p. 82.
15. *The New York Times*, "Ties that Blind: His Directors, Her Charity" (21 de março, 1995), p. D1.

Capítulo 18 — Uma Arquitetura Integrada

1. David A. Nadler e Michael L. Tushman, *Competing by Design* (Nova Iorque: Oxford University Press, 1997), p. 223.
2. David A. Nadler, Marc S. Gerstein, Robert B. Shaw e Associados, *Organizational Architecture* (San Francisco: Jossey-Bass Inc., 1992), p. 32.
3. Xerox Corporation — *How We Run Xerox* (Manual do Funcionário 1996), pp. 33-34.
4. Esta seção é baseada em documentos da Xerox Corporation, particularmente o Xerox 2005, publicado em 18 de março, 1997.

Conclusão

1. Emshoff, entrevista.
2. Vincent P. Barabba, *op. cit.* p. 82.
3. Os autores agradecem a Arthur Schneiderman por tê-los feito conhecer essa citação tão sábia.

ÍNDICE REMISSIVO

100 Best Companies in America
 (Moskovitz), 320
3M, *Ver* Minnesota Mining and
 Manufacturing Company

A

A&P, 154
ABB Asea Brown Boveri, 10,11, 252-254
Acionistas, 8, 48, 49-51, 312, 328, 332, 337
Ackerman, Roger, 131, 277, 323
Ackoff, Russell, 13, 153
Adams, Robert, 203
AG Marketing Group, 173
Akers, John, 64, 100
Alemanha, 8, 9, 191, 258, 277
 acionistas vs. envolvidos na, 53,
  54, 338
 demissões na, 124
 no mercado global, 33-34
 produto interno bruto da, 36
Allaire Paul, 24, 167, 240-241
Allen, Robert E., 116, 120, 127, 149
Alliance Analyst, 273
Alocação de recursos, 335
América Latina, 36, 73
American Airlines, 22, 140
American College of Physicians, 177
American Express, 88-89, 170, 188, 323
 inovação na, 203-205
American Flint Glass Workers Union, 148

Analog Devices, 226
Andersen Consulting, 174-175, 298-299
Andersen, Arthur, 280
Andreas, Dwayne, 326
Apex, 197
Apple Computer, 11, 70, 140
Appledorn, Roger, 197
Aprendizagem de loop duplo, 308
Aprendizagem, 291-311
 a aprender, 304-305
 feedback e, 306-309
 na Hewlett-Packard, 303
 na Microsoft, 309
 na Motorola, 301-303
 na Xerox, 300-301
 nas escolas de administração, 296-298
 no Japão, 305-306
 padrões de, 291-294
 treinamento, 298-300
Aramark, 112, 269
Archer Daniels Midland, 325-326
Argyris, Chris, 308
Arquitetura corporativa, 330-348
 cenários estratégicos e, 343
 envolvidos e, 332-338
 métodos de medição de
  desempenho e, 339
 na Xerox, 342-345
 necessidade futura e, 342-345
 valor e, 338
ASEA, 252, 253

Ásia, XVI, 254, 258
    no mercado global, 36
Assédio sexual, 321-322
Astra AB, XVI, 175
Astra Merck, XVI, 37, 159
    programa Vision 2000 da, XVI
    tecnologia da informação na, 175-178
AT&T, 1, 42, 142, 271
    demissões na, 120, 126-127
    equipes na, 148-149, 161
    estrutura hierárquica da, 5
    no mercado global, 38-40
ATMs (caixas eletrônicos), 94, 116, 169
Automatização das transações, 79-80
AutoNation USA, 343, 344

B

Babson College, 296
Bales, Edward, 302
Bangladesh, 317
Banque Pallas-Stern, 10
Baptista, João, 121
Barabba, Vincent, 90-91
Baring's Bank, 26, 47
Barnevik, Percy, 10, 252-254
Battelle Institute, 199
Baxter International, 34
Beachhead scanning" (varredura de área nova e estratégica), 304
Bell Labs, 229
Bell, Daniel, 23
Ben & Jerry's Homemade, 318-321
Bennis, Warren, 1
Berle, Adolf, 50
Besson, Michel, 185-186, 247-248, 321
Bijur, Peter, 314
Blazevich, Chuck, 145, 147
Blockbuster, 342
Bluestone, Irving, 137
Body Shop, 318
Boeing, 143-144, 170, 238
British Airways, 95
Brown Boveri, 252, 253

Buchanan, Pat, 51
Budge, B. Scott, 128, 156
Buehler, Bill, 202, 203
Buetow, Richard, 237
Built to Last (Collins e Porras), 104
Burlingame, Harold W., 149
Burr, Donald, 22, 106, 140
Bush, George, 103-104
Business Week, 294, 325

C

Cadbury report, 325, 326
Canon, 8-9, 106, 193, 230, 251
Cap Gemini, 279-280
Capitalismo do princípio da não intervenção ("laissez-faire"), 47
Carlzon, Jan, 98
Carnegie Foundation, 294-295
Carro mundial, 257-263
Cartellieri, Ulrich, 336
Cawthorn, Robert, 37-38, 280
Center for Effective Organizations, 144
Center for Quality Management, 306
Champy, James, 120, 122
Chandler, Alfred D., Jr., 2
China, 256, 261, 287-288
Chrysler, 272-273, 276, 281, 293
Círculos da qualidade (QCs), 138, 139;
    Ver também equipes
Citibank, 20
Ciulla, Joanne, 58
Clark, Kim, 297
Clientes, 1, 2, 7, 63-75, 79-96
    deserções de, 71-72
    geografia e, 84-85
    marketing e, 64-65
    marketing segmentado e, 72-74
    pesquisa e desenvolvimento e, 194-195
    problemas de informação e, 68-71
    qualidade e, 65-66, 229-230
    satisfação dos, 66, 67-68, 87
    Ver também marketing
Clinton, Bill, 51, 293

CNA Financial, 283
Código SIC de produtos industrializados, 105
Códigos de barra, 218, 219
Cohen, Ben, 318, 320
Cole, David, 92
Collins, James, 104
Comércio, *Ver* mercado global
Communications Workers of America, 126
Compaq, 168, 213
Competing for the Future (Hamel e Prahalad), 105
"Comportamento sem fronteiras", 69-70, 110, 151, 152
Compras centrais, 262-263
Computadores laptop, 18
Computadores, 17-29, 86-87
 crescimento na utilização de, 167-169
 divisões sociais e, 26-29
 evolução dos, 24
 falta de instrução sobre, 167, 182-183
 investimentos comerciais em, 21
 nos sistemas de reservas das empresas aéreas, 22, 140
 protecionismo e, 70
 Ver também Tecnologia da informação
Computer Sciences Corporation, 283-284
Comunidade Européia, 44
Condit, Philip, 143, 144
Conference Board, 59, 105, 249, 250, 265
Conhecimento, 23, 25, 31, 291-292
 Ver também aprendizagem
Conselho diretor, 323
Coréia do Sul, 321
Corning, 98, 110, 175, 230, 243, 291
 alianças da, 276-78
 diversidade na, 56, 322-323
 equipes na, 147-149
 reengenharia na, 131-132
Corporações multinacionais, 31,33, 250
 Ver também globalização; mercado global
Corporações transnacionais, 32-34

Corporações:
 características antigas vs. emergentes das, XVIII
 evolução das, 2, 3, 12
 fraquezas clássicas das, 5-6
 multinacionais, 30-32, 250
 papel social das, 46-62
 possibilidades de organização para as, 11-14
 quatro princípios para o sucesso futuro das, 350-352
 relacionamentos com os clientes nas, *Ver* clientes
 termos descritivos para, XVII, 7
Costa Rica, 317
Coyne, William, 196
Crewe, John, 89
Criação de cargos, 115-116
Crook, Colin, 20
Cultura organizacional, 334
Custom Clothing Technology Corporation, 182
Cusumano, Michael, 309

D

Daimler-Benz AG, 9, 35, 124
Davis, Claudia, 303
de Pree, Max, 98
Deming, W. Edwards, 161, 229, 232
Demissões, XVI, 48, 81, 85-86, 143, 148
 criação de cargos e, 120-125
 "empregabilidade" e, 125-127
 eufemismos para, 126
 reengenharia e, 120-125
 reformulando contratos, 128-129
 retendo antigos pontos fortes e, 129-131
 série do *New York Times* sobre, 116, 117
Departamentos de informações, 282
Desiderata, 115
Desregulamentação, 33, 40-41
Destruição da camada de ozônio, 293, 307
Deutsche Bank, 9

Dewey, John, 307
Di Cicco, Guy, 278
Diaz, Manuel, 85
Digital Equipment Corporation (DEC), XV, 70
Distribuição, 218-219
Diversidade racial, 56, 315-316, 322
DMB&B, 37
Donaldson, Tom, 60
Dow Chemical, 276
Dow Corning Corporation, 276, 277, 322
Downsizing, *Ver* demissões
Drew, Richard, 196
Drucker, Peter, XV
   sobre clientes, 63
   sobre conhecimento, 23, 24, 292
   sobre ética e responsabilidade corporativas, 51, 312
   sobre funcionários da GM, 136
   sobre gestão da GM, 3-4
   sobre inovação, 195
Dunfee, Thomas, 60, 318
Dunlap, Al, 46, 49, 116, 312
DuPont, 283
Durant, Will, 3-4
Dyer, Jeffrey, 274

E

Eastman Kodak, 251
Economist, The, 31, 34, 282, 298
Educação, 7, 27, 292, 293
Eficácia, 351-352
Electronic Data Systems, 100, 101-102, 279
Elf Aquitaine SA, 10, 35
E-mail, 19-20, 102, 171, 181, 183, 184
Empregadores que oferecem oportunidades iguais, 315-316
Emprego para toda a vida, 8-9, 124, 353
Empresas de contabilidade e de consultoria, 37, 84-85, 168, 279
Emshoff, James, 179, 286, 351
ENIAC, 27

Envolvidos:
   arquitetura corporativa e, 333-338
   definição de, 332
   responsabilidade corporativa para com, 51-56
Equipes, 139-140, 205, 220, 221
   executivos seniores e, 159-160
   fracasso nas tentativas de, 141-142
   na pesquisa e desenvolvimento, 192-193, 199
   no Japão, 159
   recompensas monetárias e, 155-159
   treinamento, dados de pesquisa sobre, 146
   várias abordagens às, 144-145
Erhard, Werner, 299
Erie Railroad, 2
Escolas de negócios, 1, 56, 294-296, 312
Ética e responsabilidade corporativas, 46-62, 312-329
   corrupção e, 47
   diretorias e, 323-329
   diversidade e, 322-323
   localização e, 321-322
   na Ben & Jerry's, 319
   na Levi Strauss, 60, 312, 315-317, 320
   para com os acionistas vs. envolvidos, 46-56
   participação nos lucros e, 48-49
Ética, *Ver* ética e responsabilidade corporativas
Europa, 1-2, 33, 88, 254, 256-257, 258, 261
   acionista vs. envolvidos na, 53-54, 55, 56
   desemprego na, 7, 8, 53-54, 124
   ética corporativa na, 58
   mudança corporativa na, 7-8, 9-10
EVA (Valor Econômico Agregado), 339-340
Extensões corporativas, 269-290
   alianças chinesas, 286-288
   alianças japonesas, 270, 273-274, 287-288
   Corning, 276-278
   dez maiores formadores de alianças nas, 273
   na indústria automobilística, 271-276

Rhône — Poulenc Rorer, 280-281
SAP, 278-280
tendências nas, 272
terceirização, 282
Exxon, 35

F

Fábricas escravizantes, 288, 317
Fast Company, 101
Federal Express, 20, 25, 170
Federated Department Stores, 218
"Feedback de loop fechado", 307
Feedback, 306-308
Feigenbaum, Armand, 238
Fincadoras de bandeiras, 250, 251
Fita crepe gomada, 196
Florida Power and Light, 334-335
Fokker N.V., 10
Ford Automotive Group, 259-260
Ford Automotive Operations, 260
Ford Foundation, 294-295
Ford Motor Company, 6, 26, 35, 37, 90, 230, 233, 281, 292
    equipes na, 141-142, 144
    Escort, 258-262
    globalização e a, 258-262
    parceria avançada da PPG Industries-Chemfil com a, 275-276
    produção do tipo linha de montagem inventada na, 3-4
    programa do Ford 2000 da, XV, 260-262
    tamanho da, 34
    velocidade e, 219, 220
Ford, Henry, 3, 26, 97
Fornecedores, 194, 212-213, 231, 270, 272
Fortune, 90, 197, 287
Fourtou Jean-René, 38
França, 8, 10, 38, 55, 80, 191
Friedman, Milton, 52
Fuji-Xerox, 235
Fumbling the Future, 202-203
Funcionários, XVI-XVII, 57, 115-135, 136-163
    ânimo e satisfação e, 120-121
    aumentando a responsabilidade dos, 129-33
    compartilhando de lucros com, 287-288
    diversidade e, 54
    na Alemanha, 8, 124
    na China, 288
    no Japão, 7-9, 122-123
    teoria do "bobo preguiçoso", 3-5, 7
    Ver também demissões; equipes
"Fundadoras de bandeiras". *Ver* Fincadoras de bandeiras

G

GAG (Growth Advisory Group), 160
Galvin, Christopher, 110
Galvin, Paul, 110
Galvin, Robert, 81, 98, 100, 110, 301-302
Garimpo de dados, 92-94
Gates, Bill, 97, 109, 202
Gaylin, David, 107
GE Plastics, 180-181
Geneen, Harold, 97
General Dynamics, 312-313
General Electric, (GE), 7, 34, 110
    como um conglomerado, 105
    demissões na, 128-129
    equipes na, 149-150, 154, 155
    qualidade e, 232, 236, 238-239, 242-243
    tamanho da, 35
    valores corporativos na, 110-111
    velocidade na, 210-212
General Foods, 139
General Motors (GM), 4, 9-10, 36, 37, 81, 102-103
    compras centralizadas e, 262-263
    equipes na, 141-142, 221
    evolução do estilo de gestão na, 3-4
    marketing segmentado de modelos de carros na, 89, 91
    programa Vision 2000 da, XV
    qualidade dos programas da vida no trabalho na, 136-137, 139

reorganização da North American Operation na, 92
tamanho da, 35
terceirização pela, 282-283
velocidade da, 220-221
vendas e lucros no exterior da, 33
Gerência de risco, 20
Gerência:
científica, 3
hierárquica, 4-5
rendimento, 22
risco, 20
tendências na, XVI-XVII
"Gerentes de transações", 84
Gerentes, 7-8, 335
equipes e, 140, 143-144
na GE, 111
na Honda, 159
na People Express Airlines, 140
Gerrity, Tom, 295
Gerstner, Louis, 104, 116
Gertz, Dwight, 121
Gesamtmetall, 10
Glasbau Hahn, 110
Glavin, William, 296
Globalização, 31, 247-268
ABB e, 252-254
carro mundial e, 258-259
escolhas a serem feitas na, 248
estrutura "matriz" e, 247
Ford e, 258-262
GM e, 262-263
lucros e, 250
pequenas empresas e, 263-265
Whirlpool e, 254-257
Godfrey, Blanton, 68
Golub, Harvey, 188, 204
Good, Gerald, 154
Grã-Bretanha, 8, 55, 191, 338
Greenfield, Jerry, 318
Greenpeace, 322
Grove, Andrew, 190, 209, 210
Growth Advisory Group (GAG), 160
Guerra do Vietnã, 26
Gunther, Cathryn, 177

H

Hagberg Consulting Group, 102
Hagberg, Richard, 102
Haidinger, Robert N., 113
Hamel, Gary, 105, 270
Hammer, Armand, 97
Hanigan, Tom, 18, 172
Harvard Business Review, 7, 71, 255
Harvard Business School, 19, 93, 297
Haas, Robert, 104-105, 315, 317
Hewlett, William, 97, 108, 188
Hewlett-Packard (HP), XV, 69, 80, 92, 168, 181, 186, 190, 199
inovação, pesquisa e desenvolvimento na, 200-202
qualidade de vida no trabalho na, 150-151
qualidade e, 229, 230, 232, 236, 238 241-244
relacionamento com os clientes na, 81, 85-87
treinamento na, 303
valores corporativos na, 106, 107
Hidden Champions (Simon), 33, 110, 264-265
Hispânicos, 73
Hock, Dee, 12, 98, 112
Holland, Robert (anteriormente da Ben & Jerry), 320
Holland, Robert C. (Wharton School), 60
Holmes, Robert C., 37
Honda Corporation, 9, 36, 190-193, 220-221, 257-258
Honda, Soichiro, 192-193
Hong Kong, 317
Houghton, Jamie, 56, 98, 100, 110, 131, 148
Houston University, 282
Hughes Electronics, 283
Huizenga, Wayne, 344
Human Side of Enterprise, The (McGregor), 137

I

IBM, 7, 34, 35, 37, 63-64, 69, 70, 86, 93, 100, 104, 282, 299
IKEA, 265-266
Imation Corporation, 82
Inamori, Kazuo, 124
Índia, 73, 182, 256, 261, 355
"Índice de clareza corporativa", 106
Índice de remuneração, 320
Indústria automobilística, XV, 5, 6, 42-43, 189
    alianças na, 270, 271-276
    carro mundial e, 143-149
    equipes de funcionários na, 141-142
    expansão asiática da, 34-37
    qualidade e, 64, 229-230, 232-235
    terceirização na, 282
    velocidade e, 219-224
Indústria da aviação, 21-22, 95-96, 139-140, 143-144
Indústria de tabaco, 328
Indústria eletrônica, XV, 126-127, 189, 230
Indústria farmacêutica, 37-40, 192, 193, 266, 257-258, 340
Indústria têxtil, 217-218
Industrial Research Institute, 191
Information Systems Research Center, 282
Inovação, 188-208
    na American Express, 203-208
    Ver também pesquisa e desenvolvimento
Integração, como característica corporativa, 351
Intel, 271
International Harvester, 126
International Survey Research Corporation (ISR), 121-122, 123
Internet, 12, 24, 31, 40, 86, 93, 94, 168
    primeira utilização por empresa que não seja de informática, 181
Intuição, 293
Investimento estrangeiro direto, 31-33

Irvine, James, 127
Itália, 57, 59
Itoh, Kensuke, 124

J

J. P. Morgan, 105, 106
Jackson, Jesse, 315
Jacobi, Peter, 312, 316
Jaffre, Philippe, 10
Japanese Union of Scientists and Engineers, 138, 305
Japão, 7-9, 26, 220, 258, 355
    acionistas conforme vistos no, 53-56, 337
    círculos de qualidade no, 139
    conselhos-diretores no, 323-324
    diferença cultural entre os Estados Unidos e, 266-268, 305-306
    equipes no, 159, 221-222
    ética corporativa no, 58
    funcionários conforme vistos no, 8-9, 121-122
    joint ventures com, 270, 273, 289
    no mercado global, 41-42
    produto interno bruto do, 36
    qualidade no, 210-211
    satisfação dos funcionários no, 121
    visão corporativa no, 105-106
JJI Lighting Group, 113
Jobs, Steve, 202
Johnson & Johnson, 60, 313-314
Johnson, Calvin, 148, 323
Joint ventures, 269, 270, 273
Juran, Joseph, 229

K

Kaku, Ryuzaburo, 8, 46, 106, 122, 250-251
Kanban, 215, 216
Kawamoto, Nobuhiko, 9, 122-123, 159, 220
Kearns, David, 203, 302
Keiretsu, 273, 286, 289, 349
Kerr, Steven, 110

Kingston Technology Corporation, 212-214, 287-288, 322
Knowledge-Creating Company, The (Nonaka e Takeuchi), 305-306
Knudtsen, Dick, 86, 87
Kobayashi, Yotaro "Tony", 235-236
Korn/Ferry International, 326, 327
KPMG, Peat Marwick, 81, 84-85, 87-88, 313, 334
Kroc, Ray, 293
Kyocera, 124
Kyosei, 106

L

L. L. Bean, 63, 334
Labconco, 67, 130-131, 185, 264
Lawler, Edward, 144-145, 155
Leadership and the New Science (Wheatley), 23
Leading Change (O'Toole), 97
Leo, Richard J., 240
Levi Strauss, 25, 104, 158, 159
  "personalização em massa" por, 181-182
  ética e responsabilidade corporativas e, 60, 312, 315-317, 320
  velocidade e, 217, 218
LeVitt, Richard, 68, 241
Lewis, Jordan, 270
Lockheed, 139, 299
Lombardi, Vince, 52
López de Arriortua, José Ignacio, 263, 272
Lorenzo, Frank, 97
Luce, Henry, 108
Lucent Technologies, 149
Lutz, Robert, 274

M

MacDonald, Gary, 212
MacNaughton, Donald S., 51
Macy's, 218
Madonna, Jon, 84-85
Magna International, 275

Malcolm Baldrige National Quality Award, 240, 255, 306
Marcas e patentes, órgão de registro nos EUA, 191-192
Mariner, Martin R., 242
"Marketing de transação", 64
Marketing segmentado, 72-75, 88-89, 92-93
Marketing, 64
  "causa social", 318
  "relacionamento", 64
  "transação", 64
  no mercado de consumo, 92-96
  segmentado, 72-75, 88-91, 92-93
Marous, John, 98
Marriott Corporation, 107
Maslow, Abraham, 137
Matsushita, 9
McArthur, John, 297
McCallum, David C., 2
McCaw Cellular Communications, 41
McColl, Hugh, 167, 170, 183
McConnell, John, 131, 185
McDonald's, 293
McGovern, John, 152
McGregor, Douglas, 137
McKinsey & Company, 121, 224, 270, 320
McKinzie, Gordon, 143
McKnight, William, 196
McNamara, Robert, 26
Means, Gardiner, 50
MedQuist, 179-180
Menan, Monica, 149, 151
Mercado global, 30-44
  acordos comerciais e, 42-44
  como fontes de lucros, 32, 35
  crescimento do, 31-33
  governo e, 44-45
  na Ásia, 34-37
  na AT&T, 40-41
  na indústria farmacêutica, 37-40
  no Japão, 41-42

Mercer Management Consulting, 88, 107, 121
Merck & Company, XVI, 175, 176
México, 277-278
Meyer, Christopher, 210
Meyerson, Morton, 101-102
Microrreplicações, 197, 305
Microsoft Secrets (Cusumano e Selby), 309
Microsoft, 109, 127, 156, 160, 169, 181, 182, 202, 213
    feedback utilizado na, 309
Milliken & Company, 157
Milliken, Roger, 157, 217, 306
Minnesota Mining and Manufacturing Company (3M), XV, 93, 305, 323, 334
    inovação e pesquisa e desenvolvimento, 196-200, 205-206
    reestruturação da, 81, 83, 198
    relações com clientes na, 69, 79, 81
Mintzberg, Henry, 195
Mitsch, Ronald A., 69, 198, 199
Modelo T Ford, 3, 26, 90
Modern Corporation and Private Property, The (Berle e Means), 49-50
Moskovitz, Milton, 320
Motivation and Personality (Maslow), 137
Motorola University, 301-302
Motorola, 81, 98, 100, 126, 237-238
    equipes na, 145-147
    qualidade e, 230, 233, 236-238, 242-243
    treinamento na, 301-303
Mueller, Arvin F., 262, 263
Muir, Robert, 129
Mulheres, 4, 51-52, 59, 321, 322
Mullaly, Allan, 143
Murray, Mike, 109, 127, 161

N
Nadler, David, 160
Nagel, Chris, 148
Nashua Corporation, 307
Nasser, Jacques, 261
NationsBank Corporation, 167, 170
Navistar International, 126
Neff, Peter, 266
Negros, 56, 323
Netzsch, 110
Neubauer, Joseph, 112-113, 269, 286-287
NIH, Complexo, 151
Nippon Electric Company, 229
Nippon Telegraph and Telephone, 41, 42
Nissan, 216
Nonaka, Ikujiro, 192, 305
North American Free Trade Agreement, 43
NUMMI, fábrica de automóveis, 142, 271

O
Odak, Perry, 320
Ohmae, Kenichi, 42, 43
Ohno, Taiichi, 74, 215-216
Olivetti, 271
Organization Man, The (Whyte), 4, 137
Organizational Architecture, 332
O'Toole, James, 97, 98, 110
Ott, Alexander, 279
Ovitz, Michael, 288
Owens-Corning, 346

P
Packard, David, 97, 108
Palmer, Robert B., 116
Palmer, Russell, 295
Pape, Will, 79, 80, 129, 183
Parceiros de canais, 86-87
Parcerias, 269, 270, 275, 277, 280, 288-290
Parry-Jones, Richard, 259, 261-262
Participação nos lucros, 287-288
Participação nos lucros, ética corporativa e, 48-49
Patagonia, 318
Paulk, Charles, 174
PDCA ("plan, do, check, act" – planejar, fazer, avaliar, agir), ciclo, 161, 307-308
Peapod LP, 182

People Express Airlines, 21, 22, 106
Perlmutter, Howard, 32
Perot Systems, 100-101, 334
Perot, Ross, 100, 293
Pesquisa e desenvolvimento, 258
    clientes e fornecedores e, 195, 198-199
    equipes e, 194, 195, 200
    gastos em, 190-192, 198, 201
    na 3M, 196-200, 205
    na Hewlett-Packard, 200-202
    na Xerox, 202-203
    Ver também inovação
Philips Electronics, 255-256, 271
PicTel (televídeo) conferências, 261-262
Pierre, James, 143
Pioneer Hi-Bred International, 17-19, 130, 171-173
Planejamento JIT (*Just-in-Time*), XVII, 215-217
Platt, Lewis, 81, 108, 150, 188, 200, 201
Plummer, Joseph, 37
Porras, Jerry, 104, 110
Post-it Notes, 197
PPG Industries-Chemfil, 275-276
Prahalad, C. K., 56, 105
Principais executivos (CEOs), 4, 7, 54, 97-114
    clientes e, 81-82
    diretorias e, 323-327
    divisão do tempo dos, 98
    equipes e, 159-160
    exemplos dados pelos, 98, 313-314
    falta de instrução em computadores dos, 167-168, 182-183
    mandato e continuidade dos, 109-110
    mudanças no estilo de liderança e, 100-103
    qualidade e, 230
    Rushmore, 98, 110, 113
    salários e bonificações dos, XVI, 48, 49, 101-102, 120
    valores e, 107-114
    visão e, 103-107
Privatização, 9, 33
Procter & Gamble, 139-140

Produção do tipo linha de montagem, 3
Produto internos bruto, 36
Programas de ação nos escritórios, 86-87
Projetos feitos com o auxílio de computadores, 194, 222
PVA (people value added – valor agregado para pessoas), 338, 340-341

Q

Qualidade da vida no trabalho (QVT), XVII, 136-138, 139
Qualidade, 229-244, 335
    clientes e, 65-68, 230-231
    indústria automobilística e, 64, 230, 232-235
    na General Electric, 233, 236, 238-239
    na Hewlett-Packard, 229, 230, 233, 236, 239, 241-244
    na Motorola, 230, 233, 236-238, 243
    necessidade de renovação na área da, 235-236
    no Japão, 229-230
    Xerox e, 230, 233, 235, 238, 240-241
Quality Progress, 242
Quinn, James Brian, 195

R

R/3 Software, 168
Racismo, 314-315
RCA, 206
Reagan, Ronald, 293
Reengenharia para o Crescer, XVII
Reengenharia, 115, 120-125, 131-135
Reengineering the Corporation (Hammer e Champy), 120
Reich, Robert, 30, 51-52
Reichheld, Frederick, 71
Reinertsen, Donald G., 224
Republic Industries, 342, 344
Responsabilidade, *Ver* ética e responsabilidade corporativas
Reuter, Edzard, 9
Reuther, Walter, 136
Rhône-Poulenc Rorer, 39-40, 279, 280

Rhône-Poulenc, 38-39, 267, 280
Rockefeller, John D., 97
Rockey, Bob, 218
Rollins, John D., 175
Rorer Group, 39-40
Royal Dutch Shell, 35, 322
Rudolph, Stephen, 207

S

Safire, William, 52
Saint-Gobain, 185-187, 247
Sakai, Shinji, 235
Samsung, 277, 321
SAP Software, 86, 168, 186, 278-279
Saturn, carros, 63, 142-143
Schrempp, Jürgen, 10
SCORE, programas, 274-275
Sculley, John, 11, 73, 140, 184
Segurança no trabalho, 48, 55, 127-128
SEI Center for Advanced Studies in Management, XVIII, 60, 83, 128, 295, 296
SEI Center, pesquisa no, XIX, 325-26
SEI Invesments, XV-XVIII, 128, 156, 183-185, 284-285
Seiko, 206
Seis maiores empresas de contabilidade e consultoria, 84-85, 168, 279-280
Seis Sigma, norma de qualidade, 236-237, 239
Selby, Richard, 309
Sen, Tappas, 161
Serviços de compras on-line, 182
Shenzhen Petrochemical Holdings Company, 256
Sibson & Company, 339
Siecor Corporation, 277
Siemens Corporation, 225, 277
Silverlake, Project, 223-224
Simon, Hermann, 33, 110
Sindicatos trabalhistas, 8, 9, 44, 116

Sistema de aposentadoria dos funcionários públicos da Califórnia. *Ver* Calpers.
Sistema ISO 9000, 255
Sloan Foundation, 200-201
Sloan Management Review, 225
Sloan, Alfred P. Jr., 3, 4, 89, 90
Smale, John G., 90, 103
Smith, Adam, 46, 49, 52
Smith, John, 90
Smith, Roger, 100
Softbank Corporation, 213, 287-288
Sony, 190, 229
Soursac, Thierry, 280-281
Sprano, Jack, 180-181
Stalk, George, 219
Starbucks, 318
Stark, Andrew, 58
Stein, Herbert, 52
Stempel, Robert, 90, 325
Sterman, John, 307
Suécia, XVI, 9, 52
Suíça, 122, 252
Sumitomo Corporation, 47, 54
Sun, David, 211, 287-288
Supper Fresh Food Markets, 154-155
Survey of Current Business, 21

T

Takeuchi, Hirotaka, 192, 305
Taxas de desemprego, 7-8, 53-54, 116, 124
Taylor, Frederick Winslow, 3, 7
Taylorismo, 3, 7, 141
Technical Assistance Research Program, 72
Tecnologia da informação, 2, 6, 17-29, 64, 89, 167-187
    aspectos problemáticos da, 22, 23-24, 26-28, 167, 168-170
    conhecimento e, 25-26, 31
    dia comercial de 24 horas e a, 25-29
    garimpo de dados e, 92-94
    na Astra Merck, 175-178
    na MedQuist, 178-180

na Pioneer Hi-Bred 17-20, 171-173
terceirização da, 283-290
utilização pelas empresas de
  consultoria da, 174-175
velocidade e, 219-220, 223
Ver também computadores
Tecnologia:
  quatro estágios da, 206-207
  Ver também computadores,
    tecnologia da informação
Teleconferências, 185
Telefones celulares, 40-41, 68
Telégrafo, 2
Televisão, 19-20
Teoria da complexidade, 12-13
Teoria do caos, 12
Teorias X e Y, empresas de, 143
Terceirização, 269, 281-290, 331
Texaco, 314-315, 321
Texas Instruments, 126, 239
Tigres asiáticos, 53
Time Warner, 108
Toffler, Alvin, 64
Tokyo Communications, 229
Total Quality Control (Feigenbaum), 238
Total Quality Management (TQM)
  Gestão da Qualidade Total, XVII,
    120-121, 229, 231-233, 235, 242-244
Towers Perrin, 313
Toyota, 36, 125, 142, 159, 191, 215, 216,
  220, 222
  tamanho da, 35
Trabalhando em casa, 87
Transações em moeda corrente, 30, 32
Transcription Limited, 179
Transformation Technologies, 299
Transou, Robert, 260
Transtech, 149
Treinamento, 144, 146, 299
Treinamento, 298-303
Três "S", 238
Trilionários, 287
Trost, Heidi, 283

Trotman, Alexander, 260
Truste, XVI, 270, 272
Tu, John, 211-212, 287-288
Tyabji, Hatim, 80, 113, 129, 155
Tylenol, 314

U

União Soviética, 36
Unisys Corporation, 167
United Airlines, 143
United Auto Workers (UAW), 136-137,
  282
United Food & Commercial Workers
  Union, 153, 154
United States:
  no mercado global, 30-32
  produto interno bruto dos, 36
  satisfação dos funcionários nos, 121,
    122
  vantagem da tecnologia da
    informação nos, 25
Univac, 24
Universidades virtuais, 298
Unruh, James, 167
Upton, David, 297
Uranishi, Tokuichi, 124, 159, 258
Urban, Thomas N., 18-19, 120, 130, 171,
  172
USAA Group, 88

V

Valor agregado pessoas (PVA), 338,
  340-341
Valor agregado do cliente (CVA), 338
Valor econômico agregado (EVA),
  338-340
Valor, 338-341
Velocidade, 2-3, 193-209
  distribuição de correspondência e,
    213-214
  distribuição e, 218-219
  limites da, 224-228
  na indústria automobilística,
    219-224
  na indústria têxtil, 217-218

na Kingston Technology, 211-213
nomes das técnicas para, 217
produção JIT e, 215-217
Welch sobre, 210-211
VeriFone, 78-80, 87-88, 113, 129, 154-155
tecnologia da informação na, 183-185
Vestuário humilde, 157, 158
VISA International, 12
Visão, 103-107, 337-338
Visible Hand, The (Chandler), 2
Vitro Group, 277-278
Volkswagen, 35
Von Braun, Christoph-Friedrich, 225

W

Wagoner, Richard, 263
Wall Street Journal, 209, 239, 313
Wallace, Henry A., 17, 18, 171
Wallenberg, Jacob, 53-54
Walton, Sam, 97
Watson, Thomas J., Sr., 63, 97
Weidenbaum, Murray, 44
Welch, Jack, 70, 105, 110, 129
    face a face com o cliente, 1, 64-65
    qualidade e, 236, 238, 239
    sobre equipes, 149, 153
    sobre velocidade, 210-211
    valores corporativos da GE e, 111-112
Wells Fargo & Company, 182
West, Al, 128, 155, 159, 184, 284-285
Westinghouse, 139, 141
Wharton School, XVIII, 13, 32, 58, 104, 121, 170, 274, 295-296, 297, 318. *Ver também* SEI Center for Advanced Studies in Management; Pesquisa do SEI Center
Wheatley, Margaret, 23
Whirlpool Corporation, 254-257
White, Joseph, 296
Whitwam, David, 254-255
Whyte, William H., 137
Wilson, Charles E., 136
Wilson, Mark, 184
Wind, Jerry, 298
WMX Technologies, 342-343
Wollner, Thomas, 198
Wong Yip Yan, 287
WyWy House, 287
Wycoff, Michael, 131

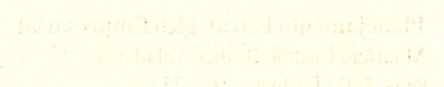

Aprenda com os *Maiores Especialistas* do Mercado

Mais que uma Motocicleta
A Trajetória da Liderança na Harley-Davidson
Autor: Rich Teerlink e Lee Ozley
Págs.: 320 / Formato: 16 x 23 cm.

Esta é uma obra sobre a arte de liderar mudanças, gerir pessoas e criar compromisso com os objetivos organizacionais. Mais do que simplesmente relatar sua trajetória na condução de mudanças na Harley-Davidson, os autores dão um depoimento sincero sobre dificuldades, medos, dúvidas, erros, acertos, parcerias, ensinamentos e descobertas vivenciados durante todo o processo.

Planejamento Estratégico Empresarial
Maurício Castelo Branco Valadares
Págs. 140 / Formato: 16 x 23 cm.

O autor desmistifica nesta obra a atividade de planejamento estratégico como própria apenas de grandes organizações e motiva os pequenos e médios empresários a utilizá-la como um plano de trabalho para a gestão moderna, com ênfase no mercado e nos valores de clientes. Baseando-se em atitudes e conceitos nos quais os empresários acreditam, Castelo Branco faz do ato de planejar uma forma inteligente de estabelecer linhas de ações para a vida empresarial.

Transformando Estratégias Empresariais em Resultados
Autor: Paul Campbell Dinsmore
Págs. 284 / Formato: 16 x 23 cm.

Num mundo em que um dos maiores desafios das empresas é conseguir fazer tudo bem-feito, com rapidez, dentro do orçamento e de acordo com padrões de qualidade, o livro considerado revolucionário, tem como objetivo não apenas demonstrar como um projeto específico deve ser gerenciado para alcançar objetivos, mas como uma organização pode ser dirigida utilizando o gerenciamento de projetos.

Transformação Organizacional
A Teoria e a Prática de Inovar
Autor: Paulo Roberto Motta
Págs. 248 / Formato: 16 x 23 cm.

Esta obra visa oferecer referências para melhorar a compreensão e orientar escolhas de gestores e pessoas interessadas na transformação organizacional, sejam elas consultores, pesquisadores ou estudiosos na busca de fundamentação para suas idéias e práticas de inovação. Dividido em capítulos independentes, mas seqüenciais, o livro aborda temas como: crise de valores e novas referências para inovação organizacional, dimensão paradigmática do saber administrativo ou sobre como conhecer a mudança, foco de intervenção ou dos modelos substantivos da mudança, dentre outros.

Aprenda com os Maiores Especialistas do Mercado

Maslow no Gerenciamento
Autor: Abraham H. Maslow
Págs. 392 / Formato: 16 x 23 cm.
O livro oferece reflexões para a compreensão da gerência e da natureza e o propósito do trabalho. É considerada uma obra seminal sobre o comportamento humano no local de trabalho, demonstrando como as idéias e pesquisas do autor estavam muito a frente de seu tempo. Além de mostrar como os princípios revolucionários de Maslow sobreviveram à prova do tempo e passaram a integrar as práticas gerenciais modernas, o livro traz comentários e entrevistas com alguns importantes pensadores da gerência e de líderes empresariais.

Cenário XXI
Novos Negócios, Oportunidades e Desafios na Gestão do Futuro
Autor: Alessandro Orofino de Araújo
Págs. 180 / Formato: 16 x 23 cm.
Este livro aborda, pela primeira vez no País, cenários futuros – críveis ou visionários – para empresas e negócios, estimulando o debate sobre o tema. A idéia é sondar o presente e promover soluções e idéias criativas para o futuro dos negócios, mercado e pessoas. São analisados também novos campos de trabalhos que já explodem em algumas partes do mundo – e sua tendência de desenvolvimento no Brasil – por meio do estudo dos denominados mercados emergentes.

Administração do Desempenho
Metodologia Gerencial de Excelência
Autor: Inácio Stoffel
Págs. 96 / Formato: 16 x 23 cm.
O autor apresenta, num estilo objetivo e sintético, a teoria e a prática de uma metodologia gerencial que facilita atingir metas organizacionais e de desenvolvimento de Recursos Humanos. O método consiste num processo participativo, contínuo e sistematizado de planejamento, acompanhamento, avaliação e melhoria do desempenho, desenvolvido pelo autor com base em sua experiência em consultoria e pesquisa.

Diagnóstico Organizacional para Qualidade e Produtividade
Autor: Ernande Monteiro Ferreira
Págs. 104 / Formato: 14 x 21 cm.
É um livro ideal tanto para empresários quanto para consultores ou profissionais envolvidos na implantação de programas de Qualidade e Produtividade. Após a leitura desta obra e aplicação das sugestões apontadas, a organização estará apta à implantação ou reestruturação dos programas de Qualidade adequados à sua cultura, às suas necessidades e peculiaridades.

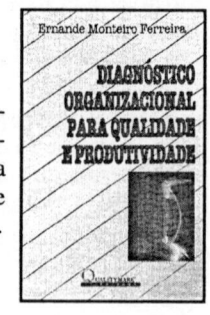

APRENDA COM OS *Maiores Especialistas* DO MERCADO

O Navegador de Mudanças
Preparando um Novo Tipo de Líder para um Amanhã Inesperado
Autor: Kurt Hanks
Págs. 152 / Formato: 20,5 x 25,5CM.
O autor apresenta um método que desenvolveu para ajudar as pessoas a modificar suas atitudes, e se tornarem capazes de responder de forma mais eficaz às mudanças. Hanks afirma que a maioria das pessoas nunca vê realmente o que está acontecendo, apenas olha fixamente para suas noções preconcebidas e reações anteriores, vendo como as coisas deveriam ser, ao invés de como realmente são. A razão disso, segundo ele, é que todos nós e interpretamos o mundo real segundo uma construção mental, um modelo, que denomina de "mapa de atitude".

Gestão Orientada à Excelência
Autores: A. C. Orofino Souto e Roberto de Souza Serapião
Págs. 180 / Formato: 16 x 23 cm.
Os autores desenvolveram um modelo de gestão empresarial, nos baseado Critérios de Excelência do Prêmio Nacional da Qualidade (PNQ), que é destinado a empresas de todos os portes e setores que utilizam ou desejar utilizar a melhoria contínua como uma referência para a busca da excelência. Como cada organização tem suas peculiaridades e há muitas alternativas para a adoção de um modelo de Gestão da Qualidade, os autores apresentam o roteiro de um modelo adaptável.

A Excelência no Atendimento a Clientes
Autor: Richerd F. Gerson
Págs. 100 / Formato: 20,5 x 25,5 cm.
Esta obra ensina os empreendedores de todos os portes a transformar os serviços de atendimento a clientes em serviços de manutenção de clientes. O autor mostra que muitas empresas compreendem o custo de obter um cliente, mas não entendem o custo de perdê-lo. É um ferramenta indispensável àqueles que desejam assegurar a competitividade de seus negócios, encantando os clientes.

Produtos de Gerenciamento para Alto Desempenho
(Management Products)
Autor: Léo Salgado
Págs. 136 / Formato: 16 x 23 cm.
A obra é resultado da experiência do autor, que vem se dedicando, há cerca de 17 anos, ao exercício da gerência de pessoas. Ao longo desse tempo, vem desenvolvendo, testando e implantando diversos programas gerenciais, com o objetivo de reduzir o *turnover* e o absenteísmo, e obter o máximo comprometimento dos funcionários, incentivando-os a melhorar seu desempenho e os níveis de produtividade e qualidade do trabalho.

Entre em sintonia com o mundo

QualityPhone:
0800-263311
Ligação gratuita

✉ Rua Teixeira Júnior, 441
São Cristóvão
20921-400 – Rio de Janeiro – RJ
Tel.: (0XX21) 3860-8422
Fax: (0XX21) 3860-8424

www.qualitymark.com.br
E-Mail: quality@qualitymark.com.br

Dados Técnicos

Formato:	16 x 23
Mancha:	12 x 23
Corpo:	11
Entrelinha:	13
Fonte:	Book Antiqua
Total de Páginas:	416

Este livro foi impresso nas oficinas gráficas da
Editora Vozes Ltda.,
Rua Frei Luís, 100 — Petrópolis, RJ,
com filmes e papel fornecidos pelo editor.